Formación
En la práctica

Coordinación
de la serie Martha Alles
Gabriela Scalamandré

Diseño de tapa
Juan Pablo Olivieri

MARTHA ALICIA ALLES

Formación
En la práctica

Formación. Capacitación. Desarrollo.
Mirando un mundo por venir

GRANICA
ARGENTINA - ESPAÑA - MÉXICO - CHILE - URUGUAY

ARGENTINA
Ediciones Granica S.A.
Lavalle 1634 - 3° G / C1048AAN Buenos Aires, Argentina
Tel.: +54(11) 4374-1456 Fax: +54(11) 4373-0669
granica.ar@granicaeditor.com
atencionaempresas@granicaeditor.com

MÉXICO
Ediciones Granica México S.A. de C.V.
Valle de Bravo N° 21 El Mirador Naucalpan Edo. de Méx.
53050 Estado de México - México
Tel.: +5255-5360-1010 Fax: +5255-5360-1100
granica.mx@granicaeditor.com

URUGUAY
Ediciones Granica S.A.
Scoseria 2639 Bis
11300 Montevideo, Uruguay
Tel: +59 (82) 712 4857 / +59 (82) 712 4858
granica.uy@granicaeditor.com

CHILE
granica.cl@granicaeditor.com
Tel.: +56 2 8107455

ESPAÑA
granica.es@granicaeditor.com
Tel.: +34 (93) 635 4120

www.granicaeditor.com

Reservados todos los derechos, incluso el de reproducción
en todo o en parte, en cualquier forma

GRANICA es una marca registrada

ISBN 978-987-8358-22-2

Hecho el depósito que marca la ley 11.723

Impreso en Argentina. *Printed in Argentina*

Alles, Martha Alicia
    Formación en la práctica: capacitación y desarrollo mirando un mundo
por venir / Martha Alicia Alles. - 1ª ed. - Ciudad Autónoma de Buenos
Aires: Granica, 2020.
384 p.; 23 x 17 cm

ISBN 978-987-8358-22-2

1. Capacitación Profesional. I. Título.
CDD 658.301

Índice

Presentación

Formación.
En la práctica

Por qué una obra destinada a Formación "en la práctica"

Hasta ahora había publicado varias obras en torno a temas de Formación. Sin embargo, siempre pensé que faltaba una, especial. El resultado de ese razonamiento han sido... dos obras. Juntamente con el libro que tiene en sus manos, hemos publicado recientemente *Formación. Capacitación. Desarrollo*, una obra de tipo conceptual, con todo lo que hay que saber sobre la cuestión. En ella podrá leer acerca de cómo diseñar, planificar e implementar actividades formativas efectivas y eficaces mirando hacia las décadas de 2030/2040. Allí se brinda un enfoque completo, que refleja las nuevas tendencias y, al mismo tiempo, abarca las distintas miradas desde la función "formación" en sí misma, ya sea a cargo de un responsable específico o bien formando parte de un rol más generalista, es decir, un especialista de Recursos Humanos que atiende, además de la Formación, otras cuestiones acerca de la gestión de personas.

La Formación, en el ámbito de las organizaciones, presenta sus propias particularidades, ciertas características diferenciales, que deberán ser consideradas.

Quizá se pregunte... *Formación. En la práctica*: ¿por qué el título del presente volumen enfatiza la Formación "en la práctica"? La razón es que el libro está pensado para provocar que el lector entre en acción, ponga manos a la obra, a través de reflexiones y casos prácticos en los cuales pueda inspirarse. El mundo por venir requerirá cambios profundos en muchos aspectos, también en cómo encarar la Formación, de cara al futuro, incorporando nuevas realidades. Ese ha sido el foco de mi trabajo.

Formación. En la práctica presenta al lector una mirada diferente sobre temas organizacionales. El análisis de cuestiones diversas junto con una forma de abordarlas desde las buenas prácticas. Como su nombre anticipa, la obra fue pensada para convertirse en un material de apoyo y consulta para planear, tomar decisiones y diseñar actividades formativas, con nuevos enfoques y contenidos, para una mejor consecución de los resultados esperados. El lector encontrará aquí una guía completa y abarcativa para convertir necesidades organizacionales en planes concretos.

La formación en conocimientos y el desarrollo de competencias son aspectos con los cuales estamos conectados a diario. Sin embargo, no siempre encontramos la mejor solución para resolver los desafíos y cambios constantes que nos plantea el contexto actual, de cara al futuro, en todos los casos.

En resumen, las organizaciones definen sus planes de mediano y largo plazo sobre la base del contexto actual y venidero en el cual desenvolverán sus actividades. Dentro de este contexto, una de las variables a considerar será los colaboradores con los que cuentan y, eventualmente, podrán contar en el futuro. Por lo tanto, la formación y los distintos aspectos de la disciplina Recursos Humanos se analizan y se diseñan en función de lo que vendrá, considerando qué será necesario, tanto en materia de conocimientos como de competencias, para alcanzar los planes estratégicos, los objetivos. La formación siempre debe planearse de cara al futuro.

Cómo leer *Formación. En la práctica*

Este libro podrá leerse, desde la página 1 hasta el final, como cualquier libro convencional. También, el lector podrá elegir uno o varios apartados, según su interés particular. Esta concepción de la obra ha implicado un reto adicional. Si bien la he escrito siguiendo un hilo conductor, un cierto orden, al mismo tiempo me he preocupado por que cada apartado sea, de alguna manera, independiente, autónomo. Espero haberlo logrado.

En esta línea de ideas, me vino a la mente una cuestión relacionada con las lecturas parciales. Los profesores, con frecuencia, indican a sus alumnos leer al "autor X, capítulos números tal o cual". Muchas veces me he preguntado la razón, si será porque los otros capítulos no interesan o, quizá, el profesor no desea ser identificado con un autor en particular, o tal vez por algún otro motivo… En cualquier caso, también me pregunto si cada autor, al realizar su trabajo, habrá pensado que a veces su libro será leído parcialmente… Me planteo esta cuestión con frecuencia, en relación con mis propios libros, en especial los que son usados como textos universitarios.

Como es de público conocimiento, mi esposo, Juan Carlos Cincotta, es el primer lector de todos mis trabajos, casi un cómplice de todas mis locuras –no tan locas, por cierto– y proyectos. Cuando le conté acerca de este libro y sus apartados le dije: "hay un hilo conductor, quizá no muy evidente". Comienzo con temas "generales" sobre las actividades formativas, qué hacer y qué no. Luego, me concentro en explicar las buenas prácticas para el diseño de actividades formativas para, casi sobre el final, destinar un número relevante de apartados a los jefes. Esto último por dos cuestiones igualmente importantes. Primero, considero la relación "jefe-colaborador" como la fuente principal de éxitos y fracasos, en organizaciones de todo tipo. Además, las organizaciones destinan la mayor parte de sus planes de Formación a temas de liderazgo o similares, no siempre enfocados a resolver las cuestiones de fondo. A modo de cierre, los dos últimos apartados están dirigidos a cuestiones de control y resultados.

Al escribir cada apartado lo hice siguiendo una suerte de método improvisado para la ocasión. Me planteé la idea que quería desarrollar (en cada apartado), traté de que cada uno tenga "inicio, desarrollo y final" para darle una cierta autonomía de lectura sin olvidar, en ningún caso, que *Formación. En la práctica* es un libro íntimamente relacionado, podríamos decir que "complementario", al mencionado al inicio: *Formación. Capacitación. Desarrollo.* Adicionalmente, los apartados están relacionados entre sí, conectados de algún modo, como se explicará más adelante.

¿Qué son las secciones Q&A, incluidas en algunos apartados?
Con frecuencia participo en foros de distinta índole, conferencias… y también recibo preguntas diversas a través de las redes sociales. Estas últimas, una maravillosa manera de estar conectada con personas de cualquier lugar del mundo, de manera instantánea y constante. En esta interacción con públicos muy diversos recibo todo tipo de comentarios, consultas y preguntas.

Muchas de ellas dan origen a las reflexiones que publico a menudo en mi blog (**www.lamiradademartha.com**) y, también, me han servido para la preparación de esta sección. En este caso he seleccionado aquellas dudas o dilemas más interesantes, que consideré que servirían para destacar o enfatizar algún concepto complejo. Me pareció excesivo incluir una sección con preguntas frecuentes en todos los apartados, por lo cual decidí hacerlo en un tercio de ellos; así, el lector encontrará *Q&A* en diez apartados, los números 7, 8, 9, 10, 13, 19, 22, 25, 29 y 30.

Preguntas y respuestas
a preguntas frecuentes

Formuladas estas consideraciones, señalaré algunas conexiones posibles entre los apartados, según diferentes miradas e interesados potenciales.

Un comentario adicional: en los gráficos que se presentan a continuación, los apartados serán mencionados una vez o más, ya que podrán formar parte de más de una clasificación.

Para analizar temas organizacionales en su conjunto, por ejemplo, desde la mirada del número 1 de la organización

El número 1 de la organización junto con el número 1 de RRHH deberán contemplar diversos aspectos relacionados con la formación y el desarrollo del personal. Por decirlo de algún modo, reflexionar, preguntarse, acerca de cómo realizamos las actividades formativas.

En este conjunto de apartados se tratan diversas cuestiones, en especial –como se indica en el título de la figura– para reflexionar acerca de cómo se están realizando las actividades formativas.

Las organizaciones, en todos los casos –aun aquellas que disponen de recursos cuantiosos–, tienen presupuestos limitados para la formación del personal. Por eso, siempre algo habrá que dejar de lado, una necesidad no cubierta, y es por ello que siempre será necesario priorizar.

Entre otros temas de interés, en el listado de la figura siguiente se incluyen indicadores de gestión. En resumen, invertir bien será un aspecto relevante para tener en cuenta.

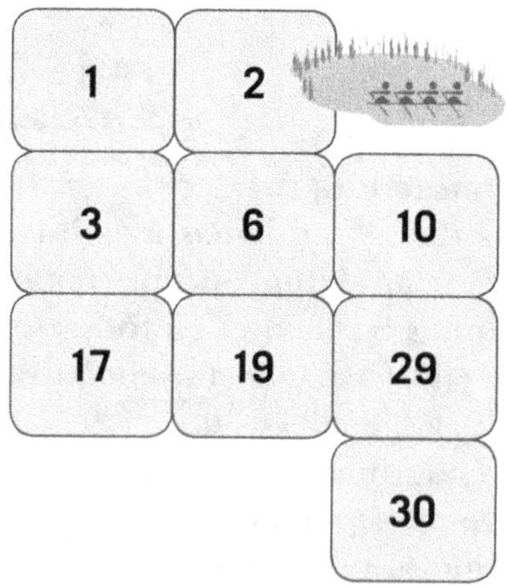

Para reflexionar sobre cómo realizamos las actividades formativas

Apartado 1. De ayer a mañana. Difícil y posible a la vez

Apartado 2. Estrellas fugaces, ¿sí o no? *After office, outdoors,* convivios y demás

Apartado 3. Felicidad en el trabajo. ¿Es posible? ¿Es un mito?

Apartado 6. ¿Somos útiles proponiendo la formación adecuada, o llamamos al propalador de creencias?

Apartado 10. Factores a tener en cuenta para alcanzar alta efectividad y eficacia

Apartado 17. Definir necesidades a través de talleres

Apartado 19. Formación después de mediciones específicas

Apartado 29. Indicadores de gestión sobre Formación

Apartado 30. Formador de formadores. Diseño e implementación

Para los responsables de Formación interesados en la preparación del Plan de Formación

En mis obras me refiero con frecuencia a las buenas prácticas, en todos los aspectos, acerca de cómo detectar necesidades, para planear y diseñar actividades formativas, para medir el desarrollo, etc. Usar herramientas fiables y de probada eficacia será siempre clave.

Desde la mirada del especialista en Formación, será posible enfocarse en un conjunto de aspectos y detalles, para así lograr diseños efectivos y eficaces.

A lo largo de mi obra, en todos los casos, se realiza una distinción entre conocimientos y competencias. En Formación esta separación será fundamental, dado que los conocimientos se aprenden de una manera particular, y el desarrollo de competencias se logra a través de un camino diferente al del aprendizaje de conocimientos. Esta diferencia se verá reflejada en el diseño de las actividades formativas.

Actividades formativas. Buenas prácticas

Apartado 2. Estrellas fugaces, ¿sí o no? *After office, outdoors,* convivios y demás

Apartado 6. ¿Somos útiles proponiendo la formación adecuada, o llamamos al propalador de creencias?

Apartado 7. Comenzando por el principio. Buenas prácticas en Formación

Apartado 8. Continuando con las buenas prácticas: Herramientas y Formación

Apartado 9. Reconocer necesidades y priorizarlas

Apartado 10. Factores a tener en cuenta para alcanzar alta efectividad y eficacia

Apartado 17. Definir necesidades a través de talleres

Apartado 18. Seguimiento de la evolución del desarrollo de las competencias y/o del aprendizaje de conocimientos

Apartado 19. Formación después de mediciones específicas

Apartado 22. Formación combinando medición de capacidades y Codesarrollo

Diseño y más diseño. Conocimientos. Competencias

Apartado 5. Nuevas generaciones, inmediatez, lenguaje y otras cuestiones en relación con Formación

Apartado 7. Comenzando por el principio. Buenas prácticas en Formación

Apartado 11. Aprender puede no ser aburrido. Diseño de una actividad sobre conocimientos

Apartado 12. ¡Geografía también! Diseño de una actividad sobre conocimientos

Apartado 13. Crecer es posible

Apartado 14. Cambiar a través de la acción. Diseñar una actividad que permita cambiar comportamientos. Desarrollar competencias

Apartado 20. Formación para alcanzar la estrategia

Apartado 21. Formación y cambio cultural. Lograr la cultura deseada

Apartado 25. Los jefes. Seguimiento eficaz. Segundo taller de Codesarrollo sobre la misma temática

Apartado 26. Motivar a otros, ¿un rol que deben asumir los jefes?

Continuando con los expertos y responsables en Formación, en ocasiones será necesario mezclar distintos tipos de actividades formativas, para implementar planes anuales combinando aprendizaje de conocimientos y desarrollo de competencias. También se deberá medir las capacidades de las personas antes de que asistan a las actividades formativas, entre otras opciones. Los casos prácticos ayudan a comprender mejor estas cuestiones.

Como responsables en materia de Formación, asimismo será importante reflexionar sobre indicadores de gestión junto con los beneficios de implementar diseños estandarizados, como el método *Formador de formadores*.

Como se mencionó en páginas previas, ambos apartados también serán de interés para el número 1 de la organización y el número 1 de RRHH.

En los gráficos utilizados para una mejor explicación de la interconexión de temas y contenidos, los apartados han sido mencionados una vez o más, formando parte de más de una clasificación.

Combinar buenas prácticas.
Conocimientos. Competencias. Planes a corto y mediano plazo

Apartado 6. ¿Somos útiles proponiendo la formación adecuada, o llamamos al propalador de creencias?

Apartado 9. Reconocer necesidades y priorizarlas

Apartado 15. Plan anual para un colectivo de profesionales de la misma especialidad

Apartado 16. Pensando en los clientes

Apartado 19. Formación después de mediciones específicas

Apartado 22. Formación combinando medición de capacidades y Codesarrollo

Apartado 23. Formación para la alta gerencia

Apartado 29. Indicadores de gestión sobre Formación

Apartado 30. Formador de formadores. Diseño e implementación

Con la mirada en...
Resultados. Control. Auditoría

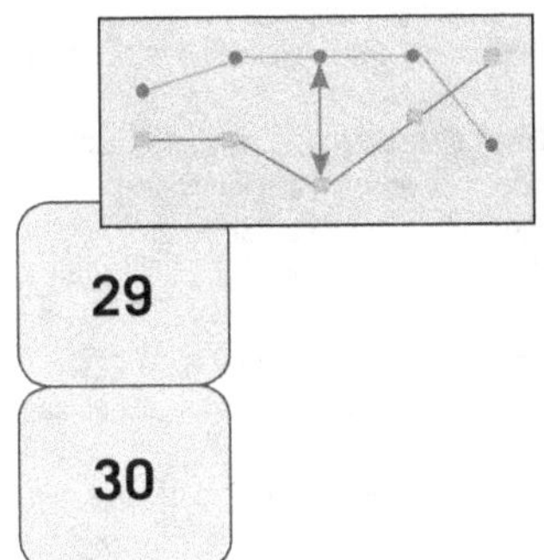

Apartado 29. Indicadores de gestión sobre Formación

Apartado 30. Formador de formadores. Diseño e implementación

Para repensar los temas organizacionales en materia de Formación: ¿estamos haciendo las cosas bien?

Las organizaciones de todo tipo (actividad y tamaño) siempre tendrán una visión de futuro y una estrategia para alcanzarla. Adicionalmente, con frecuencia, se ven frente a la necesidad de encarar cambios profundos, como aquellos que implican una nueva cultura.

Esto podrá estar originado tanto por razones propias como por las nuevas realidades que nos plantea el contexto actual y el mundo por venir. La idea se expresa en la figura siguiente, mencionando aquellos apartados para pensar y repensar acerca del futuro y la formación necesaria para enfrentarlo.

El futuro previsto, alcanzar la visión y la estrategia, el cambio cultural y las nuevas realidades son aspectos que ejercerán una influencia fuerte sobre la conducción de la organización. Por otra parte, la conducción, al mismo tiempo, ejercerá a su vez una fuerte influencia sobre estos factores.

En este juego de influencias, el CEO, los directivos, gerentes, jefes y colaboradores tendrán un rol de alta relevancia. Por lo cual el último conjunto de apartados de este libro se referirá a esta cuestión.

Para aquellos preocupados en el liderazgo y en el rol de los jefes, de todos los niveles

Como comentáramos en páginas previas, hemos destinado una parte importante de la obra a temas relacionados con jefes y colaboradores. Recordemos que el término *jefe* incluye al CEO y al dueño de la empresa (cuando está al frente de ella). A su vez, el término *colaborador* incluye, también y con frecuencia, a altos directivos que reportan a otros directivos de nivel superior.

El conjunto de apartados es amplio, y abarcan desde la consideración de cuestiones frecuentes en las tareas de Formación, hasta planes anuales para el desarrollo de jefes y una amplia gama de posibles actividades formativas, tanto para la adquisición de conocimientos como para el desarrollo de competencias.

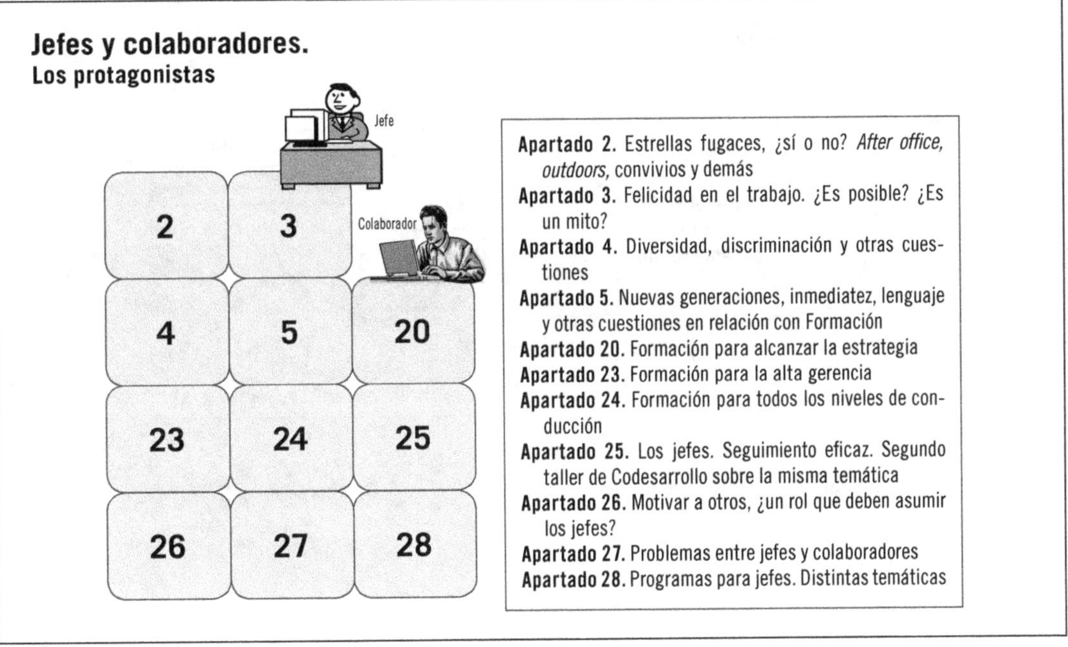

Jefes y colaboradores.
Los protagonistas

Apartado 2. Estrellas fugaces, ¿sí o no? *After office, outdoors,* convivios y demás

Apartado 3. Felicidad en el trabajo. ¿Es posible? ¿Es un mito?

Apartado 4. Diversidad, discriminación y otras cuestiones

Apartado 5. Nuevas generaciones, inmediatez, lenguaje y otras cuestiones en relación con Formación

Apartado 20. Formación para alcanzar la estrategia

Apartado 23. Formación para la alta gerencia

Apartado 24. Formación para todos los niveles de conducción

Apartado 25. Los jefes. Seguimiento eficaz. Segundo taller de Codesarrollo sobre la misma temática

Apartado 26. Motivar a otros, ¿un rol que deben asumir los jefes?

Apartado 27. Problemas entre jefes y colaboradores

Apartado 28. Programas para jefes. Distintas temáticas

En las organizaciones. Múltiples interesados en Formación

Las cuestiones relacionadas con Formación –así como con muchos otros temas de la disciplina Recursos Humanos– preocupan e interesan a los integrantes de la organización y, en un marco más extendido, también a sus familias, dado que la formación implica, en muchos casos, crecimiento, desarrollo y un futuro mejor.

Adicionalmente, las personas y su formación son temas de agenda del número 1, como también de los responsables de Recursos Humanos. En el día a día, el tema también podrá ser considerado desde dos miradas: la del jefe y la del colaborador.

Si bien no ha sido mencionado especialmente, los sindicatos y agrupaciones gremiales de todo tipo deberían tener el foco en la formación de sus representados.

En el gráfico siguiente se desea enfatizar las diferentes miradas que existen frente a la capacitación en su conjunto e, incluso, al analizar un programa de Formación en particular. En la parte superior de la figura se grafica cómo el número 1 de la organización y los distintos integrantes del área de Recursos Humanos deberán considerar la cuestión desde la mirada organizacional, la relación con la estrategia, las necesidades y su priorización, así como otros aspectos que se verán en el desarrollo de esta obra.

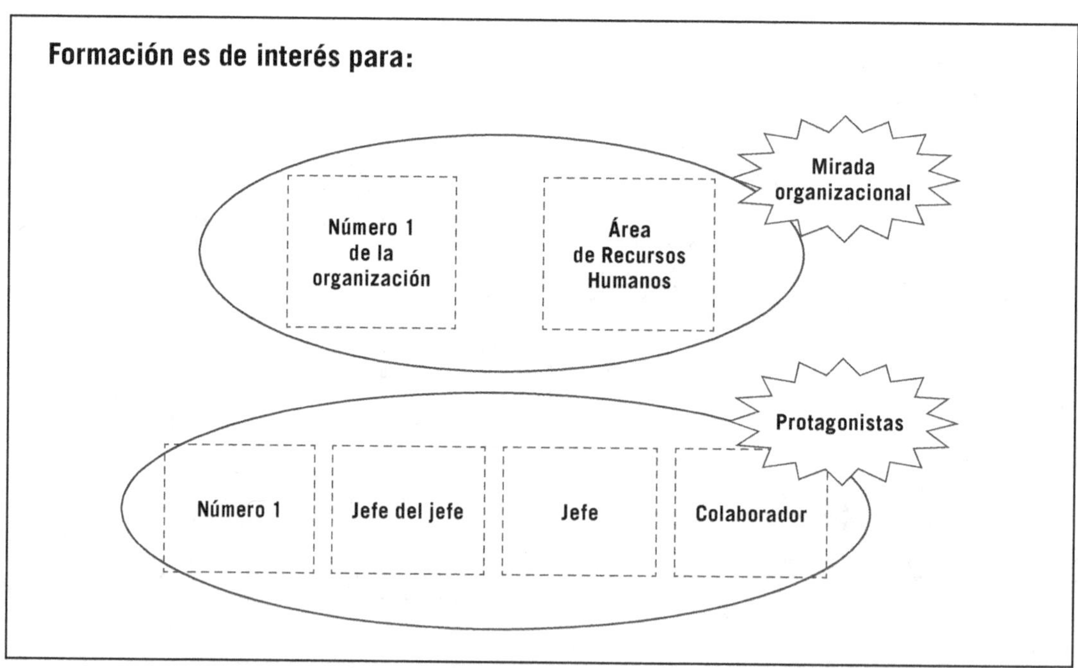

En la parte inferior de la figura vemos un conjunto de involucrados en las actividades, desde el número 1, que podrá ser sujeto de aprendizaje en diversas circunstancias, hasta los demás integrantes de la organización, que hemos categorizado como *jefe del jefe, jefe* y *colaborador,* es decir, todos los que integran la estructura organizacional, en su rol de participantes.

A quiénes va dirigida esta obra

Diversos integrantes de la comunidad manifiestan interés en la temática de Formación. Desde una mirada organizacional, interesa a todas las personas, a partir de la máxima conducción, e incluye a todos los colaboradores y también a los especialistas en Recursos Humanos que se desempeñan como consultores externos (firmas de consultoría y consultores independientes) y también a estudiosos de diferentes ámbitos académicos, tanto profesores como alumnos.

En resumen, la temática es de interés en diversos ámbitos, como se expresa en la figura sguiente.

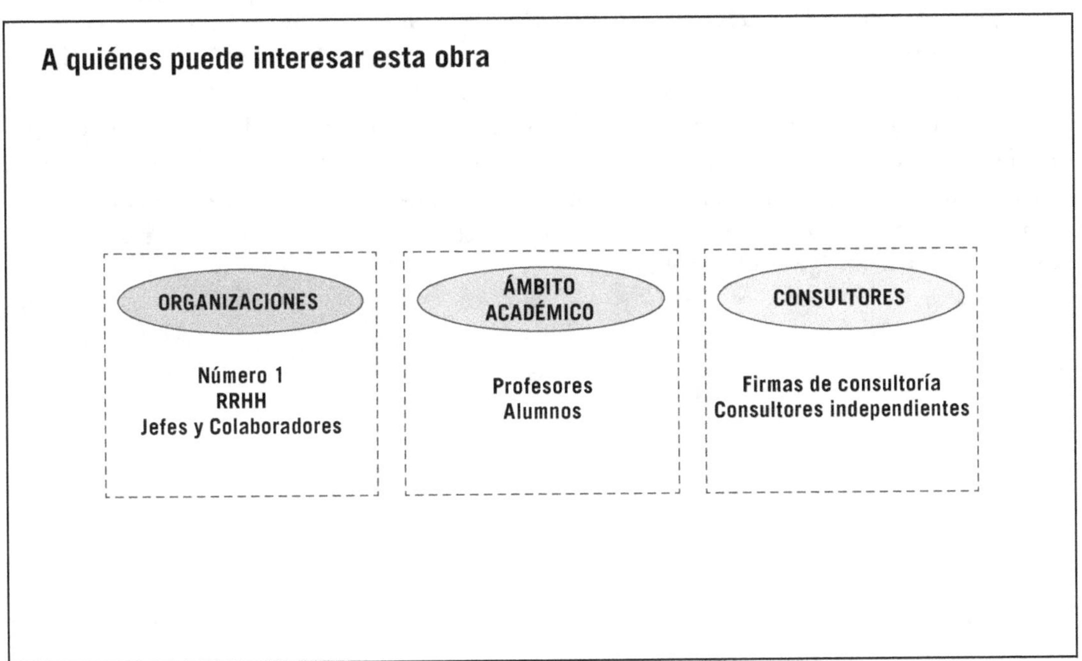

A los profesores, alumnos e interesados en general les sugerimos tener presente que los distintos aspectos tratados en los 30 apartados que componen este trabajo podrán ser considerados como la parte práctica de uno o varios de los capítulos de la obra *Formación. Capacitación. Desarrollo.*

Contenido de la obra

Esta obra la he pensado con un formato distinto a otras que he publicado. En lugar de capítulos extensos, decidí organizar los contenidos en un mayor número de componentes que denomino "apartados".

Para una guía adicional, incluí una tabla en la cual el lector podrá, rápidamente, saber *"qué podrá encontrar en cada uno de los apartados"*, y que se presenta con este mismo título.

El lector podrá hallar los aspectos conceptuales –relacionados con todos los apartados mencionados precedentemente– en los 8 capítulos de la obra *Formación. Capacitación. Desarrollo*[1]. En ella, capítulo por capítulo, se indica tanto a profesores como a interesados en general la manera de utilizar algunos o todos los apartados, para llevar a la acción los temas considerados en cada uno. La obra mencionada se completa con varios anexos que podrán interesar al lector: *I. Aprendizaje de adultos. Principales referentes, II. Cómo tratan la temática de Formación otros autores, III. Resultados de una investigación realizada en Argentina* y *IV. Glosario de términos.* Por último, la Bibliografía es común a ambas obras.

Como es usual, invito al lector a que nos escriba, comentando sus dudas y sugerencias, y muy especialmente si desea aportar nuevas cuestiones a tratar. Podremos estar comunicados, como siempre, a través de cualquiera de nuestras vías de participación en las redes sociales, así como escribiendo a la siguiente dirección de correo electrónico: **libros@marthaalles.com**

---

1 Alles, Martha A. *Formación. Capacitación. Desarrollo. Volumen 1.* Editorial Granica, Buenos Aires, 2019.

Formación
En la práctica

Qué podrá encontrar en cada uno de los apartados

Una breve descripción de la idea principal que se incluye en cada apartado.

Número de apartado	Título	Una reflexión/caso práctico acerca de
1	De ayer a mañana. Difícil y posible a la vez	La formación deberá ser siempre de cara al futuro. Aun frente a la necesidad de resolver problemas actuales.
2	Estrellas fugaces, ¿sí o no? *After office, outdoors,* convivios y demás	Ciertas actividades que se consideran formativas, en especial para el desarrollo de competencias, aun siendo agradables e interesantes, no permiten alcanzar los objetivos deseados en materia de aprendizaje y desarrollo.
3	Felicidad en el trabajo. ¿Es posible? ¿Es un mito?	La felicidad no se enseña. Sin embargo, será posible hacer muchas cosas para alcanzar un grado de satisfacción alto en todos los integrantes de la organización.
4	Diversidad, discriminación y otras cuestiones	Algunos temas que no son estrictamente nuevos requieren una atención especial. Uno de ellos es el respeto a la diversidad. También las buenas prácticas para evitar la discriminación.
5	Nuevas generaciones, inmediatez, lenguaje y otras cuestiones en relación con Formación	Las diferentes generaciones en el ámbito laboral, y algunas de sus características más relevantes, inciden en el día a día, en la forma de hacer las cosas, en la relación jefe-colaborador y, también, en el lenguaje que se utiliza. Todas estas cuestiones deberán ser consideradas en el diseño de las actividades formativas.

Número de apartado	Título	Una reflexión/caso práctico acerca de
6	¿Somos útiles proponiendo la formación adecuada, o llamamos al propalador de creencias?	La gran variedad de ofertas formativas confunde a quien debe contratar servicios de Formación. Aplicar buenas prácticas, en todos los aspectos, permitirá alcanzar los resultados esperados en materia de Formación.
7	Comenzando por el principio. Buenas prácticas en Formación	Una recorrida por los distintos métodos para el desarrollo de personas: dentro del trabajo, fuera del trabajo y el autodesarrollo. Incluye una breve descripción del método Codesarrollo. Sobre el final, este apartado incluye una sección *Q&A*, de preguntas frecuentes.
8	Continuando con las buenas prácticas: Herramientas y Formación	El manejo experto implica conocer acerca de todas las herramientas de Recursos Humanos. Se enumeran las distintas herramientas relacionadas con Formación. Sobre el final, este apartado incluye una sección *Q&A*, de preguntas frecuentes.
9	Reconocer necesidades y priorizarlas	Diversos caminos permitirán una adecuada detección de necesidades de Formación. Luego, será importante priorizarlas. Sobre el final, este apartado incluye una sección *Q&A*, de preguntas frecuentes.
10	Factores a tener en cuenta para alcanzar alta efectividad y eficacia	La impartición efectiva de actividades formativas implica, siempre, un desafío. Un aspecto clave será, ante cada actividad, separar el diseño de la impartición. Por un lado, el diseño debe ser realizado por un experto. Por otro, se debe contar con instructores entrenados, con ciertas características para desempeñar el rol y, además, que conozcan adecuadamente la temática a impartir. Sobre el final, este apartado incluye una sección *Q&A*, de preguntas frecuentes.
11	Aprender puede no ser aburrido. Diseño de una actividad sobre conocimientos	Una explicación detallada del método Codesarrollo junto con indicaciones para lograr el mejor diseño de las actividades a realizar. Distintos tipos de Codesarrollo, interno y abierto. Para finalizar, los aspectos más salientes en el diseño de un taller de Codesarrollo para el aprendizaje de conocimientos. Ejemplo práctico: *Dictamen de Auditoría*.

Número de apartado	Título	Una reflexión/caso práctico acerca de
12	¡Geografía también! Diseño de una actividad sobre conocimientos	Continuando con el apartado anterior, los aspectos más salientes en el diseño de un taller de Codesarrollo para el aprendizaje de conocimientos. Ejemplo práctico: *Río Paraná*.
13	Crecer es posible	Las competencias pueden ser innatas y, también, desarrollarse. Una explicación breve sobre el desarrollo de competencias. Sobre el final, este apartado incluye una sección *Q&A*, de preguntas frecuentes.
14	Cambiar a través de la acción. Diseñar una actividad que permita cambiar comportamientos. Desarrollar competencias	El aprendizaje efectivo implica la puesta en práctica de los conocimientos y competencias. Continuando con el apartado anterior, se brinda una explicación detallada junto con los aspectos más salientes en el diseño de un taller de Codesarrollo para el desarrollo de una competencia. Ejemplo práctico: *Orientación al cliente interno y externo*.
15	Plan anual para un colectivo de profesionales de la misma especialidad	La formación de un grupo de personas plantea, con frecuencia, considerar necesidades diferentes que deben ser encaradas en simultáneo. Para ello se proponen planes anuales (o por un período de tiempo determinado) combinando el aprendizaje de conocimientos y el desarrollo de competencias. Ejemplo práctico: *Plan anual para auditores*.
16	Pensando en los clientes	Continuando con el planteo del apartado anterior, acerca de la necesidad de cubrir varias necesidades formativas diferentes para un grupo de personas, se propone un plan de Formación anual (o para un período de tiempo determinado) combinando el aprendizaje de conocimientos con el desarrollo de competencias. Caso práctico: *Plan anual para la fuerza de ventas/vendedores*.
17	Definir necesidades a través de talleres	La detección de necesidades de Formación es una preocupación frecuente en la mayoría de las organizaciones. Aquí se propone reflexionar e indagar acerca de las necesidades de Formación en el marco de una actividad estructurada (un taller).

Número de apartado	Título	Una reflexión/caso práctico acerca de
18	Seguimiento de la evolución del desarrollo de las competencias y/o del aprendizaje de conocimientos	Una cuestión que preocupa a los especialistas en Recursos Humanos, también a los directivos y jefes de los participantes de actividades de Formación, es el análisis y la evolución del aprendizaje de conocimientos y/o del desarrollo de competencias. Ambos ítems podrán ser evaluados a través de mediciones realizadas durante más de un período. El seguimiento de la evolución podrá realizarse a nivel individual y grupal. Por último, también corresponde realizar el seguimiento que propone el método Codesarrollo.
19	Formación después de mediciones específicas	La formación interna, usualmente, está relacionada con distintas mediciones. Las decisiones por tomar, así como su grado de urgencia, será diferente según cada caso. Por ejemplo, las acciones derivadas de las evaluaciones de desempeño y las necesidades que surjan de programas organizacionales tales como planes de sucesión y/o planes de carrera. Sobre el final, este apartado incluye una sección *Q&A,* de preguntas frecuentes.
20	Formación para alcanzar la estrategia	Para llevar adelante la estrategia, al igual que para lograr el cambio cultural, casi siempre se requiere llevar a cabo acciones formativas. En ambos casos se deberá identificar qué factores deberán ser objeto de dicha formación. Usualmente, se confeccionan planes anuales que combinen el aprendizaje de conocimientos con el desarrollo de competencias. Caso práctico: *Formación para alcanzar la estrategia.*
21	Formación y cambio cultural. Lograr la cultura deseada	Similar al apartado anterior, se deberán identificar los factores que se desea modificar, y establecer un plan combinando distintos elementos. En el caso práctico se propone un plan que comprenda el desarrollo de competencias y valores.
22	Formación combinando medición de capacidades y Codesarrollo	Retomando algunos temas de otros apartados, se plantean casos prácticos donde las actividades formativas se llevan a cabo combinadas con mediciones. Caso práctico 1: *Realizar mediciones antes de impartir actividades formativas.* Caso práctico 2: *Formación posterior a la aplicación de una evaluación 360°.* Sobre el final, este apartado incluye una sección *Q&A,* de preguntas frecuentes.

Número de apartado	Título	Una reflexión/caso práctico acerca de
23	Formación para la alta gerencia	Planes de Formación anuales (o por un período de tiempo determinado) combinando el aprendizaje de conocimientos con el desarrollo de competencias. Caso práctico: *Formación para la alta gerencia. Planes anuales utilizando el método Codesarrollo.*
24	Formación para todos los niveles de conducción	Planes de Formación anuales (o por un período de tiempo determinado) combinando el aprendizaje de conocimientos con el desarrollo de competencias. Se alcanza mayor efectividad a través de la impartición en cascada. Caso práctico: *Programas para jefes, a partir del Rol del jefe (conocimientos) junto con el desarrollo de las competencias Delegación (Conducción de personas), Entrenador y Liderazgo.* *Planes anuales utilizando el método Codesarrollo.*
25	Los jefes. Seguimiento eficaz. Segundo taller de Codesarrollo sobre la misma temática	Los jefes, cumpliendo uno de sus roles (ser entrenadores de sus equipos) podrán realizar efectivamente el seguimiento propuesto por el método Codesarrollo. Se trata del segundo taller de Codesarrollo, parecido pero diferente del inicial. Sobre el final, este apartado incluye una sección *Q&A,* de preguntas frecuentes.
26	Motivar a otros, ¿un rol que deben asumir los jefes?	La motivación, al igual que la felicidad, no se enseña. Sin embargo, es posible llevar a cabo acciones para neutralizar posibles causas de desmotivación. Además, las buenas prácticas producen motivación. Los jefes tendrán un rol clave.
27	Problemas entre jefes y colaboradores	La relación jefe-colaborador suele no tener buena prensa. En algunos casos, la relación puede no ser buena (o no todo lo buena que debiera ser). Para mejorar y solucionar eventuales problemas habrá que identificar las reales causas que los ocasionan. Del mismo modo se deberá actuar para prevenirlos.
28	Programas para jefes. Distintas temáticas	Una amplia gama de temáticas para jefes que incluyen conocimientos, competencias y otras cuestiones, vinculadas al contexto y nuevas realidades. Los caminos por seguir, también, podrán ser diferentes según cada caso en particular.

Número de apartado	Título	Una reflexión/caso práctico acerca de
29	Indicadores de gestión sobre Formación	La gestión de una organización puede medirse a través de indicadores. Algo similar podrá realizarse con la función/área Formación, a través de definir índices específicos para medir el resultado de la gestión del área de Recursos Humanos (en general) y de las distintas funciones que la componen (en nuestro caso, Formación). Caso práctico: Algunos indicadores posibles: *Inversión en Formación por colaborador. Inversión en desarrollo de competencias, por cada colaborador,* entre otros. Sobre el final, este apartado incluye una sección *Q&A,* de preguntas frecuentes.
30	Formador de formadores. Diseño e implementación	Para lograr diseños efectivos, mejorar resultados, controlar adecuadamente el cumplimiento del plan de Formación y, eventualmente, auditar el área, se sugiere la herramienta "Formador de formadores". Se trata de un método por el cual se capacita a otros instructores para que puedan –a su vez– impartir luego esa misma actividad de acuerdo con materiales e instructivos específicos. Sobre el final, este apartado incluye una sección *Q&A,* de preguntas frecuentes.

De ayer a mañana.
Difícil y posible a la vez

Formación pensando en el 2030, 2040 y más

"Mirando el mundo por venir, la formación de cara al futuro, la formación pensando en las décadas de 2030, 2040 y más...", parecen solo palabras; sin embargo, no debe ser así. Las buenas prácticas indican que ese es el camino. El sentido común, también.

Para llevar adelante cualquier proyecto, organizacional o personal, siempre se incluye una mirada que abarca el futuro. A corto, mediano o largo plazo, según se trate. Desde qué hacer en las vacaciones del próximo verano, hasta ahorrar para la futura educación de los niños.

En las organizaciones se definen la *visión* y la *estrategia,* adónde va la organización y cómo lograrlo. ¿La formación se considera de la misma manera? ¿O, por el contrario, se focaliza más en resolver los problemas del pasado y del presente? No ignoro la importancia de resolver ciertos problemas, solo enfatizo la importancia de la mirada al futuro, que también debe estar presente.

La mayoría de los temas tratados a lo largo de los 30 apartados de esta obra se centran en esta mirada. Cómo, desde el presente, nos preparamos para el futuro.

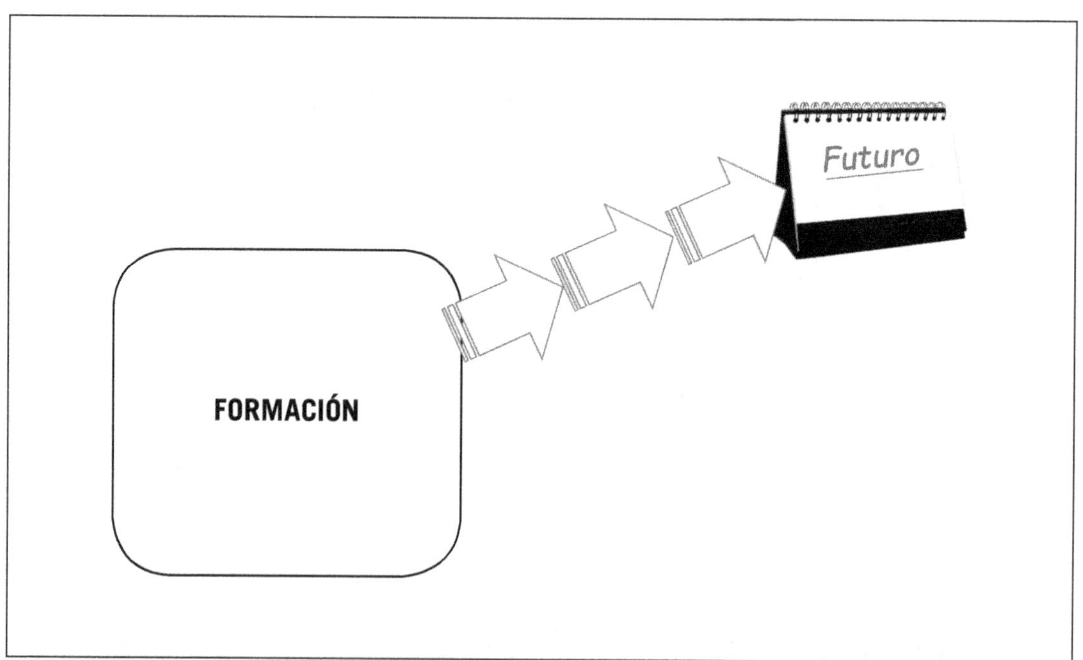

Una imagen que deseo compartir

En la Av. Martín García al 300 se encuentra el Palacio Lezama[1]. Edificio de oficinas construido en 1910, para la Fábrica de Fideos y Bizcochos Canale, junto a los Talleres Viuda de Canale e Hijos.

Más concretamente, en el número 348 de esa avenida, se encuentra una de sus puertas de entrada, cuya foto ilustra este apartado, donde puede leerse "OFICINA DE PERSONAL"

El edificio en cuestión fue reciclado y expandido por Lumi Construcciones, obra proyectada por el Estudio McCormack y completada en el año 2014. Desde entonces sus seis pisos albergan diferentes dependencias públicas correspondientes al Gobierno de la Ciudad de Buenos Aires.

Muchos podrán acordarse… *Oficina de Personal* se llamaba, en algunas empresas, el sector que se ocupaba de los temas relacionados con los colaboradores. No todas contaban con esta "oficina", solo aquellas más afortunadas, con políticas, métodos y procedimientos más avanzados. Y no hablo de mucho tiempo atrás…

---

1 Ciudad Autónoma de Buenos Aires – CABA.

La expresión Oficina de Personal se utiliza para denominar a aquel sector en el cual se llevan a cabo un conjunto de tareas sobre aspectos administrativos y legales relacionados con las personas, de todos los niveles, que integran la organización.

Hoy, muchas organizaciones cubren las mismas funciones, quizá con otro nombre, más acorde a los tiempos actuales. ¿Pero, han evolucionado realmente? ¿Brindan a sus colaboradores y a la entidad un servicio más completo?

Cómo llevar a cabo la transformación. De la Oficina de Personal a contar con un área de Recursos Humanos

Haciendo un juego de palabras, a una de mis obras la he titulado *5 pasos para transformar una Oficina de Personal en un área de Recursos Humanos*. La pregunta será, entonces, qué aspectos del área se deben transformar. La respuesta es sencilla: se deberá lograr que el área, además de realizar todo lo mencionado, brinde soporte a la Dirección General para alcanzar la *estrategia organizacional*, propósito que concierne a organizaciones de cualquier tipo y tamaño.

En muchas empresas, el área de personal asume una serie de funciones adicionales a las administrativas, pero no todas las posibles, y quizá no todas las realiza bien; por una razón u otra, la gestión del área no cubre ni las expectativas de la alta dirección, ni las de los colaboradores. Muchas veces no se trabaja siguiendo las buenas prácticas, diseñando métodos de trabajo de cara al futuro. En resumen, un cambio es necesario.

La administración de personal es una de las funciones del área de Recursos Humanos. Sin esta no serán posibles las otras. Pero, a su vez, sin la presencia de las otras funciones no se podrá denominar al área "Recursos Humanos".

Con frecuencia, dueños de empresas grandes, medianas y pequeñas, números 1 de organizaciones, directivos de áreas diversas, jefes de grupos más o menos numerosos, solo por citar algunos casos, me preguntan *qué hacer* para lograr esta transformación a la que aludimos.

La cuestión es casi siempre la misma, por dónde comenzar, cómo abordar un tema tan complejo, con tanto en juego. Como decíamos, en ocasiones "algo se hace" –en materia de Recursos Humanos–, pero no da los resultados esperados: o los colaboradores, o los jefes, o los directivos, o todos ellos, no están conformes.

Como en otros aspectos, no existe una única solución, los pasos deberían darse de uno en uno, en una única dirección. El área de Recursos Humanos deberá ayudar a la dirección de la empresa a alcanzar sus objetivos cuidando, al mismo tiempo, los intereses de las personas que la integran. Difícil y posible a la vez.

Por qué difícil. Por qué fácil

Releyendo los temas que había elegido para esta obra, pensé cómo transmitir estas ideas sin caer en simplificaciones extremas, en palabras grandilocuentes…

Difícil por...

A todas las personas nos cuesta salir de nuestra zona de confort para hacer algo distinto a lo que venimos haciendo, que quizá nos requiera un cierto esfuerzo, en un esquema diferente a como estamos actuando hasta este momento.

Esta sensación que podemos vivenciar cada una de las personas, a nivel individual, se amplifica en las organizaciones. Quizá por la sumatoria de los miedos de varias personas o porque entran a jugar otros factores, como la ecuación costo-beneficio.

En cualquier caso es más difícil aún, en especial en materia de Recursos Humanos, donde la alta gerencia no siempre ve los beneficios de los métodos y procedimientos aplicados.

Para atenuar algunas de las cuestiones planteadas, las buenas prácticas en Recursos Humanos podrán ser el camino indicado. Retomaremos la temática de las buenas prácticas en el *Apartado 3. Felicidad en el trabajo. ¿Es posible? ¿Es un mito?*

En Formación, un aspecto difícil será desaprender para aprender algo nuevo.

Quizá fácil por...

Rotos los paradigmas, se puede pensar con "la hoja en blanco". Utilizo mucho esta expresión (pensar con la hoja en blanco, hacer algo a partir de la hoja en blanco) para enfatizar esta idea. Dejar atrás lo conocido para poder ver lo nuevo.

Otro error frecuente es subir a plataformas actualizadas procedimientos del pasado. En este caso, la organización y los integrantes del área de Recursos Humanos sienten que están "al día" en la materia siendo que solo se cambió la plataforma en la cual se procesa una determinada información, pero no se adaptaron los temas de fondo a las nuevas realidades.

Si se logra dejar atrás lo conocido que no aporta soluciones en el presente, para pensar desde cero algunas cosas, al analizar la mayoría de los problemas y situaciones que debamos resolver, se estará más cerca de alcanzar una solución efectiva y eficaz.

Formación mirando al futuro

Los planes pensando en el futuro, usualmente, van acompañados de nuevos requerimientos en materia de Formación. Allí deberá estar el foco. La visión y la estrategia organizacionales reflejadas en las necesidades formativas.

Como decíamos al inicio de este apartado, la Formación, en todos los casos, debería ser diseñada (e impartida) de cara al futuro, pensando en las necesidades tanto en el corto como en el mediano y largo plazo.

Con frecuencia nos focalizamos en el aquí y ahora. En algún caso quizá sea necesario. No obstante, la mirada al futuro deberá ser considerada siempre, incluso cuando sea preciso resolver alguna cuestión relacionada con el presente.

Cuando una organización necesita hacer un cambio cultural, cuando se ha detectado que algo debe ser modificado, cuando se sabe de antemano que una nueva competencia debe ser desarrollada, habrá que incluir lo antes posible esta necesidad en los planes de formación.

A modo de cierre

La tradición, la historia de cada organización, de cada persona, son valores muy importantes y deben ser considerados. No deben caer en el olvido. Un valor del fundador, alguna idea fuerza que llevó a la organización a ser lo que es hoy, son aspectos muy importantes.

No obstante, el futuro requerirá estar preparados para afrontar nuevas realidades, retos y desafíos. Desde esta mirada se deberá planear la formación.

La formación debe realizarse, siempre, de cara al futuro, aun en aquellos casos en que se deban resolver, incluso con algún grado de urgencia, problemas del presente.

Apartados relacionados y/o que tratan temas con alguna conexión

La mayoría de los apartados tienen conexión entre sí. A continuación, solo voy a destacar alguno de ellos.

- Apartado 3. Felicidad en el trabajo. ¿Es posible? ¿Es un mito?

- Apartado 4. Diversidad, discriminación y otras cuestiones

- Apartado 5. Nuevas generaciones, inmediatez, lenguaje y otras cuestiones en relación con Formación

- Apartado 7. Comenzando por el principio. Buenas prácticas en Formación

- Apartado 8. Continuando con las buenas prácticas: Herramientas y Formación

- Apartado 9. Reconocer necesidades y priorizarlas

- Apartado 10. Factores a tener en cuenta para alcanzar alta efectividad y eficacia

- Apartado 11. Aprender puede no ser aburrido. Diseño de una actividad sobre conocimientos

- Apartado 12. ¡Geografía también! Diseño de una actividad sobre conocimientos

- Apartado 13. Crecer es posible

- Apartado 14. Cambiar a través de la acción. Diseñar una actividad que permita cambiar comportamientos. Desarrollar competencias

- Apartado 20. Formación para alcanzar la estrategia

- Apartado 21. Formación y cambio cultural. Lograr la cultura deseada

- Apartado 23. Formación para la alta gerencia

- Apartado 24. Formación para todos los niveles de conducción

- Apartado 29. Indicadores de gestión sobre Formación

Notas

Para reflexionar, implementar, llevar a cabo en la organización

____

Para reflexionar, implementar, llevar a cabo en mi desarrollo profesional y personal

2

Estrellas fugaces, ¿sí o no?
After office, outdoors, *convivios y demás*

¿Todas las actividades son formativas?

Mi respuesta a esta pregunta sería "sí". Todas las actividades son formativas. Es posible obtener enseñanzas en los momentos más diversos, de las experiencias más variadas, incluso de aquellas circunstancias en las cuales no hemos sido especialmente felices y/o no nos ha ido tan bien, las cosas no salieron como esperábamos, etc.

En todo momento es posible aprender. Siempre será una buena ocasión para extraer alguna enseñanza. Aprender depende de cada uno de nosotros... Estas frases (y muchas más) expresan verdades. Con todas estoy de acuerdo.

No obstante, el término "formación", analizado desde una perspectiva organizacional, implica un proceso formal, estructurado, consciente, a través del cual se espera obtener ciertos resultados. La definición del término es:

Formación es la acción de educar y/o instruir a una persona con el propósito de perfeccionar sus facultades intelectuales a través de la explicación de contenidos, ejercicios, ejemplos, etc. Incluye conceptos tales como Codesarrollo y Capacitación[1].

Las organizaciones prevén actividades formativas estructuradas de diferente manera, desde cursos de capacitación hasta programas internos para el desarrollo.

After office, outdoors, convivios[2] y demás

A las mujeres nos atribuyen un clásico comportamiento que todas –me incluyo– hemos llevado a la práctica, quizá muchas veces: frente a una situación más o menos estresante, angustiante o cualquier otra, *salimos de shopping.* También asistimos al salón de belleza, como una forma de atenuar la circunstancia que ocasionó el malestar que nos afectó.

Los zapatos, para muchas, son un fetiche que no se puede soslayar; recordemos al personaje que lanzó a la fama Sarah Jessica Parker, Carrie Bradshaw en *Sex and the City (Sexo en Nueva York),* una famosa serie "para chicas", y no tanto.

Un recuerdo similar viene a mi mente con la película *Legally Blonde (Legalmente rubia* o *Una rubia muy legal,* según la traducción con que se presentó en distintos países). Allí el personaje Elle Woods (Reese Witherspoon), ante cualquier crisis emocional, iba al salón de belleza a hacerse una manicura. También propone idéntica solución a otros personajes del film que atraviesan alguna situación semejante.

---

1 Fuente: *Diccionario de términos de Recursos Humanos.* Ediciones Granica, Buenos Aires, 2011.
2 Convite. Sobre el término se hará una referencia más adelante.

Reemplace zapatos por otro producto, manicura por otro servicio, no importa cuál... Seguramente vendrán a su memoria muchos casos y ejemplos, no solo en series o películas.

Al hacer algo como lo descrito hasta aquí, se obtiene –no siempre– algún grado de satisfacción.

Imaginemos que una persona, estresada por alguna circunstancia, decide ir a un *shopping*, compra algo que le gusta mucho, quizá zapatos, la acción le provoca una amplia sonrisa, genera ilusión... Luego, al llegar a su hogar con el objeto en cuestión, lo expone en alguna suerte de "altar casero", llama a una amiga para contárselo, luego a otra, publica una foto, quizá varias, en Instagram y... luego, luego, luego... la situación que generó el estrés, la angustia o cualquier otra, sigue allí, igual que antes. La situación que de algún modo la inquietaba, no "se modificó" ni "cambió" ni "mejoró" por la compra de ese objeto, más o menos bonito, que sumó al armario, a la colección, etc.

En la acción relatada, una luz se enciende, brilla por un rato, genera una sonrisa, un momento de alegría y, como estrella fugaz, desaparece, dejando a la persona en la misma noche oscura en la cual estaba antes de su aparición.

Situaciones como esta ocurren, no en las películas, sino en la vida real de personas comunes, como cualquiera de nosotros.

Algo similar sucede en materia de *formación y desarrollo, ¿o no?*

En algunos ámbitos, pareciera que a través de ciertas acciones de magia –todos sabemos que en la vida real no existe– se logran resultados. Se proponen soluciones rápidas, de fácil consumo, que logran aparentes "milagros" en la solución de problemas complejos. Estas actividades son siempre placenteras y divertidas, prometen resultados atractivos, que las organizaciones siempre desean alcanzar; aseguran el logro de cambios sobre ciertos aspectos de la vida organizacional que, en general, no son ni divertidos ni fáciles de modificar.

Todos los días, nuevas y viejas teorías proponen momentos más o menos fugaces de felicidad, motivación, pertenencia a un equipo. Cambiar el clima laboral a través de un *after office*, salir a tomar una copa después del trabajo, un almuerzo en las afueras de cualquier ciudad, quizá en la propia casa de fin de semana del jefe, quien "como al pasar" exhibe una hermosa finca a la que en su nivel él puede acceder y no así sus colaboradores; también los tan promocionados días de campo y otros fenómenos contemporáneos, como las actividades *outdoors*.

¿La magia se produce? No. Sucederá lo mismo que con aquella persona que compró un artículo de su agrado. En todos los casos, el resultado concreto y final es el mismo que al "salir de *shopping*" (actividad que nos atribuyen a las mujeres pero que, como es ampliamente conocido, también los varones hacen). Se podrá gastar más o menos dinero e invertir algo de tiempo, pasar un buen momento, pero siempre será una situación fugaz que no modifica las circunstancias de fondo.

Ruego al lector no darle ninguna connotación en particular a la expresión "salir de *shopping*", solo la utilicé para enfatizar una idea. Tanto a varones como a mujeres les gusta salir de compras, no es un tema –desde ya– solo femenino, quizá varíe el tipo de producto que se adquiere... En lo personal, me encanta "salir de *shopping*", con o sin excusas.

La mayoría de las actividades mencionadas se tipifican como "motivadoras" o "motivacionales". Como decíamos, no lo son realmente. Son, en cambio, solo una luz que brilla un rato y se apaga. Nos referiremos en varios apartados a la motivación, ya que es un tema serio sobre el cual hay que trabajar, desde todas las miradas. En cualquier caso, se deberán analizar las causas que eventualmente desmotivan a los colaboradores, y actuar sobre ellas.

En cuanto al desarrollo de competencias, cuando sea necesario cambiar comportamientos, habrá que llevar a cabo acciones que lo permitan, para que luego estos nuevos comportamientos puedan ser integrados al desempeño cotidiano de los colaboradores, en sus respectivos puestos de trabajo.

Invertir en estrellas fugaces, ¿sí o no?

La respuesta a esta pregunta, como a tantas otras, será "depende". Para celebrar determinadas fechas, recordar aniversarios y otras tantas circunstancias parecidas, será siempre una buena idea organizar algún tipo de evento, con las características que cada organización considere más adecuadas. Recordando que se trata de un evento, no de una actividad formativa.

La fiesta de fin de año, un convivio por el día de la madre, la familia o la diversidad, un día de campo, podrán ser actividades muy buenas para la organización en su conjunto, permitirán afianzar lazos personales y otros beneficios similares, pero en ningún caso son actividades formativas. Dándole a la cuestión una mirada contable, le diría que estas actividades recreativas deberían contabilizarse en una cuenta diferente que Formación.

En ocasiones, las actividades también podrá ser una suerte de excusa para, junto con la celebración, aprovechar el evento y presentar algo que la empresa considere de importancia. A modo de ejemplo, he participado en eventos donde se reunió a los colaboradores, primero se sirvió un desayuno muy bonito para luego realizar un lanzamiento "a todo lo alto" de acciones de autodesarrollo.

¿Están mal las estrellas fugaces? No. En absoluto. Podrán ser disparadores para realizar otras acciones más tarde, y cubrir otros objetivos organizacionales. En ningún caso ayudarán a una persona a cerrar brechas de conocimientos o competencias en relación con su puesto actual o futuro, propósito principal de las actividades formativas.

El problema no radica en la realización de actividades recreativas. Entre ellas deseo señalar especialmente las actividades *outdoors*, en las que también se generan contradicciones, se enarbolan creencias.

El problema se presenta cuando "se las confunde" con actividades formativas.

Cuándo sí. Cuándo no

La mayoría de las actividades mencionadas en este apartado están rodeadas de un cierto *glamour*[3] –y, muchas veces, esta calificación podrá ser acertada.

Outdoor. Definición:

Actividades que se realizan fuera del ámbito laboral y que, usualmente, proponen prácticas deportivas y/o recreativas al aire libre con el propósito de lograr una mejor integración y coordinación entre los participantes.

Se utiliza la denominación en inglés dado que es de uso frecuente y se la menciona en muchas obras sobre, por ejemplo, Recursos Humanos y Desarrollo, en diferentes lenguas.

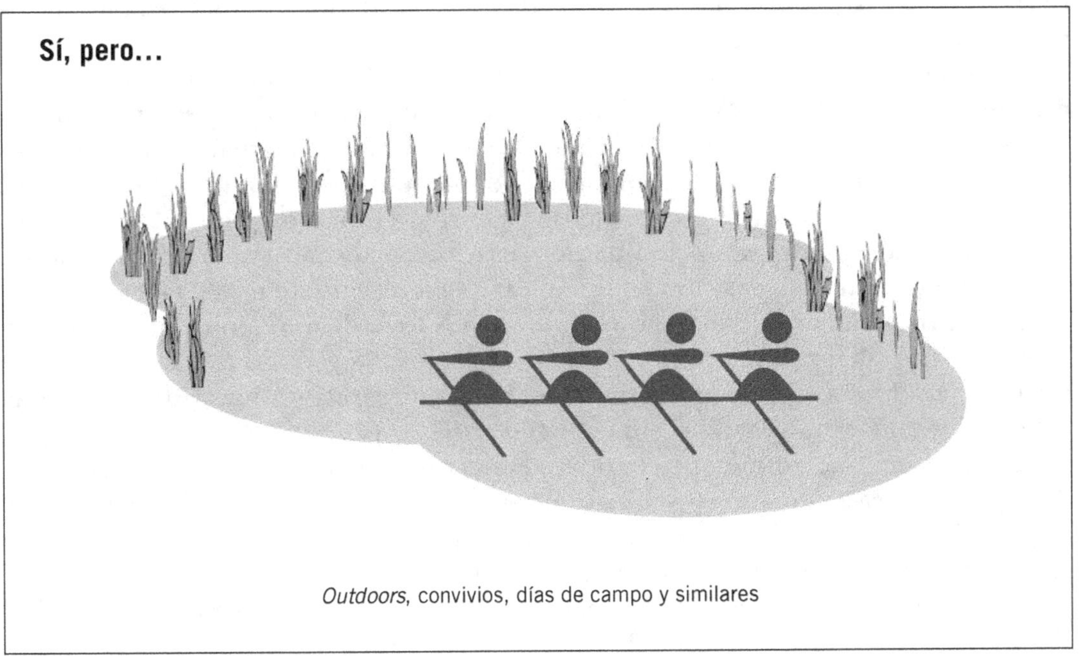

Outdoors, convivios, días de campo y similares

---

3 Glamour o glamur: encanto sensual que fascina. Sensual (en su primera acepción): perteneciente o relativo a las sensaciones de los sentidos. Ambas definiciones según www.rae.es

El primer aspecto que deseo señalar es que estas actividades se llevan a cabo desde hace mucho tiempo. En un libro publicado en la década de 1990, Jac Fitz-enz[4] planteaba su posición sobre las actividades *outdoors*, que de alguna manera comparto. Con frecuencia, mucho más de lo que los especialistas en Recursos Humanos tienen en mente, los participantes de estos eventos concurren a disgusto, contrariando sus gustos y preferencias, lo que genera la reacción opuesta a la deseada. Estas actividades, mal planteadas, no solo no logran el objetivo propuesto –desarrollar alguna capacidad–, sino que, además, son una incubadora de sentimientos negativos sobre la organización, sobre el área de Recursos Humanos, sobre los propios jefes.

¿Son inadecuadas como actividad? Sí y no. Si una persona desea desarrollar una capacidad, le gusta la vida al aire libre, está en buen estado físico, no tiene ninguna contraindicación respecto del sol y otras eventualidades propias del clima y/o algún otro factor que se me escapa en este listado, es posible que disfrute la actividad *outdoor* y le saque provecho.

En caso contrario, puede ser un suplicio para el participante.

Si la propuesta de la actividad *outdoor* (por ejemplo, escalar montañas) formara parte de las guías de Autodesarrollo y una persona, por su propia decisión, decidiese realizar este deporte como una forma de mejorar alguna competencia, la actividad podrá ser muy beneficiosa.

Si en un caso opuesto al anterior, la actividad *outdoor* ha sido contratada por el área de Recursos Humanos y a ella deben asistir un conjunto de personas, convocadas a tal fin, podrán coexistir allí individuos como el imaginado en el párrafo anterior (identificación positiva con la actividad) y otros que no desean participar.

En este punto, algún responsable de Recursos Humanos podrá decirme: "en mi organización damos la opción de no participar", y esto está bien. No obstante, sugiero pensar en qué posición se pone a la persona que debe reconocer que no quiere asistir a una actividad, como la que hemos tomado a modo de ejemplo, porque –solo por imaginarme posibles causas– el sol no le gusta o le hace mal, tiene miedo a las alturas, debe seguir una dieta, le aconsejaron no hacer determinadas actividades por alguna razón o, simplemente, no le gusta.

En el ejemplo se asume que el puesto que ocupa la persona –que eventualmente dice que no desea asistir– no está vinculado con esas actividades. Puede ser un jefe de IT (*Information Technology*/Tecnología Informática), posición que no requiere ni trabajar al aire libre, ni al sol, ni estar expuesto a situaciones extremas de ninguna naturaleza.

Los especialistas de Recursos Humanos deberían considerar estas circunstancias, sin asumir generalización alguna. Por ejemplo, la mayoría de los integrantes de una

---

4 Fitz-enz, Jac. *Cómo medir la gestión de Recursos Humanos.* Ediciones Deusto, Bilbao, 1999. La obra tuvo otras versiones previas, de los años 1984 y 1995.

organización o de un área podrán ser en su mayoría jóvenes y, de todos modos, alguno de ellos desear no participar de una actividad *outdoor.* Las afirmaciones asertivas basadas en generalizaciones suelen ser solo justificaciones para las malas prácticas.

Otro aspecto importante es que este tipo de actividades deben realizarse extremando las medidas de seguridad. Para ello deberían contratarse seguros especiales y considerar otros aspectos que, con frecuencia, no son tenidos en cuenta.

Dice Jac Fitz-enz[5]: *Una de las últimas y muy costosas modas del desarrollo son los cursillos de consolidación de equipos en el exterior. O de supervivencia. La suposición es que la gente aprende a trabajar en equipo construyendo balsas y escalando montañas juntos. Es probable que sea así. Me imagino que resultará muy divertido para el que esté en forma, y agónico para el que no lo esté, pero en cualquier forma los vendedores de este tipo de cursillos están obteniendo buenos ingresos.* Y continúa luego: *Si se desea medir resultados, (la actividad) debe proporcionar formación de aptitudes en el contexto del puesto de trabajo. La razón para esto es que la construcción de balsas no tiene ninguno de los factores de riesgo que tiene la actuación en la empresa. En resumen –dice Fitz-enz– es divertido, pero tanto si la balsa flota como si se hunde, las personas siguen manteniendo su empleo cuando vuelven a la empresa.*

En resumen, los *outdoors* pueden ser efectivos según las circunstancias. El error será la contratación de dichas actividades para colectivos de personas. Si se desea utilizarlas, se deberá seguir el camino inverso. Ofrecer las actividades e inscribir solo a aquellas personas que lo soliciten y que, además, requieran la formación por alguna razón específica –es decir, que deban achicar alguna brecha relacionada–, entre otros recaudos.

Otras actividades que se promueven como positivas y quizá lo sean

En organizaciones diversas se consideran como una actividad motivacional las reuniones informales denominadas *after office,* usualmente promovidas por un nivel superior y/o por el área de Recursos Humanos.

Se utiliza esta expresión *after office* para hacer referencia a una salida de tragos tras la jornada laboral, una cena de oficina en un día de semana que no tiene por qué superponerse con ninguna actividad laboral del día ni de la jornada siguiente.

En general se considera una salida con otras personas del mismo ámbito laboral con el único propósito de socializar. En algunos ámbitos es una práctica frecuente.

Esta práctica, como decíamos, puede ser promovida por un nivel superior. En ocasiones, la convocatoria la realiza un miembro del equipo, con algún grado de

---

5 Fitz-enz, Jac. *Cómo medir la gestión de Recursos Humanos.* Obra citada. Página 291.

liderazgo sobre los otros. También podrán darse de manera espontánea, producto de usos y costumbres establecidas.

Adicionalmente, podemos citar las celebraciones institucionales, por ejemplo, fiestas de fin de año, para conmemorar alguna fecha en particular (de la organización en cuestión y, también, de la ciudad, región, etc.) y otras similares. También las que trataremos a continuación.

Convivios y otras celebraciones

El término convivio[6] –mencionado aquí varias veces– se utiliza con frecuencia en muchos países hispanoparlantes, para definir una celebración, evento o acontecimiento al cual asisten invitados. Usualmente se sirven alimentos y bebidas.

Por extensión, se utiliza también en el ámbito empresarial, especialmente para denominar aquellas actividades que, por sus características, se asemejan más a un banquete o celebración que a un curso/taller de formación. Ejemplos: reuniones para fechas específicas, festejos de fin de año, celebración del día de la familia, del día del niño, también aniversarios empresariales, actividades cuya finalidad es afianzar vínculos entre colaboradores, mejorar la convivencia y similares.

Convivio es, también, una obra de Dante escrita durante el exilio, entre 1304 y 1307. El término "convivio" (latín *convivĭum*) significa "banquete". El objetivo del tratado, escrito en dialecto florentino (*volgare*), consiste justamente en brindar un "banquete de sabiduría" a todos los que desconocían el latín, que a finales del siglo XIII era la lengua de la transmisión del conocimiento y del debate científico, sobre todo en lo relativo a la política, la filosofía y la poesía. Con el *Convivio* el autor trata de mostrar su doctrina y refutar las acusaciones que lo habían confinado al exilio.

Un comentario final

Lo expuesto sobre las actividades aquí mencionadas, en ningún caso debe ser considerado negativo. Por el contrario, es importante destacar las características de cada tipo de actividad, para no generar confusiones en su aplicación práctica. Es importante diferenciar las actividades recreativas de la Formación propiamente dicha.

En resumen, ni bueno ni malo. Diferente. Cada actividad responde a objetivos y propósitos distintos.

---

6 Convivio, del latín *convivĭum*, significa convite. Según la Real Academia es la acción y efecto de convidar; o la comida o banquete al que es invitado alguien. Fuente: www.rae.es.

Para determinar si una actividad puede ser considerada formativa o no, para analizar su pertinencia, efectividad y eficacia, sugiero tener presente la definición del término "formación", brindada en los primeros párrafos de este apartado.

Por otra parte, *Formación* es, también, uno de los subsistemas de Recursos Humanos. En este subsistema se concentran las actividades de formación de una organización. Implica desde el planeamiento de las actividades formativas, hasta su realización efectiva y su control. La formación puede llevarse a cabo en diversas formas: presencial, a distancia, *e-learning*, etc. Asimismo, implica tanto la adquisición de conocimientos como el desarrollo de competencias.

Las ideas expuestas se sintetizan en la figura siguiente.

Los planes de formación deberían comprender aquellas actividades necesarias para alcanzar la visión y la estrategia organizacionales. Según corresponda, estas actividades estarán dirigidas tanto a aprender nuevos conocimientos como al desarrollo de competencias.

En resumen, al incluir actividades en el Plan de Formación se debe analizar si estas realmente contribuirán a que los colaboradores mejoren su desempeño, que alcancen los objetivos deseados en materia de aprendizaje y desarrollo. Ciertas actividades que, en ocasiones, se consideran formativas, no lo son, en especial aquellas destinadas al desarrollo de competencias y que solo son "estrellas fugaces".

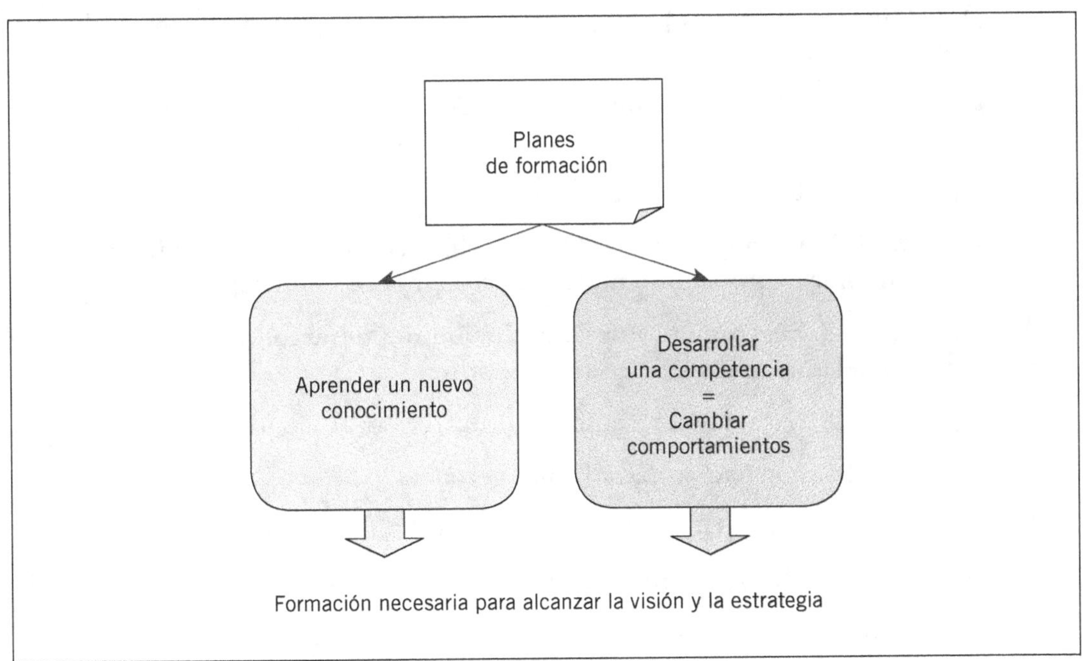

Apartados relacionados y/o que tratan temas con alguna conexión

La mayoría de los apartados tienen conexión entre sí. A continuación, solo voy a destacar alguno de ellos.

- Apartado 3. Felicidad en el trabajo. ¿Es posible? ¿Es un mito?

- Apartado 4. Diversidad, discriminación y otras cuestiones

- Apartado 5. Nuevas generaciones, inmediatez, lenguaje y otras cuestiones en relación con Formación

- Apartado 6. ¿Somos útiles proponiendo la formación adecuada, o llamamos al propalador de creencias?

- Apartado 7. Comenzando por el principio. Buenas prácticas en Formación

- Apartado 8. Continuando con las buenas prácticas: Herramientas y Formación

- Apartado 9. Reconocer necesidades y priorizarlas

- Apartado 10. Factores a tener en cuenta para alcanzar alta efectividad y eficacia

- Apartado 11. Aprender puede no ser aburrido. Diseño de una actividad sobre conocimientos

- Apartado 12. ¡Geografía también! Diseño de una actividad sobre conocimientos

- Apartado 13. Crecer es posible

- Apartado 14. Cambiar a través de la acción. Diseñar una actividad que permita cambiar comportamientos. Desarrollar competencias

- Apartado 18. Seguimiento de la evolución del desarrollo de las competencias y/o del aprendizaje de conocimientos

- Apartado 21. Formación y cambio cultural. Lograr la cultura deseada

- Apartado 23. Formación para la alta gerencia

- Apartado 24. Formación para todos los niveles de conducción

- Apartado 26. Motivar a otros, ¿un rol que deben asumir los jefes?

- Apartado 28. Programas para jefes. Distintas temáticas

3

Felicidad en el trabajo.
¿Es posible? ¿Es un mito?

Alcanzar la felicidad en el trabajo... ¿Cómo?

En general, no me gusta utilizar la palabra felicidad en relación con temas de nuestra disciplina, Recursos Humanos. Sin embargo, de esta temática y con estos términos se habla en congresos, foros, instituciones de diverso tipo, libros y otras publicaciones.

¿Cómo relacionar algo tan profundo como las verdaderas causas por las cuales se alcanza la felicidad, las razones por las cuales somos o no felices, con un aspecto organizacional, como la disciplina Recursos Humanos?

Intentaré establecer las relaciones posibles. Para ello, comenzaré por analizar el significado del término "felicidad", que para la Real Academia[1] hace referencia a un "estado de grata satisfacción espiritual y física".

Partiendo de esta definición, podríamos afirmar que el trabajo –en muchos casos– provoca en las personas un estado de grata satisfacción espiritual y física. Por lo tanto, en función de dicha definición, en este apartado se verá qué debería hacerse, desde la mirada de una organización, para alcanzar la felicidad, de cada uno de sus colaboradores.

Los caminos para alcanzar la felicidad podrán ser muchos y diversos. Comenzaré el análisis desde la mirada del CEO y/o del número 1 de RRHH.

En nuestra vida cotidiana, el sentido de bienestar lo provoca hacer cosas para las cuales tenemos las capacidades necesarias, que quizá son retadoras y desafiantes, pero se encuentran dentro de nuestro propio e individual ámbito de "lo posible".

Se puede observar a una pareja practicar remo en un lago, y pensar qué alto grado de felicidad estarán experimentando. Pero quizás, por alguna razón, esa actividad no es la más adecuada para la persona que realiza dicha observación, la cual a lo mejor obtiene un grado alto de satisfacción a través de otras prácticas, por ejemplo, caminar alrededor del lago.

Otra razón que provoca alta satisfacción en las personas proviene de hacer las cosas bien, obrar bien, sin que alguien lo haya así indicado.

En una tienda cualquiera, por ejemplo, un supermercado, la cajera se equivoca al dar el vuelto, entregando más dinero que el que correspondía. Devolver el dinero a la empleada, quien observará una diferencia de su error al final del día, será un pequeño acto (del cliente que recibió el dinero por error) que le producirá –a quien lo realice– un estado de bienestar, por haber realizado lo correcto, por haber hecho aquello que correspondía hacer, sin mediar indicación alguna.

---

1 www.rae.es

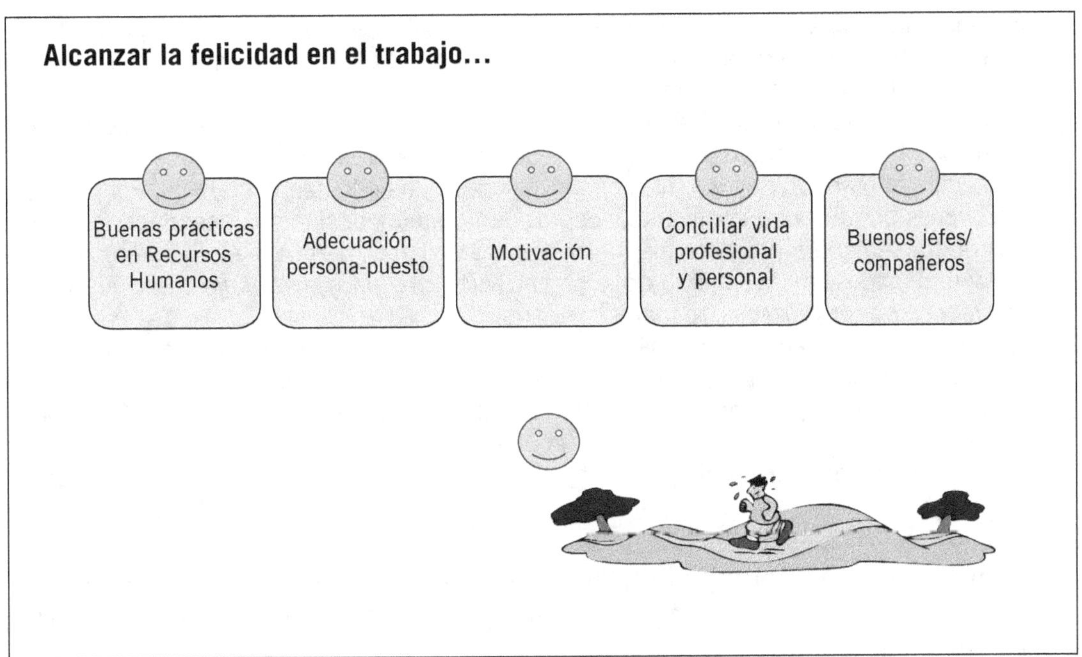

Hasta aquí hemos combinado dos elementos, la actividad que se realiza y los valores personales. Ambos factores deberán ser considerados. Podrían ser un camino hacia el "estado de grata satisfacción espiritual y física".

En el ámbito organizacional se podría ayudar a todos los colaboradores a alcanzar un más elevado grado de satisfacción a través de algunas buenas prácticas. Destaco la palabra "ayudar" en reemplazo de "lograr", dado que siempre podrán darse otros factores o elementos que inclinen la balanza en un sentido u otro, elementos que podrían no estar identificados o, aun estándolo, no ser posible su modificación.

En la figura precedente se mencionan algunas acciones a llevar a cabo, desde la organización, tendientes a alcanzar una mayor felicidad en el trabajo.

Los aspectos señalados en el gráfico anterior se verán a continuación.

Felicidad y buenas prácticas

Las buenas prácticas y, dentro de ellas, las buenas prácticas en Recursos Humanos, son un concepto interesante para tener en cuenta en relación con este apartado y con la formación, en general.

Buenas prácticas en Recursos Humanos[2]. La expresión hace referencia a aquellas prácticas que son consideradas un parámetro o estándar a alcanzar según la opinión de un experto en la temática en cuestión.

Las "buenas prácticas en Recursos Humanos" describen métodos de trabajo que las empresas han implantado y que se consideran "deseables", es decir, que sería bueno implementar o adoptar en aquellas organizaciones que no lo han hecho aún. Por lo tanto, las buenas prácticas no implican conceptos de tipo teórico, sino que describen los métodos de trabajo que representan la mejor manera de hacer las cosas en lo que respecta a un determinado tema o aspecto de la organización: *métodos de trabajo reales llevados a la práctica por organizaciones reales.*

En resumen, las buenas prácticas representan modelos de gestión que han sido exitosos en algunas o muchas organizaciones.

Un directivo preocupado por el factor humano deberá conocer, al actuar en su área, todas las variantes de prácticas disponibles a fin de identificar las más convenientes para lograr un buen desempeño general, así como también deberá hacerlo un experto en Recursos Humanos.

En muchas de mis obras planteo que las buenas prácticas en Recursos Humanos producen, en todos los casos, un efecto ganar-ganar. Esto implica que es bueno para ambas partes.

Ganar-ganar[3]. Expresión ampliamente difundida en relación con las buenas prácticas en negociación. Implica que el resultado obtenido es bueno para ambas partes. Se utiliza, también, la expresión en inglés *win-win.*

El concepto *ganar-ganar* va mucho más allá del resultado concreto de una negociación. En la disciplina de Recursos Humanos se considera que se alcanza un nivel *ganar-ganar* cuando, por ejemplo, un procedimiento se ha implementado de acuerdo con las buenas prácticas, siendo el resultado, en consecuencia, bueno tanto para la organización como para el colaborador, los jefes y, también, los pares del colaborador (compañeros de trabajo), así como para otras áreas internas relacionadas y, en adición a lo anterior, externos vinculados, como clientes y proveedores, según corresponda en cada caso.

Un manejo experto del área dará al profesional de Recursos Humanos un resultado *ganar-ganar* en su gestión.

Un jefe que lleva adecuadamente adelante sus roles de jefe, logrará con sus colaboradores una relación del tipo *ganar-ganar*, y, por extensión, también con sus propios jefes o accionistas, según corresponda.

En la temática de negociación se utilizan las siguientes expresiones: *ganar-ganar, ganar-perder/perder-ganar, perder-perder.*

---

2 *Diccionario de términos de Recursos Humanos.* Ediciones Granica, Buenos Aires, 2011.
3 *Ídem.*

Por lo tanto, el CEO y el Director de RRHH deberán comenzar por considerar este primer aspecto y preguntarse: ¿se están aplicando las buenas prácticas en todos los subsistemas de Recursos Humanos? En caso afirmativo, se estará en la situación "ganar-ganar"; en caso contrario, se podrá estar en alguna de las otras variantes mencionadas (*ganar-perder/perder-ganar, perder-perder*).

La felicidad en relación con el puesto ocupado

Imaginemos cualquier situación en la cual participan familiares y/o amigos: una persona solicita a otra una tarea o cuestión que no está dentro de sus posibilidades. Incluyamos en la situación planteada, un conocimiento profundo entre ambos. El que recibe el pedido de hacer algo que no puede realizar se sentirá primero mal, y luego se preguntará por qué le están solicitando realizar algo que de antemano sabe que no podrá llevar a cabo o, al menos, no podrá hacerlo con el grado de calidad deseado. Como consecuencia de todo lo anterior, se sentirá no valorado, no querido. Le ruego al lector analizar si procedería de manera similar –solicitar algo que la otra persona no podrá realizar– a un hijo, a un amigo muy querido u otra relación similar.

Deseo destacar que, en el párrafo previo, no me refiero a una tarea desafiante y retadora, sino a una que la persona en cuestión, por algún motivo, no podrá llevar a cabo.

En ocasiones, situaciones como la descrita se presentan, también, en el mundo de las organizaciones.

Cuando se designa a una persona a un puesto para el cual no está preparado, usualmente se dice que "ha tenido suerte", pero esto no es así. Porque en algún momento también sentirá que se le está solicitando algo que no puede hacer o que, al menos, no puede hacer todo lo bien que desearía.

Por último, las personas, todas en general, esperan recibir algún tipo de reconocimiento y consideración. Este concepto no es nuevo, ya lo trató Maslow[4]. ¿Qué relación se puede establecer con el tema tratado en este apartado? El estado de grata satisfacción espiritual y física, comienza por ocupar un puesto para el cual se posean conocimientos, competencias, experiencia y motivación adecuados.

Cuando las personas ocupan puestos para los cuales tienen las capacidades adecuadas se sienten valoradas, reconocidas en su labor diaria.

Recordemos un concepto:

---

4 Pirámide de Maslow. Ver *Diccionario de términos de RRHH*, obra citada.

Adecuación persona-puesto[5]. Relación que se establece entre los conocimientos, la experiencia y las competencias que un puesto requiere, y los del ocupante de esa posición. Para la determinación de la *adecuación persona-puesto* deberán, primero, establecerse los requisitos del puesto y luego habrá que evaluar a su ocupante, considerando como mínimo tres elementos: conocimientos, experiencia y competencias.

Las buenas prácticas incluyen el diagnóstico de la adecuación persona-puesto.

La felicidad y los modelos de competencias

Los modelos de competencias, en todos los casos, se definen para alcanzar la visión y la estrategia, temática a la cual me he referido en varios de mis libros.

En relación con este apartado, creo interesante compartir la experiencia de nuestra firma. Para diversos clientes, hemos definido modelos de competencias incluyendo conceptos tales como "Actitud dinámica y positiva", "Pasión por la tecnología", "Pasión por el mundo digital", "Pasión por XXXX (reemplace las letras "X" por un producto o servicio, la música, el arte, la cocina, etc.).

Una persona con pasión –por la tecnología, el mundo digital u otra situación, según corresponda– evidenciará comportamientos relacionados con:

- Creer apasionadamente que por ese camino se logrará integrar necesidades individuales, sociales y ambientales.

- Estar alerta constantemente a las oportunidades existentes para mejorar.

- Transmitir a otros una percepción alentadora sobre el tema en cuestión.

En un escenario similar, poseer una "actitud dinámica y positiva" hará que una persona pueda evidenciar la capacidad para mantener dicha actitud –dinámica y entusiasta– en el desempeño cotidiano de las tareas y funciones, contribuyendo a través del propio comportamiento a crear un clima positivo y ameno en el cual todos se sientan a gusto.

En los ejemplos, implementados exitosamente en empresas ubicadas en países diferentes y con negocios, también, distintos, si bien no se menciona específicamente la felicidad como un objetivo a alcanzar, el concepto formaba parte del espíritu con el cual fueron definidas las mencionadas competencias. En todos los casos, considerando al término felicidad de acuerdo con la Real Academia, que, como ya

---

5 *Diccionario de términos de RRHH*, obra citada.

se mencionara, define a la felicidad como "un estado de grata satisfacción espiritual y física".

En resumen, fue posible articular planes futuros organizacionales con el bienestar de los colaboradores, priorizando que cada uno de ellos se sienta motivado e interesado en aquello que debe llevar a cabo, como parte de sus funciones y responsabilidades.

Estar motivado ayuda a alcanzar la felicidad

Respecto de la motivación, al igual que ocurre con otros temas, existen muchas *creencias*. Dejando de lado los problemas complejos, relacionados con la salud de las personas, la motivación no es un estado de gracia, obedece a *razones*. Si bien es cierto que las personas tienen una mayor o menor predisposición para sentirse motivadas, se analizará el tema sin considerar especialmente esta cuestión.

Motivación. Razón, causa o motivo para hacer algo: trabajar, cambiar de empleo, de carrera, etc.

El estudio de la motivación o motivaciones de las personas en relación con la disciplina de Recursos Humanos es muy complejo, dado que dichas motivaciones pueden obedecer a causas diversas y abarcan otras razones o motivos más allá de los aspectos económicos que implica toda relación laboral. Entre los autores más reconocidos, David McClelland, en especial a través de su obra *Human Motivation* (1987) y luego, con estudios posteriores, marcó un hito muy importante en el estudio de la conducta humana, con aportes fundamentales en relación con el comportamiento del individuo, sus necesidades y motivaciones.

McClelland –junto con su equipo de colaboradores– ofrece una forma diferente de concebir la motivación del ser humano a través de sus necesidades. *La necesidad del logro; La necesidad de pertenencia o afiliación; La necesidad de poder*[6].

El trabajo que se realiza, el puesto que se ocupa, así como la relación con jefes y compañeros de trabajo, son elementos que juegan a favor o en contra de la motivación.

La motivación (en el trabajo) podrá verse afectada por otros elementos como el contexto laboral, la visión de futuro y proyectos personales (que cada persona

---

6 *Motivación. Los tres sistemas de motivación de McClelland.* Ver *Diccionario de términos de RRHH,* obra citada.

posea) y, también, la correlación –o no– entre sus propios valores y los valores de la organización.

La motivación es un tema complejo, compuesto por una serie de elementos que definen un estado de ánimo. Pero muchos de esos elementos podrían no ser claramente percibidos por las personas.

Continuando con el análisis realizado en páginas previas, el CEO y el Director de RRHH deberán analizar los dos aspectos señalados, aplicación de las buenas prácticas en recursos humanos en el ámbito de la organización y la adecuación persona-puesto de los colaboradores.

Luego, se podrán considerar otros factores, por ejemplo, desde la alta dirección analizar a través de encuestas el grado de satisfacción laboral y la correspondencia de los proyectos y valores personales con los de la organización. Siempre habrá algún factor de motivación o desmotivación exógeno, sobre el cual no será posible hacer cosa alguna. No obstante, el campo en el cual se puede trabajar y mejorar las cosas es muy amplio.

En resumen, tener en cuenta la motivación de los colaboradores, considerando los diferentes elementos que la conforman, será un camino para lograr la felicidad de los integrantes de la organización.

Alcanzar un cierto equilibrio entre los distintos intereses personales y profesionales nos acerca a la felicidad

Las personas, todos nosotros, tenemos distintos propósitos y objetivos. La expresión "intereses personales" se utiliza para designar al conjunto de los diferentes planos de acción en la vida de una persona.

Los individuos adultos podrán asumir diferentes roles, que podrán originar distintos tipos de intereses y que se relacionan, a su vez, con todas las personas.

- Vida profesional. Implica desde ser empleado o trabajador hasta el desarrollo intelectual (dentro de la profesión o no).

- Aspectos relacionados con la familia, por ejemplo, esposo/esposa, madre/padre, administrador/a del hogar, hijo/hija.

- Deportes o *hobbies* personales, cuidado personal (desde lo estético).

- Actividades comunitarias, culturales, intereses políticos, religiosos, etc.

- Otros intereses.

El poseer múltiples intereses es una situación que se presenta tanto en varones como en mujeres, y esa multiplicidad de tópicos debe ser administrada adecuadamente. Más allá de que entre los varones ciertos roles o intereses pueden ser poco demandantes, y que en las mujeres algunos de ellos se viven como "más obligatorios", toda persona posee diferentes intereses que, a su vez, pueden variar a lo largo de la vida. Al mismo tiempo, es cierto que muchos de los roles o intereses mencionados pueden no darse todos juntos y simultáneamente.

La enumeración realizada puede ser incompleta y no implica un orden de prioridad. Además, cada ítem puede abrirse en otros; por ejemplo, en lo que respecta a *familia*, una persona puede tener su "familia directa" y luego otros familiares menos cercanos. Del mismo modo, pueden abrirse los otros ítems mencionados en categorías adicionales o intermedias.

Completando la idea del párrafo anterior, la referencia a la familia no solo implica la ya mencionada familia directa, denominación que usualmente se utiliza para referirse a aquella formada por una persona al contraer matrimonio. La familia próxima (o directa) puede estar también conformada por padres, hermanos u otros familiares. Cada persona tiene constituidas sus relaciones familiares de una manera particular. En un caso, un vínculo con un tío puede ser lejano, y en otro, esta figura ser de vital importancia para la persona en cuestión.

Además, entre los intereses personales, expresamente no se han mencionado aquellas otras tareas que las personas realizan y son necesarias, como asistir a controles médicos o la reparación de desperfectos en el hogar.

La diversidad de intereses puede variar entre una persona que se desempeñe en una organización de cualquier tipo, un político, un religioso, un deportista profesional, solo por mencionar algunas variantes.

El concepto "conciliar vida profesional y personal[7]" hace referencia a la tarea constante que todas las personas realizan para llevar adelante, con equilibrio, su desarrollo laboral y profesional, por un lado, y por otro la plena realización de las necesidades y deseos personales. El varón y la mujer necesitan, por razones económicas y psicológicas, crecer en el ámbito laboral, lo que sin duda implica un proceso altamente demandante. Pero también anhelan disponer de energías suficientes para su dimensión personal, que no solo está referida a la familia sino a una variedad de intereses y anhelos.

La conciliación entre los diferentes planos es de interés tanto individual como organizacional.

Hasta no hace muchos años esta temática se denominaba *balance vida-trabajo* y estaba referida, generalmente, a la situación de la mujer. Hoy en día, y más aún

---

7 *Conciliar vida profesional y personal.* Ediciones Granica, Buenos Aires, 2016.

entre las nuevas generaciones, la armonía de intereses personales se considera una problemática de todos, independientemente del sexo o el nivel socioeconómico.

Alcanzar un grado de conciliación satisfactorio será un elemento fundamental para sentirse bien, al igual que un diagnóstico positivo en relación con la adecuación persona-puesto, que se ha tratado en párrafos previos.

Cuando una organización desea mejorar la conciliación entre vida profesional y personal de sus colaboradores, se le sugiere considerar algunos pasos a seguir, el primero de los cuales es cuidar la adecuación persona-puesto. Adicionalmente, brindar formación a los jefes para que ellos puedan apoyar a sus colaboradores permitiendo, además, una detección temprana de situaciones que puedan originar problemas en un futuro más o menos cercano.

Problemas entre jefes y colaboradores

Los jefes tienen en general, por decirlo de algún modo, "mala prensa". Quizá hayan sido muy estrictos en algún momento, quizá lo sean aún en algunas organizaciones. Sin embargo, los tiempos han cambiado. Los jefes en la actualidad son más flexibles, tienen con sus colaboradores una relación más orientada al trabajo en equipo, han aprendido de las buenas prácticas.

No obstante, siempre es una buena idea trabajar en este sentido.

Una mala relación con un superior o, al menos, no tan buena como sería deseable, puede ser una fuente importante de insatisfacción laboral. Adicionalmente, a la mala relación con un superior suele sumársele una mala relación entre pares o compañeros. El mal clima se torna generalizado.

Frente a situaciones como la descrita, las personas no podrán alcanzar un grado de bienestar.

Los programas para jefes, que se verán en varios apartados, serán –también– un camino a seguir para mejorar las relaciones internas entre jefes, colaboradores y compañeros. Este aspecto deberá ser considerado si se desea trabajar para alcanzar la felicidad de los colaboradores de toda la organización.

Qué rol debe asumir Recursos Humanos

Los especialistas de Recursos Humanos deben cumplir una serie de funciones inherentes a sus respectivos puestos de trabajo. En adición a ello, por el hecho de ser profesionales del área, deben asumir roles específicos para que esta cumpla con el cometido que se espera de ella en el contexto actual.

Uno de los roles del profesional de Recursos Humanos[8] está relacionado con las personas y dice: *El directivo de Recursos Humanos debe interpretar a los colaboradores dentro del marco organizacional. Interesarse por sus inquietudes y proyectos, analizar la satisfacción laboral y cómo compatibilizar los diferentes intereses individuales con los planes de la organización.*

Otro de los roles hace referencia al desarrollo del talento y conlleva: *Con un enfoque ganar-ganar del rol de Recursos Humanos, el desarrollo del talento de las personas es al mismo tiempo positivo para ellas (aumenta su autoestima, permite su autorrealización) y para la organización (que de esa manera contará con colaboradores altamente calificados, en conocimientos y competencias, en relación con el puesto que cada uno ocupa en la actualidad y/o que ocupará en el futuro).*

Los otros roles identificados los hemos denominado: Estrategia, Principios éticos y Manejo experto.

En resumen, desde los roles del profesional de RRHH se postula una serie de aspectos que, de ser respetados y cumplimentados adecuadamente, permitirían a la organización en su conjunto, y a cada colaborador en particular, alcanzar un mayor desarrollo personal y una situación de bienestar.

Impartir o no impartir talleres sobre felicidad en el trabajo

Sobre la felicidad no existen ni fórmulas ni recetas mágicas, se construye en el día a día, en la relación entre jefes y colaboradores.

Desde la organización se pueden llevar a cabo acciones diversas para alcanzar la felicidad de los colaboradores; sin embargo, la felicidad no puede enseñarse en un curso. En especial, si no se resolvieron las cuestiones planteadas más arriba, en este mismo apartado.

Si se desea encarar, desde Formación, actividades tendientes a este fin, serán de gran utilidad los talleres sobre conciliación de vida profesional y personal, *Rol del jefe* y sus programas relacionados (apartado 24).

Formar a los jefes sobre las razones que motivan o no a los colaboradores, y sobre cómo detectar de manera temprana problemas de conciliación entre la vida profesional y personal en los integrantes de su equipo, son otras de las sugerencias al respecto.

A través de este tipo de formación será posible marcar el camino para que todos los colaboradores puedan alcanzar un "estado de grata satisfacción espiritual y física" en el trabajo.

---

8 Una descripción completa de los roles del profesional de Recursos Humanos lo podrá encontrar en el *Diccionario de términos de Recursos Humanos*, Ediciones Granica, 2011.

En resumen, si bien la felicidad no podrá ni enseñarse ni aprenderse en un curso, las organizaciones podrán llevar a cabo una serie de acciones para que los colaboradores, en conjunto e individualmente, alcancen un grado de satisfacción alto en su vida laboral.

Apartados relacionados y/o que tratan temas con alguna conexión

La mayoría de los apartados tienen conexión entre sí. A continuación, solo voy a destacar algunos de ellos.

- Apartado 2. Estrellas fugaces, ¿sí o no? *After office, outdoors,* convivios y demás

- Apartado 5. Nuevas generaciones, inmediatez, lenguaje y otras cuestiones en relación con Formación

- Apartado 6. ¿Somos útiles proponiendo la formación adecuada, o llamamos al propalador de creencias?

- Apartado 7. Comenzando por el principio. Buenas prácticas en Formación

- Apartado 8. Continuando con las buenas prácticas: Herramientas y Formación

- Apartado 9. Reconocer necesidades y priorizarlas

- Apartado 14. Cambiar a través de la acción. Diseñar una actividad que permita cambiar comportamientos. Desarrollar competencias

- Apartado 15. Plan anual para un colectivo de profesionales de la misma especialidad

- Apartado 18. Seguimiento de la evolución del desarrollo de las competencias y/o del aprendizaje de conocimientos

- Apartado 21. Formación y cambio cultural. Lograr la cultura deseada

- Apartado 23. Formación para la alta gerencia

- Apartado 24. Formación para todos los niveles de conducción

- Apartado 26. Motivar a otros, ¿un rol que deben asumir los jefes?

- Apartado 27. Problemas entre jefes y colaboradores

- Apartado 28. Programas para jefes. Distintas temáticas

Diversidad, discriminación y otras cuestiones

Los valores en la organización.
Relación directa con otras cuestiones

Cada día que pasa, me convenzo más de la necesidad de resignificar los valores organizacionales. De pensar y repensar acerca de los valores individuales y colectivos como una cuestión central en relación con un sinnúmero de cuestiones.

Los valores individuales, y en ocasiones la falta de ellos, así como problemáticas derivadas de ciertos comportamientos sociales, también tienen relación con la disciplina de Recursos Humanos.

Los valores no siempre están considerados en su verdadera dimensión. No son solo buenas intenciones o propósitos que se desea alcanzar para ser mejores personas. Pueden constituirse, además, en la mejor herramienta para el desarrollo futuro de una organización.

En las organizaciones con las cuales trabajamos, promovemos la inclusión de valores en los modelos de competencias. Igual criterio he seguido en mis libros, donde los valores se transforman en competencias que pueden ser medidas y desarrolladas, junto con otras, para que la organización, utilizándolas, pueda alcanzar su visión y su estrategia.

En este apartado se plantean distintos aspectos relacionados entre sí. Comenzaré por el análisis de la siguiente definición:

> **Respeto.** Capacidad para dar a los otros y a uno mismo un trato digno, franco y tolerante, y comportarse de acuerdo con los valores morales, las buenas costumbres y las buenas prácticas profesionales, y para actuar con seguridad y congruencia entre el decir y el hacer. Implica la capacidad para construir relaciones cálidas y duraderas basadas en una conducta honesta y veraz.

De la definición deseo destacar que el respeto –siempre– comienza por uno mismo, para así respetar a los otros, dándoles a todos un trato digno, franco y tolerante junto con comportarse de acuerdo con los valores morales y las buenas costumbres y prácticas profesionales.

Las personas que evidencian algún grado de esta competencia[1], seguramente no incurrirán en comportamientos no deseados como, por ejemplo, discriminar a otras personas.

---

1 Una competencia se abre en grados o niveles. La apertura en grados de esta competencia la encontrará en la obra *Diccionario de competencias. La trilogía. Tomo 1*, Ediciones Granica, Buenos Aires, 2015. Asimismo, para cada competencia que conforma un modelo de competencias deben elaborarse ejemplos de comportamientos observables siguiendo la misma apertura en grados o niveles

Discriminación y buenas prácticas

La discriminación es un tema que, de algún modo, está presente en muchas circunstancias y momentos. Las personas actúan, de manera consciente o no, reflejando comportamientos que en mayor o menor grado implican algún grado de discriminación.

Cuando se habla de discriminación, rápidamente se piensa en el color de piel o en el género. Este tipo de discriminación se considera, desde ya, inaceptable. Sin embargo, hay otros aspectos más sutiles que implican discriminación y que, en ocasiones, se presentan incluso como un requisitos del perfil. Estos últimos rara vez se identifican y/o se reconocen.

Otro comportamiento, de algún modo discriminador, se puede observar en ciertas generalizaciones: las personas de tal región tienen "xxx" características, los graduados de tal universidad son mejores que los de aquella otra... y, así, una gran cantidad de ejemplos. Es posible que, en su conjunto, algún colectivo de personas tenga ciertas características, pero ese criterio podría no ser verificable en una persona en particular. Por lo cual, asignarle una característica a una persona solo por pertenecer a un determinado colectivo es, también, discriminación.

En la obra *Diccionario de términos de Recursos Humanos*[2] podrá encontrar algunas definiciones de interés.

Discriminación (1). Discernir entre diferentes opciones. En este caso implica elegir una opción en relación con otra y no implica un juicio negativo.

Discriminación (2). Cuando se deja de lado a una persona por características diferentes a los requisitos del puesto. En este caso el término "discriminación" conlleva un significado negativo.
Esta segunda acepción puede aplicarse en los procesos de selección de personas o en promociones internas u otros programas internos para el desarrollo de personas, cuando se le da preferencia a una persona con relación a otra/s por factores no relacionados con el puesto de trabajo.

---

utilizada en el diseño del diccionario de competencias. Ejemplos de comportamientos en relación con esta competencia los encontrará en la obra *Diccionario de comportamientos. La trilogía. Tomo 2*, Ediciones Granica, Buenos Aires, 2015. Por último, para todas las competencias del modelo, y con vistas a facilitar la evaluación de una persona respecto de cada competencia en particular, se sugiere la preparación de preguntas. Ejemplos de preguntas en relación con esta competencia los podrá encontrar en la obra *Diccionario de preguntas. La trilogía. Tomo 3*, Ediciones Granica, Buenos Aires, 2015.
2 *Diccionario de términos de Recursos Humanos*. Ediciones Granica, Buenos Aires, 2011.

La mejor forma de evitar la discriminación en el ámbito de las organizaciones es la elección de personas para ocupar un puesto en función de sus capacidades: conocimientos, experiencia y competencias.

Discriminación positiva. En ocasiones la discriminación puede ser "positiva", es decir, elegir a una persona por una característica que en principio pueda considerarse negativa y no relacionada con el puesto. Por ejemplo: una determinada discapacidad.

La definición (1) del término "discriminación", según se expuso más arriba, no se relaciona con la temática elegida para este apartado. Las siguientes, en cambio, sí.

En otros apartados se analiza la importancia de las buenas prácticas en Recursos Humanos, así como la importancia del diagnóstico de la adecuación persona-puesto.

Si todas las personas de la organización son evaluadas, en los distintos subsistemas, por sus capacidades (conocimientos, competencias, experiencia) y estas son contrastadas con lo requerido por el puesto actual o futuro, será difícil que una persona, cumpliendo las políticas y los procedimientos organizacionales, pueda discriminar a otros. Para hacerlo, necesariamente, debería incumplir alguna norma interna.

Las personas deberán ser medidas tanto en un proceso de Selección[3] como en la Evaluación del desempeño[4] y, también, en Planes de sucesión y Diagramas de reemplazo[5], solo por sus conocimientos, competencias y experiencia. Es la mejor forma de garantizar la no discriminación y, al mismo tiempo, brindar igualdad de oportunidades.

Más allá de las políticas de diversidad, de las leyes antidiscriminación, ¿qué podemos hacer todos los días desde las buenas prácticas en Recursos Humanos? Por ejemplo, medir las capacidades de las personas, en especial, sus competencias, como una solución práctica a los problemas de discriminación en el trabajo.

Diversidad y buenas prácticas

Considerar temas de diversidad no es nuevo. En algunas organizaciones se trabaja al respecto desde hace mucho tiempo. Quizá en el presente la cuestión haya tomado mayor fuerza y visibilidad.

En una obra ya mencionada, *Diccionario de términos de Recursos Humanos*[6], se incluye una definición de diversidad.

---

3 Lecturas sugeridas: *Selección por competencias*, Ediciones Granica, Buenos Aires, 2016 y *Elija el mejor*, Ediciones Granica, Buenos Aires, 2017.

4 Lectura sugerida: *Desempeño por competencias*, Ediciones Granica, Buenos Aires, 2017.

5 Lectura sugerida: *Construyendo talento*, Ediciones Granica, Buenos Aires, 2016.

6 *Diccionario de términos de Recursos Humanos*. Ediciones Granica, Buenos Aires, 2011.

Diversidad (Diversity). Variedad. Desemejanza. Diferencia. Gran cantidad de elementos diferentes.
Dentro de la disciplina de Recursos Humanos, "diversidad" se relaciona con las diferentes características de las personas.
La "diversidad" dentro de las organizaciones suele verse reflejada en la fijación de políticas por las cuales una organización se asegura de que entre sus filas trabajen personas con diferentes características vinculadas a la composición social de la sociedad de la que forma parte y/o a la cual dirige sus productos o servicios.

La mayor participación de las mujeres junto con integrantes de diversas minorías, de un modo u otro, ha modificado la cultura organizacional. Esta diversidad impacta en las organizaciones, y por ende, en el desarrollo de personas.

En algunos países o regiones, a lo anterior se suma cambios demográficos producto de las migraciones, en algunos casos masivas. Por lo tanto, también el cambio demográfico podría ser un componente a tener en cuenta en el desarrollo de personas.

La discriminación podría llegar a darse tanto en el ingreso, es decir, en los procesos de selección e incorporación de personas, así como también en la carrera de los que ya integran la organización. A su vez, podrían presentarse diferentes formas de discriminación, por lo cual los procesos deben contemplar esta circunstancia y ayudar a disminuir/prevenir los efectos negativos de la situación.

De alguna manera las consideraciones realizadas en páginas previas, en este mismo apartado, podrían formar parte de la solución. En todos los casos, evaluar a las personas por sus capacidades (conocimientos, competencias y experiencia), prescindiendo de otras características y siempre en relación con el puesto a ocupar, actual o futuro. Un esquema sencillo y simple, no siempre considerado.

Formación y diversidad

En organizaciones donde, por alguna razón, la cuestión de la diversidad merezca una consideración especial, se podrían incluir actividades formativas al respecto.

La formación sobre diversidad debe ser cuidadosa y basada en el respeto. Esto implicará cuidar tanto el diseño y el contenido como al instructor que tendrá la actividad a su cargo. Podría transformarse en un tema sensible para algunas personas.

Separar el diseño de la impartición (ver Capítulo 3 de la obra *Formación. Capacitación. Desarrollo*) puede ser una forma de asegurar el resultado. En especial si la actividad debe transmitirse a un grupo numeroso de personas. También se tratará en el *Apartado 10. Factores a tener en cuenta para alcanzar alta efectividad y eficacia.*

Según sea el caso, entre otras variantes, se podrían diseñar actividades de formación acerca de características culturales de todos los involucrados, es decir, un entrenamiento cultural cruzado[7], en contraposición a solo explicar las características de una minoría, mezclando las distintas culturas para lograr una mayor integración.

Por otra parte, también será posible llevar a cabo programas organizacionales más amplios.

Programas sobre diversidad. Programas organizacionales que fomentan la aplicación de las políticas organizacionales sobre diversidad. Usualmente son coordinados desde el área de Recursos Humanos.

A modo de cierre de este apartado

Frente a situaciones no deseadas, siempre es posible desplegar acciones tendientes a minimizar sus efectos. Como decíamos al principio, desarrollar una competencia como *Respeto* ayudará a cambiar el rumbo.

Analizando la figura de la página siguiente, en la parte superior hemos destacado los efectos positivos que produce, en la organización en su conjunto, el hecho de que sus integrantes posean la competencia *Respeto*. En la parte inferior se observa una breve descripción de acciones posibles relacionadas con Formación (solo se mencionan algunas, podrían incluirse otras).

De izquierda a derecha del gráfico: Comenzar desarrollando la competencia *Respeto* en todos los colaboradores. Luego se podrían implementar, junto con acciones formativas, programas de diversidad. A estos últimos se les podrían sumar programas de entrenamiento cultural cruzado y, por último, la organización deberá fijar políticas para prevenir la discriminación, por ejemplo, en los procesos de selección y, en base a dichas políticas y procedimientos, formar tanto a los integrantes del área de Recursos Humanos como a todos los jefes.

Ciertos temas no son una moda sino una necesidad que surge pausadamente, de a poco, o como un torbellino. En el primer caso, quizá Recursos Humanos fue preparando cursos de acción con un cierto tiempo. En otros casos, frecuentes en la actualidad, un hecho externo a la organización, quizá al país, pone en primera línea temas de este tipo. Y en tal caso se debe afrontar sin demasiado tiempo para la reflexión.

No se puede ignorar.

No se debe hacer "cualquier cosa" para salir del paso.

---

7 Para actividades de entrenamiento cultural cruzado, los diferentes usos y costumbres en materia de alimentos y cocina, pueden llegar a constituirse en un aspecto interesante a tener en cuenta.

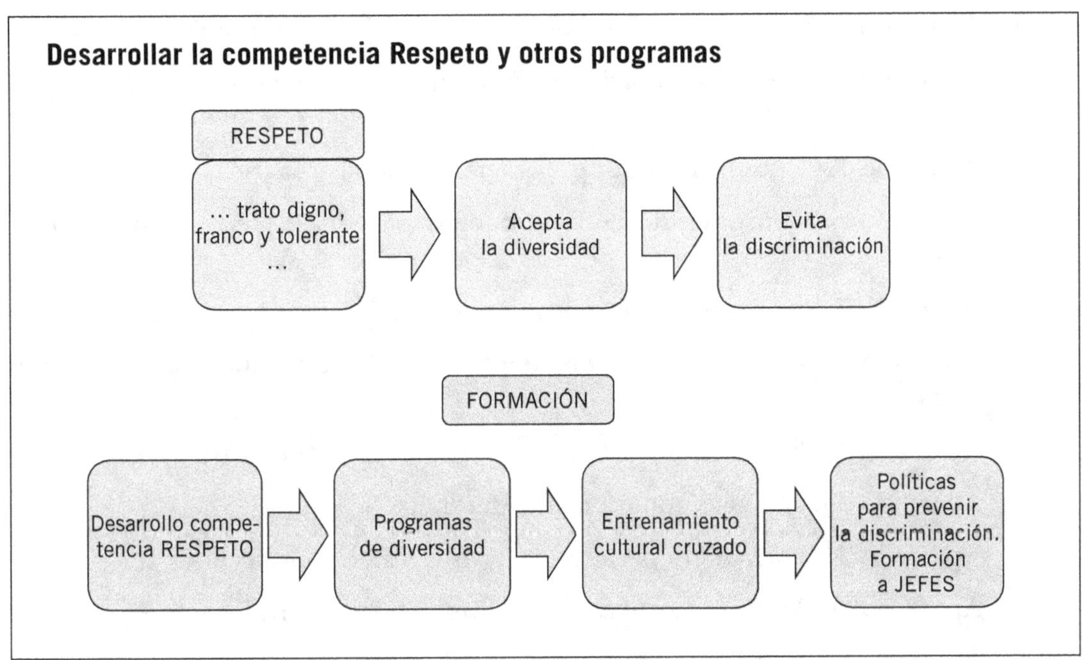

No se puede buscar "recetas fáciles". Las acciones por realizar deberán ser sólidas y consistentes.

Los temas aquí mencionados se relacionan con la cultura organizacional y deberán ser atendidos, con seriedad, profesionalidad e implementando buenas prácticas.

En resumen, si bien ni la discriminación ni la diversidad son temas "nuevos", en muchos casos deberán ser considerados más cuidadosamente. Las buenas prácticas en Recursos Humanos serán un aliado imprescindible, en todo tipo de organizaciones, también para los temas de este apartado.

Apartados relacionados y/o que tratan temas con alguna conexión

La mayoría de los apartados tienen conexión entre sí. A continuación, solo voy a destacar algunos de ellos.

- Apartado 1. De ayer a mañana. Difícil y posible a la vez

- Apartado 2. Estrellas fugaces, ¿sí o no? *After office, outdoors,* convivios y demás

- Apartado 3. Felicidad en el trabajo. ¿Es posible? ¿Es un mito?

- Apartado 5. Nuevas generaciones, inmediatez, lenguaje y otras cuestiones en relación con Formación

- Apartado 7. Comenzando por el principio. Buenas prácticas en Formación

- Apartado 8. Continuando con las buenas prácticas: Herramientas y Formación

- Apartado 9. Reconocer necesidades y priorizarlas

- Apartado 10. Factores a tener en cuenta para alcanzar alta efectividad y eficacia

- Apartado 21. Formación y cambio cultural. Lograr la cultura deseada

- Apartado 23. Formación para la alta gerencia

- Apartado 24. Formación para todos los niveles de conducción

- Apartado 26. Motivar a otros, ¿un rol que deben asumir los jefes?

- Apartado 27. Problemas entre jefes y colaboradores

- Apartado 28. Programas para jefes. Distintas temáticas

- Apartado 30. Formador de formadores. Diseño e implementación

5

Nuevas generaciones, inmediatez, lenguaje y otras cuestiones en relación con Formación

Inmediatez, un cierto lenguaje, ¿son características atribuibles solo a las nuevas generaciones? ¿Es así? ¿Seguro?

Si bien la formación deberá diseñarse según los objetivos que se desee alcanzar –aprender un conocimiento o desarrollar una competencia–, se deberán contemplar algunos factores adicionales, los cuales permitirán asegurar mejores resultados.

Para la preparación de este apartado he elegido algunas cuestiones relevantes a tener en cuenta: el lenguaje, las características atribuidas a las nuevas generaciones –inmediatez, entre otras–, junto con la importancia de que las temáticas elegidas para la formación se relacionen con el puesto de trabajo, actual o futuro.

Antes de comenzar la lectura del apartado, los reto a responderse (a ustedes mismos) la pregunta del inicio: *Inmediatez, un cierto lenguaje, ¿son características atribuibles solo a las nuevas generaciones? ¿Es así? ¿Seguro?...*

Formación acorde a los tiempos

Nos hemos referido a las actividades formativas que no agregan valor y, también, a las creencias. Una creencia generalizada es que las actividades formativas destinadas a los jóvenes deberían ser divertidas. Otra –que se suma a la anterior– es que se debería usar su mismo lenguaje, solo por mencionar dos de las más frecuentes.

Si bien, en pleno siglo XXI, es inimaginable una formación "aburrida" y/o la utilización de un lenguaje victoriano, al mismo tiempo, no es cierto que el propósito de una actividad formativa sea "divertir" o que se deba utilizar un lenguaje inapropiado. Por inapropiado quiero decir: palabras que se utilizan cambiando una letra, escribiendo por fonética palabras en inglés y, también, alguna otra variante menos inocente. El mejor resultado irá siempre de la mano de un lenguaje sencillo (por opuesto a rebuscado y pretencioso), usando las palabras según su significado en la lengua que se esté utilizando. El instructor no debe pretender ser lo que no es, debe actuar ni muy serio ni muy divertido, cercano a los participantes sin perder su rol, el de instructor.

Les compartiré una anécdota sobre cómo adaptar el lenguaje frente a audiencias diversas, en este caso, además, inesperada. Anualmente se realiza en Buenos Aires la FIL[1]. En esta ocasión que les relato, Ediciones Granica había organizado una serie de talleres sobre empleo y empleabilidad, en horarios de la tarde. La sala asignada

---

1 FIL: Feria Internacional del Libro.

era de una dimensión intermedia y esperábamos el público habitual, usualmente jóvenes graduados o finalizando sus estudios, otros con algunos años de experiencia. Unos minutos antes de comenzar, con asistentes que ocupaban aproximadamente la mitad de la sala, con asombro, veo ingresar a la sala tres o cuatro grupos de alumnos de primaria, de colegios diversos, cuyas edades oscilarían entre los 11 y 13 años.

Luego de la sorpresa, pensamos que quizá se habían equivocado de sala; alguno de los organizadores me propuso decirles a las maestras que mi charla era para personas adultas, que ya formaban parte del mercado laboral o próximos a ingresar al mismo.

En el medio de ese pequeño alboroto, se me acerca una de las maestras y me habla despacio, casi al oído, diciéndome que había sido ella la que había elegido mi charla, y que luego a otras maestras les había parecido una muy buena idea y se habían sumado, entusiastas.

¿La razón? Me contó que su colegio estaba ubicado en una zona carenciada, que muchos de sus alumnos ayudaban en pequeños negocios familiares, o hacían pequeños trabajos de verano, y que algunos se sentían mal por este motivo, lo vivían como algo disvalioso respecto de otros compañeros que no debían ayudar –con su trabajo– en sus hogares. Luego la maestra me siguió contando que conocía mi enfoque y que había pensado que a sus alumnos les ayudaría escuchar al respecto.

Para no extenderme, agrego que uno de los colegios pertenecía a una zona muy diferente a la descrita en el párrafo anterior, se trataba de niños de familias con cierta holgura económica, situación de alguna manera evidente por el uniforme escolar que lucían.

Se hizo la hora de comenzar la conferencia que tenía un tiempo asignado de dos horas. La persona de la Editorial que me acompañaba me miró, como pidiéndome disculpas. Por mi parte, miré al público y vi ante mí personas adultas, quizá preocupadas por sus propios trabajos y empleabilidad, y unos cien niños que me miraban atentamente, junto con sus maestros. Como la cantidad de personas excedía la capacidad de la sala, muchos niños se acomodaron sentados en el piso, unos más cerca, otros no tanto.

Como *speaker*, aquella fue una de las experiencias más ricas y que atesoro en mi corazón. Las dos horas fueron insuficientes.

Utilicé la presentación que tenía preparada y adapté el lenguaje, los ejemplos, no a temas infantiles, sino siempre dentro del eje previsto, es decir, el mundo laboral, utilizando palabras que todos pudieran comprender.

Lo más interesante, desde mi punto de vista, fue el interés de los chicos, su participación, relatando sus propias anécdotas. Ellos mismos relacionaron el trabajo –en el mundo adulto– con sus propias vivencias, con las cosas que ellos –eventualmente– podían hacer durante el verano. Un niño comentó que su padre tenía un negocio y él ayudaba en vacaciones, etc. Las experiencias de estos niños que ayudaban a sus familias, de un modo u otro, resultaron de mucho interés para los otros niños, que quizá no tenían las mismas experiencias.

Una presentación, una conferencia, cualquier actividad formativa, siempre podrá ser realizada utilizando un lenguaje comprensible por el otro, sin dejar de ser uno mismo. De eso se trata.

Millennials y *centennials*

Una de las características atribuidas a las nuevas generaciones, en especial, *millennials* y *centennials*, es la inmediatez, la falta de paciencia para escuchar, leer instructivos, seguir los pasos preestablecidos.

Se les atribuye también baja aceptación cuando el camino se visualiza como "muy largo" para llegar a un objetivo que desean alcanzar en un plazo más corto, lo cual no siempre es posible. También demandan la experimentación de aquello que se está aprendiendo. Veámoslo más en detalle.

Entre las principales características atribuidas a los centennials o generación 2020 (nacidos a partir de 1997) podemos mencionar que basan su accionar en valores tales como la hiperconectividad permanente, por haber accedido a dicha conectividad antes de comenzar la escolaridad formal (escuela primaria), y por ser usuarios intensivos de medios digitales (libros electrónicos o *e-books*, entre ellos).

Se estima que los *centennials* ingresarán al mercado laboral una vez graduados, a partir del año 2020, de allí el nombre dado a esta categoría generacional.

Por su parte, los *millennials*, nacidos entre 1977 y 1997, se caracterizan por basar su accionar en valores tales como inmediatez en las comunicaciones, enfoque comunitario, lectura en medios digitales, tolerancia, diversidad, confianza en los otros… Se utilizan otros nombres para denominar a esta categoría generacional, tales como: nativos digitales, Generación Y, entre otros.

La hiperconectividad atribuida a los *centennials* podría presuponer, también, una necesidad permanente del "aquí y ahora" similar a la de los *millennials*. Quizá este pueda ser un denominador común entre las dos generaciones más jóvenes.

Por lo tanto, la demanda de inmediatez –característica atribuida a los *millennials* y, de algún modo, también a los *centennials*– deberá ser considerada en relación con la formación en el ámbito de las organizaciones

Según la RAE, *inmediatez* es la cualidad de inmediato, e *inmediato* –en su segunda acepción– significa "que suceda enseguida, sin tardanza".

Por lo tanto, y de acuerdo con esta definición, los más jóvenes esperan que la formación pueda ser aplicada enseguida, sin tardanza. Antes de continuar deseo destacar que personas pertenecientes a generaciones anteriores pueden coincidir en este punto con los más jóvenes.

Uno de los principios básicos en Formación indica que esta debe estar relacionada con el puesto actual o futuro de una persona. Por lo tanto, cuando la formación está relacionada con algo concreto, puesto actual o futuro, la persona que la recibe aplicará dicho conocimiento o desarrollo de la competencia de manera inmediata.

Esta característica de inmediatez se complementa con la idea de experimentación. Si un conocimiento o una competencia se puede experimentar, llevarlo a la práctica de manera inmediata, estará en línea con las características generales atribuidas a las nuevas generaciones. En resumen, ofrecer una formación concreta, que se pueda experimentar y aplicar en forma inmediata, logrará captar el interés en mayor medida que una formación que no brinde esta posibilidad.

Las características definidas para cada generación se expresan de modo general, por lo cual se podrán encontrar comportamientos semejantes en individuos de otras generaciones y, al mismo tiempo, personas que por su edad pertenezcan –continuando con las dos generaciones citadas más arriba– a la generación *millennial* o a la *centennial* podrán no evidenciar los comportamientos mencionados.

Nuestra propuesta sobre Formación responde, en todos los casos, a las características principales definidas para los más jóvenes. Por un lado, cuando la formación se relacione con el puesto que la persona ocupa (o se prevea que ocupe más adelante) se estará respondiendo al principio de inmediatez. Por otra parte, la experimentación que propone el método Codesarrollo será el complemento necesario para alcanzar mayor efectividad.

En el método Codesarrollo se llevan a cabo una serie de pasos, que se explicarán con mayor detalle en el *Apartado 7. Comenzando por el principio. Buenas prácticas en Formación.* En la figura siguiente y a partir de los pasos del Codesarrollo, he destacado los principales pasos que, de algún modo, se correlacionan con las características de las nuevas generaciones descritas en párrafos previos.

En el gráfico pueden apreciarse –sombreados– los pasos de Codesarrollo que interesan más a las nuevas generaciones. En el taller de Codesarrollo: Poner en juego (la competencia o el conocimiento), Reflexión/autoevaluación y Plan de acción. Luego, el Seguimiento.

En resumen, se trata de los pasos que impliquen alta participación, acciones concretas a ser llevadas a cabo por ellos mismos. A posteriori, son entusiastas con la implementación del plan de acción (confeccionado por cada interesado) y asimilan apropiadamente el seguimiento.

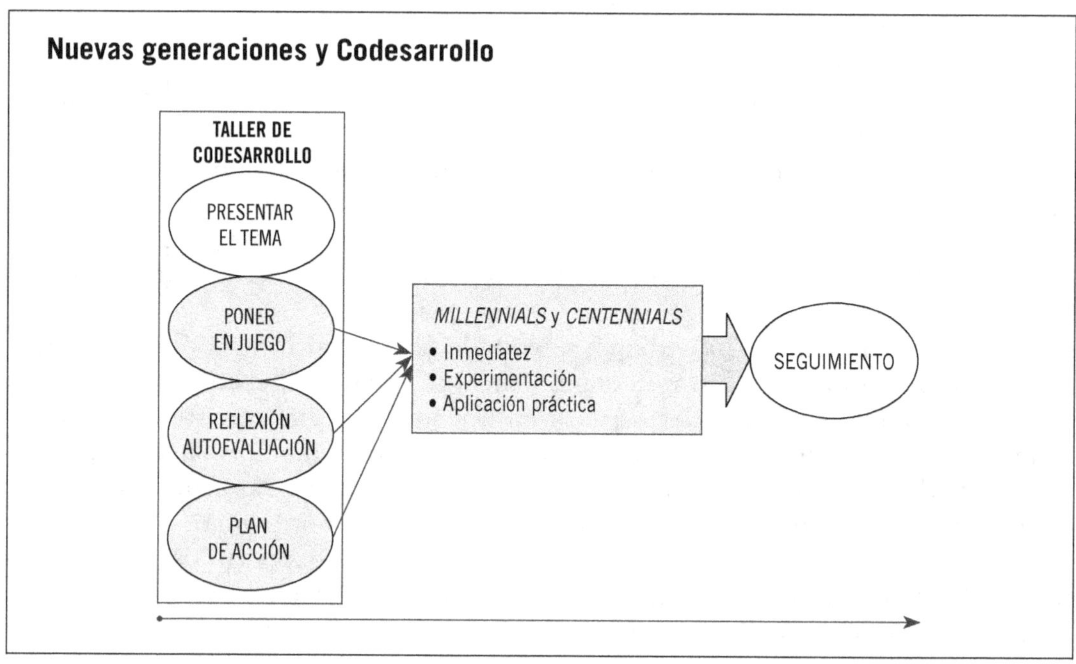

En una línea similar a la descrita para Codesarrollo, los *millennials* y *centennials* se entusiasman con el autodesarrollo. Se verá el método Codesarrollo en varios de los apartados de esta obra. También en el Capítulo 3 del libro *Formación. Capacitación. Desarrollo.*

La importancia del diseño

Con frecuencia, en las organizaciones se hace foco en la capacidad del instructor y se descuida, de algún modo, el diseño de la actividad de formación. Desde nuestra perspectiva, el enfoque debe ser el opuesto. El diseño es fundamental. Luego el instructor aportará sus capacidades para alcanzar una impartición exitosa.

Lo visto en páginas previas deberá ser considerado a la hora de diseñar y planear acciones de formación y desarrollo.

El método Codesarrollo, ya mencionado, contempla de algún modo las circunstancias descritas precedentemente. Los talleres presentarán de manera amena los temas, llevando a los participantes lo más rápido posible, dependiendo del tema en cuestión, a la puesta en práctica de los contenidos propuestos. Luego, dentro del mismo taller de Codesarrollo, el participante podrá reflexionar evaluando sus conocimientos y comportamientos para concluir con un plan de acción confeccionado por él mismo, a la medida de sus preferencias y necesidades.

Ahora bien, contempladas las necesidades de los participantes en cuanto a inmediatez y experimentación, deseo agregar otro factor adicional: el lenguaje. La capacidad de comprender lo que se escucha, lo que se lee.

Las nuevas generaciones y también las anteriores, cada día más, utilizan un lenguaje particular. Este nuevo lenguaje está compuesto por un número reducido de términos que incluye palabras "nuevas", y otras utilizadas con un significado diferente del anteriormente conocido.

¿Se trata de un nuevo idioma o, simplemente, de falta de preparación en los niveles iniciales de la educación formal?

No será posible elaborar una única respuesta a esta pregunta. Por un lado, se observa a personas con deficiente formación y, por otro, modismos devenidos, por ejemplo, del uso de las redes sociales o juegos electrónicos diversos que son incorporados al lenguaje cotidiano.

En este contexto, las organizaciones deberán realizar sus acciones de formación. ¿Cómo?

Nada más fuera de foco que un instructor tratando de comunicarse adoptando un lenguaje impostado y excesivamente académico. Al mismo tiempo, también estará fuera de eje aquel instructor que utilice un lenguaje vulgar.

El reto es enorme.

Una anécdota sobre el uso de las palabras en una conferencia o taller

Hace muchos años viví una experiencia breve, que trato de mantener en mi mente en muchas ocasiones. Estaba conduciendo una actividad con un grupo de gerentes jóvenes y sobre un tema en particular, y en una diapositiva que estaba proyectando en ese momento había utilizado la palabra "iterativo" para categorizar un proceso de selección, denominándolo "proceso iterativo".

A través de esa expresión deseaba expresar que un proceso de selección se lleva a cabo a través de una serie de pasos sucesivos, muchas veces repetidos de algún modo, con el propósito de conocer mejor al postulante que se está evaluando.

Uno de los ejecutivos allí presente, entiendo que sin mala intención, reformuló la frase cambiando la palabra "iterativo" por "interactivo", interpretando que en el texto escrito se había deslizado un error de tipeo.

Con mi mejor sonrisa y tratando de no dejar "en falta" al mencionado ejecutivo, retomando sus palabras le dije que, en efecto, el procedimiento para la selección de personas podría ser iterativo y, también, interactivo.

El proceso de selección puede ser iterativo, al repetir pasos de evaluación (pasos iguales o similares, necesarios para conocer mejor a cada postulante) y tambіén interactivo, desde otra mirada, ya que las personas dialogan, se comunican entre sí, interactúan.

¿Por qué tengo esta anécdota siempre en mente y la comparto aquí? Para recordar no utilizar palabras que, eventualmente, los participantes puedan desconocer o interpretar en un sentido incorrecto.

Si bien un expositor podría sentirse reconfortado al darse cuenta de que maneja un léxico más rico que su audiencia, si el propósito es comunicarse y crear una cierta empatía con el público, no lo logrará por esta vía.

El expositor experto no debe buscar ni el halago ni la admiración; deberá buscar comunicarse, transmitir un mensaje, llegar a su público.

Considerar el tipo de audiencia será clave en el resultado a obtener. No estoy proponiendo utilizar un lenguaje distinto del propio, sino lograr una completa comunicación utilizando el lenguaje más adecuado.

Simple. Llano. Claro. Utilizando el idioma en el mejor estilo. Se puede.

A modo de cierre

Una realidad, de todos los días, es la coexistencia de diferentes generaciones en el ámbito laboral. No obstante, en ningún caso será una buena idea categorizar a las personas a partir de un juicio previo. Habrá que tener en cuenta las características del grupo a cargo.

Nuevas características deberán ser consideradas en las formas de hacer las cosas, en la relación jefe-colaborador y, también, en el lenguaje y la forma de comunicarse.

Todas estas cuestiones deberán ser consideradas en Formación, especialmente en el diseño de las actividades formativas.

Apartados relacionados y/o que tratan temas con alguna conexión

La mayoría de los apartados tienen conexión entre sí. A continuación, solo voy a destacar algunos de ellos.

- Apartado 1. De ayer a mañana. Difícil y posible a la vez

- Apartado 2. Estrellas fugaces, ¿sí o no? *After office, outdoors,* convivios y demás

- Apartado 3. Felicidad en el trabajo. ¿Es posible? ¿Es un mito?

- Apartado 4. Diversidad, discriminación y otras cuestiones

- Apartado 6. ¿Somos útiles proponiendo la formación adecuada, o llamamos al propalador de creencias?

- Apartado 7. Comenzando por el principio. Buenas prácticas en Formación

- Apartado 8. Continuando con las buenas prácticas: Herramientas y Formación

- Apartado 9. Reconocer necesidades y priorizarlas

- Apartado 10. Factores a tener en cuenta para alcanzar alta efectividad y eficacia

- Apartado 11. Aprender puede no ser aburrido. Diseño de una actividad sobre conocimientos

- Apartado 12. ¡Geografía también! Diseño de una actividad sobre conocimientos

- Apartado 13. Crecer es posible

- Apartado 14. Cambiar a través de la acción. Diseñar una actividad que permita cambiar comportamientos. Desarrollar competencias

- Apartado 30. Formador de formadores. Diseño e implementación

Notas

Para reflexionar, implementar, llevar a cabo en la organización

Para reflexionar, implementar, llevar a cabo en mi desarrollo profesional y personal

¿Somos útiles proponiendo la formación adecuada, o llamamos al propalador de creencias?

Sin ofender a nadie...

Espero no ofender con los términos utilizados. Es mi propósito, desde el título del aparado, proponer un juego de palabras. La expresión "somos útiles" la utilizo para enfatizar la necesidad de que –en las organizaciones– la formación y los subsistemas de Recursos Humanos, en su conjunto, reflejen la visión y la estrategia. No siempre es así

Por otro lado, hemos acuñado la expresión "propalador de creencias" para describir un fenómeno muy frecuente en estos días: personas que asumen roles de *speakers*, conferencistas, etc., basados exclusivamente en su carisma, pero sin sustento técnico profesional. Sus dichos se basan en "cosas que creen" pero que no han sido probadas, no representan las buenas prácticas. Esta forma de encarar ciertos roles, basándose en creencias, está muy extendida en profesionales de disciplinas diversas.

"Ser útil, o llamar al propalador de creencias". Con estas dos ideas, antagónicas, le propongo leer este apartado.

Frente a una necesidad, habrá que definir cuál es la formación adecuada. ¿Por dónde empezar? Dividiré el tema en dos partes.

Diseño y contenidos

Las actividades formativas, de tipo estructurado, usualmente se realizan a través de talleres.

> **Taller.**[1] Actividad de formación estructurada durante la cual se intercalan exposiciones teóricas con ejercitación práctica, siendo esta última la predominante.

En nuestra metodología, una de las opciones disponibles es Codesarrollo, método que incluye la realización de talleres. Ver *Apartado 7. Comenzando por el principio. Buenas prácticas en Formación*. También el Capítulo 3 de la obra *Formación. Capacitación. Desarrollo*.

> **Taller de Codesarrollo.**[2] Actividad estructurada donde el participante realiza acciones concretas de manera conjunta con su instructor para el desarrollo de sus competencias y/o conocimientos.

---

1 *Diccionario de términos de Recursos Humanos*. Ediciones Granica, Buenos Aires, 2011.
2 Ídem anterior.

Un taller de Codesarrollo consta de los siguientes pasos: 1) presentar el tema; 2) poner en juego una competencia o en práctica un conocimiento; 3) reflexión y autoevaluación; 4) plan de acción. El paso 5 (seguimiento), se realiza con posterioridad al taller de Codesarrollo.

Un taller de Codesarrollo puede ser diseñado para el aprendizaje de un conocimiento o para el desarrollo de una competencia.

En cualquiera de los dos casos, es fundamental contar con un diseño adecuado que, según nuestra sugerencia, debe ser elaborado por un experto. En el caso de conocimientos, por un experto de la materia en cuestión; en el caso de competencias, por un experto en competencias. En ambos casos, además, la persona que lleve a cabo el diseño debe ser experto en el método de Codesarrollo.

En cualquiera de las situaciones, utilizando el método Codesarrollo o no, será clave el contenido del taller. En el caso de conocimientos se deberá considerar la calidad y, además, la pertinencia del aprendizaje de dicho conocimiento, en relación con las necesidades de formación.

En cuanto a competencias, determinar que las actividades realmente desarrollen competencias. Además, se deberá considerar una segunda cuestión que es esencial: que la definición y los comportamientos a desarrollar sean los del modelo organizacional.

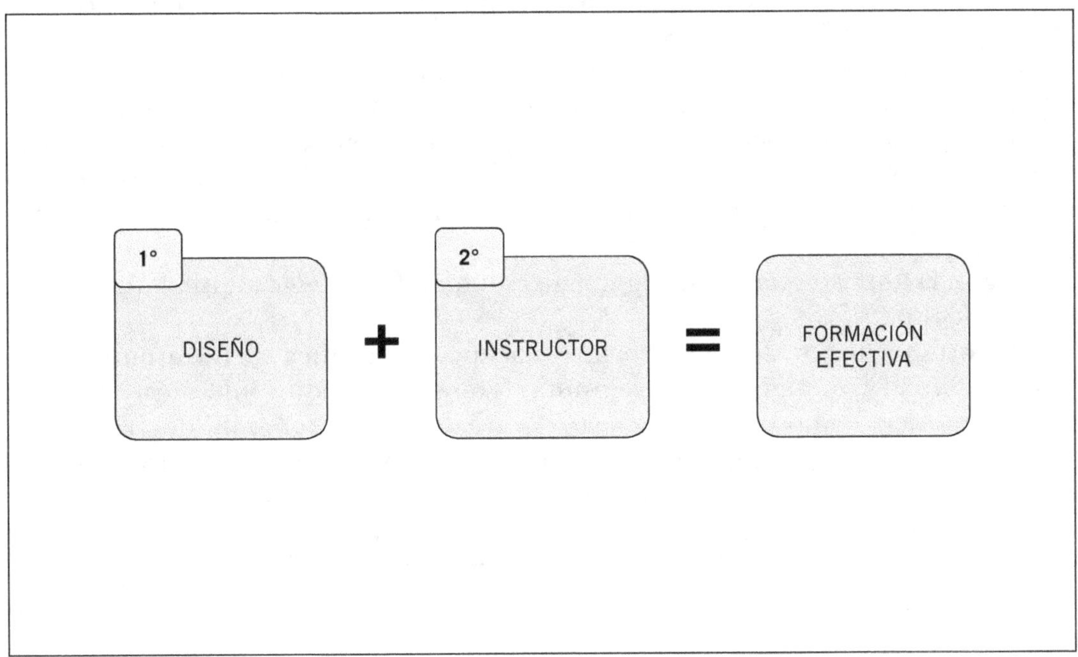

En la obra *Formación, Capacitación, Desarrollo,* así como también en varios apartados de este libro, se hará referencia al diseño de las actividades, al método Co-desarrollo y también a las capacidades necesarias para ser un buen instructor. Analicemos la figura de la página anterior.

La idea que se desea expresar es que el primer aspecto a considerar será el contenido, el diseño de la actividad a realizarse. El segundo, la elección del instructor. A partir de la sumatoria de ambos aspectos se logrará una formación efectiva.

Propalador de creencias. De qué se trata

Cuando estaba preparando la obra *Formación. Capacitación. Desarrollo* me planteé cuáles roles *no* debería asumir un instructor. Pensé en algunas opciones y una, no descrita hasta ese momento —al menos en mis libros—, surgió en mi mente a través de una enorme cantidad de ejemplos y casos prácticos, que incluso se pueden observar en el día a día de cualquiera de nosotros.

Propalador de creencias... divulgador de creencias. Es frecuente encontrarlos en los medios de comunicación, también en congresos, conferencias, actividades formativas en general.

El propalador de creencias, al igual que el instructor "entretenedor", atraen al público, suelen ser "convocantes".

Unos y otros podrán resultar "interesantes", quizá divertidos, entretenidos, pero —desde la mirada de la formación adquirida— no son efectivos; es decir, la actividad a la cual se asiste no permite el desarrollo de una competencia, que implicaría cambiar comportamientos. Tampoco permite poner en práctica un nuevo conocimiento, e incluso puede exponer al participante a llevar a la práctica un concepto erróneo.

Según la RAE, *propalar* es divulgar algo oculto; y *propalador,* alguien que propala algo oculto.

Por otra parte, *creencia* en su primera acepción significa "firme asentimiento y conformidad con algo". En la segunda, "completo crédito que se presta a un hecho o noticia como seguros o ciertos". En la tercera, "religión, doctrina". Por último, *creer,* en su primera acepción, significa "tener algo por cierto sin conocerlo de manera directa o sin que esté comprobado o demostrado".

Pensemos en los habituales programas de televisión donde un conductor propone un tema que es discutido por los denominados "panelistas", personas que "opinan" sobre una amplia diversidad de temas, asumiendo el rol, reconocido por ellos mismos, de "no expertos".

En ocasiones se invita a un especialista del tema en cuestión quien –también– será cuestionado por los que opinan desde su rol de "no experto". Los temas varían desde política internacional, economía regional e internacional, la llegada del ser humano al lado oscuro de la Luna, un avión que ha desaparecido y su destino es incierto, el riesgo –o no– de la circulación en las autopistas de autos sin conductor... y tantos otros. Las afirmaciones que los "panelistas" emiten no responden a ningún conocimiento específico del tema, no son producto de estudios ni de la experiencia práctica.

La audiencia desprevenida, que desconoce tan disímiles cuestiones, con frecuencia repite y toma por ciertas o al menos plausibles las distintas opiniones allí emitidas.

Similares cuestiones podrán producirse en búsquedas a través de Internet, de las redes sociales en general, donde es posible toparse con las denominadas *fake news,* en algunos casos difundidas con mala intención y repetidas por otras personas que, de manera ingenua, retransmiten la "información" sin darse cuenta de que son "noticias falsas".

No todos los que se convierten en propaladores de creencias lo hacen con mala intención. No obstante, en el caso de instructores y conferencistas de todo nivel, este tipo de situación evidencia falta de profesionalismo al asumir un rol para el cual no cuentan con los conocimientos y la experiencia necesarios.

En resumen, conociendo el riesgo potencial de encontrarnos con este tipo de instructores, hemos encontrado una forma de sortear el problema. Les proponemos a nuestros clientes, en especial cuando una temática deba ser impartida a grupos numerosos de personas, separar el diseño de una actividad de la impartición. Es decir, un experto será el encargado de diseñar la actividad que luego podrá ser replicada por el número necesario de instructores, previamente formados como tales. De este modo será posible asegurar la calidad de la formación, evitando a los *propaladores de creencias.*

El instructor. Cuál es su rol

El rol del instructor, su empatía y otras competencias serán determinantes en toda actividad formativa. También sus valores. Este aspecto lo considero fundamental. En nuestra forma de trabajo, cuando por ejemplo una persona asume una responsabilidad importante sin poseer los conocimientos y la experiencia que dicha responsabilidad requiere, está incurriendo en un comportamiento reñido con los valores éticos.

Retomaremos algunos de estos temas en el *Apartado 10. Factores a tener en cuenta para alcanzar alta efectividad y eficacia.*

Si una persona no tiene la preparación y los conocimientos necesarios, pero debe asumir, de todos modos, la impartición de una actividad, deberá buscar alguna clase de apoyo. Una opción, de ser posible, será basarse en un diseño realizado por un experto.

¿Por qué plantear aquí la importancia de los valores? Cuando hago referencia a esta cuestión, muchas veces tengo la sensación de plantear un aspecto "casi" olvidado. Analicemos la definición de la competencia *Ética*:

Ética. Capacidad para sentir y obrar en todo momento de acuerdo con los valores morales y las buenas costumbres y prácticas profesionales, y respetar las políticas organizacionales. Implica sentir y obrar de este modo en todo momento, tanto en la vida profesional y laboral como en la vida privada, aun en forma contraria a supuestos intereses propios o del sector/organización al que pertenece, ya que las buenas costumbres y los valores morales están por encima de su accionar, y la organización así lo desea y lo comprende.

Una competencia se abre en grados o niveles. La apertura en grados de esta competencia la encontrará en la obra *Diccionario de competencias. La trilogía. Tomo 1*.

Asimismo, para cada competencia que conforma un modelo de competencias deben elaborarse ejemplos de comportamientos observables siguiendo la misma apertura en grados o niveles utilizada en el diseño del *Diccionario de competencias*. Ejemplos de comportamientos en relación con esta competencia los encontrará en la obra *Diccionario de comportamientos. La trilogía. Tomo 2*.

De la definición de la competencia *Ética* se desprende que una persona debería obrar, en todo momento, de acuerdo no solo con los valores morales sino también con las buenas costumbres y prácticas profesionales.

Si sobre un determinado tema un expositor, por no conocerlo a fondo, enuncia conceptos que "cree que son de una determinada manera", su comportamiento no sería el esperado. Un expositor/instructor experto exhibe conocimientos y buenas prácticas, según corresponda en cada caso.

Veamos esta otra definición.

Ética y sencillez. Capacidad para actuar en concordancia con los valores morales y las buenas costumbres y prácticas profesionales, y respetar las políticas organizacionales. Capacidad para generar confianza en otros al ejecutar acciones o procesos no burocráticos y simples de entender desde una perspectiva diferente a la propia. Implica ser uno mismo y demostrar seguridad, ser congruente entre el decir y el hacer y no dar lugar a malos entendidos.

A la definición anterior se le ha sumado la "Capacidad para generar confianza en otros al ejecutar acciones o procesos no burocráticos y simples de entender desde una perspectiva diferente a la propia". La frase concluye con "ser congruente entre el decir y el hacer y no dar lugar a malos entendidos".

Como decíamos en párrafos previos, los valores no siempre se consideran –no al menos especialmente. Sin embargo, constituyen un aspecto fundamental en todos los temas que componen esta obra.

En la mencionada obra *Formación. Capacitación. Desarrollo,*[3] uno de los anexos ofrece opiniones de otros autores. Me parece interesante mencionar la siguiente referencia volcada allí.

Lawson[4], en la obra *The trainer's Handbook,* se refiere a los distintos tipos de instructores: *vendedor, entrenador, profesor y entretenedor.* Me parecieron interesantes las categorías de esta clasificación, dado que coincide con nuestra experiencia profesional de muchos años, en los que hemos observado una tendencia creciente del último de los tipos de instructores mencionados, al ofrecerse a los participantes desde actividades circenses hasta otras tan diversas como escalar montañas, navegar ríos o lagos, sin ningún propósito concreto, más allá de ser actividades recreativas aunque no siempre deseadas por los participantes (algunos incluso se niegan a participar); y el resultado es diverso (lesiones físicas incluidas, en algunos casos).

Veamos las categorías de Lawson. En nuestra opinión, un instructor no "vende" ni un conocimiento ni una competencia al participante. Por otro lado, si solo es *profesor* no logrará sus objetivos, y el rol de *entretenedor* no me parece serio, al menos no lo es si estamos hablando de actividades formativas en el ámbito de las organizaciones. De las opciones descritas por este autor, de algún modo, coincidimos con la categoría *entrenador...*

Se pueden analizar más detalles sobre el rol del instructor en el *Apartado 10.*

A modo de cierre

Los especialistas en RRHH, así como los eventuales destinatarios de su tarea, reciben cotidianamente una gran variedad de ofertas sobre actividades formativas. Dicha oferta, tan nutrida, confunde a quien debe tomar decisiones al respecto.

Jefes y colaboradores, ya sea que deban asistir como participantes o bien guiar a sus equipos, no siempre tienen los elementos (la información, etc.) para elegir las mejores opciones.

A unos y otros les sugerimos aplicar las buenas prácticas, en todos los aspectos, para alcanzar los resultados esperados, en Formación y en otras cuestiones también.

---

3 *Formación. Capacitación. Desarrollo.* Ediciones Granica, Buenos Aires, 2019.
4 Lawson, Karen. *The trainer's Handbook.* Pfeiffer, San Francisco, 2006.

Apartados relacionados y/o que tratan temas con alguna conexión

La mayoría de los apartados tienen conexión entre sí. A continuación, solo voy a destacar algunos de ellos.

- Apartado 2. Estrellas fugaces, ¿sí o no? *After office, outdoors,* convivios y demás

- Apartado 3. Felicidad en el trabajo. ¿Es posible? ¿Es un mito?

- Apartado 4. Diversidad, discriminación y otras cuestiones

- Apartado 5. Nuevas generaciones, inmediatez, lenguaje y otras cuestiones en relación con Formación

- Apartado 7. Comenzando por el principio. Buenas prácticas en Formación

- Apartado 8. Continuando con las buenas prácticas: Herramientas y Formación

- Apartado 9. Reconocer necesidades y priorizarlas

- Apartado 10. Factores a tener en cuenta para alcanzar alta efectividad y eficacia

- Apartado 11. Aprender puede no ser aburrido. Diseño de una actividad sobre conocimientos

- Apartado 12. ¡Geografía también! Diseño de una actividad sobre conocimientos

- Apartado 13. Crecer es posible

- Apartado 14. Cambiar a través de la acción. Diseñar una actividad que permita cambiar comportamientos. Desarrollar competencias

- Apartado 29. Indicadores de gestión sobre Formación

- Apartado 30. Formador de formadores. Diseño e implementación

Comenzando por el principio. Buenas prácticas en Formación

¿Por qué comenzando por el principio?

El lector se podrá preguntar la razón de "comenzar por el principio" recién en el Apartado 7… y es una buena pregunta.

Quizá ya leyó la obra *Formación. Capacitación. Desarrollo*; en ese caso, algunos de los temas que se verán aquí ya los vio… de todos modos, la lectura le servirá como resumen, para recordar alguna cuestión en particular.

En la Presentación les conté una conversación sobre esta obra con mi esposo, a quien en su momento le dije: *Este libro y sus apartados tienen "un hilo conductor", quizá no muy evidente. La obra comienza con temas "generales" sobre las actividades formativas, qué hacer y qué no. Luego, me concentro en explicar las buenas prácticas para el diseño de esas actividades formativas.*

La afirmación última hace referencia a este apartado y los siguientes. A partir de aquí, me referiré a las buenas prácticas para el diseño e impartición de actividades formativas, que integrarán –a su vez– un plan de Formación.

Formación y desarrollo. Buenas prácticas

En varias de mis obras me he referido a la formación y al desarrollo de capacidades a través de diferentes caminos. Desde las diversas actividades que cada persona puede llevar a cabo por su propia iniciativa, hasta las actividades estructuradas que conforman un plan de formación.

Métodos para el desarrollo de personas

Los distintos métodos para el desarrollo y la formación de personas podrían clasificarse según la figura de la página siguiente.

Métodos para el desarrollo de personas dentro del trabajo: el concepto hace referencia al conjunto de buenas prácticas para el desarrollo de personas mientras estas continúan desempeñando su rol, a través de un consejo directo y oportuno dado por el jefe directo o bien cuando el colaborador ejecuta o lleva a la práctica consejos e ideas sugeridas o como consecuencia de la acción de un mentor o entrenador. En este último caso, los ejemplos más conocidos son los programas de *Mentoring* y *Entrenamiento experto*.

En la primera de las situaciones planteadas, cuando el desarrollo dentro del trabajo se verifica por la acción del propio jefe, es decir, cuando este desempeña el rol de entrenador de sus colaboradores, lo denominamos *Jefe entrenador.*

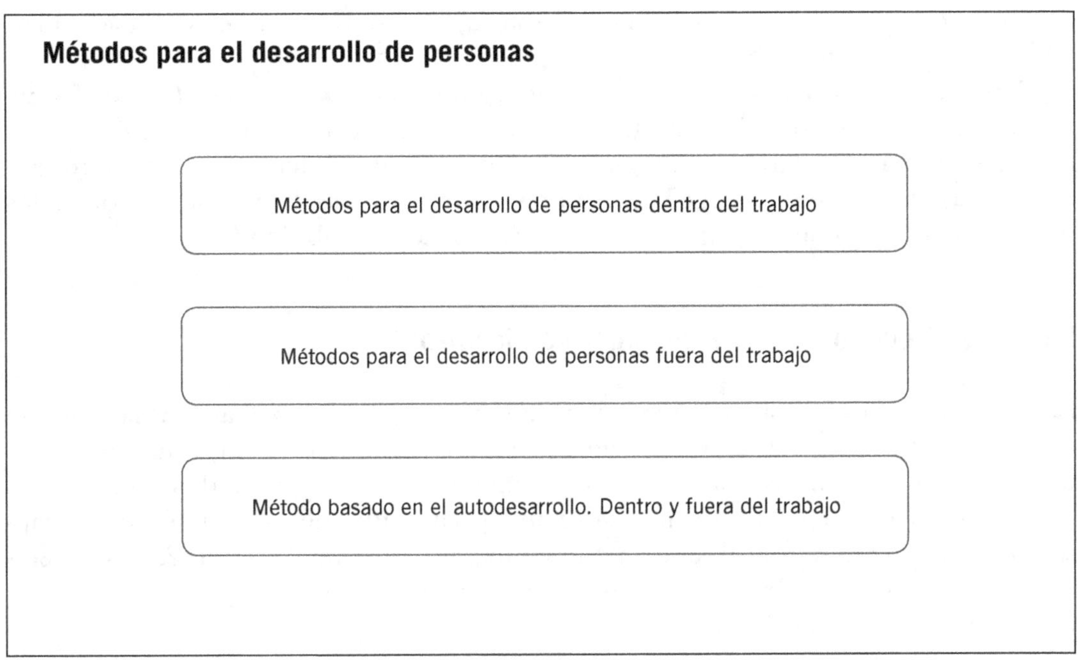

Métodos para el desarrollo de personas fuera del trabajo: son los más difundidos bajo el formato de cursos de capacitación.

Método basado en el autodesarrollo. Dentro y fuera del trabajo. El autodesarrollo es el método de más reciente incorporación entre las buenas prácticas de aprendizaje organizacional; su utilización comienza a difundirse en los últimos veinte/treinta años.

Pero el autodesarrollo es una práctica utilizada *desde siempre.* Podemos reconocer en la historia figuras relevantes que se han formado por propia iniciativa a las que, por esta razón, se las ha denominado autodidactas. Desde nuestra perspectiva, un autodidacta es una persona que ha encontrado su propio método para el autodesarrollo.

Al incorporarse el autodesarrollo como método de desarrollo organizacional, se diseñan guías que constan de instructivos o manuales para su mejor utilización, tanto para el usuario directo o interesado, como para sus jefes y responsables de Recursos Humanos. Las mencionadas guías de desarrollo se confeccionan para ser utilizadas dentro y fuera del trabajo.

Las *guías dentro del trabajo,* como su nombre lo indica, ofrecen sugerencias para poner en práctica durante la realización de las tareas laborales cotidianas. En cambio, las denominadas *guías fuera del trabajo* ofrecen sugerencias para desarrollar competencias y conocimientos en la vida diaria, y no se relacionan con la actividad laboral propiamente dicha.

Las organizaciones ofrecen a sus colaboradores el *autodesarrollo dirigido*. Es decir, las guías que se brindan usualmente en la intranet de la organización, se corresponden con los planes estratégicos organizacionales y dentro de ese marco (la estrategia) el colaborador elige las variantes más adecuadas del método, es decir, las que están acordes con sus expectativas, preferencias y posibilidades.

Interrelación de los tres métodos para el desarrollo

Los métodos de desarrollo dentro y fuera del trabajo, así como el autodesarrollo, se relacionan entre sí y su funcionamiento es de tipo sistémico. Las organizaciones los utilizan de manera indistinta y se puede comenzar por cualquiera de ellos.

Como puede verse en el gráfico siguiente, los métodos dentro y fuera del trabajo se relacionan de manera directa. Una persona aprende mientras realiza sus funciones en su puesto de trabajo y, además, puede recibir formación específica según las necesidades detectadas.

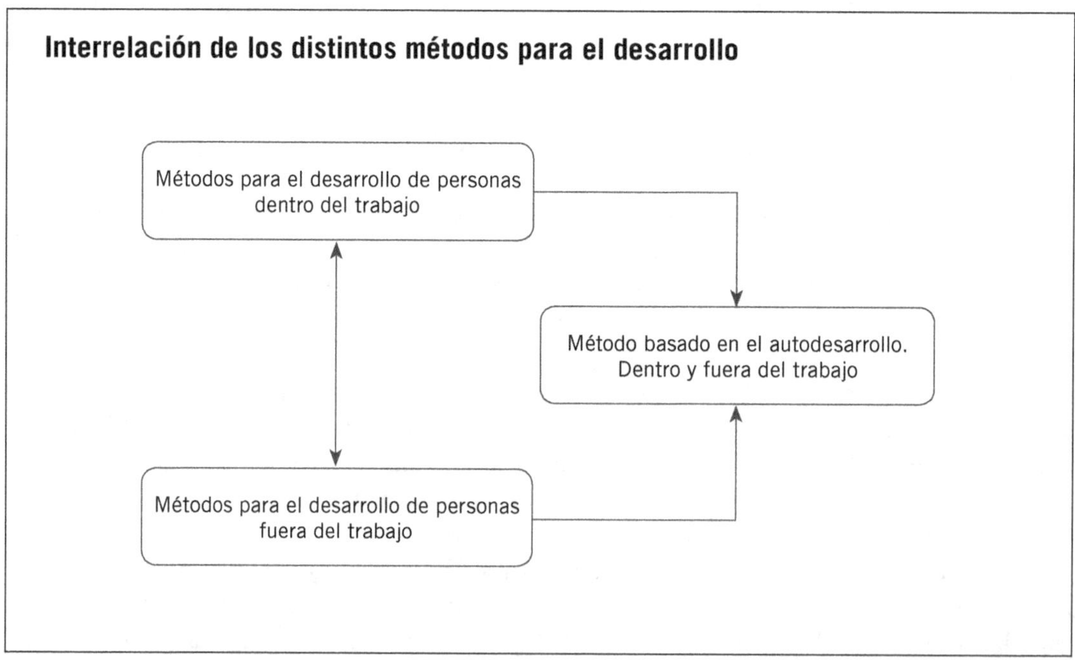

Ambos métodos se relacionan a su vez con el autodesarrollo. Asimismo, este puede tener lugar tanto dentro como fuera del trabajo. La diferencia con los dos anteriores es que en estos casos la iniciativa parte del propio colaborador, quien decide realizar ciertas acciones para adquirir nuevos conocimientos y/o para modificar comportamientos (desarrollo de competencias).

Diseño de actividades formativas

El término *capacitación*, usualmente, se utiliza para denominar a las actividades estructuradas, generalmente bajo la forma de un curso, con fechas y horarios estipulados y objetivos predeterminados.

La capacitación es la actividad más utilizada para la formación de personas adultas. Su presentación más frecuente es aquella que cotidianamente se conoce como "curso", una actividad donde un profesor o instructor transmite una serie de conocimientos a los participantes. Los propósitos, de cada una de estas actividades son concretos y conocidos de antemano por los participantes, así como las fechas y horarios en que cada actividad tiene lugar.

Podría utilizarse el término "capacitación" con un alcance más amplio. Sin embargo, hemos utilizado esta definición porque representa la idea más frecuente que todas las personas tienen respecto al punto. Una persona podría sostener que "se capacita" cuando realiza una tarea, y eso es cierto. De todos modos, y de acuerdo con el significado que se le ha dado a este término en obras previas y que también se le dará en esta, la capacitación siempre es impartida por un profesor o instructor, según corresponda, a través de una actividad estructurada con formato de clase, con fechas y horarios establecidos y un propósito concreto.

La capacitación tiene puntos en común y diferencias con el método *Codesarrollo*, que se verá a continuación.

Los grados de eficacia de las diferentes formas de aprendizaje varían según la actividad y su receptor. Escuchar una conferencia puede dar como resultado un aprendizaje relativamente escaso. El aprendizaje usualmente crece a medida que la persona incrementa su nivel de participación. El aprendizaje alcanza su nivel máximo cuando la persona pone en acción aquello que ha aprendido.

Como se ha expuesto, el método propuesto para el diseño es Codesarrollo. Se dará una sucinta explicación en páginas siguientes, en este mismo apartado. Antes se hará una breve reseña de diversas acciones disponibles, algunas de ellas incorporadas dentro del método mencionado (Codesarrollo), como talleres, estudio de casos y juegos gerenciales, entre otros.

Diseño de actividades formativas.
Opciones posibles a tener en cuenta

Las actividades formativas son más eficaces cuando llevan a los participantes a la acción y les permiten resolver situaciones similares a las que luego enfrentarán en sus respectivos puestos de trabajo.

Si bien usualmente los participantes no desean recibir teoría sino soluciones a sus problemas, en ocasiones un marco teórico será imprescindible. Un diseño experto permitirá combinar adecuadamente distintas opciones.

Veamos el gráfico al pie: a continuación una breve explicación sobre cada uno de los aspectos mencionados.

Exposiciones teóricas. La exposición teórica será sobre conocimientos o, en el caso de competencias, será una explicación detallada de los conceptos y comportamientos involucrados en la misma. En el caso de conocimientos, la exposición teórica se podría asimilar a la definición dada para *conferencias o clases magistrales.*

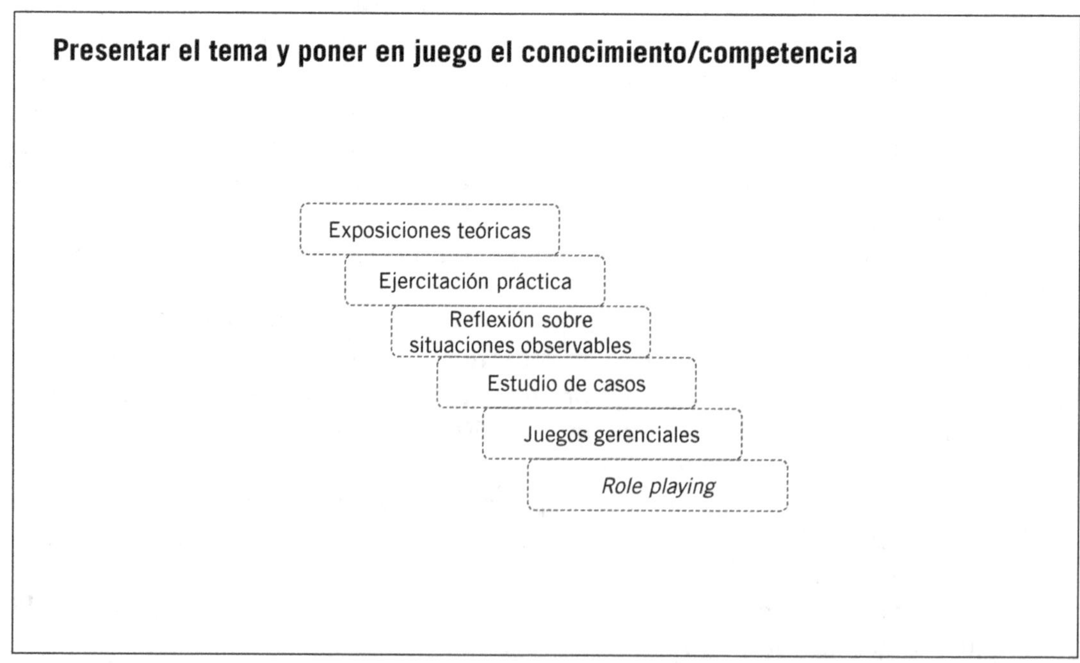

Ejercitación práctica. Con relación a conocimientos se podrá trabajar sobre ejercicios prácticos relacionados y reflexionar sobre los comportamientos vinculados en el caso de competencias.

Reflexión sobre situaciones observables. Esta opción tiene una relación más directa con un Codesarrollo de competencias; sin embargo, también puede darse en relación con conocimientos.

Estudio de casos. Puede aplicarse de la misma manera para conocimientos y competencias.

Juegos gerenciales. Al igual que en el punto anterior, pueden aplicarse de la misma manera para conocimientos y competencias.

Role playing. Como en los dos casos anteriores, puede aplicarse de la misma manera para conocimientos y competencias.

Las diferentes actividades mencionadas pueden aplicarse en su conjunto o algunas de ellas, según el enfoque que se desea imprimir. Cada diseño es particular, y es relevante la adecuada combinación de las actividades.

Método Codesarrollo

Codesarrollo es un método para el desarrollo de personas[1] aplicable tanto a competencias como a conocimientos, que implica acciones concretas que de manera conjunta realiza el sujeto que asiste a una actividad de formación, con el instructor que lo guía, para el desarrollo de sus competencias y/o conocimientos. El Codesarrollo implica un ciclo: taller de Codesarrollo, seguimiento, taller de Codesarrollo... La idea se expresa en la figura de la página siguiente.

En el gráfico se muestra –sobre un eje de tiempo– la realización de un taller de Codesarrollo, que involucra una serie de pasos:

1. Presentar el tema.

2. Poner en juego el conocimiento o competencia según corresponda.

3. Realizar una autoevaluación y reflexionar al respecto.

4. Confeccionar un plan de acción.

---

1 Codesarrollo es parte de la Metodología MAI - Martha Alles International.

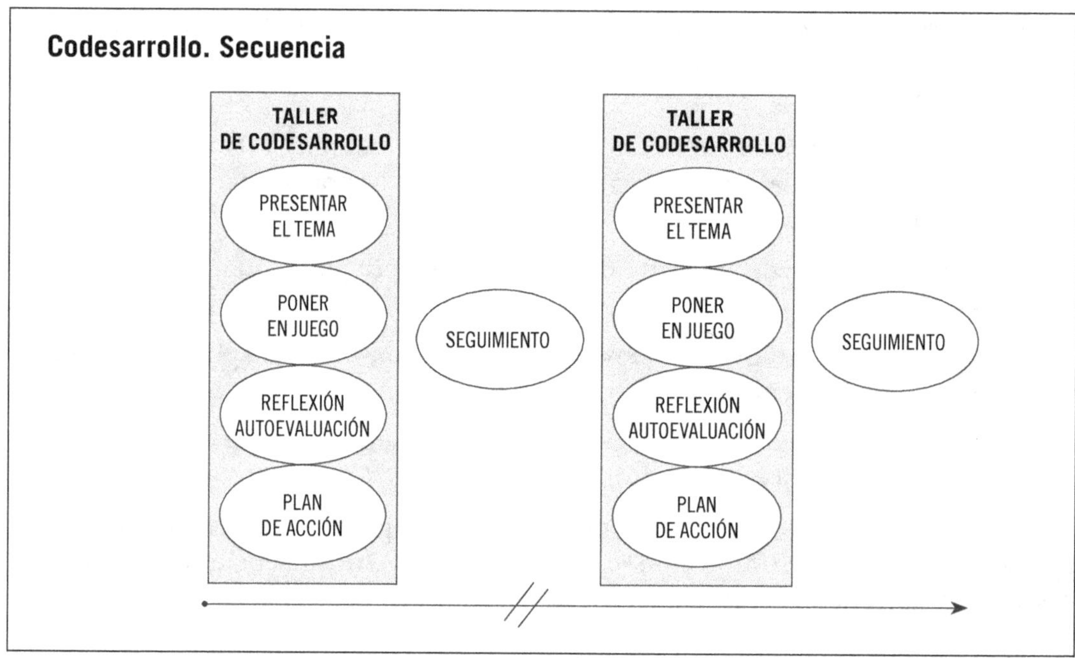

El aprendizaje continúa a través del seguimiento, para luego llevar a cabo un segundo taller de Codesarrollo y un nuevo seguimiento. Entre el primer taller de Codesarrollo y el segundo deberá transcurrir un cierto período de tiempo, usualmente unos pocos meses.

El plan de acción (Paso 4) que el participante elabora, como último paso del primer taller de Codesarrollo, será aquel que llevará a cabo una vez finalizado dicho taller. Usualmente dicho plan incluye acciones para el autodesarrollo dentro y fuera del trabajo. De este modo, el taller de Codesarrollo combina los distintos métodos o caminos para el desarrollo de personas visto en páginas previas. La idea se expresa en la figura de la página siguiente.

En la parte inferior se relacionan los distintos pasos del método Codesarrollo con los "métodos para el desarrollo de personas" descritos al inicio de este apartado. El taller de Codesarrollo es uno de los métodos de desarrollo fuera del trabajo. Además, del marco del taller surgen acciones para que el participante lleve a cabo su autodesarrollo, a posteriori de dicho taller. Por último, el seguimiento podrá ser llevado a cabo por su propio jefe, siendo esta la opción más frecuente. En este caso, sería una acción dentro de los métodos denominados *dentro del trabajo* (Jefe entrenador).

Un aspecto fundamental será contar con un diseño adecuado, elaborado por un experto. En el caso de conocimientos, por un experto de la materia en

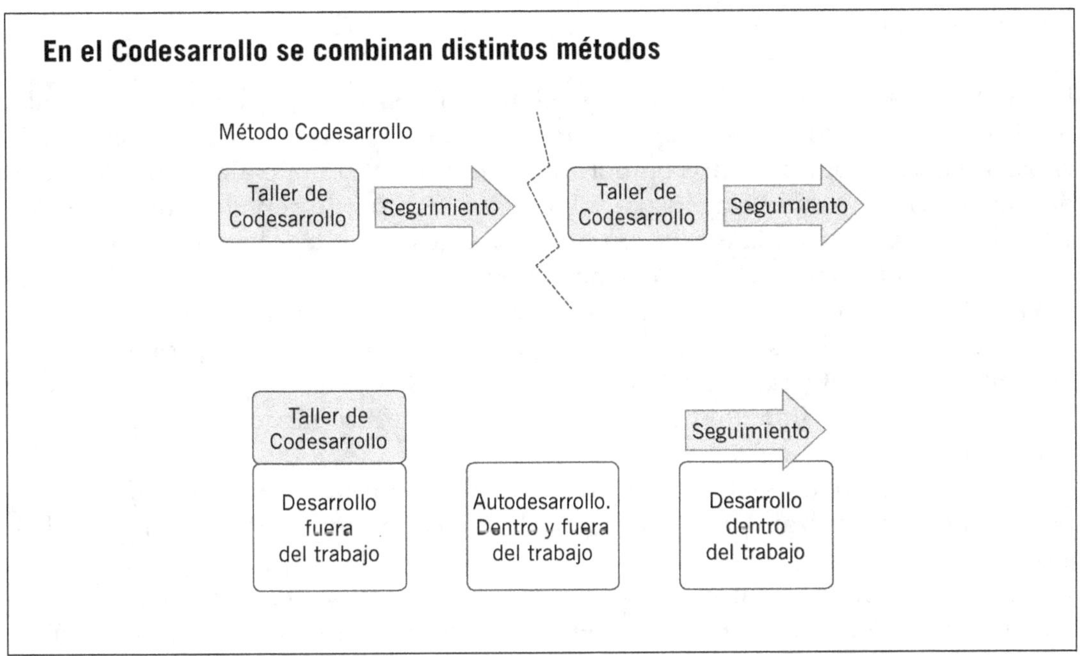

cuestión; en el caso de competencias, por un experto en competencias. Adicionalmente, la persona que lleve a cabo el diseño debe ser experto en el método de *Codesarrollo.*

¿Quiénes pueden realizar el seguimiento, dentro del método Codesarrollo? La mejor opción, el jefe directo. Si la o las personas participantes del método Codesarrollo están al mismo tiempo en un proceso de *entrenamiento experto, mentoring* o *tutoría,* los responsables de dicho proceso pueden realizar el seguimiento respecto del avance o progreso que realiza el involucrado en materia de desarrollo de competencias. Otra posibilidad es que el instructor del taller de Codesarrollo realice el seguimiento. Para lo cual deberá reunirse con los participantes de la actividad, a fin de evaluar la situación de cada uno de ellos.

Combinar métodos para alcanzar los mejores resultados

Capacitación, Codesarrollo y algunas de las otras actividades mencionadas integran el grupo que hemos denominado *métodos para el desarrollo de personas fuera del trabajo.* Estos, a su vez, podrán combinarse con otras buenas prácticas, en especial el autodesarrollo.

Autodesarrollo

En la implantación del modelo de competencias se hace énfasis en uno de sus pilares: la difusión. Si los colaboradores de todos los niveles conocen lo que se espera de ellos, intentarán lograr dicho comportamiento. Luego, si no lo alcanzan, los métodos de desarrollo serán de ayuda para lograrlo. De acuerdo con el grado requerido se podrá ir subiendo en la escala con una primera acción: leer lo allí descrito como comportamiento esperado. Las personas podrán ir incrementando así su nivel de desarrollo de una competencia. La idea se expresa en la figura siguiente.

El autodesarrollo es el método más eficaz para el desarrollo de competencias, y, según el tema del cual se trate, también su grado de eficacia puede ser muy alto en materia de conocimientos. A su vez el autodesarrollo puede ser dentro y fuera del trabajo.

El autodesarrollo es el método más recientemente incorporado a las buenas prácticas de aprendizaje organizacional, donde se lo emplea desde finales del siglo XX.

En la actualidad es utilizado para el desarrollo de capacidades, tanto conocimientos como competencias, entendiendo que se trata de las acciones que realiza una persona, por su propia iniciativa, para mejorar.

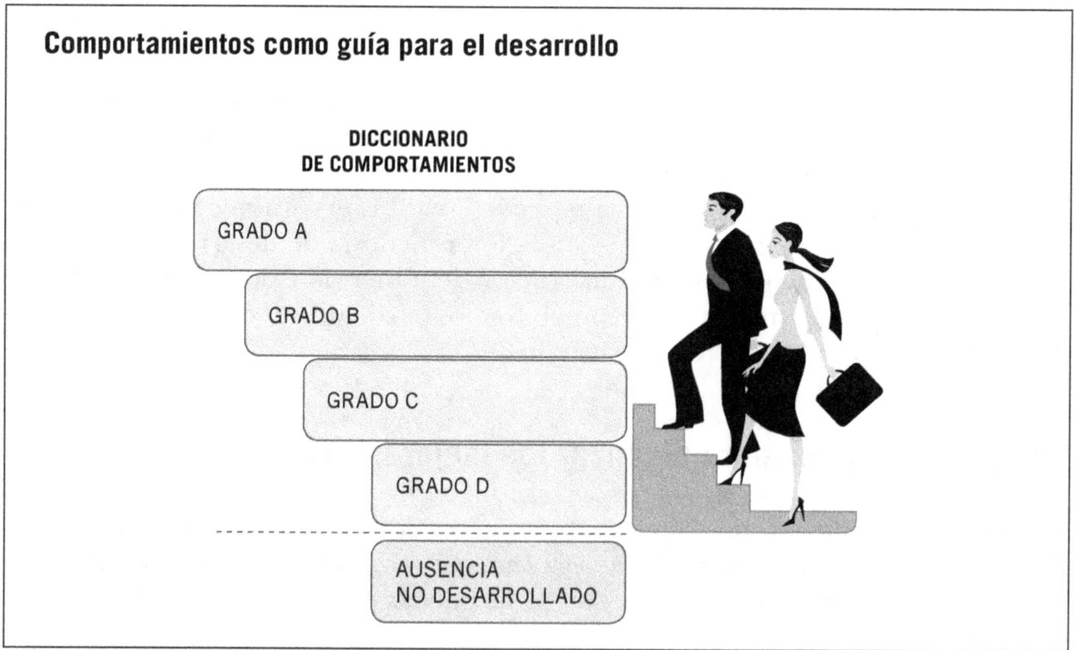

El autodesarrollo puede ser:

1. Autodesarrollo dentro del trabajo. Acciones que realiza una persona, por su propia iniciativa, para mejorar dentro del ámbito laboral y en relación con su puesto de trabajo. Para este tipo de autodesarrollo la organización puede ofrecer a sus colaboradores las *guías de desarrollo dentro del trabajo.*

2. Autodesarrollo fuera del trabajo. Acciones que realiza una persona, por su propia iniciativa, para mejorar fuera del ámbito laboral y sin relación alguna ni con su puesto de trabajo ni con actividades laborales. Para este tipo de autodesarrollo la organización puede ofrecer a sus colaboradores las *guías de desarrollo fuera del trabajo.*

Las organizaciones ofrecen a sus colaboradores *autodesarrollo dirigido.* Las guías que se ponen a disposición, usualmente en la intranet de la organización, se corresponden con los planes estratégicos organizacionales y dentro de ese marco (la estrategia) el colaborador elige las variantes más adecuadas, es decir, acordes con sus expectativas, preferencias y posibilidades.

Método 12 pasos para el autodesarrollo

El *Método 12 pasos*[2] está pensado y diseñado para el autodesarrollo de diferentes tipos de capacidades. Por su naturaleza, se trata de un método de aprendizaje que permite desarrollar tanto competencias como conocimientos.

Este método podrá aplicarse tanto dentro como fuera del trabajo, o, según el caso, de ambas maneras. Para el desarrollo de un conocimiento y/o de una competencia, siempre es mejor dividir la acción a realizar en partes, en unidades de menor dimensión. Usualmente, dichas partes tienen una secuencia lógica.

A modo de cierre

En este apartado se ha realizado un breve resumen sobre los distintos métodos para el desarrollo de personas, utilizando una denominación clásica en los manuales de Recursos Humanos: métodos de desarrollo dentro del trabajo, fuera del trabajo y autodesarrollo. También una breve descripción del método Codesarrollo, sobre el cual se verán aplicaciones concretas, más adelante en esta misma obra.

---

2 Este método forma parte de la Metodología MAI - Martha Alles International.

Q&A sobre buenas prácticas

¿Quiénes pueden ser sujeto de aprendizaje en un Codesarrollo?

Este método puede adoptarse para la formación de cualquier tipo de personas, de cualquier nivel, formación previa o edad, incluso niños. En el caso de los niños, necesitarán otro tipo de seguimiento y un diseño acorde, pero los pasos serán los mismos que en el diseño del método Codesarrollo para adultos. Nuestro trabajo está situado en el ámbito de las organizaciones, por lo tanto, dirigido a adultos. No obstante, el método en sí mismo podría ser utilizado –además– por instituciones educativas de cualquier nivel.

Me parece importante destacar un concepto –que se verá más adelante, en el *Apartado 13. Crecer es posible*–: las organizaciones están compuestas por personas adultas y estas son *responsables,* de sus carreras, de su formación, entre otras cuestiones. El diseño de actividades formativas, así como la puesta en marcha de cualquiera de los programas para el desarrollo de personas, dentro de la organización, se basa en la responsabilidad de los participantes.

Uno de los pilares del aprendizaje y del método de Codesarrollo es la autoevaluación (paso 3) y el plan de acción (paso 4). Para que ambos sean efectivos se necesita que los participantes sean responsables, que reflexionen y se planteen desafíos desde esta perspectiva, la responsabilidad personal. Sus carreras les pertenecen, sus vidas les pertenecen.

Las organizaciones ofrecen medios para el desarrollo a través de las actividades formativas y de programas internos; sin embargo, sin el compromiso de cada uno de los participantes no se alcanzará el resultado esperado por el participante, ni por la organización, ni por los jefes directos de los participantes.

De las buenas prácticas ¿cuál sería la más apropiada para las nuevas generaciones?

Entre las características atribuidas a las nuevas generaciones se mencionan, como relevantes, la inmediatez, que incluye la necesidad de llevar a la práctica rápidamente el aprendizaje recibido. Hemos analizado esta cuestión en el *Apartado 5. Nuevas generaciones, inmediatez, lenguaje y otras cuestiones en relación con Formación.* El método Codesarrollo combina ambas características. Permite poner en práctica el conocimiento o la competencia durante la actividad y, lo que es más importante aún, a través de la reflexión y autoevaluación junto con el plan de acción a llevar a cabo una vez finalizado el taller de Codesarrollo, marcará un camino para entrar en acción inmediatamente.

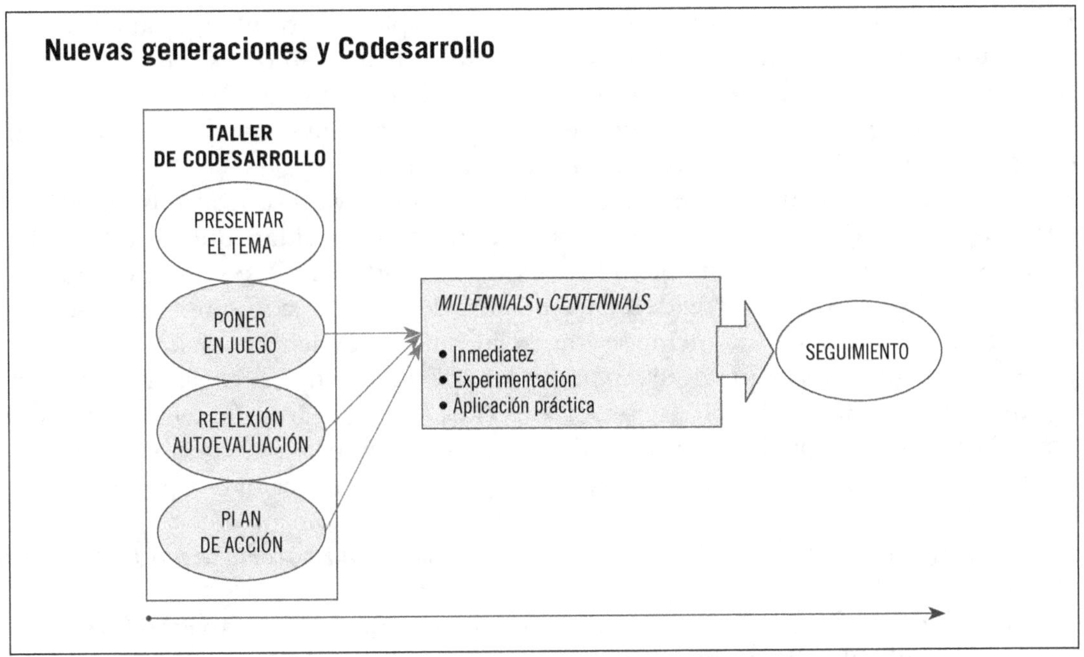

Como ya hemos expresado en este apartado, las nuevas generaciones se relacionan muy bien con los siguientes pasos del método Codesarrollo.

En el gráfico anterior, pueden apreciarse –sombreados– los pasos de Codesarrollo que interesan más a las nuevas generaciones: Poner en juego la competencia o el conocimiento, Reflexión/autoevaluación y Plan de acción. Luego, el Seguimiento.

En resumen, se trata de los pasos que implican alta participación, acciones concretas a ser llevadas a cabo por ellos mismos. A posteriori, son entusiastas con la implementación del plan de acción (confeccionado por cada interesado) y asimilan apropiadamente el seguimiento.

En una línea similar a la descrita para Codesarrollo, los millennials y centenniales se entusiasman con el autodesarrollo.

Las actividades denominadas outdoors, ¿son útiles para desarrollar competencias?

En el *Apartado 2. Estrellas fugaces, ¿sí o no?* After office, outdoors, *convivios y demás* me he referido a esta cuestión. Algunas actividades *outdoors* podrían ser muy útiles en el desarrollo de competencias; el factor a considerar, en cada caso, es cómo es elegida la actividad por la persona que la llevará a cabo como participante.

Veamos dos posibilidades. Si la actividad *outdoors* es organizada desde el área de Recursos Humanos, como es habitual, y en la misma deben participar todos los integrantes de un área, solo por imaginar un ejemplo, es posible que la actividad sea de utilidad para algunos y produzca el efecto contrario en otros. En el mejor de los casos, si no produce el efecto contrario, el resultado será indiferente.

De allí la expresión "estrellas fugaces". Las personas que participan no cambian comportamientos como resultado de la actividad en cuestión.

Si, por el contrario, una persona, por propia iniciativa –y quizá porque lo leyó en una guía de desarrollo–, decide practicar alguna actividad que se desarrolla *outdoors* (solo por imaginar un ejemplo, trekking o senderismo), en este caso podrá, además de disfrutar de la actividad en sí misma, desarrollar sus competencias.

Las actividades que usualmente se comercializan bajo la denominación de *outdoors* deberían ser sometidas a un riguroso análisis y aplicarse con un criterio restringido, según las circunstancias. En el caso de ser "ofrecidas" desde el área de Recursos Humanos deberían ser opcionales, no una invitación grupal donde las personas, de un modo u otro, se sientan obligadas a participar, en contra de sus convicciones y preferencias.

En una organización donde las personas no se sienten motivadas, ¿cómo se puede promover el autodesarrollo?

Si bien el autodesarrollo no es nuevo en sí mismo, no es una actividad formativa organizacional difundida como tal. El autodesarrollo deberá ser dirigido desde la organización, es decir, el autodesarrollo que se propone siempre debería estar relacionado con la estrategia organizacional.

Por otra parte, el autodesarrollo deseado deberá estar plasmado en guías de autodesarrollo, con sus respectivos instructivos para el usuario.

Tomados los recaudos descritos, desde el área de Recursos Humanos se deberá promover el autodesarrollo, llevar a cabo acciones de *mercadeo*, por expresarlo de algún modo. Explicar a los colaboradores el mejor uso de las guías, sus ventajas y propósitos.

Por último, los colaboradores deben saber que el autodesarrollo es positivo para cada uno de ellos, no solo para mejorar en el ámbito laboral, sino en todos los ámbitos de la vida.

Apartados relacionados y/o que tratan temas con alguna conexión

La mayoría de los apartados tienen conexión entre sí. A continuación, solo voy a destacar algunos de ellos.

- Apartado 8. Continuando con las buenas prácticas: Herramientas y Formación

- Apartado 10. Factores a tener en cuenta para alcanzar alta efectividad y eficacia
- Apartado 11. Aprender puede no ser aburrido. Diseño de una actividad sobre conocimientos
- Apartado 12. ¡Geografía también! Diseño de una actividad sobre conocimientos
- Apartado 13. Crecer es posible
- Apartado 14. Cambiar a través de la acción. Diseñar una actividad que permita cambiar comportamientos. Desarrollar competencias
- Apartado 15. Plan anual para un colectivo de profesionales de la misma especialidad
- Apartado 16. Pensando en los clientes
- Apartado 17. Definir necesidades a través de talleres
- Apartado 18. Seguimiento de la evolución del desarrollo de las competencias y/o del aprendizaje de conocimientos
- Apartado 20. Formación para alcanzar la estrategia
- Apartado 21. Formación y cambio cultural. Lograr la cultura deseada
- Apartado 22. Formación combinando medición de capacidades y codesarrollo
- Apartado 23. Formación para la alta gerencia
- Apartado 24. Formación para todos los niveles de conducción
- Apartado 25. Los jefes. Seguimiento eficaz. Segundo taller de Codesarrollo sobre la misma temática
- Apartado 28. Programas para jefes. Distintas temáticas
- Apartado 29. Indicadores de gestión sobre Formación
- Apartado 30. Formador de formadores. Diseño e implementación

Notas

Para reflexionar, implementar, llevar a cabo en la organización

Para reflexionar, implementar, llevar a cabo en mi desarrollo profesional y personal

Continuando con las buenas prácticas: Herramientas y Formación

Herramientas. Buenas prácticas. Formación

En apartados previos me he referido a las buenas prácticas. Estas también deben ser consideradas en relación con Formación. Veamos algunos conceptos del *Diccionario de términos de Recursos Humanos*[1], relevantes en relación con la formación de personas, en especial en el ámbito de una organización.

Benchmarking

Expresión en idioma inglés que se utiliza para denominar el proceso que permite comparar una determinada práctica organizacional con otras similares en el mercado que sean consideradas como "buenas prácticas".

El propósito con el cual se realiza es implementar mejoras en los métodos de trabajo organizacionales.

Por extensión, se puede realizar un *benchmarking* interno, para comparar el funcionamiento de un área o sector con otro/s. Esta variante –*benchmarking* interno– es de aplicación frecuente en compañías transnacionales para comparar divisiones de negocios de diferentes países o regiones.

Buenas prácticas

La expresión hace referencia a aquellas prácticas que son consideradas un parámetro o estándar a alcanzar según la opinión de un experto. Por lo tanto, las buenas prácticas ofrecen al interesado conceptos y definiciones probados en la vida real por un gran número de organizaciones.

De algún modo, se pretende acompañar la teoría y la investigación académica con la experiencia práctica en el ámbito de las organizaciones, para dar como resultado métodos de trabajo fiables que las organizaciones de todo tipo puedan implementar.

Buenas prácticas en Recursos Humanos

Si bien en diversos ámbitos, como los académicos, se diferencia adecuadamente la teoría de la práctica, para en la primera de ellas brindar conceptos y definiciones, y

---

1 *Diccionario de términos de Recursos Humanos.* Ediciones Granica, Buenos Aires, 2011.

ejercitación en la segunda; en la materia que nos convoca (Recursos Humanos) es más adecuado explicar y referirse a las buenas prácticas que a la teoría, dado que este último término, en algunos casos, hace referencia a *conceptos no probados* y las organizaciones desean conocer acerca de conceptos debidamente probados y con alta eficacia en cada uno de los aspectos a los que se refieren.

Las "buenas prácticas en Recursos Humanos" describen métodos de trabajo que las empresas han implantado y que se consideran "deseables", es decir, que sería bueno implementar o adoptar en aquellas organizaciones que no lo han hecho aún. Por lo tanto, las buenas prácticas no implican conceptos de tipo teórico, sino que describen los métodos de trabajo que representan la mejor manera de hacer las cosas en lo que respecta a un determinado tema o aspecto de la organización: *métodos de trabajo reales llevados a la práctica por organizaciones reales.*

En resumen, las buenas prácticas representan modelos de gestión que han sido exitosos en algunas o muchas organizaciones.

Un directivo preocupado por el factor humano deberá conocer, al actuar en su área, todas las variantes de prácticas disponibles a fin de identificar las más convenientes para lograr un buen desempeño general, así como también deberá hacerlo un experto en Recursos Humanos.

Herramientas

Cuestionarios, manuales, guías y otros materiales de apoyo de probada eficacia para la resolución práctica de un determinado problema o situación.

Herramientas de Recursos Humanos[2]

La disciplina de Recursos Humanos requiere de herramientas sencillas, eficientes y eficaces en relación con todos sus subsistemas. La mayoría de los asuntos relacionados con las personas que integran una organización son asumidos por los jefes directos de los colaboradores, que tienen, además, una serie de funciones y responsabilidades.

---

2 *Herramientas MAI.* Cuestionarios, manuales, guías y otros materiales de apoyo de probada eficacia para la resolución práctica de problemas o situaciones para los cuales Martha Alles International (MAI) presenta una solución innovadora. En algunos casos, se aporta una variante inédita hasta el momento (ejemplos: Ficha de evaluación, Codesarrollo), o bien se brinda una versión propia sobre un elemento ya conocido (ejemplos: Manual de *assessment*, Manuales para formador de formadores). También incluye aplicaciones tecnológicas (*apps*).

Por lo tanto, la gestión del área de RRHH debe proveer a sus clientes internos (los jefes de cada sector) cuestionarios, manuales, guías y otros materiales de apoyo para la resolución práctica de todos los asuntos relacionados con sus equipos de colaboradores.

Al mismo tiempo, la Dirección del área de Recursos Humanos debe asegurarse de que todos los profesionales de su sector cuentan con cuestionarios, manuales, guías y otros materiales de apoyo para la resolución práctica de todos los asuntos relacionados con sus distintas especialidades: selección, desempeño, formación, programas internos para el desarrollo, remuneraciones, etc.

Por último, tanto la Dirección del área de Recursos Humanos como la Dirección General podrían, al contar con herramientas y procedimientos adecuados, tener certeza y tranquilidad respecto de que la gestión del área podrá ser auditada.

Herramientas adecuadas en cada ocasión

En ocasiones, frente a un problema, se toman decisiones o se aplican buenas soluciones en términos generales, pero no las más adecuadas cuando se analiza la situación en profundidad y en detalle. En la temática de Recursos Humanos, también en Formación, existen muchas herramientas, todas ellas muy eficaces, en la medida en que se las use adecuadamente.

Para elegir la herramienta adecuada se debe comenzar por diferenciar las características de la situación o problema. Por ejemplo:

- *Formación en conocimientos o en competencias, según corresponda*
  Si un colaborador necesita mejorar sus comportamientos sobre planeamiento y control, deberá desarrollar la competencia *Planeamiento y control*. Si en cambio necesitara familiarizarse con un nuevo método y/o un software específico para planeamiento, deberá adquirir conocimientos sobre dicha materia. En resumen, las actividades formativas serán diferentes en cada caso. La herramienta a utilizar debe ser la apropiada.

- *Formación y descriptivos de puestos*
  Los descriptivos de puestos deberían ser, para muchos temas, el punto de partida. A partir de la *descripción de puestos* será posible identificar necesidades de formación, seleccionar personas y también, al mismo tiempo, definir remuneraciones, en especial políticas retributivas. Por su parte, el descriptivo de puestos será la base para la evaluación del desempeño de las personas. Luego de la evaluación del desempeño y, en otras circunstancias, luego de un diagnóstico acerca de la adecuación persona-puesto, podrían determinarse necesidades de formación.

Contar con colaboradores de confianza y leales es un gran punto de partida, pero si estos no poseen los conocimientos, competencias, experiencia y motivación que el puesto requiere no podrán cumplir con sus objetivos, tareas y responsabilidades. Se deberá contar con una herramienta que permita medir las cuestiones mencionadas.

Se verán más adelante, en este mismo apartado, las herramientas relacionadas con Formación.

Manejo experto y herramientas

Como lo he expresado en variadas ocasiones, siempre me ha preocupado cómo ayudar a alcanzar un manejo experto a un Director de Recursos Humanos o a un especialista de cualquier otro nivel, que vive el día a día de su labor en la organización donde se desempeña y, al mismo tiempo, necesita estar actualizado.

En cualquier situación y disciplina el aprendizaje se logra a través de múltiples caminos: asistir a seminarios y capacitaciones, lectura de libros especializados, asistencia a congresos, entre otras opciones. Sin embargo, puede no ser suficiente. En el marco de esta preocupación he publicado libros como *Diccionario de términos de Recursos Humanos* y *Las 50 herramientas de Recursos Humanos que todo profesional debe conocer*. En ambos trabajos, las diversas temáticas se presentan de manera sintética, para alcanzar un conocimiento general y de cada cuestión en particular, brindando múltiples opciones.

Nuestra sugerencia será que, sobre la base de esta información, cada directivo de Recursos Humanos analice y seleccione las herramientas más adecuadas para cada subsistema, y cada tema en particular. Dicha selección conformará luego los procedimientos correspondientes. Conocer las herramientas disponibles dará un manejo experto de la disciplina en cuestión.

La selección de un conjunto de herramientas de Recursos Humanos (caja de herramientas) podría realizarse para cada subsistema, seleccionando las necesarias en ese caso en particular.

En la tabla de más abajo se han identificado dos grupos de herramientas, algunas relacionadas con el subsistema de Formación y otras que el lector podría utilizar en el momento de preparar el Plan de Formación.

Una vez que se han elegido las herramientas necesarias, luego se podrá fijar un procedimiento interno indicando las herramientas mínimas requeridas para una gestión efectiva y eficaz, siempre orientados a alcanzar la visión y la estrategia organizacionales.

En nuestra opinión, el director de RRHH de una organización y/o un especialista de RRHH, no debe ser un experto en cada uno de los temas, pero sí conocer las

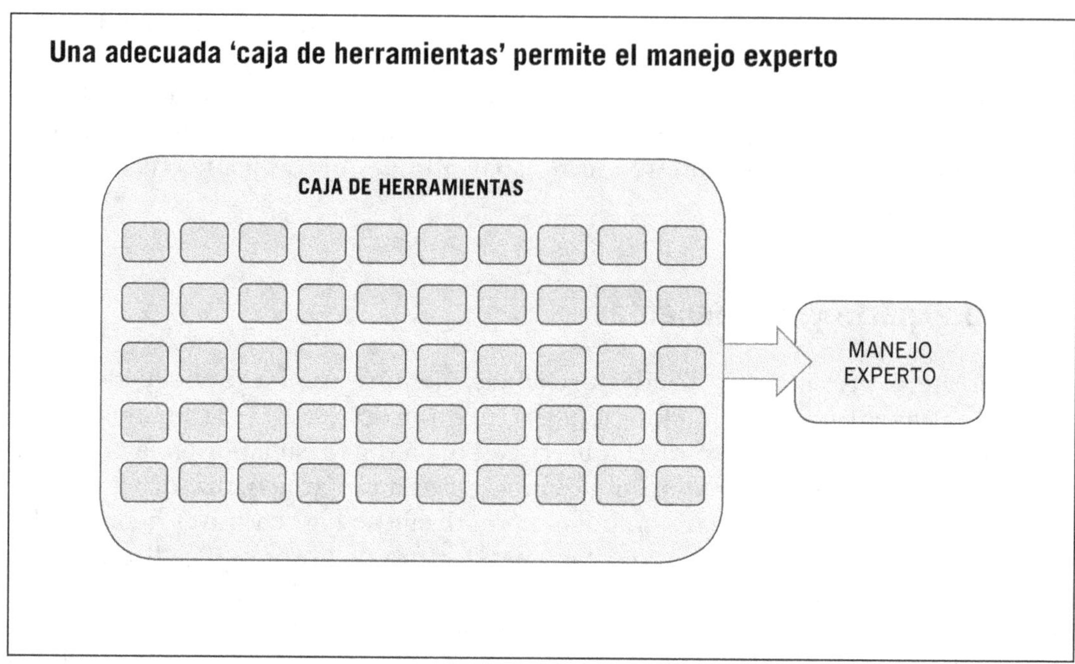

opciones de herramientas disponibles y, especialmente, los usos recomendados, en cada caso.

Ejemplo: si se ha elegido la utilización de *Assessment Center Method* (ACM) para la detección de necesidades de formación, no será necesario que el director del área sea un experto en ACM pero sí que conozca cómo y cuándo debe ser utilizado.

Como el área de RRHH usualmente es responsable de la selección de las herramientas así como del diseño de los procedimientos respectivos, conocer las distintas herramientas que, llegado el caso, podría ser conveniente utilizar, agregará valor a la realización de su trabajo.

Herramientas relacionadas con el subsistema de Formación

Al término "herramienta" se le ha dado un sentido amplio, considerando como tales a los cuestionarios, manuales, guías y otros materiales de apoyo de probada eficacia para la resolución práctica de un determinado problema o situación.

Formación es uno de los subsistemas de Recursos Humanos. En este subsistema se concentran las actividades de formación de una organización. Implica desde su planeamiento hasta su realización efectiva y su control.

La formación puede llevarse a cabo en diversas formas: presencial, a distancia, *e-learning*, etc. Asimismo, implica tanto la adquisición de conocimientos como el desarrollo de competencias.

Las organizaciones realizan una serie de actividades con el propósito de mejorar la actuación de las personas en relación con el puesto de trabajo que ocupan en el presente o, eventualmente, ocuparán en el futuro. Las inversiones en capacitación y desarrollo podrán pasar de ser "un gasto" a constituir una inversión organizacional cuando estos planes se formulen en relación con la estrategia de la organización.

Algunas herramientas[3] relacionadas con este subsistema son:

Nombre de la herramienta	Breve descripción
Descriptivo de puesto	Documento interno donde se consignan las principales responsabilidades y tareas de un puesto de trabajo. Adicionalmente se registran los requisitos necesarios para desempeñarlo con éxito: conocimientos, experiencia y competencias.
Diccionario de comportamientos	Documento interno en el cual se consignan ejemplos de los comportamientos observables asociados o relacionados con las competencias del modelo organizacional.
Adecuación persona-puesto. Diagnóstico	Conjunto de evaluaciones necesarias para determinar la relación que se establece entre los conocimientos, la experiencia y las competencias que un puesto requiere, y los del ocupante de esa posición. Para la determinación de la *adecuación persona-puesto* deberán primero establecerse los requisitos del puesto y luego habrá que evaluar a su ocupante, considerando como mínimo tres elementos: conocimientos, experiencia y competencias.

---

3 Ver un detalle de cada una de las herramientas mencionadas en la obra *Las 50 herramientas de Recursos Humanos que todo profesional debe conocer*, Ediciones Granica, Buenos Aires, 2017.

Herramientas específicas a considerar para la elaboración del Plan de Formación[4]

Nombre de la herramienta	Breve descripción
Codesarrollo	Método para el desarrollo de personas, aplicable tanto a competencias como a conocimientos. El Codesarrollo implica acciones concretas que de manera conjunta realiza el sujeto que asiste a una actividad de formación guiado por un instructor para el desarrollo de sus competencias y/o conocimientos. Conforma un ciclo: 1) taller de Codesarrollo; 2) seguimiento; 3) segundo taller de Codesarrollo.
Guías de desarrollo dentro del trabajo	Documento interno organizacional en el cual se describen las posibles acciones que se sugiere incorporar en la actividad cotidiana, a fin de alcanzar comportamientos más altos en relación con la competencia a desarrollar, o incrementar/perfeccionar conocimientos, según corresponda.
Guías de desarrollo fuera del trabajo	Documento interno organizacional en el cual se describen las posibles ideas que permiten desarrollar las competencias del modelo organizacional en otras actividades no relacionadas con el ámbito laboral, poniendo en juego la competencia o permitiendo incrementar/perfeccionar conocimientos, según corresponda.
Programas para jefes. *Rol del jefe*	Programa organizacional mediante el cual se presentan todos los aspectos relacionados con las funciones de un jefe, por el mero hecho de tener colaboradores a su cargo. Es, fundamentalmente, una actividad sobre conocimientos en relación con dichas funciones.
Programas para jefes. *Jefe entrenador*	Programa organizacional dirigido al desarrollo de la competencia *Entrenador*.

La temática de la formación orientada a los jefes es más amplia que como se presenta aquí; en la tabla precedente solo se citan las herramientas más importantes. Las cuestiones referidas al desarrollo de los jefes en sus diversos roles serán tratadas, a su vez, en varios apartados de esta obra.

Los asuntos relacionados con Formación tienen, al igual que otros, una amplia interacción con los distintos subsistemas. En algunos casos de manera directa, y en otros quizá de forma más indirecta.

---

4 Ver un detalle de cada una de las herramientas mencionadas en la obra *Las 50 herramientas de Recursos Humanos que todo profesional debe conocer*, Ediciones Granica, Buenos Aires, 2017.

En el subsistema "Atracción, selección e incorporación de personas", la formación siempre está presente de un modo u otro. Por ejemplo, al analizar posibles candidatos, se tiene en cuenta si poseen o no todos los conocimientos y competencias requeridos por el puesto. En el caso de que alguno, de estos requisitos, no estén cubiertos, se analiza el grado de dificultad que representará su desarrollo posterior.

También la formación será un factor relevante en las promociones internas, en los diagramas de reemplazo, etc. El análisis de la necesidad –o no– de formación para un posible ocupante de un puesto será un factor determinante para tomar una decisión al respecto.

En esta obra, el lector encontrará distintos casos prácticos, en los cuales se combinan distintas herramientas y formas de hacer las cosas, buscando –en todos los casos– alcanzar objetivos organizacionales, un mejor desempeño de los colaboradores y el crecimiento de las personas, en un esquema *ganar-ganar*.

Algunos apartados donde se combinan acciones diversas:

- Apartado 11. Aprender puede no ser aburrido. Diseño de una actividad sobre conocimientos

- Apartado 12. ¡Geografía también! Diseño de una actividad sobre conocimientos

- Apartado 13. Crecer es posible

- Apartado 14. Cambiar a través de la acción. Diseñar una actividad que permita cambiar comportamientos. Desarrollar competencias

- Apartado 15. Plan anual para un colectivo de profesionales de la misma especialidad

- Apartado 16. Pensando en los clientes

- Apartado 19. Formación después de mediciones específicas

- Apartado 20. Formación para alcanzar la estrategia

- Apartado 21. Formación y cambio cultural. Lograr la cultura deseada

- Apartado 22. Formación combinando medición de capacidades y Codesarrollo

- Apartado 23. Formación para la alta gerencia

- Apartado 24. Formación para todos los niveles de conducción

- Apartado 26. Motivar a otros, ¿un rol que deben asumir los jefes?

- Apartado 27. Problemas entre jefes y colaboradores

- Apartado 28. Programas para jefes. Distintas temáticas

Las herramientas serán útiles y bienvenidas por todos cuando permitan alcanzar un mejor desarrollo de los involucrados: como decíamos en el Apartado 3, que los colaboradores y directivos de todos los niveles alcancen un alto grado de satisfacción en sus actividades laborales. Ese es el propósito último de las herramientas.

Buenas prácticas y Codesarrollo

Con frecuencia nuestros clientes plantean: *¿Por qué no mezclamos un poquito de xxx con otro de yyy?*, como si se tratase de un cóctel... A veces es posible, en otras ocasiones no.

Allí radica la importancia del diseño junto con la participación de un experto, saber qué se puede mezclar y qué no. Hemos dedicado también varios apartados a esta cuestión, con casos prácticos.

Cuál es la mejor época del año para destinar horas laborables a formación, la estacionalidad de ciertas tareas, la distribución geográfica de las oficinas y de los empleados, los recursos disponibles, etc., son aspectos a considerar y que pueden incidir en el diseño. Por ejemplo, si por alguna razón en un momento deben viajar a la casa central colaboradores de distintas zonas del país, quizá lo más conveniente sea aprovechar esa situación y combinar en una formación las distintas temáticas que ese colectivo de personas necesita abordar, adaptando el diseño para cubrir objetivos importantes.

Ejemplos de buenas prácticas sobre Codesarrollo:

- Codesarrollo sobre conocimientos.

- Codesarrollo para el desarrollo de competencias.

- Combinar los dos anteriores.

- Programas para todos los colaboradores.

- Programas para colectivos específicos.

- Combinar Codesarrollo con otras buenas prácticas de Recursos Humanos:
    - Codesarrollo y mediciones de competencias/conocimientos/valores.
    - Codesarrollo y evaluación de 360°/180°.
    - Codesarrollo para el achicamiento de brechas en programas de desarrollo organizacional, como planes de sucesión, planes de carrera, de jóvenes profesionales, personas clave, entre otros.

- Combinar Codesarrollo con otras buenas prácticas de gestión:

  - Codesarrollo como complemento de programas de calidad, tanto para las brechas que surjan de la aplicación de las normas respectivas como para desarrollar la competencia *Calidad* en todos los colaboradores.

  - Codesarrollo y cuadro de mando integral.

  - Codesarrollo y gestión del conocimiento.

- Codesarrollo como base de los programas para jefes en sus diferentes temáticas: *Rol del jefe, Jefe entrenador, Delegación, Liderazgo*, etc.

- Codesarrollo y programas de *empowerment*, tanto para la divulgación de los nuevos métodos de trabajo como para el desarrollo de la competencia *Empowerment* en todos los involucrados.

- Codesarrollo para programas educativos orientados a diversos niveles. Si bien no es un tema tratado en esta obra, el método es aplicable a cualquier tipo de educación formal, en todos sus niveles, incluso para niños.

- Codesarrollo como método para impartir cursos abiertos de todo tipo.

- Codesarrollo a través de *e-learning*.

- Codesarrollo para la modalidad *Formador de formadores*.

A modo de cierre

El manejo experto, mencionado en páginas previas, implica conocer acerca de todas las herramientas de Recursos Humanos (o la mayoría de ellas).

Utilizar la más adecuada en cada caso será el mejor camino para lograr los propósitos expuestos, desde alcanzar la estrategia hasta lograr el desarrollo conjunto e individual de todos los directivos y colaboradores de la organización.

Q&A sobre la utilización de herramientas en Formación

¿Por qué es importante utilizar herramientas?

Al inicio del apartado se expuso la definición del concepto *herramientas*, desde la mirada de la administración[5]: cuestionarios, manuales, guías y otros materiales de apoyo de probada eficacia para la resolución práctica de un determinado problema o situación.

Las distintas actividades de formación también requieren ser apoyadas por dichos elementos, cuestionarios, manuales, guías, etc.

Las herramientas deberán formar parte de los métodos y procedimientos organizacionales, en la medida en que dichas herramientas respondan a las buenas prácticas, es decir aquellas de probada eficacia porque ha sido utilizadas con buenos resultados por diversas empresas. Por lo tanto, se las considera "deseables", es decir, que sería bueno implementarlas o adoptarlas en aquellas organizaciones que no lo han hecho aún.

Por lo tanto, las buenas prácticas no implican conceptos de tipo teórico, sino que describen los métodos de trabajo que representan la mejor manera de hacer las cosas en lo que respecta a un determinado tema o aspecto de la organización: *métodos de trabajo reales llevados a la práctica por organizaciones reales.*

En resumen, las buenas prácticas representan modelos de gestión que han sido exitosos en algunas o muchas organizaciones.

En el caso de formación, la utilización de herramientas no solo posibilita la estandarización de actividades, también permite, mejorar la calidad y asegurar que los contenidos a impartir respondan realmente a las necesidades detectadas antes de la confección del plan de formación.

¿Quién debe elegir las herramientas a utilizar en la formación de personas?

El responsable de la elaboración del plan de formación será el responsable de seleccionar las herramientas a aplicar en cada caso. Desde ya, el plan de formación tendrá luego otros niveles de aprobación según se haya definido en cada organización.

---

5 El término "Administración" hace referencia a la dirección de una organización, lo cual implica organizar y planificar las actividades de esta para alcanzar un objetivo determinado. Fuente: *Diccionario de términos de Recursos Humanos*, Ediciones Granica, Buenos Aires, 2011.

¿No debería ser el instructor quién decida la mejor forma de impartir una actividad?

En una conferencia, en una ponencia y en otras circunstancias, el expositor será quien tome todas las decisiones sobre la actividad a realizar. La opinión del conferencista será el aspecto primordial.

En cambio, en el ámbito de una organización y en el marco específico de un plan de formación, la situación es diferente. Los contenidos deberán responder a las necesidades relevadas. Adicionalmente, y para mejorar la efectividad y eficacia, el diseño se debe separar de la impartición.

El diseño de actividades en manos de un experto sería realizado de acuerdo con las necesidades de la organización. Los instructores llevarán a cabo la impartición sobre la base del diseño mencionado.

La coordinación de los contenidos y las herramientas será fundamental y estará en manos del responsable de la preparación e implementación del plan de formación organizacional.

El instructor tendrá un rol relevante en los resultados (ver el *Apartado 6. ¿Somos útiles proponiendo la formación adecuada, o llamamos al propalador de creencias?* y también el *Apartado 10. Factores a tener en cuenta para alcanzar alta efectividad y eficacia,* donde este tema se aborda con mayor detalle).

Apartados relacionados y/o que tratan temas con alguna conexión

La mayoría de los apartados tienen conexión entre sí. A continuación, solo voy a destacar algunos de ellos.

- Apartado 6. ¿Somos útiles proponiendo la formación adecuada, o llamamos al propalador de creencias?

- Apartado 7. Comenzando por el principio. Buenas prácticas en Formación

- Apartado 9. Reconocer necesidades y priorizarlas

- Apartado 10. Factores a tener en cuenta para alcanzar alta efectividad y eficacia

- Apartado 11. Aprender puede no ser aburrido. Diseño de una actividad sobre conocimientos

- Apartado 12. ¡Geografía también! Diseño de una actividad sobre conocimientos

- Apartado 13. Crecer es posible

- Apartado 14. Cambiar a través de la acción. Diseñar una actividad que permita cambiar comportamientos. Desarrollar competencias

- Apartado 19. Formación después de mediciones específicas

- Apartado 20. Formación para alcanzar la estrategia

- Apartado 21. Formación y cambio cultural. Lograr la cultura deseada

- Apartado 22. Formación combinando medición de capacidades y Codesarrollo

- Apartado 23. Formación para la alta gerencia

- Apartado 24. Formación para todos los niveles de conducción

- Apartado 28. Programas para jefes. Distintas temáticas

- Apartado 29. Indicadores de gestión sobre Formación

- Apartado 30. Formador de formadores. Diseño e implementación

9

Reconocer necesidades y priorizarlas

La efectividad del plan de formación dependerá de una adecuada definición de necesidades

Nos hemos referido en el *Apartado 1. De ayer a mañana. Difícil y posible a la vez*, a que la formación debería considerarse, en todos los casos, mirando al futuro. Para complementar esta idea, diremos que las necesidades de Formación que se definan deberían contemplar, en todos los casos, los planes estratégicos de la organización.

Para alcanzar la estrategia, las organizaciones necesitan personas con ciertas características (conocimientos, competencias, experiencia), y el plan de Formación será uno de los caminos a seguir para lograr los objetivos que se desean alcanzar.

La figura al pie propone expresar un concepto que, si bien responde al más estricto sentido común, no siempre se verifica en la confección de los planes de Formación, por razones diversas.

También he realizado una mención a las necesidades en el *Apartado 6. ¿Somos útiles proponiendo la formación adecuada, o llamamos al propalador de creencias?* Aquí veremos cómo reconocer y definir necesidades para luego establecer un orden de prioridades entre ellas.

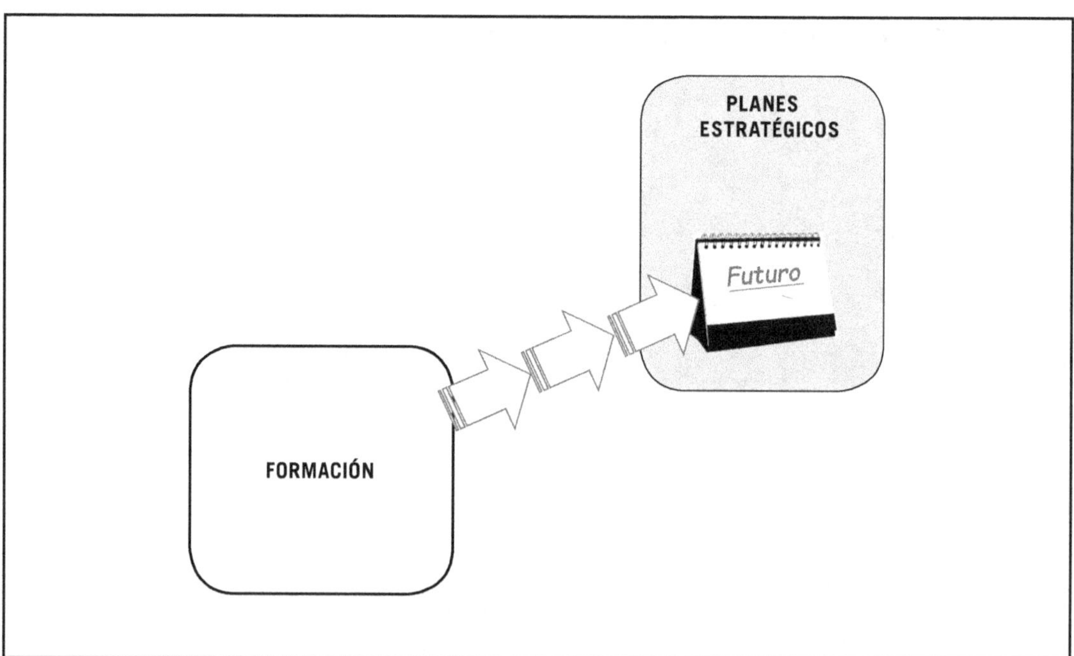

Antes de confeccionar el plan de Formación, habrá que determinar las necesidades de Formación para el año en cuestión. A tal efecto, el responsable del armado de dicho plan deberá recolectar información y analizarla, y luego, definir el contenido, fechas y demás aspectos que lo conformarán.

Caminos posibles para la detección de necesidades

De acuerdo con lo expuesto en el Capítulo 2 de la obra *Formación. Capacitación. Desarrollo,* las necesidades de formación surgen o devienen de una gran variedad de fuentes. Todas ellas podrán ser adecuadas, según las circunstancias. Habrá que analizar cada caso en particular.

Al pie de página ofrecemos un gráfico a modo de resumen, para luego explicar, brevemente, cada uno de los ítems allí mencionados.

A partir del análisis de este gráfico, y de acuerdo con lo expuesto, podemos decir que la detección de necesidades podría originarse en diversas fuentes:

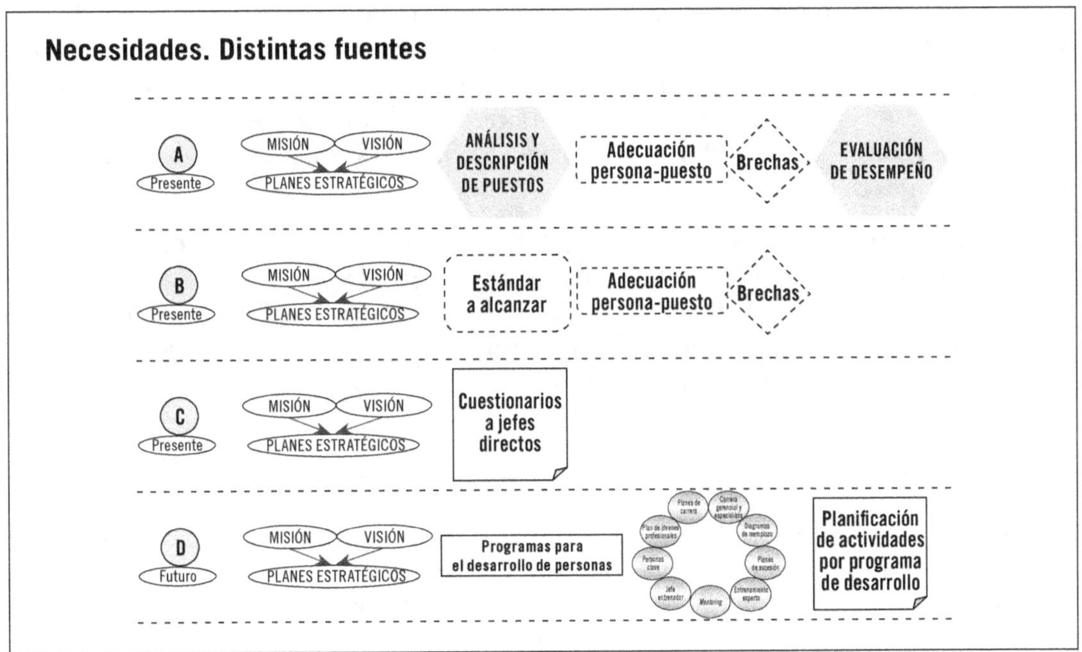

A. Diagnóstico de adecuación persona-puesto. Es decir, comparando las capacidades de las personas con lo requerido por sus respectivos puestos de trabajo y la posterior determinación de brechas. En un enfoque sistémico de los distintos subsistemas de Recursos Humanos, también podrá ser una fuente de detección de necesidades la *evaluación del desempeño*.
La opinión de los jefes debería también reflejar un diagnóstico acerca de la adecuación persona-puesto de las personas que conforman sus equipos de trabajo (fuente C).

B. Cuando la información de la fuente A no fuese suficiente (por resultar poco confiable o cualquier otra situación similar), esta información podrá ser complementada con la determinación de estándares a alcanzar, según la estrategia organizacional. Con base en dichos estándares, se podrá determinar la adecuación persona-puesto y las brechas resultantes, igual que en el punto anterior.
Las buenas prácticas indican que la información para la detección de necesidades debería surgir del diagnóstico de adecuación persona-puesto (A).
Los estándares, para ser un sucedáneo efectivo, deberían ser determinados siguiendo los siguientes pasos, brevemente resumidos: primero se deberán analizar los planes estratégicos y determinar conocimientos y competencias necesarios para que dichos planes puedan ser llevados a cabo. Segundo, las competencias deberían ser incorporadas al modelo organizacional. Tercero, preparar una gradación de los conocimientos identificados. Cuarto, con este desglose realizado –competencias y conocimientos definidos por niveles– se podrán identificar brechas entre lo requerido y las capacidades actuales de las personas.

C. Administrar cuestionarios a los jefes directos de los colaboradores, sobre las necesidades formativas de los respectivos equipos.
Para una correcta determinación de necesidades, mediante cualquiera de los tres modos de hacerlo, expuestos en los puntos A, B y C, se debe tener en cuenta la estrategia organizacional.

D. De los distintos programas organizacionales para el desarrollo de personas surgen necesidades formativas que se suman a las anteriores.

En la figura de página 115, a las tres primeras categorías –A, B y C– las hemos clasificado como necesidades del "Presente", es decir, tienen relación con los puestos que las personas ocupan en la actualidad. A la última, letra D, la hemos categorizado como necesidades del "Futuro", dado que surgen de los diferentes programas para el desarrollo de personas, la mayoría de los cuales prepara a los participantes para ocupar puestos en un futuro más o menos cercano, según el caso.

Algunos comentarios adicionales sobre las fuentes descritas más arriba:

Adecuación persona-puesto

La detección de necesidades debería surgir de un diagnóstico de la adecuación persona-puesto, el cual se realiza sobre la base del descriptivo de puesto. En ocasiones, los descriptivos de puestos tienen algún grado de desactualización. Si se diese esta circunstancia, dicho diagnóstico (adecuación persona-puesto) no representaría, al menos en su totalidad, las brechas entre lo requerido por el puesto y la realidad de su ocupante. Por lo tanto, confeccionar los planes de formación considerando solamente esta medición puede no ser lo adecuado.

En organizaciones con aplicación sistémica de los subsistemas de Recursos Humanos, las evaluaciones de desempeño podrán proveer información válida para el plan de formación. La denominada *Evaluación vertical*[1], que combina *objetivos y competencias*, permitiría un diagnóstico de la adecuación persona-puesto en relación con la posición actual de la persona.

Encuestas a los jefes

Una modalidad sumamente difundida consiste en preguntar a los jefes sobre las necesidades de formación de sus colaboradores. Si bien esta es una buena práctica, puede originar desajustes e incluir una visión poco objetiva al respecto, ya que los jefes pueden percibir requisitos y, consecuentemente, necesidades que no respondan estrictamente a la realidad y/o que no representen todo lo necesario para que ese colaborador (o conjunto de colaboradores) se desempeñe/n de manera exitosa en sus puestos de trabajo, o no sean las más apropiadas para ese momento de la organización.

Los jefes, con frecuencia, están inmersos en el día a día, en las urgencias del corto plazo, y no contemplan necesidades de más largo plazo, necesarias para alcanzar la estrategia organizacional. Este comentario no implica desestimar la opinión de los jefes sino alertar acerca de que esta recolección de información debe ser complementada, en todos los casos, con información adicional.

---

1 *Desempeño por competencias. Estrategia. Desarrollo de personas. Evaluación 360°.* Ediciones Granica, Buenos Aires, 2017.

Por último, y como se expresó al inicio del apartado, la detección de necesidades debe contemplar, siempre, los planes estratégicos de la organización.

Al considerar de manera conjunta los siguientes elementos: planes estratégicos, requerimientos de los puestos de trabajo y eventuales brechas detectadas a través de un diagnóstico sobre la adecuación persona-puesto, se estará en condiciones de determinar las necesidades de la organización.

Como se dijo en el punto anterior, cuando los *descriptivos* reflejan de manera adecuada lo requerido por los distintos puestos de trabajo y, sobre esa base, se definen las brechas existentes, la detección de necesidades es más sencilla. Frente a la situación –bastante frecuente– de que esto no suceda (descripciones de puestos confeccionadas inadecuadamente o desactualizadas), las brechas obtenidas podrían no representar lo necesario para llevar a cabo los planes estratégicos. Por lo tanto, habrá que encontrar el mejor camino en cada caso, para conocer las reales necesidades de formación de todos los colaboradores.

En todos los casos, la detección de necesidades debe contemplar las capacidades (y las brechas) de las diferentes personas en relación con sus puestos de trabajo, actuales o futuros.

El concepto *adecuación persona-puesto*, base de la detección de necesidades, debe incluir un enfoque amplio, considerando las diferentes situaciones posibles de los colaboradores.

- La adecuación persona-puesto respecto de la posición ocupada *en el presente*.

- La adecuación persona-puesto en relación con alguna posición que el colaborador podría ocupar *en el futuro*, según las diferentes posibilidades planteadas por los diferentes programas para el desarrollo de personas dentro de la organización.

Determinación de prioridades

En materia de Formación, las organizaciones deben fijarse prioridades, ya que usualmente no es posible abordar todas las necesidades al mismo tiempo y en un solo período (anual, por ejemplo).

La aprobación final del plan de formación debe realizarse, en todos los casos, al más alto nivel organizacional (CEO, Comité Ejecutivo, etc.), ya que –como se ha manifestado– la formación será un aspecto fundamental para alcanzar los resultados esperados.

El factor económico en la determinación de prioridades no ha sido mencionado expresamente, si bien es un aspecto importante. No obstante, darle preferencia a una actividad sobre otra porque tiene un costo más accesible no debería ser el camino a seguir. Del mismo modo, tampoco será adecuado elegir actividades sobre la base de otros factores, por ejemplo, el conocimiento de un proveedor de actividades formativas que nos merece confianza. Este último factor es muy importante, pero la elección deberá focalizarse en cubrir las necesidades estratégicas primordiales de la organización.

El proceso de decisión acerca de cuáles actividades serán incluidas en el plan de formación, se puede resumir en los siguientes pasos:

1. definir necesidades;

2. priorizarlas, y, por último,

3. considerar el presupuesto disponible, es decir, hasta dónde será posible llevarlas a cabo.

El análisis deberá realizarse, en todos los casos, en función de los planes estratégicos de la organización.

Los planes de formación, sus necesidades y posterior priorización deberían ser aprobados por la máxima conducción.

Reconocer y definir necesidades antes de confeccionar el plan de formación

Se verá, a continuación, una forma de llevar a la práctica el conjunto de conceptos analizados. Para ello, imaginemos que un responsable de la preparación del plan de formación dispone de la información detallada en la figura de la página siguiente.

Por un lado, el resultado de las evaluaciones de desempeño, que contemplan objetivos y competencias. Si la organización tiene en funcionamiento los subsistemas de Recursos Humanos, como sería en este supuesto, las evaluaciones de desempeño se habrán realizado considerando los descriptivos de puestos. Como resultado de estas mediciones, se dispone información sobre las brechas existentes entre los requerimientos de los distintos puestos de trabajo y las capacidades de sus respectivos ocupantes.

Adicionalmente, se dispone de la opinión de los jefes, de distinto nivel, sobre sus respectivos equipos de trabajo. Si los jefes han realizado una apreciación adecuada, la información resultante representará un diagnóstico válido de la adecuación persona-puesto.

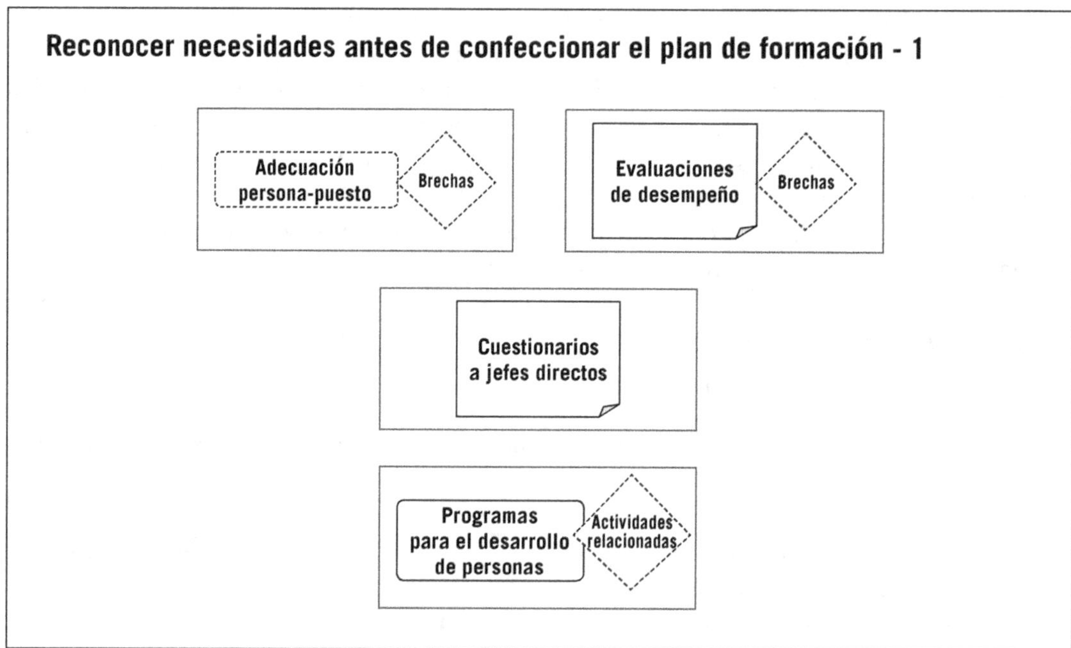

Por último, sobre la base de los programas implementados, por ejemplo, diagramas de reemplazo (o planes de sucesión) y/o planes de carrera, se dispondrá de información sobre las necesidades resultantes de su aplicación.

Antes de comenzar a definir actividades y otros aspectos necesarios para la confección del plan, se deberá realizar una revisión conceptual sobre si la información recolectada de las distintas fuentes contempla, de algún modo, la estrategia organizacional.

A partir de este punto, el responsable podrá comenzar a organizar las necesidades diferenciando conocimientos y competencias para luego analizar las herramientas más apropiadas en cada caso. Este último aspecto es importante, dado que una elección adecuada de herramientas no solo garantiza la efectividad de las acciones a llevar a cabo, sino que tendrá repercusión en los aspectos económicos. No siempre la mejor variante a utilizar es la de valor más alto. Por ejemplo, contar con instructores internos, fomentar el autodesarrollo, son opciones altamente efectivas de menor costo que la contratación de consultores externos y otras alternativas de uso frecuente.

De este modo se irá construyendo, artesanalmente, el primer borrador del plan de formación, el cual quedará definitivamente confeccionado cuando se incorporé el factor económico.

Necesidades relevantes que no integran los cuestionarios a jefes ni otras mediciones

Retomando la situación supuesta en el gráfico "Reconocer necesidades antes de confeccionar el plan de formación - 1", imaginemos una variante, en la cual se ha modificado la información disponible (antes de confeccionar el plan de formación).

El nuevo escenario por analizar se muestra en la figura expuesta en la página siguiente: "Reconocer necesidades antes de confeccionar el plan de formación - 2".

El responsable de la confección del plan de formación cuenta, al igual que en el caso anterior, con los resultados de las evaluaciones de desempeño, por lo cual dispone de información sobre las brechas existentes entre los requerimientos de los distintos puestos de trabajo y las capacidades de sus ocupantes.

En adición a la información del caso anterior –y aquí radica la diferencia con el gráfico 1– se dispone de una nueva información: la organización debe enfrentar un cambio cultural y se ha identificado el factor que debería ser modificado y/o incorporado, por ejemplo, que todos los colaboradores posean algún grado de la competencia *Colaboración* y, los jefes, dicha competencia en un grado más alto. En este supuesto, la mencionada competencia no forma parte del modelo organizacional, se trata de un nuevo factor determinado como necesario para alcanzar el cambio cultural deseado. Esta competencia deberá ser incluida en el modelo.

La inclusión anticipada de las acciones formativas –en el plan de formación– se lleva a cabo para prever el desarrollo de una capacidad que se considera imprescindible. Usualmente dichas actividades se planifican a lo largo del año y participan de ellas todos los colaboradores de la organización.

Como se recomienda en apartados anteriores[2] y también se verá más adelante[3], el diseño –utilizando el método Codesarrollo– será realizado por separado de la impartición, por lo cual podrá ser necesario contar con varios instructores. La inclusión de esta actividad no reemplaza a otras que se hayan decidido ante necesidades detectadas a través de las otras fuentes mencionadas.

Para completar la información disponible, previo a la confección del plan de formación, también se dispone de la opinión de los jefes, plasmada en los cuestionarios respectivos; y, por último, se dispone de información sobre las necesidades resultantes de los programas para el desarrollo implementados por la organización: diagramas de reemplazo (o planes de sucesión) y/o planes de carrera.

---

2 Apartado 6. *¿Somos útiles proponiendo la formación adecuada, o llamamos al propalador de creencias?*
3 Apartado 10. *Factores a tener en cuenta para alcanzar alta efectividad y eficacia.*

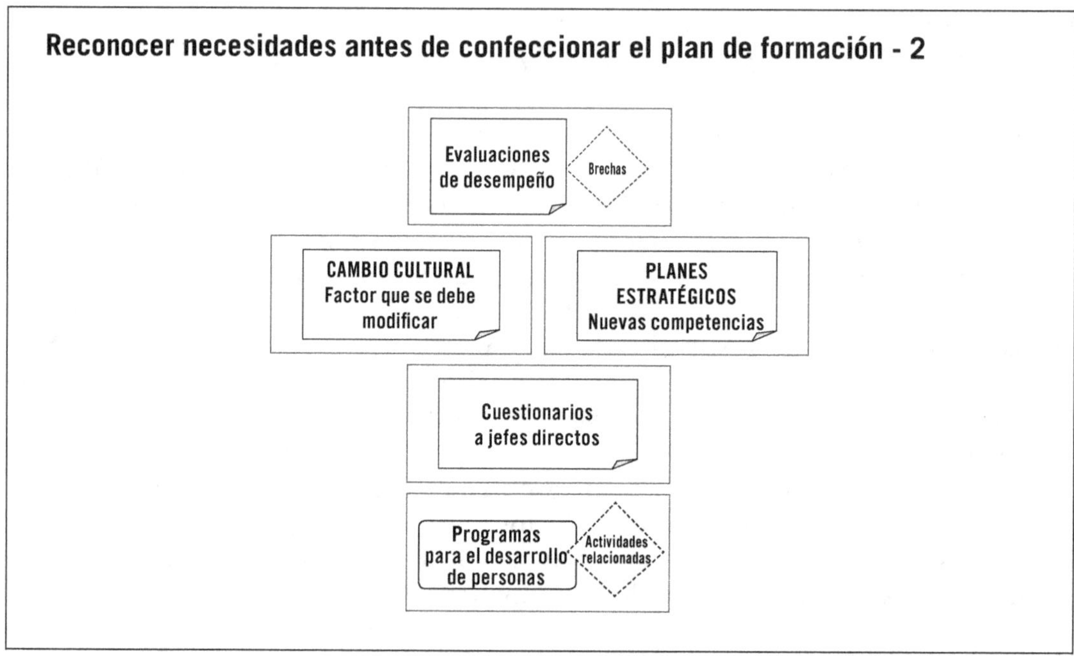

La segunda situación ha quedado ilustrada en el gráfico precedente, donde se ha incluido un nuevo ítem: *Planes estratégicos. Nuevas competencias.* Se retoma la formación relacionada con la estrategia y el cambio cultural en otros dos apartados: *Apartado 20. Formación para alcanzar la estrategia y Apartado 21. Formación y cambio cultural. Lograr la cultura deseada.*

Al definir el modelo, con frecuencia, se incluyen competencias, necesarias para alcanzar la visión y la estrategia, no consideradas hasta ese momento. Frente a esta situación, una buena sugerencia será considerar estas "nuevas competencias" en el plan de formación, para iniciar de manera temprana el desarrollo. Cuando llegue el momento de las mediciones, quizá se detecten brechas. Si esto sucediera, jefes y colaboradores estarán familiarizados con las nuevas competencias, trabajando para mejorar.

Un caso completo sobre cómo reconocer necesidades y priorizarlas, para luego confeccionar un plan de formación, podrá encontrar en el Capítulo 5 de la obra *Dirección estratégica de Recursos Humanos. Volumen 2. Casos*[4].

---

4 *Dirección estratégica de Recursos Humanos. Volumen 2. Casos.* Ediciones Granica, Buenos Aires, 2017.

A modo de cierre

La determinación de necesidades es un aspecto clave en la confección del plan de formación. En todos los casos, la formación deberá realizarse en función de los planes estratégicos organizacionales, mirando al futuro. Para alcanzar los resultados esperados, habrá que considerar fuentes diversas, que brinden, a su vez, información confiable. La priorización será, luego, otro factor relevante.

Q & A sobre detección de necesidades y cómo priorizarlas

Algunas preguntas frecuentes sobre las necesidades de formación

¿Qué grado de importancia debe asignárseles a las evaluaciones de desempeño en la determinación de necesidades?

La respuesta a esta pregunta es: depende de cada caso.

Para responder sobre las evaluaciones de desempeño primero debería responderse la pregunta acerca de si el modelo de competencias contempla, realmente, los planes estratégicos organizacionales. Con mucha frecuencia esto no es así.

Si el modelo de competencias fue confeccionado en función de la visión y la estrategia organizacionales, la pregunta siguiente será si se cuenta con un diccionario de comportamientos. Si la respuesta es afirmativa, la cuestión será si la herramienta de evaluación de desempeño contempla en simultáneo objetivos y medición de competencias.

Por último, habrá que confirmar el entrenamiento de los jefes tanto en la observación de comportamientos como en la aplicación práctica de la evaluación.

Confirmados todos los ítems previos, el resultado de las evaluaciones de desempeño proveerá información útil y relevante para la preparación del plan de formación.

Si la organización no dispone de información confiable, ¿cómo se podría recolectar "información confiable" sobre las necesidades de formación?

Me he referido a la definición de estándares como un paliativo frente a estas situaciones. No es una herramienta ideal, solo una forma de establecer acciones de formación necesarias para alcanzar la visión y planes estratégicos.

Es decir, en función de los planes estratégicos, determinar conocimientos y competencias necesarios para que dichos planes puedan ser llevados a cabo.

A partir de estos conocimientos y competencias, habrá que identificar brechas entre lo requerido y las capacidades actuales de las personas. De este modo, se podrían fijar lineamientos sobre las mejores actividades formativas para los colaboradores de esa organización.

¿Cómo lograr que los jefes brinden información confiable sobre las necesidades de formación?

El entrenamiento de los jefes será imprescindible en relación con todos los temas de Recursos Humanos[5]. En cuanto a la administración de cuestionarios específicos sobre necesidades de formación, además de ser fundamental un adecuado diseño (del cuestionario) será fundamental acompañarlo con algún tipo de instructivo y/o explicación adicional. Los jefes deberán comprender la importancia de definir adecuadamente las necesidades de su equipo y cómo, a partir de esta información, se podrá obtener un resultado del tipo ganar-ganar, bueno para todos, desde las distintas miradas.

Se retomará este tema en el *Apartado 17. Definir necesidades a través de talleres.*

¿En todos los casos son prioritarias las necesidades contempladas en los planes de formación?

Las necesidades de formación, si fueron determinadas adecuadamente, serán siempre importantes, ya sea que se trate de necesidades en relación con los puestos que las personas ocupan ahora o que ocuparán en un futuro.

En ocasiones se atribuye una importancia mayor a las actividades identificadas como relevantes y que se relacionan con una persona de nivel alto dentro de la organización (un alto ejecutivo, por ejemplo). Quizá sea así.

No obstante, nuestra sugerencia será realizar un análisis de la situación en su conjunto, y considerar todas las opciones de formación disponibles.

Muchas necesidades se superan (con resultados altamente efectivos) sin requerir inversiones cuantiosas.

¿Es cierto que todas las organizaciones, o al menos muchas de ellas, deben limitar sus planes formativos por restricciones económicas?

Las limitaciones existen, en cualquier orden de la vida. Aun en organizaciones que disponen de presupuestos generosos para formación, siempre estas deben ser priorizadas dejando fuera del plan de formación algunas actividades.

Al mismo tiempo es cierto que, frente a situaciones económicas difíciles, las actividades formativas suelen verse afectadas, provocando un círculo no virtuoso. La formación quizá sería necesaria para afrontar las dificultades y son estas mismas dificultades las que no permiten la realización de las actividades formativas.

---

5 Ver *Rol del jefe. Cómo ser un buen jefe,* Ediciones Granica, Buenos Aires, 2019.

Lamentablemente, también he conocido muchos casos donde la restricción impuesta a los planes de formación no deviene de una limitación económica sino de las malas experiencias al respecto. Planes de formación que ofrecen a los colaboradores actividades que no se relacionan ni con sus puestos de trabajo ni con la estrategia organizacional, y situaciones similares.

El responsable último de un plan de formación será, en todos los casos el número 1 de la organización (CEO, Comité Ejecutivo, etc.); en este nivel debería analizarse si los contenidos de la formación son aquellos que permitirán alcanzar los planes estratégicos. Por su parte, también los responsables de la confección del plan de formación deberán reflexionar al respecto y formular una revisión crítica acerca de cómo elaboran la información que luego recibirá, como decíamos, la aprobación final de la máxima conducción.

Apartados relacionados y/o que tratan temas con alguna conexión

La mayoría de los apartados tienen conexión entre sí. A continuación, solo voy a destacar algunos de ellos.

- Apartado 6. ¿Somos útiles proponiendo la formación adecuada, o llamamos al propalador de creencias?

- Apartado 7. Comenzando por el principio. Buenas prácticas en Formación

- Apartado 8. Continuando con las buenas prácticas: Herramientas y Formación

- Apartado 9. Reconocer necesidades y priorizarlas

- Apartado 10. Factores a tener en cuenta para alcanzar alta efectividad y eficacia

- Apartado 15. Plan anual para un colectivo de profesionales de la misma especialidad

- Apartado 16. Pensando en los clientes

- Apartado 17. Definir necesidades a través de talleres

- Apartado 18. Seguimiento de la evolución del desarrollo de las competencias y/o del aprendizaje de conocimientos

- Apartado 19. Formación después de mediciones específicas

- Apartado 20. Formación para alcanzar la estrategia

- Apartado 21. Formación y cambio cultural. Lograr la cultura deseada

- Apartado 22. Formación combinando medición de capacidades y Codesarrollo

- Apartado 23. Formación para la alta gerencia

- Apartado 24. Formación para todos los niveles de conducción

- Apartado 25. Los jefes. Seguimiento eficaz. Segundo taller de Codesarrollo sobre la misma temática

- Apartado 27. Problemas entre jefes y colaboradores

- Apartado 28. Programas para jefes. Distintas temáticas

- Apartado 29. Indicadores de gestión sobre Formación

- Apartado 30. Formador de formadores. Diseño e implementación

Factores a tener en cuenta para alcanzar alta efectividad y eficacia

Lograr actividades formativas efectivas es siempre un gran desafío

Que las actividades formativas sean realmente efectivas –es decir, que los participantes aprendan un conocimiento y/o desarrollen una competencia (cambiando comportamientos)– es siempre un gran desafío.

Una vez que se han definido las necesidades, al preparar el plan de formación, habrá que considerar una serie de aspectos para lograr, como dice el título de este apartado, *alta efectividad y eficacia.* Veremos a continuación algunos aspectos relevantes a fin de cumplir con este propósito.

El *Apartado 6. ¿Somos útiles proponiendo la formación adecuada, o llamamos al propalador de creencias?* plantea la importancia de separar el diseño de la impartición (ver Capítulo 3 de la obra *Formación. Capacitación. Desarrollo*).

También más adelante se verán de manera detallada distintos aspectos relacionados con el diseño de las actividades, en especial acerca del método Codesarrollo. En este apartado se analizan las principales capacidades necesarias para ser un buen instructor. Observemos la figura siguiente.

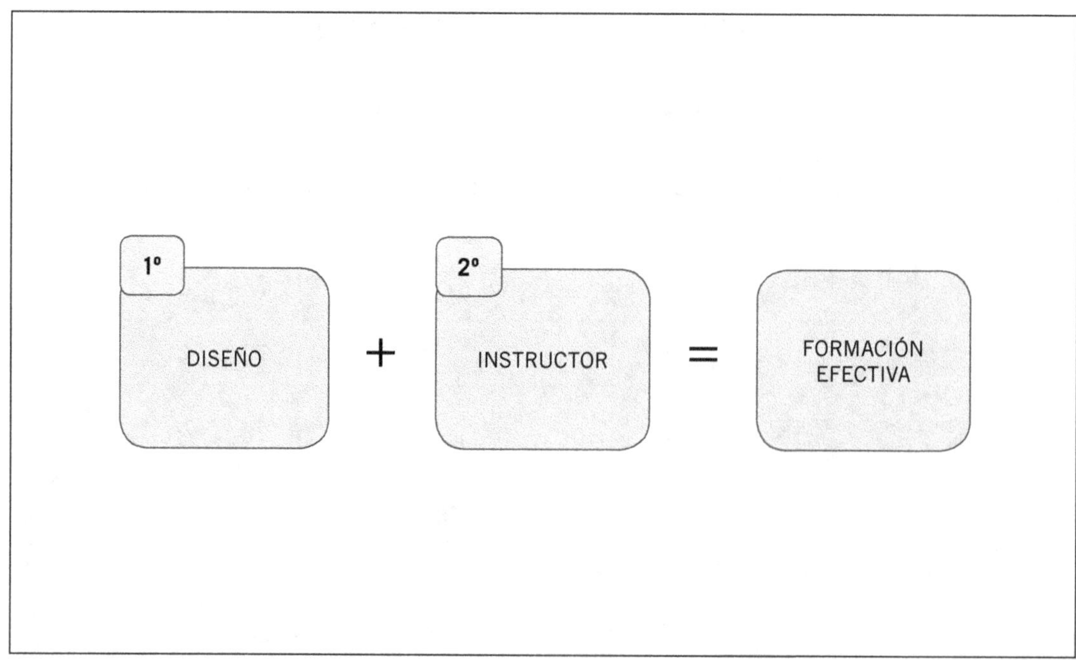

La idea que se desea expresar es que el primer aspecto a considerar será el contenido, el diseño de la actividad a realizarse. El segundo, la elección del instructor. A partir de la sumatoria de ambos factores se logrará una formación efectiva.

Quien lleve a cabo el diseño y la impartición puede ser la misma persona, o no. Por un lado, el diseño debe ser realizado por un experto, y una o varias personas –*a posteriori*– deberá/n impartir las actividades. Esta separación será necesaria y efectiva cuando una actividad deba impartirse en repetidas ocasiones, a muchos colaboradores. En ocasiones, en simultáneo.

Contar con un diseño único permitirá asegurar que todos los integrantes de la organización, que requieran ser formados en un tema en particular, tengan acceso a la misma formación.

Diseño. Principales aspectos a tener en cuenta

En el *Apartado 7. Comenzando por el principio. Buenas prácticas en Formación* se ha explicado el método Codesarrollo, como una de las buenas prácticas para tener en cuenta. A continuación se destacarán aspectos complementarios para alcanzar resultados efectivos y eficaces. En otros apartados se verán, también, algunos ejemplos.

Diferenciar entre aprender
un conocimiento y desarrollar competencias

En el diseño de una actividad formativa es muy importante identificar el foco principal al que apunta. Es decir, definir si el objetivo a alcanzar será el aprendizaje de conocimientos o se espera lograr el desarrollo de competencias.

En el método Codesarrollo los pasos son similares, con diferencias relevantes que deben ser consideradas.

- Los conocimientos deben aprenderse para luego llevarse a la práctica.

- En competencias, la persona involucrada modifica sus comportamientos, para alcanzar un nivel de desempeño superior.

Si bien este aspecto podría considerarse solo un detalle, es muy relevante. En especial ante ciertos temas donde se confunde, con frecuencia, el resultado esperado. Solo por mencionar un ejemplo, si se espera que los participantes mejoren en la competencia *Negociación*, se deberá focalizar la actividad en el cambio de comportamientos (en relación con la habilidad de negociar) y no en aprender conocimientos sobre la materia.

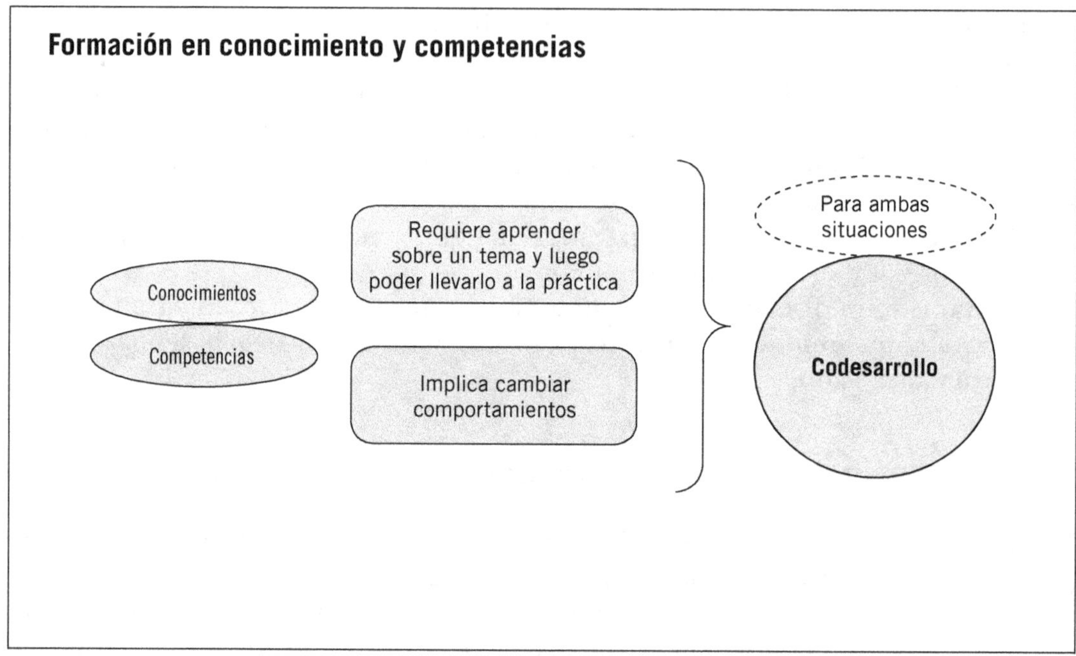

Codesarrollo. Distintos tipos según la situación planteada

El método Codesarrollo, siendo un "método de aprendizaje", podrá ser utilizado en diferentes circunstancias.

Actividades internas. Actividades abiertas

Las actividades de formación pueden ser impartidas en el ámbito de una organización (actividades internas) o, por el contrario, organizadas por alguna institución en la cual participen personas de diferentes ámbitos y organizaciones (actividades abiertas).

En ambos casos, la actividad podrá estar dirigida al aprendizaje de conocimientos o al desarrollo de competencias. En el caso de actividades internas, dentro del ámbito de una organización, será factible realizar un diseño a medida.

El Codesarrollo puede ser de diferentes tipos. Por ejemplo:

Según su temática:

- Codesarrollo sobre conocimientos.

- Codesarrollo sobre competencias.

Según los participantes:

- Codesarrollo abierto.

- Codesarrollo interno.

Según su diseño:

- A medida.

- Contenidos de tipo estándar.

Las ideas expresadas se exponen en la figura al pie.
Dos definiciones para completar la información sobre las distintas opciones.

Codesarrollo abierto. Actividad de Codesarrollo a la que pueden asistir personas de diferentes ámbitos y distintas organizaciones. Puede también denominarse *Codesarrollo externo.*

Codesarrollo interno. Actividad de Codesarrollo a la que asisten personas de una misma organización, lo que permite un diseño a la medida de esta. Este aspecto adquiere suma relevancia en el caso de codesarrollos diseñados para el desarrollo de competencias.

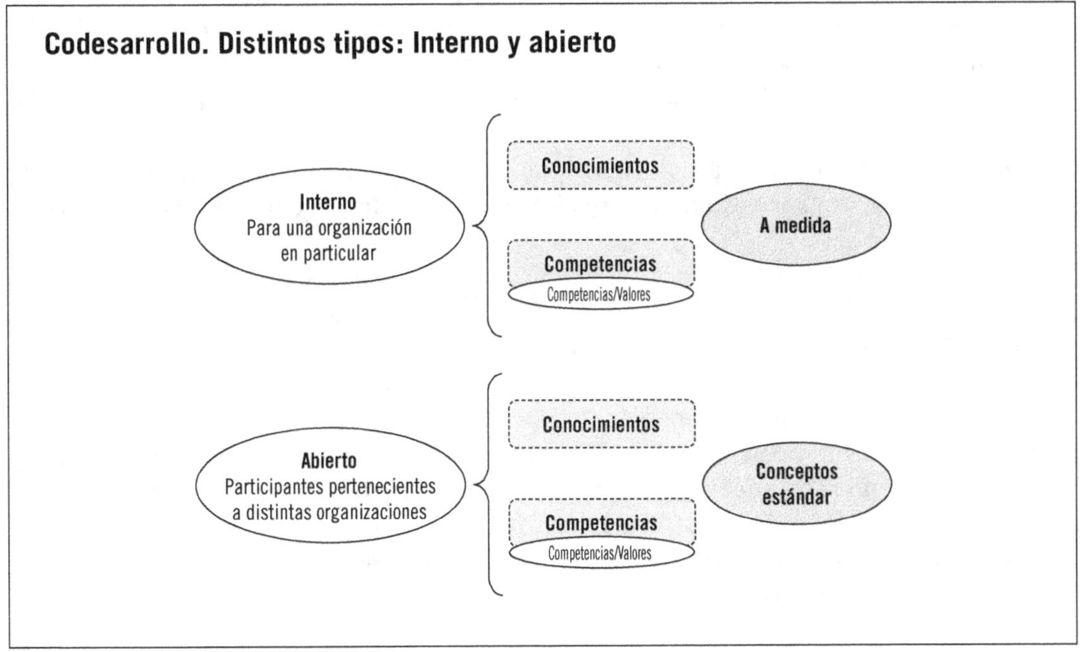

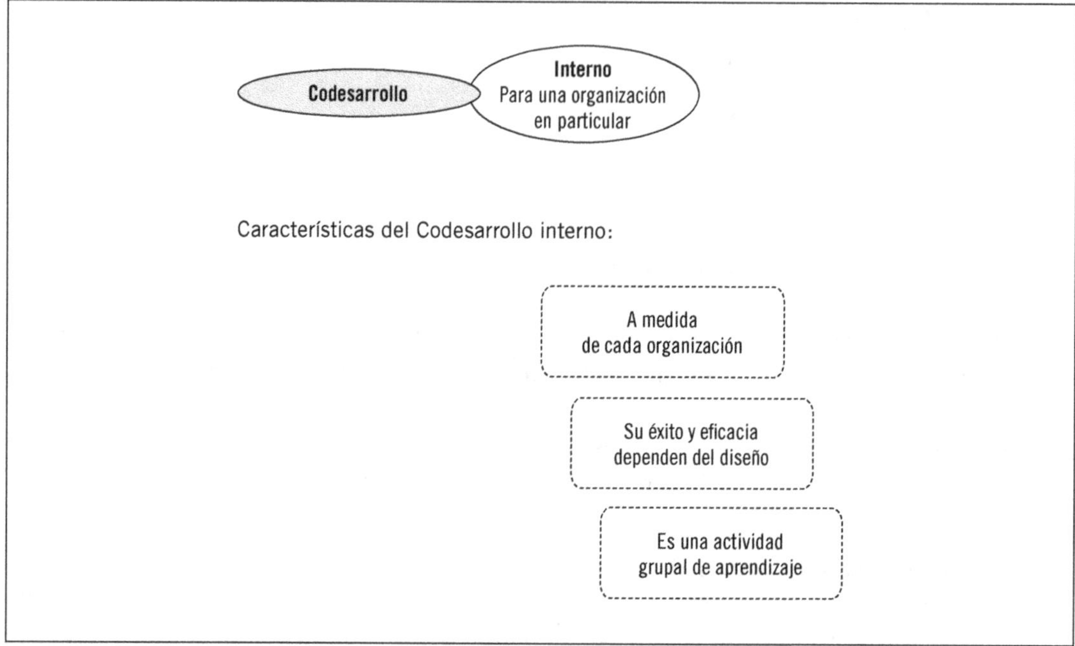

Desde la perspectiva de una organización, el Codesarrollo interno es el camino más recomendable, ya que permite un diseño a medida, de acuerdo con aquello que la organización puntualmente necesita.

Las características del Codesarrollo interno se pueden apreciar en el gráfico anterior.

Del mismo gráfico es importante destacar la importancia del diseño y, dentro de este aspecto, que sea a medida, en especial cuando se lleva a cabo para el desarrollo de competencias.

Actividades abiertas

Las actividades abiertas, y en especial las de Codesarrollo, pueden tener muchas aplicaciones. Por ejemplo, para la adquisición de conocimientos de tipo estándar, como método en la formación de adultos de universidades y casas de altos estudios.

El Codesarrollo abierto también podría ser aconsejable como una primera aproximación a un tema, para satisfacer inquietudes personales, para organizaciones pequeñas cuyo escaso número de participantes dificulta la realización de actividades internas, etc.

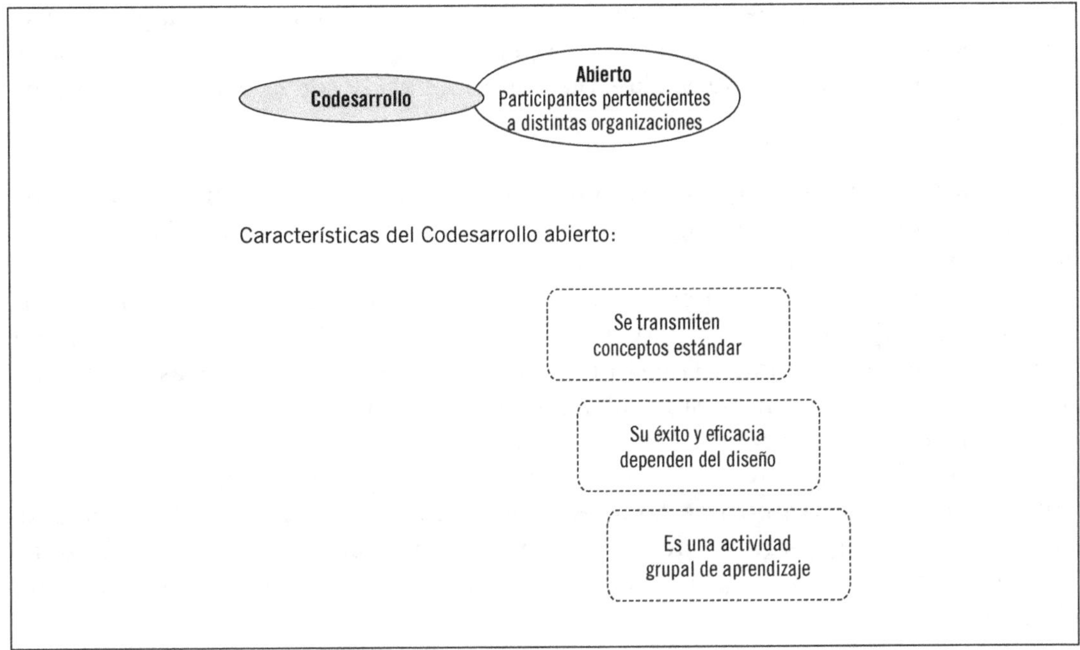

En un Codesarrollo abierto el diseño será general o estándar (no a medida de las necesidades de la organización en particular). Las restantes características son similares a las de cualquier tipo de Codesarrollo.

En resumen, el Codesarrollo es un método de aprendizaje con diferentes usos y propósitos, lo importante es conocer las características de cada modalidad y aplicarlas según lo que sea más conveniente.

Diversos grados de efectividad

El grado de efectividad en el caso de los Codesarrollos de tipo abierto tiene un alcance variable.

Se sugiere analizar el gráfico siguiente. Allí se puede apreciar que para el aprendizaje de conocimientos se ha consignado su "alta efectividad" y, por el contrario, se ha expresado su "efectividad relativa" en el caso del desarrollo de competencias. Veamos dos ejemplos:

- Si el participante es un profesional independiente que desea desarrollar su capacidad de delegación, un Codesarrollo de tipo abierto puede resultarle de alta efectividad, desde su perspectiva personal.

- Si el participante es un ejecutivo de una organización, desde la perspectiva personal será de alta efectividad igual que en el caso anterior. Sin embargo –y aquí radica la diferencia–, podría no ser así desde la perspectiva organizacional.

Desde la mirada organizacional, en todos los casos, el diseño debería realizarse según el modelo de competencias de la empresa, el cual será la base sobre la cual deberán diseñarse las acciones de desarrollo.

Por ejemplo: si una persona asiste a un taller abierto, la definición de la competencia utilizada será de tipo estándar y podrá ser diferente a la utilizada por la organización en su modelo de competencias. En algunos casos estas diferencias pueden ser poco relevantes, sin embargo, generalmente no es así: las diferencias son importantes y la efectividad de la formación se torna muy baja.

Como se ha expuesto, el Codesarrollo es una herramienta muy eficaz, permite que el participante tome conocimiento del tema y lo aborde desde su propia realidad. Luego será su decisión si desea o no mejorar respecto del tema planteado; el participante será inducido a ello al ponerlo frente a los siguientes elementos:

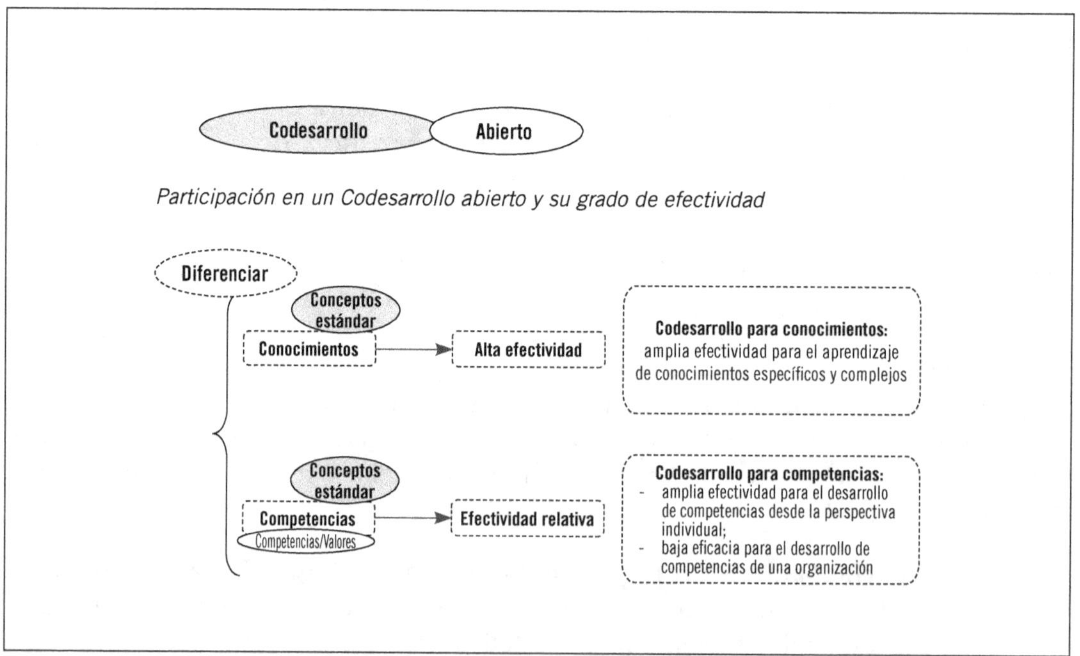

- Se presenta el tema.

- El participante toma conciencia de su situación respecto de dicho tema.

- Si desea mejorar, el instructor lo ayuda a construir un camino para lograrlo: el plan de acción.

En el Codesarrollo abierto deberá definirse quién asumirá el rol de seguimiento (podrá ser, por ejemplo, el instructor del taller de Codesarrollo) y de qué modo se realizará.

En el caso de que el taller de Codesarrollo abierto sea ofrecido por una institución formativa, se le deberá informar al participante que el método se completa con el paso 5 (seguimiento) y, luego, la realización de un segundo taller sobre la misma temática con ligeras diferencias, como temas adicionales y nuevos ejercicios o casos a resolver.

No siempre esta variante será de fácil aplicación, sin embargo, conocemos experiencias muy exitosas. Por ejemplo, en actividades formativas de algún modo "guiadas" o supervisadas por universidades (utilizando el método Codesarrollo), donde los participantes, si bien provienen de empresas diversas y, en todos los casos, las definiciones utilizadas en el desarrollo de competencias son de tipo estándar, el rol de los profesores/instructores al realizar un seguimiento personalizado completa el ciclo de aprendizaje.

Diseño e impartición

Al inicio se planteó la sugerencia de separar el diseño de la impartición. Un diseño adecuado será un factor fundamental para alcanzar la eficacia deseada, en la medida en que, luego, el instructor respete dicho diseño en su totalidad. Es importante llevar a cabo todos los pasos del Codesarrollo, ya que una aplicación parcial, sin realizar todos los pasos necesarios, no permitirá alcanzar el resultado esperado.

Algunas situaciones/problemas que nos han planteado en relación con el rol de instructor:

A. *Impartir el taller de Codesarrollo dejando de lado el plan de acción.*

B. *Impartir el taller y no realizar la actividad para poner en juego la competencia/conocimiento.*

C. *Preparación del plan de acción sin la guía del instructor, por lo cual cada participante lo realizó según su criterio.*

D. *Utilizar la autoevaluación para medir a los participantes con otros fines.*

E. *No realizar seguimiento posterior al taller de Codesarrollo.*

En cualquiera de los casos antedichos no se han cumplido los cinco pasos del Codesarrollo, por lo cual no es posible asegurar la eficacia del método. Comentarios uno a uno:

A y C: El plan de acción es imprescindible para alcanzar el resultado deseado. No solo debe hacerse, sino que *debe hacerse bien,* es decir, las actividades incluidas en el plan de acción deberán, por un lado, ayudar al desarrollo de la competencia o el conocimiento y, por otro, respetar las preferencias y posibilidades del participante.

B: Dejar de lado uno de los ejercicios podría implicar, por ejemplo, que los participantes no tuvieron la posibilidad de poner en juego un aspecto importante de la competencia a desarrollar.

D: Una actividad formativa no es "una oportunidad para evaluar personas". Si se desea realizar una evaluación –necesaria para otro proceso organizacional–, debe hacerse en otro momento, en otro contexto, no junto con el Codesarrollo. La autoevaluación del Codesarrollo es parte del proceso de aprendizaje, no una instancia organizacional de medición de competencias o conocimientos.

Por último, *E:* El seguimiento es un aspecto fundamental dentro del aprendizaje. Los jefes podrán realizar el seguimiento (*Jefe entrenador*); también podrá realizarlo un profesional del área de Recursos Humanos.

En resumen, el instructor debe desarrollar la actividad formativa de acuerdo con el diseño previamente elaborado. Durante el taller de Codesarrollo se espera que cumpla con dicho diseño, lo haya preparado él mismo o no. En el caso de que haya participado del diseño, si detectara la necesidad de realizar un cambio no se recomienda que lo haga durante la impartición; siempre será mejor hacerlo luego, y adaptar el diseño para la próxima impartición.

Para aquellos casos en los cuales se haya separado el diseño de su impartición, para alcanzar los mejores resultados será conveniente que el diseño sea detallado, tanto en las explicaciones conceptuales como en los ejercicios prácticos. Se retomará el tema en el *Apartado 30. Formador de formadores. Diseño e implementación.*

¿Cuál es el resultado esperado de la aplicación del método Codesarrollo?

Codesarrollo sobre conocimientos

El resultado esperado será que la persona pueda usar el conocimiento adquirido.

Ejemplos: 1) Si una persona lee una receta de cocina o toma un curso, deberá poder realizar la tarea propuesta. El aprendizaje habrá alcanzado un resultado satisfactorio si lleva a cabo la receta de manera adecuada y el plato fue preparado de acuerdo con lo esperado. 2) Si una persona toma un curso para aprender a manejar, al finalizar deberá poder conducir vehículos de manera adecuada. 3) Si una persona toma un curso para aprender a calcular la tasa interna de retorno (TIR) deberá, una vez finalizado el mismo, usar este conocimiento y lograr aplicarlo en un caso real.

Codesarrollo sobre competencias

El participante de un taller de Codesarrollo sobre competencias (y/o valores) deberá cambiar comportamientos; quizá no lo logre en el primer taller, sino con el seguimiento y, luego, tras la realización del segundo taller. Este cambio de comportamientos usualmente se hace de forma gradual y debe ser persistente. Si los cambios en los comportamientos no se mantienen en el tiempo de manera permanente, es decir, no son incorporados por el participante, no se habrá producido el desarrollo esperado de la competencia.

Características necesarias
para ser un buen instructor

El rol del instructor es complejo e implica desplegar tanto conocimientos como competencias.

Una buena práctica organizacional es contar con instructores internos, de diferentes áreas. Según las circunstancias se podrá solicitar su participación.

¿Cuál es el rol del instructor?

El instructor deberá asumir diferentes roles simultáneamente. En algunos momentos deberá transmitir ideas y conceptos; en otros, lograr que el participante ponga en juego la competencia o el conocimiento, según corresponda, para luego y más adelante llevar al participante a la reflexión a través de su propia autoevaluación. Para lograr estos pasos tan diversos deberá utilizar diferentes competencias personales y, como decíamos, asumir diferentes roles.

Además de impartir un taller, y exponer los temas en cuestión junto con los ejercicios correspondientes, en el método Codesarrollo se deberá llevar a cabo otro paso fundamental para el aprendizaje. El instructor deberá inducir al participante al autodesarrollo a través de la confección del *plan de acción*. Desde esta perspectiva guiará al participante en la confección de dicho plan, el cual deberá permitir el desarrollo de la competencia/conocimiento de manera realista y, además, deberá estar relacionado con las expectativas de cada uno. El participante deberá, una vez finalizada la actividad, realizar aquello que él mismo ha incluido en su propio plan de acción.

El instructor deberá poseer ciertas capacidades, en especial ciertas competencias y, además, determinados conocimientos.

Conocimientos necesarios para ser un buen instructor

- En actividades para el desarrollo de competencias: conocer sobre Gestión por competencias; en especial, métodos para el desarrollo de competencias.

- En actividades sobre conocimientos: ser un experto en el tema sobre el cual se impartirá el taller.

- Conocer el método Codesarrollo.

- Conocer a fondo el taller de Codesarrollo a impartir: materiales y ejercicios.

Competencias necesarias para ser un buen instructor

A continuación, algunas competencias habitualmente requeridas. Según el caso podrán ser necesarias otras.

- Calidad y mejora continua
- Compromiso
- Comunicación eficaz
- Desarrollo y autodesarrollo del talento
- Dinamismo - Energía
- Dirección de equipos de trabajo
- Influencia y negociación
- Orientación al cliente interno y externo
- Respeto
- Responsabilidad
- Sencillez

Las definiciones de estas competencias y sus comportamientos asociados el lector puede encontrarlos en *Diccionario de comportamientos*[1].

A modo de cierre

Como decíamos al inicio, la impartición efectiva de una actividad de formación siempre representará un gran desafío.

En este apartado hemos descrito distintas formas de utilización del método Codesarrollo.

Para alcanzar alta efectividad, un aspecto clave será la separación del diseño de la impartición; esta división de tareas permitirá que el diseño sea realizado por un experto.

Adicionalmente, el otro elemento de gran importancia será contar con instructores que posean las capacidades necesarias para ejercer su rol. Los instructores deberán ser entrenados y conocer adecuadamente la temática a impartir.

Q&A sobre efectividad y eficacia

Que en el Codesarrollo el diseño de cada actividad deba ser realizado por un experto, ¿implica un alto costo?

En una primera instancia podría parecer que sí. Sin embargo, no es esa nuestra experiencia. Una actividad formativa, con un diseño realizado por un experto, podrá ser impartida en muchas ocasiones; de ese modo el costo se distribuye en un alto número de imparticiones.

Veamos un ejemplo: una organización define su modelo de competencias, y entre las competencias cardinales se encuentra *Responsabilidad* o *Compromiso con la calidad*, solo por citar dos opciones posibles. Sobre la base de la definición dada a cada una de las competencias en el modelo organizacional, se diseñan los respectivos talleres de Codesarrollo.

Este diseño formará parte de las herramientas organizacionales. Cuando un grupo de colaboradores requiera desarrollar estas competencias, se podrán impartir los talleres en cuestión todas las veces que sea necesario.

---

1 *Diccionario de comportamientos. La trilogía. Tomo 2.* Ediciones Granica, Buenos Aires, 2015.

En resumen, la inversión realizada en el diseño de un taller de Codesarrollo, al ser repetido en muchas oportunidades, incluso durante varios años, será siempre muy acertada.

¿Cómo optimizar costos en materia de diseño e impartición?

La idea expuesta de separar diseño e impartición ayuda a optimizar costos. Usualmente, el diseño tiene un valor más alto que la impartición. Por lo tanto, se puede realizar el diseño con un experto y luego replicar la actividad tantas veces como sea necesario, incluso durante varios años. Además, un mismo diseño podrá aplicarse en actividades correspondientes a varios planes de formación.

¿Es efectivo contar con instructores internos, de diversas áreas?

Es altamente efectivo y motivador. Se debe realizar una adecuada selección de instructores y entrenarlos. Las experiencias que conozco son realmente extraordinarias.

¿Un jefe puede asumir el rol de instructor?

Mi respuesta es la misma que a la pregunta anterior. Es altamente efectivo y motivador y las experiencias que conozco son realmente muy positivas. En especial, en los programas para jefes, como *Rol del jefe*.

Apartados relacionados y/o que tratan temas con alguna conexión

La mayoría de los apartados tienen conexión entre sí. A continuación, solo voy a destacar algunos de ellos.

- Apartado 5. Nuevas generaciones, inmediatez, lenguaje y otras cuestiones en relación con Formación

- Apartado 6. ¿Somos útiles proponiendo la formación adecuada, o llamamos al propalador de creencias?

- Apartado 7. Comenzando por el principio. Buenas prácticas en Formación

- Apartado 8. Continuando con las buenas prácticas: Herramientas y Formación

- Apartado 11. Aprender puede no ser aburrido. Diseño de una actividad sobre conocimientos

- Apartado 12. ¡Geografía también! Diseño de una actividad sobre conocimientos

- Apartado 13. Crecer es posible

- Apartado 14. Cambiar a través de la acción. Diseñar una actividad que permita cambiar comportamientos. Desarrollar competencias

- Apartado 15. Plan anual para un colectivo de profesionales de la misma especialidad

- Apartado 16. Pensando en los clientes

- Apartado 20. Formación para alcanzar la estrategia

- Apartado 21. Formación y cambio cultural. Lograr la cultura deseada

- Apartado 22. Formación combinando medición de capacidades y Codesarrollo

- Apartado 23. Formación para la alta gerencia

- Apartado 24. Formación para todos los niveles de conducción

- Apartado 25. Los jefes. Seguimiento eficaz. Segundo taller de Codesarrollo sobre la misma temática

- Apartado 27. Problemas entre jefes y colaboradores

- Apartado 28. Programas para jefes. Distintas temáticas

- Apartado 30. Formador de formadores. Diseño e implementación

Notas

Para reflexionar, implementar, llevar a cabo en la organización

____

____

____

____

____

____

____

____

____

____

____

Para reflexionar, implementar, llevar a cabo en mi desarrollo profesional y personal

____

____

____

____

____

____

____

____

____

____

____

11

*Aprender puede no ser aburrido.
Diseño de una actividad
sobre conocimientos*

El método Codesarrollo[1] paso a paso

En distintos apartados de este libro se verá la puesta en práctica del método Codesarrollo, desde diferentes ópticas y aplicado a temáticas diversas. Esperamos que el lector coincida con nosotros acerca de que "aprender puede no ser aburrido".

A continuación analizaremos los principales conceptos sobre el método mencionado, así como otras cuestiones relacionadas.

El método Codesarrollo es aplicable tanto para el desarrollo de competencias como para aprender conocimientos. Implica acciones concretas que, de manera conjunta, realiza el sujeto que asiste a una actividad de formación guiado por un instructor.

En el siguiente gráfico se muestra el esquema del método compuesto por talleres (T1 y T2) y, entre ambos, un espacio de tiempo en el cual se llevará a cabo el seguimiento.

Cada uno de los talleres de Codesarrollo se lleva a cabo en cuatro pasos. El seguimiento corresponde al paso número 5. La idea se expresa en el gráfico superior de la página siguiente.

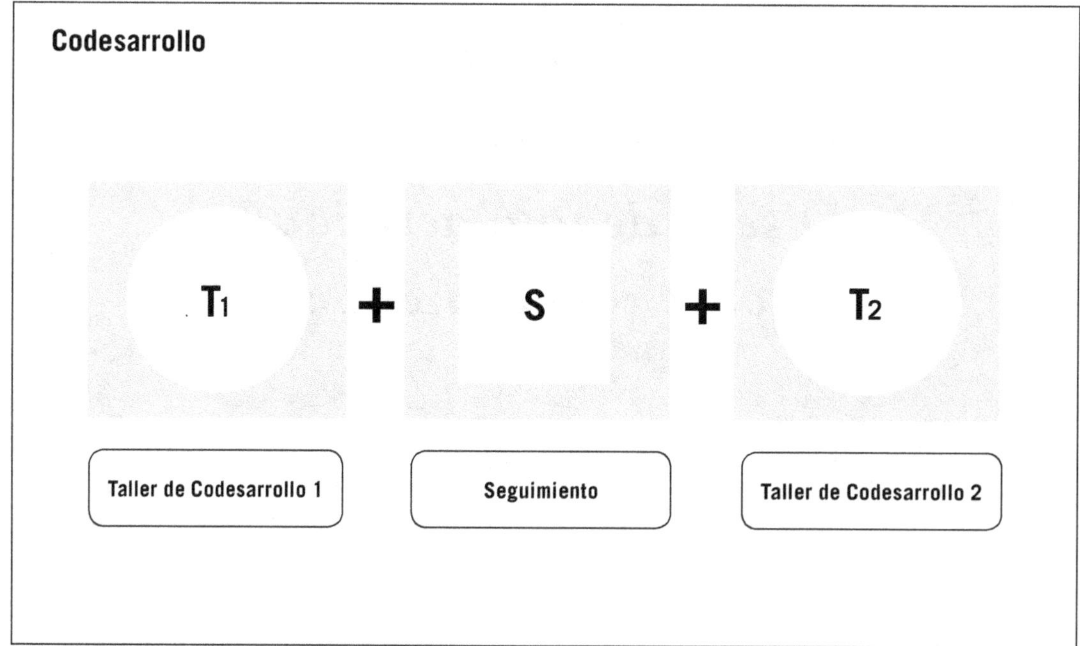

1 Ver Capítulo 3 del libro *Formación. Capacitación. Desarrollo.* "Codesarrollo" es, además, la herramienta N° 9 descrita en la obra *Las 50 herramientas de Recursos Humanos que todo profesional debe conocer*, Ediciones Granica, Buenos Aires, 2017.

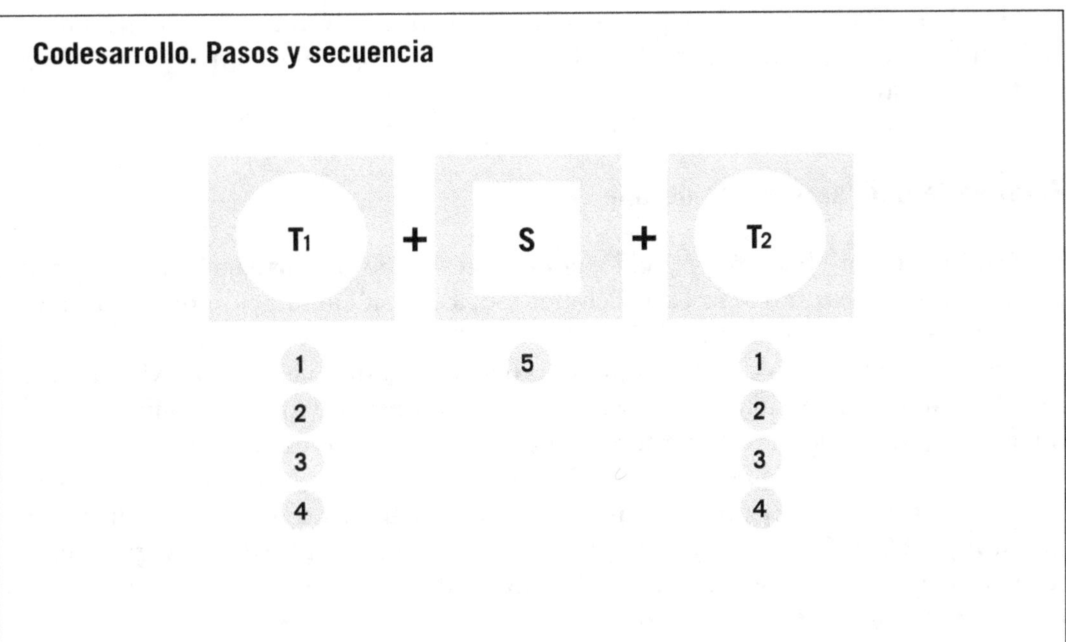
Codesarrollo. Pasos y secuencia
T1 + S + T2
1
2
3
4
5
1
2
3
4

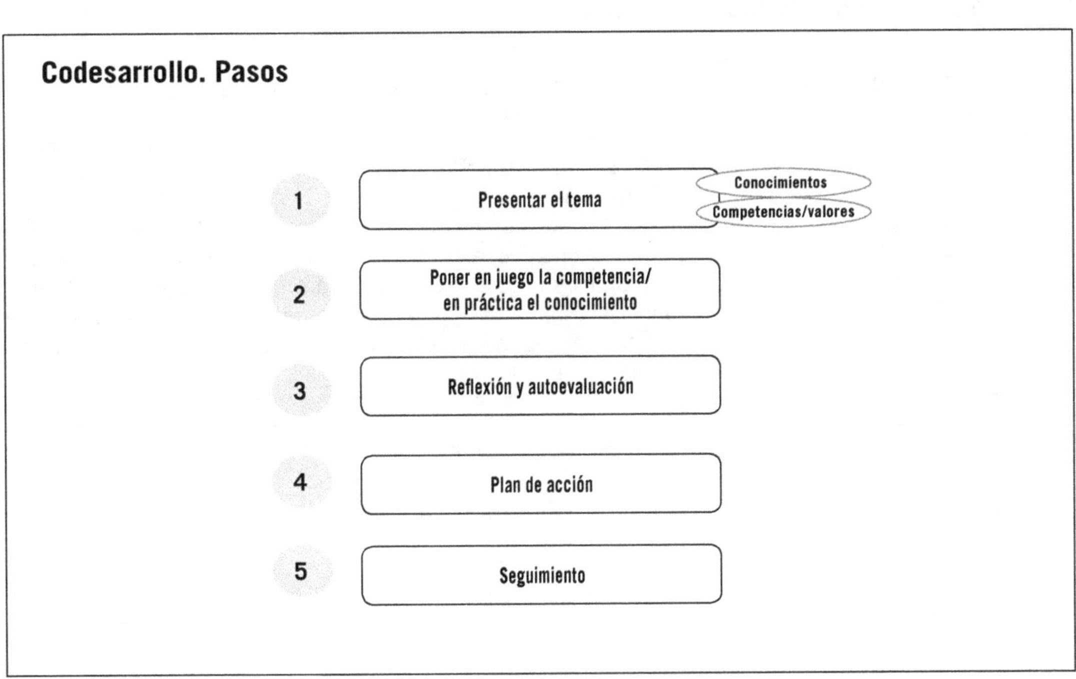
Codesarrollo. Pasos
1 Presentar el tema
Conocimientos
Competencias/valores
2 Poner en juego la competencia/ en práctica el conocimiento
3 Reflexión y autoevaluación
4 Plan de acción
5 Seguimiento

En el gráfico inferior de la página anterior se muestra una breve descripción de cada uno de los pasos de un taller de Codesarrollo. El paso 5, como expresamos, es posterior al taller.

El taller de Codesarrollo en detalle

El término "taller" hace referencia a aquella actividad de formación estructurada, durante la cual se intercalan exposiciones teóricas con ejercitación práctica, siendo esta última la predominante.

Dentro del método Codesarrollo, el taller mencionado es una actividad estructurada donde el participante realiza acciones concretas de manera conjunta con su instructor para el desarrollo de sus competencias y/o conocimientos.

Como ya se dijera, el taller de Codesarrollo consta de los siguientes pasos: 1) presentar el tema; 2) poner en juego una competencia o en práctica un conocimiento; 3) reflexión y autoevaluación; 4) plan de acción. El paso 5 (seguimiento), se realiza con posterioridad al taller. A continuación analizamos con mayor detalle cada uno de los pasos mencionados.

Durante el taller de Codesarrollo 1...

	El paso implica	Mayor detalle sobre el contenido del paso
PASO 1	Presentar el tema	La actividad se inicia explicando la temática a tratar. Según corresponda, se podrá incluir aspectos teóricos más o menos complejos. En el caso de competencias, en este paso se explican su definición y los grados, en especial los comportamientos asociados. En algunos casos, si bien en una primera instancia pareciera innecesario, por ser un concepto conocido, la explicación es pertinente, dado que bajo un mismo nombre los significados pueden ser diferentes.
PASO 2	Poner en práctica el conocimiento/en juego la competencia	Proponer a los participantes actividades que impliquen la ejercitación y/o puesta en práctica del conocimiento o la competencia. Esto permitirá reflexionar sobre el particular, en el paso siguiente.
PASO 3	Reflexión y autoevaluación	Conducir al participante a la reflexión y a su propia autoevaluación. Usualmente se diseña un test para que cada participante pueda realizar su autoevaluación de una manera ordenada.

	El paso implica	**Mayor detalle sobre el contenido del paso**
PASO 4	Plan de acción	Conducir al participante a la acción a través de un plan de actividades que pondrá en ejecución una vez finalizado el taller de Codesarrollo. Si la organización cuenta con *guías de desarrollo*[2], podrán ser utilizadas para la preparación del plan de acción. El rol del instructor es clave. Bajo su mirada el participante podrá confeccionar un plan de acción realista y efectivo.

Después del taller de Codesarrollo 1...

	El paso implica	**Mayor detalle sobre el contenido del paso**
PASO 5	Seguimiento	Seguimiento posterior al taller de Codesarrollo. Si la organización ha desarrollado jefes entrenadores, serán ellos quienes podrán realizar el seguimiento. Este paso también podrá estar a cargo del instructor que haya llevado a cabo la actividad de Codesarrollo.

Transcurrido un período prudencial (por ejemplo, seis meses), se realiza un segundo taller de Codesarrollo. En el caso de conocimientos, para profundizarlos. En el caso de competencias, para insistir en la misma temática con nuevos ejercicios.

Durante el taller de Codesarrollo 2...

	El paso implica	Mayor detalle sobre el contenido del paso
PASO 1	Presentar el tema	Si bien los participantes del taller 2 ya habrán participado del taller 1, usualmente trascurrieron varios meses desde aquella primera actividad, por lo cual se recomienda iniciar el nuevo taller explicando la temática a tratar, recordando los aspectos que ya fueron vistos en el taller 1. No es conveniente dar por sentado que dichos conocimientos han sido incorporados por los participantes, no al menos en su totalidad. En el caso de competencias, hay que presentar la definición y en especial los comportamientos asociados a cada grado de la competencia. Si bien pareciera que se lleva adelante una acción ya realizada, es recomendable reforzar estos conceptos.

---

2 Las guías de desarrollo dentro y fuera del trabajo son las herramientas N° 30 y N° 31 descritas en *Las 50 herramientas de Recursos Humanos que todo profesional debe conocer* (obra citada).

	El paso implica	Mayor detalle sobre el contenido del paso
PASO 2	Poner en práctica el conocimiento/en juego la competencia	Proponer a los participantes actividades que impliquen la ejercitación y/o puesta en práctica del conocimiento o la competencia. Los ejercicios utilizados deberán ser similares en su esencia a los del taller 1, pero no iguales. Por ejemplo, si se utilizó una película para su análisis, en el taller 2 se podrá también utilizar una película, pero deberá ser una diferente, aunque en ambas se estudien aspectos similares (comportamientos de uno o varios personajes de la película en cuestión, por ejemplo). Lo mismo vale si se utilizó un juego didáctico, un ejercicio práctico, etc. El paso 2 deberá permitir la reflexión que se llevará a cabo en el paso siguiente (paso 3).
PASO 3	Reflexión y autoevaluación	Conducir al participante a la reflexión y a su propia autoevaluación. Usualmente se diseña un test para facilitar ese autodiagnóstico.
PASO 4	Plan de acción	Conducir al participante a la acción a través de un plan de actividades que pondrá en ejecución una vez finalizado el taller de Codesarrollo. Si la organización cuenta con *guías de desarrollo*[3], pueden ser utilizadas para la preparación del plan de acción. El instructor podrá ofrecer a los participantes el análisis individual (participante/instructor) del plan de acción elaborado en el taller 1, el grado de avance logrado, las eventuales dificultades y aciertos que haya experimentado el participante, etc. El rol del instructor es clave. Bajo su mirada el participante podrá confeccionar un nuevo plan de acción realista y efectivo.

Eventualmente, continuar el seguimiento, después del taller de Codesarrollo 2

	El paso implica	Mayor detalle sobre el contenido del paso
PASO 5	Seguimiento	Seguimiento posterior al taller de Codesarrollo que, usualmente, lleva a cabo el propio jefe.

Los pasos 3 y 4 implican aspectos fundamentales del método Codesarrollo y se verán con mayor detalle, a través de ejemplos, en este apartado y en otros, más adelante en esta misma obra.

---

3 Las guías de desarrollo dentro y fuera del trabajo son las herramientas N° 30 y N° 31 descritas en *Las 50 herramientas de Recursos Humanos que todo profesional debe conocer* (obra citada).

- *Paso 3. Reflexión y autoevaluación.*
  Usualmente se utiliza un test, diseñado a medida, para cada uno de los talleres. Su formato más frecuente consiste en preguntas con respuestas de opción múltiple.

- *Paso 4. Plan de acción.*
  El plan de acción permitirá conducir al participante a la acción a través de la confección de un plan concreto realizado durante el taller de Codesarrollo, el cual se pondrá en ejecución inmediatamente después de que la actividad concluye.

En resumen, el método Codesarrollo implica la realización de un primer taller de Codesarrollo, luego una etapa de seguimiento, para finalmente realizar un nuevo taller de Codesarrollo.

La importancia del diseño

Un taller de Codesarrollo puede ser utilizado para el aprendizaje de conocimientos o para el desarrollo de una competencia. En cualquiera de los dos casos, es fundamental contar con un diseño adecuado, el cual debería ser elaborado por un experto.

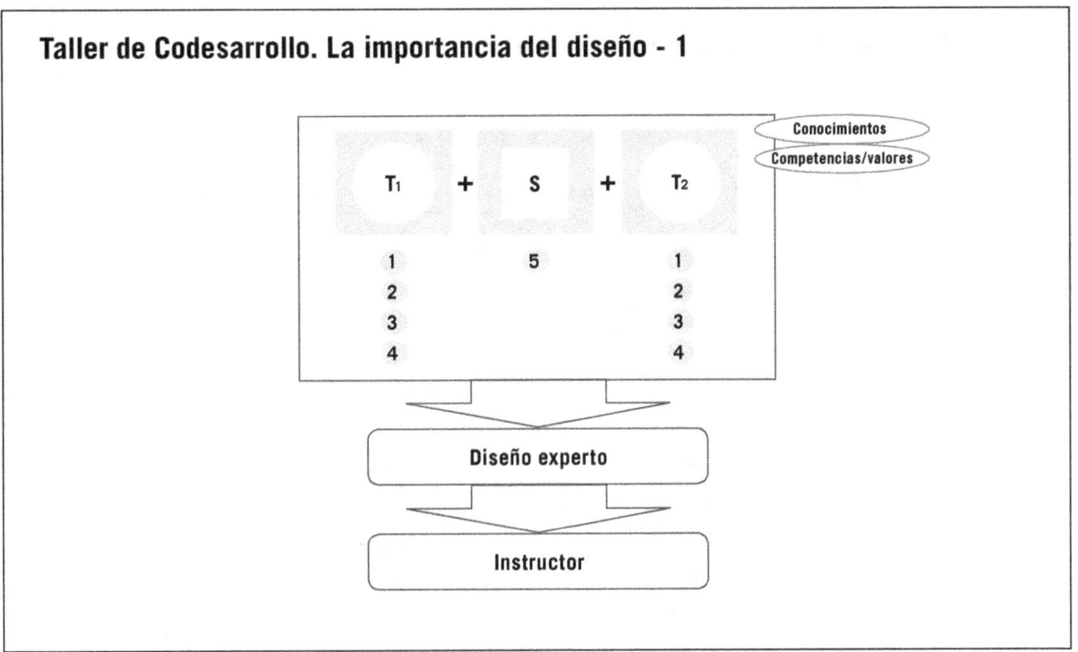

En el grafico anterior se muestra el esquema y la secuencia del método Codesarrollo, el cual requiere un diseño específico para alcanzar su máxima efectividad.

Como decíamos, el diseño es fundamental, debe ser realizado por un experto y, luego, impartido por uno o varios instructores, según sea necesario.

Para el diseño de actividades en las cuales se proponga el aprendizaje de conocimientos, en la mayoría de los casos. se requiere que dicho diseño sea realizado por un experto de la materia en cuestión. En el caso del desarrollo de competencias, por un experto en Gestión por competencias. En ambos casos, además, la persona que lleve a cabo el diseño deberá conocer a fondo el método *Codesarrollo*.

Las ideas expresadas se exponen en las figuras siguientes.

En el gráfico al pie de página se muestra primero el esquema del método. En la parte de abajo se ilustra cómo, para lograr un diseño efectivo, participa en el mismo un experto en el conocimiento que se desea que los participantes aprendan.

En el último gráfico (ver página siguiente) se muestra –al igual que en el anterior– primero el esquema del método Codesarrollo. En la parte de abajo se ilustra cómo, para lograr efectividad, participa en el diseño un experto en Gestión por

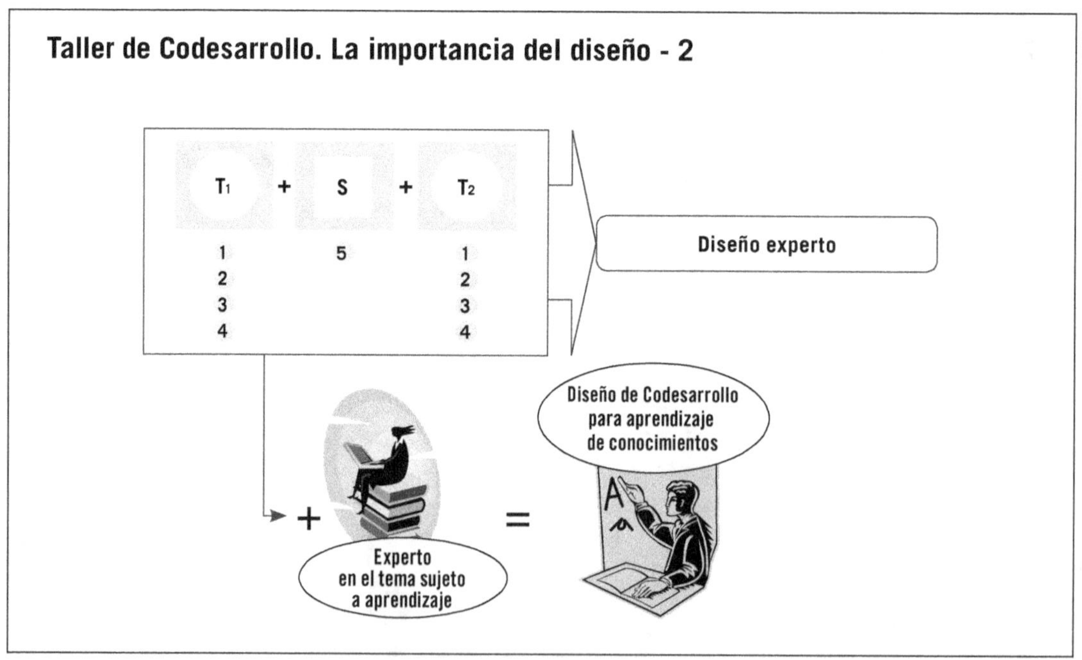

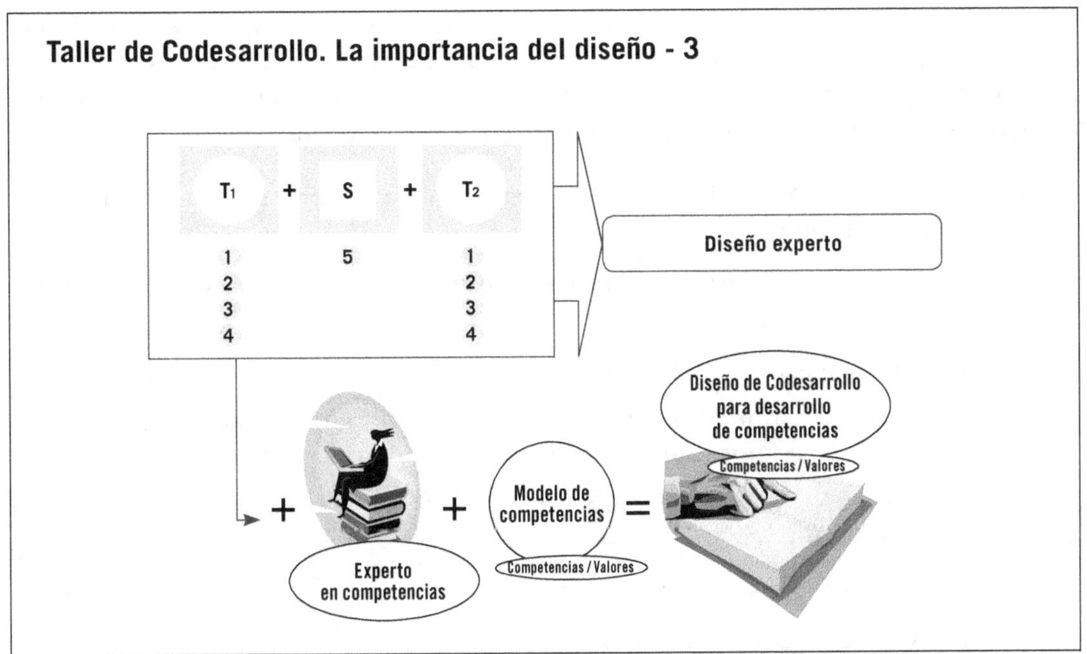

competencias; y, adicionalmente, se considera la definición de la competencia a desarrollar de acuerdo con el modelo de competencias[4] organizacional.

En consecuencia, para el diseño de ejercicios, test de autoevaluación y otros pasos del método, se tomará como base el diccionario de comportamientos[5] organizacional.

Continuando con el gráfico precedente, que hace referencia al desarrollo de competencias y valores, estas últimas, es decir, las actividades de Codesarrollo para desarrollar valores, serán muy importantes, especialmente, cuando una organización haya definido valores que no están reflejados en el modelo de competencias[6] y se requieran acciones formativas que los incluyan. En estos casos, será necesario contar con indicadores de valores[7,8].

---

4 *Modelo de competencias* es la herramienta N° 37 descrita en la obra *Las 50 herramientas de Recursos Humanos que todo profesional debe conocer*, Ediciones Granica, Buenos Aires, 2017.

5 *Diccionario de comportamientos* es la herramienta N° 15 descrita en la obra *Las 50 herramientas de Recursos Humanos que todo profesional debe conocer* (obra citada).

6 MAI recomienda a sus clientes incluir los valores en sus respectivos modelos de competencias.

7 *Modelo de valores* es la herramienta N° 39 descrita en la obra *Las 50 herramientas de Recursos Humanos que todo profesional debe conocer* (obra citada).

8 *Indicadores de valores*: ejemplos de comportamientos que permiten a una persona determinar la presencia (o ausencia) de valores en otra (o en sí misma). Usualmente estos indicadores se presentan

En este capítulo se verá el diseño de una actividad sobre conocimientos. Luego, en los apartados que se mencionan a continuación, comenzando por este que está leyendo, se expondrán distintos ejemplos de formas de aprender conocimientos y/o desarrollar competencias, aplicando el método Codesarrollo.

- Apartado 11. Aprender puede no ser aburrido. Diseño de una actividad sobre conocimientos

- Apartado 12. ¡Geografía también! Diseño de una actividad sobre conocimientos

- Apartado 13. Crecer es posible

- Apartado 14. Cambiar a través de la acción. Diseñar una actividad que permita cambiar comportamientos. Desarrollar competencias

- Apartado 15. Plan anual para un colectivo de profesionales de la misma especialidad

- Apartado 16. Pensando en los clientes

- Apartado 20. Formación para alcanzar la estrategia

- Apartado 21. Formación y cambio cultural. Lograr la cultura deseada

- Apartado 23. Formación para la alta gerencia

- Apartado 24. Formación para todos los niveles de conducción

Diseño de una actividad sobre conocimientos

Codesarrollo sobre un conocimiento específico: *Dictamen de Auditoría*

Para el ejemplo que se expondrá a continuación hemos supuesto una actividad de formación, para auditores, sobre un tema específico.

El método Codesarrollo implica un ciclo compuesto de un taller de Codesarrollo, luego seguimiento y, después de un tiempo, un segundo taller de Codesarrollo. Este ciclo a su vez se abre en pasos. Como se expuso, solo se expondrá una parte de la actividad de Codesarrollo, en relación con los pasos 3 y 4, para el tema elegido, *Dictamen de Auditoría.*

---

en un formato de catálogo o diccionario donde se indica la definición del valor y los ejemplos de comportamientos asociados. Fuente: *Diccionario de términos de Recursos Humanos*, Ediciones Granica, Buenos Aires, 2011.

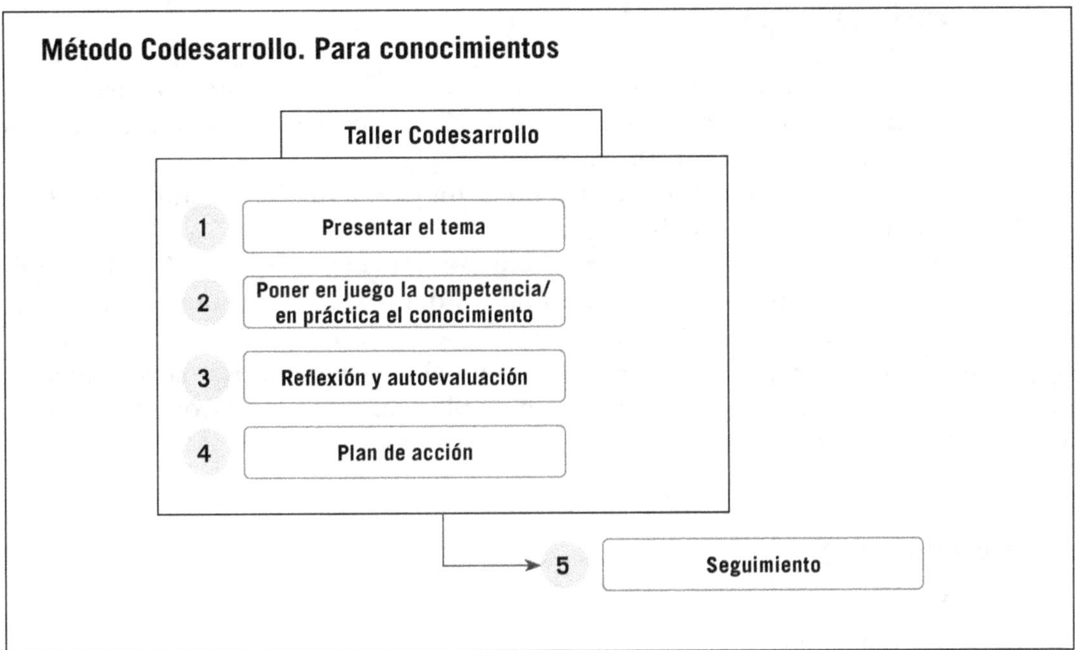

Primeros pasos, 1 y 2

La actividad comienza con la presentación del tema a desarrollar. Para ello se deberán considerar las características propias de la organización y sus necesidades respecto de este conocimiento (quizá se trata de un conocimiento que no es nuevo pero que, por alguna razón, es necesario reforzar, reaprender, etc.). En algunos casos, los conocimientos son de tipo "general", es decir, podrán ser utilizados por muchas empresas e instituciones. También podrán ser conocimientos específicos de una organización.

Si bien este aspecto no será parte de este trabajo, el método Codesarrollo podría utilizarse para la impartición de actividades de conocimiento de tipo general, sin relación con organización alguna (por ejemplo, en la educación de jóvenes de distinto nivel académico).

En el paso 2 se pondrá en práctica el conocimiento. Por ejemplo, en el caso del estudio de una fórmula matemática aplicable a alguna cuestión en particular, se podrán realizar ejercicios.

La importancia de los pasos 3 y 4

Luego, en el paso 3, al conducir al participante a la reflexión y a su propia autoevaluación, este podrá tomar conciencia sobre sus reales conocimientos. Este paso es clave para la adquisición de otros nuevos.

La autoevaluación en conocimientos no es un examen. Si bien cumple un propósito análogo, su enfoque es diferente.

En el ejemplo, la autoevaluación será sobre un tema técnico profesional, en este caso, un contador público en su rol de auditor, y dentro del rol de auditor, un tema en particular: *Dictamen de Auditoría*. Se expone solo una pregunta y cinco posibles respuestas para que el participante elija una de ellas. Una autoevaluación debería presentar varias preguntas y, dentro de lo posible, abarcar la mayor cantidad de aspectos relacionados con la actividad de Codesarrollo.

Escala utilizada:

A: Máximo nivel

B: Nivel alto

C: Nivel intermedio

D: Nivel mínimo

N/D: No desarrollado o ausencia del conocimiento

El diseño debe prever la escala junto con una descripción detallada de cada uno de los niveles[9]. En ningún caso la asignación debe quedar a criterio del instructor. Según la opción elegida en relación con la pregunta, se define el nivel. Se puede ver un ejemplo en el gráfico siguiente.

En resumen, la autoevaluación debería incluir como mínimo seis preguntas diferentes, para que la misma arroje un resultado más objetivo y acorde con los verdaderos conocimientos del evaluado (autoevaluación).

Según la opción elegida en relación con la pregunta del gráfico siguiente se define el nivel.

- Si el participante hubiese elegido la respuesta 1.1 su nivel sería C (Nivel intermedio); en cambio, si hubiese elegido la respuesta 1.2 su nivel sería de tipo A (Máximo nivel), y el nivel sería No desarrollado en el caso de haber elegido la respuesta 1.4.

---

9 Si la organización contase con un *Modelo de conocimientos*, la autoevaluación y la escala aplicada deberán guardar relación con dicho documento interno.

Autoevaluación para Codesarrollo sobre Dictamen de Auditoría

1 ¿Cuáles son sus comportamientos habituales frente a situaciones que limitan restringen el alcance de su trabajo?

1.1 Al finalizar el trabajo de campo, repaso el cumplimiento del programa para detectar procedimientos que no pudieron ser llevados a la práctica y evalúo su efecto en el Dictamen.

1.2 Determino posibles restricciones antes de iniciar el trabajo e identifico las que vayan sucediendo a lo largo de la tarea, registrándolas debidamente para discutirlas con el cliente y tratar de resolverlas para no afectar el Dictamen.

1.3 En el momento de redactar el informe reviso el cumplimiento del programa de trabajo, consulto con el equipo para determinar si hubo alguna limitación y evalúo el impacto en el Dictamen.

1.4 Determino posibles restricciones antes de iniciar el trabajo e identifico las que vayan sucediendo a lo largo de la tarea, registrándolas debidamente para evaluar su efecto sobre el Dictamen, pero cuidando de que el cliente no se entere para mantener el principio de confidencialidad

1.5 Determino posibles restricciones antes de iniciar el trabajo e identifico las que vayan sucediendo a lo largo de la tarea, registrándolas debidamente para discutirlas con el cliente y evaluar su efecto sobre el Dictamen.

- La respuesta 1.3 se corresponde con el Nivel D (Nivel mínimo) y la 1.5 se corresponde con el Nivel B (Nivel alto).

Una vez finalizada la autoevaluación, el participante confeccionará, con el apoyo del instructor, su plan de acción. Este será el segundo aspecto clave del método Codesarrollo para lograr que el participante, efectivamente, pueda incorporar nuevos conocimientos vistos en el taller y afianzar el aprendizaje

El plan de acción es el paso final del taller de Codesarrollo y, como decíamos, es necesario para lograr adquisición o desarrollo tanto de un conocimiento como de una competencia. Como se expuso en párrafos anteriores, el autodesarrollo es una forma de experiencia concreta para el aprendizaje, antes de poner el conocimiento en "uso" en la actividad laboral concreta.

A continuación, presentamos "ideas" para la confección de un plan de acción en relación con el tema elegido, *Dictamen de Auditoría*.

Analizando el gráfico siguiente, de izquierda a derecha, observamos que las primeras acciones a realizar serían de lectura: primero, revisar los materiales que el participante posee sobre el tema (por ejemplo, libros, notas sobre trabajos y cursos realizados con anterioridad); luego se adiciona la lectura de un nuevo libro, *Manual de Auditoría Avanzada*. A las lecturas se unen actividades de formación de tipo superior: Seminario "Auditoría para expertos" y un "Taller práctico sobre redacción de dictámenes".

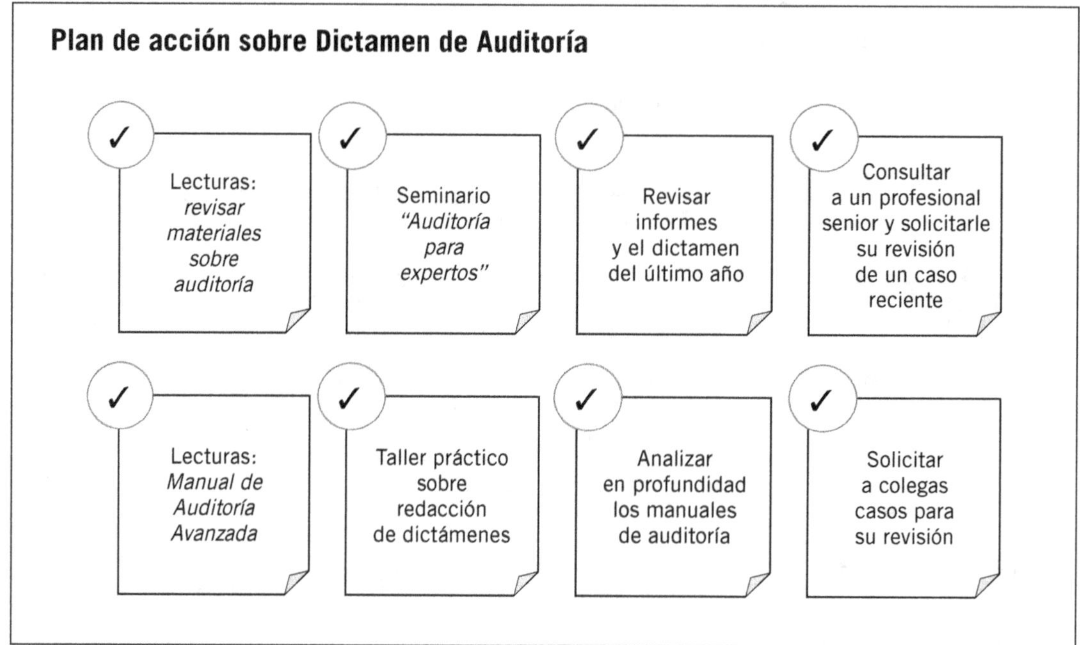

Con este bagaje adicional de conocimientos, el participante podrá ponerlos en acción al revisar trabajos anteriores, informes y dictámenes del último año, y analizar y estudiar en profundidad los manuales de auditoría. Por último, buscará entrenamiento experto en un profesional senior (si el participante trabajara en una firma profesional, podría ser un socio senior de dicho estudio), es decir, consultará a un experto en el tema, que deberá asumir el rol de entrenador, con quien revisará lo actuado en el último trabajo a su cargo.

Cuando el participante haya alcanzado un nuevo nivel de conocimientos, superior al nivel inicial en este proceso, estará en condiciones de "ayudar" a otros, como lo plantea el último punto expuesto en el gráfico precedente (*Solicitar a sus colegas trabajos para su revisión*) y transmitir su conocimiento a otros siendo él mismo un entrenador experto.

El plan de acción implica que durante el taller de Codesarrollo, antes de la finalización y luego del paso anterior (autoevaluación), el participante debe planear una serie de acciones a "su medida", es decir, contemplando sus intereses, gustos y preferencias, con la asistencia o ayuda del instructor.

Para la realización del plan de acción por parte de los participantes, el instructor podrá ofrecer una serie de ideas para el autodesarrollo. A partir de esta guía, el participante podrá elegir aquellas actividades más adecuadas de acuerdo con sus preferencias y posibilidades.

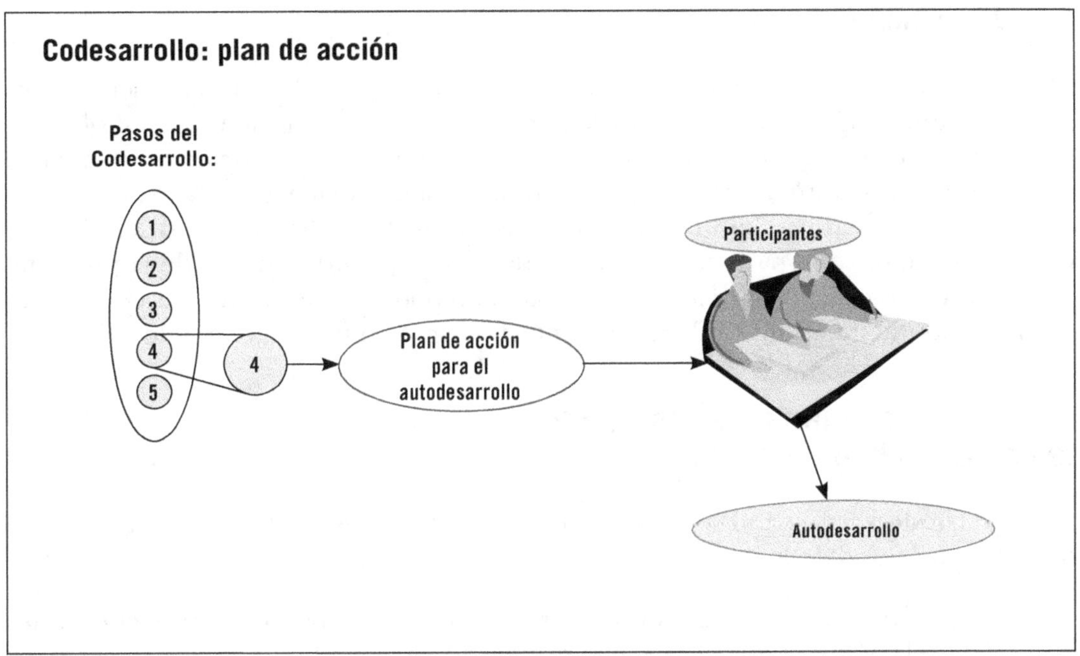

Si, como se viera en páginas previas, la organización cuenta con "guías de desarrollo"[10], podrán ser utilizadas para la preparación del plan de acción.

El taller de Codesarrollo finaliza con la decisión, por parte del participante, de abocarse a su autodesarrollo mediante un plan de acción.

Al llevar a cabo este plan de acción se completa el ciclo de aprendizaje que inició con el primer taller de Codesarrollo.

Seguimiento. Paso 5

Una vez finalizado el taller, el aprendizaje continúa a través del seguimiento –desde cómo el participante aplicó los conceptos aprendidos en su actividad laboral, hasta sus avances en el autodesarrollo–. El mencionado seguimiento podrá ser llevado a cabo por el jefe directo o bien por el instructor a cargo del taller.

En resumen, un taller de Codesarrollo se complementa con un paso posterior, de seguimiento. De este modo se ponen en práctica todos los caminos para el desarrollo de conocimientos y/o competencias, como se viera en apartados previos.

---

10 Las *guías de desarrollo dentro y fuera del trabajo* son las herramientas *N°* 30 y *N°* 31 descritas en la obra *Las 50 herramientas de Recursos Humanos que todo profesional debe conocer* (obra citada).

A modo de cierre

El aprendizaje de un nuevo conocimiento y el desarrollo de una competencia se podrán realizar siguiendo una serie de pasos, a través del método Codesarrollo. No es esta la única opción posible, solo se describe una forma de alcanzar resultados efectivos a través de una buena práctica en materia de Formación.

En este apartado se han analizado los aspectos más salientes del diseño de un taller de Codesarrollo para el aprendizaje de conocimientos a través de la presentación de un caso práctico. El método Codesarrollo podrá ser utilizado para diferentes destinatarios, tanto en un Codesarrollo interno como en un Codesarrollo abierto.

Apartados relacionados y/o que tratan temas con alguna conexión

La mayoría de los apartados tienen conexión entre sí. A continuación, solo voy a destacar algunos de ellos.

- Apartado 5. Nuevas generaciones, inmediatez, lenguaje y otras cuestiones en relación con Formación

- Apartado 10. Factores a tener en cuenta para alcanzar alta efectividad y eficacia

- Apartado 12. ¡Geografía también! Diseño de una actividad sobre conocimientos

- Apartado 13. Crecer es posible

- Apartado 14. Cambiar a través de la acción. Diseñar una actividad que permita cambiar comportamientos. Desarrollar competencias

- Apartado 15. Plan anual para un colectivo de profesionales de la misma especialidad

- Apartado 16. Pensando en los clientes

- Apartado 20. Formación para alcanzar la estrategia

- Apartado 21. Formación y cambio cultural. Lograr la cultura deseada

- Apartado 23. Formación para la alta gerencia

- Apartado 24. Formación para todos los niveles de conducción

- Apartado 25. Los jefes. Seguimiento eficaz. Segundo taller de Codesarrollo sobre la misma temática

- Apartado 29. Indicadores de gestión sobre Formación

- Apartado 30. Formador de formadores. Diseño e implementación

12

¡Geografía también!
Diseño de una actividad
sobre conocimientos

Diseño de una actividad
sobre conocimientos. Caso práctico

En las primeras páginas del *Apartado 11. Aprender puede no ser aburrido. Diseño de una actividad de conocimientos,* se ha incluido una explicación detallada del método Codesarrollo, los pasos que lo componen y otros aspectos de relevancia que sugerimos tener presentes, también, para la lectura de este apartado.

En este caso me propuse presentar un tema poco usual en el ámbito de las organizaciones. Quizá hasta se podría pensar que se trata de una cuestión relacionada con la educación general o básica que toda persona debería alcanzar en sus primeros años formativos.

De allí el título del apartado: el método Codesarrollo también puede aplicarse para aprender sobre geografía, historia o cualquier otra materia.

Codesarrollo sobre un conocimiento no tan usual: río Paraná

Con frecuencia, las organizaciones deben incorporar conocimientos sobre temas muy particulares, devenidos de sus planes estratégicos. Veamos un ejemplo: los planes estratégicos de una organización plantean la exploración de nuevas vías de transporte para algunos productos e insumos, como la navegación pluvial. Por lo cual se ha propuesto la realización de actividades de formación específica para un grupo de colaboradores, comenzando por un nivel inicial.

En el Apartado 11 ya hemos visto el diseño de un Codesarrollo para conocimientos. El método implica un ciclo compuesto por un taller de Codesarrollo, luego seguimiento y, después de un tiempo, un segundo taller de Codesarrollo. Este ciclo a su vez se abre en pasos. Al igual que en otros ejemplos de esta obra, solo se expondrá una parte de la actividad de Codesarrollo, en relación con los pasos 3 y 4, para el tema elegido, río Paraná.

Primeros pasos: 1 y 2

En el caso planteado en esta sección, la temática elegida se relaciona con el río Paraná[1]. Para realizar el diseño habrá que buscar información, conocer acerca de esa región o lugar, etc.

---

1 El río Paraná nace en el estado de Paraná (Brasil) de la confluencia del río Grande y el río Paranaíba, aproximadamente a 20° de latitud sur y 51° de longitud oeste. Corre con orientación general sudeste hasta llegar a la represa de Itaipú y luego se desvía hacia el sur, marcando el límite

Foto del río Paraná a la altura de las ciudades
de Diamante - Coronda

Para la realización de los pasos iniciales se podrán utilizar diferentes materiales de apoyo, desde videos y fotos hasta material bibliográfico.

La importancia de los pasos 3 y 4

El aprendizaje se verifica cuando una persona puede realizar una acción relacionada que implique aplicar el conocimiento. En el marco de esta obra serían acciones laborales concretas.

Para conducir al participante a la reflexión y a su propia autoevaluación se utiliza un test, el cual permitirá a cada uno conocer su nivel respecto del tema en cuestión. La autoevaluación es un paso clave para el aprendizaje.

---

fronterizo entre Paraguay y Brasil. Al recibir las aguas del río Iguazú, en la triple frontera entre Argentina, Paraguay y Brasil, traza el límite entre Argentina y Paraguay. En las proximidades del río Apipé su orientación gira al oeste hasta recibir las aguas del río Paraguay. Desde allí fluye en una dirección predominantemente sur. Aguas abajo, en su delta, se divide en numerosos brazos, siendo los principales el Paraná de las Palmas y el Brazo Grande. Finalmente se une al río Uruguay, formando el estuario del Río de la Plata, que baña las costas de la ciudad de Buenos Aires (capital de Argentina), Colonia (Uruguay) y Montevideo (capital de Uruguay).

Autoevaluación en conocimientos

Como decíamos en el apartado anterior, no se trata de un examen, aunque se parezca en su estilo y estructura. La finalidad de la autoevaluación es diferente de la de un examen.

En el ejemplo elegido se aplicará la autoevaluación de conocimientos, como la que se expone en el gráfico siguiente. Allí se puede observar una pregunta.

En el ejemplo, de algún modo, se asume que la persona que se autoevalúa ya sabe que la palabra "Paraná" hace referencia al río y que las opciones están relacionadas.

Se expone solo una pregunta y cinco posibles respuestas para que el participante elija una de ellas. Una autoevaluación debería presentar cinco o seis preguntas diferentes, para abarcar una mayor cantidad de aspectos en relación con la actividad de Codesarrollo.

Escala utilizada:

A: Máximo nivel

B: Nivel alto

C: Nivel intermedio

Autoevaluación sobre el Río Paraná

1 ¿Cuál es la ubicación y características del río Paraná?

1.1 El río Paraná nace en Brasil, de la confluencia del río Grande y el río Paranaíba. Corre con orientación general sudeste hasta llegar a la represa de Itaipú, marcando el límite fronterizo entre Paraguay y Brasil. Recibe aguas del río Iguazú en la triple frontera entre Argentina, Paraguay y Brasil, y traza el límite entre Argentina y Paraguay.

1.2 El río Paraná recorre suelo argentino; nace en Brasil, de la confluencia del río Grande y el río Paranaíba, llega a la represa de Itaipú y marca el límite fronterizo entre Paraguay y Brasil.

1.3 El río Paraná nace en Brasil, de la confluencia del río Grande y el río Paranaíba, llega a la represa de Itaipú y marca el límite fronterizo entre Paraguay y Brasil; luego recibe aguas del río Iguazú en la triple frontera entre Argentina, Paraguay y Brasil, y traza el límite entre Argentina y Paraguay.

1.4 El río Paraná marca el límite entre México y los Estados Unidos y desemboca en el Océano Pacífico

1.5 El río Paraná recorre territorio argentino y nace en Brasil.

D: Nivel mínimo

N/D: No desarrollado o ausencia del conocimiento

El diseño debe incluir descripciones detalladas acerca de cada uno de los niveles; en ningún caso debe quedar a criterio del instructor.

Según la opción elegida en relación con la pregunta del gráfico precedente se define el nivel:

Si el participante hubiese elegido la respuesta "1.1" su nivel sería de nivel A (Máximo nivel); en cambio, si hubiese elegido la respuesta "1.3" su nivel sería de tipo B (Nivel alto), y su nivel sería No desarrollado en el caso de haber elegido la respuesta "1.4".

Una vez finalizada la autoevaluación se procede a que cada participante confeccione su propio plan de acción, guiado por el instructor. Este es un aspecto clave del método Codesarrollo, que lleva al participante a la incorporación efectiva de los conocimientos afianzando el aprendizaje.

En el caso aquí desarrollado, sobre Geografía y el estudio del río Paraná, se expone a continuación un ejemplo de *plan de acción* para un participante interesado en aprender más sobre dicho cauce fluvial.

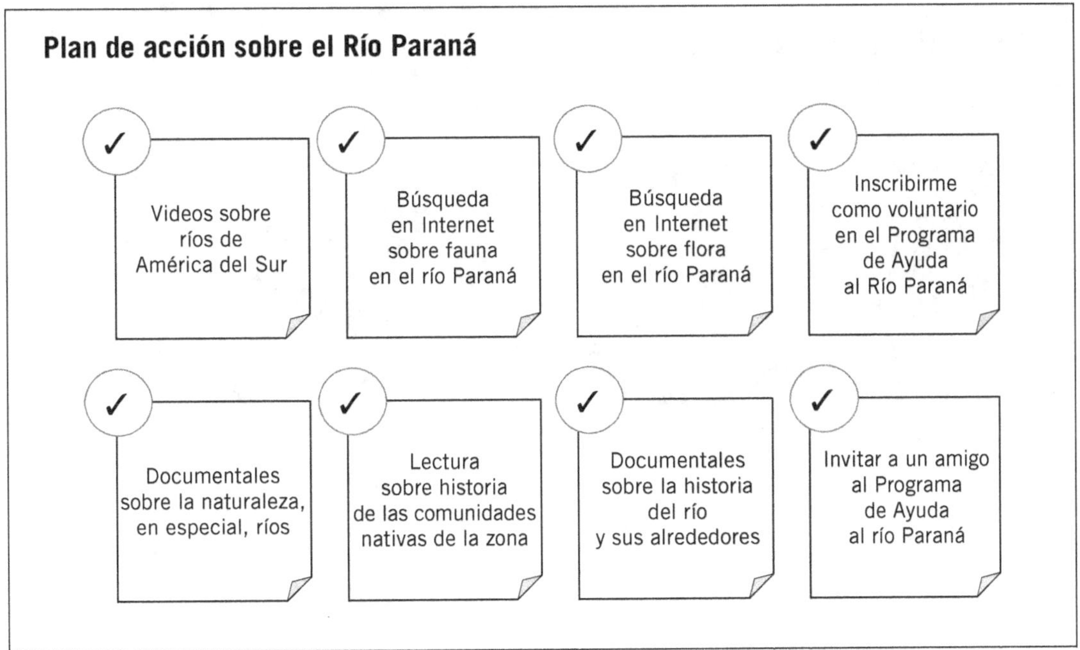

En la figura anterior se expone un ejemplo de plan de acción, el cual incluye distintas acciones para conocer más sobre el tema en cuestión.

Podrá comenzar por una de ellas y luego continuar con otras. Como se desprende de los ejemplos, las opciones son diferentes, desde ver un documental hasta lecturas y búsqueda por Internet de información relacionada.

También se propone llevar el conocimiento a acciones concretas, por ejemplo, "Inscribirse como voluntario en el Programa de Ayuda al Río Paraná".

Dicha acción se completa (sobre el final de las acciones sugeridas en el gráfico) al "invitar a un amigo" al referido programa. En esta última actividad el participante asumirá un rol de guía de otros, como experto.

Además de completar su propio aprendizaje, incluye a otros en un proceso que visualiza como positivo para él mismo.

El plan de acción, como decíamos, es un aspecto clave en el aprendizaje, ya que implica que durante el taller de Codesarrollo el participante se propone realizar una serie de acciones a "su medida", contemplando sus intereses, gustos y preferencias, con la asistencia o ayuda del instructor.

El diseño experto, acerca del cual me he referido en varias oportunidades, debe prever —entre otros aspectos— que el instructor cuente con "ideas" para el autodesarrollo. El participante podrá incluir sus propias ideas y complementarlas con

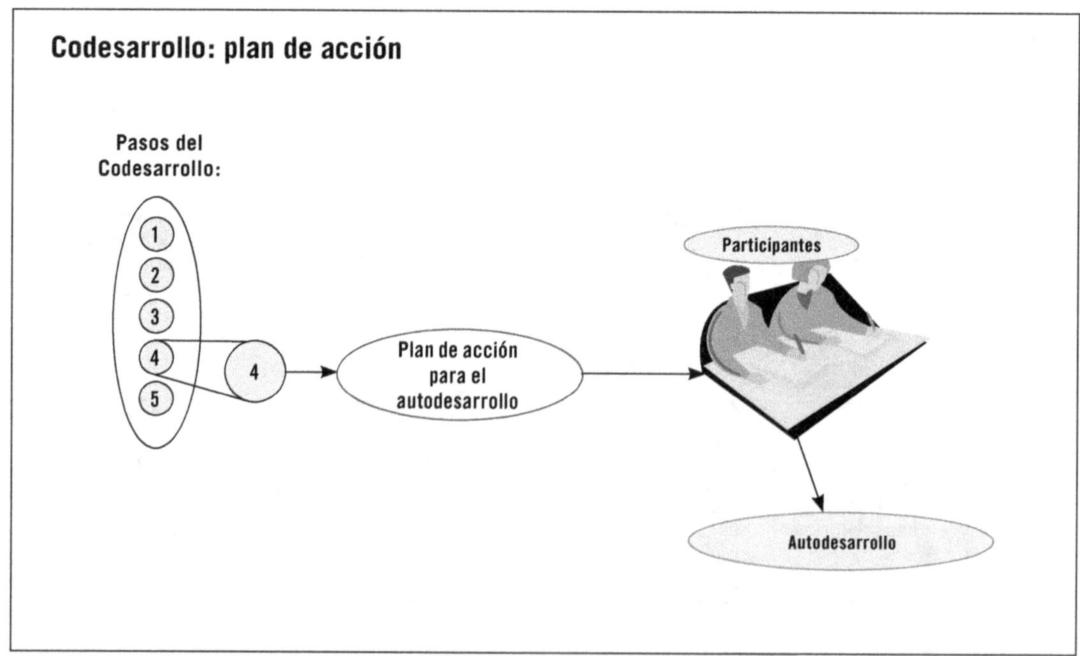

otras que pueda aportarle el instructor, siempre, como se dijo, considerando las preferencias y posibilidades de la persona sujeto del aprendizaje. El gráfico fue expuesto en el Apartado 11.

En síntesis, el taller de Codesarrollo debe finalizar con la decisión, por parte del participante, de abocarse a su autodesarrollo mediante un plan de acción.

Seguimiento. Paso 5

Una vez finalizado el taller, el aprendizaje continúa a través del paso 5, de seguimiento, que podrá ser realizado por el instructor que ha llevado a cabo la actividad o por el jefe directo de cada participante.

Cuando se trate de la adquisición de conocimientos específicos, un experto de otra área también podría ser convocado como entrenador experto[2] y, desde ese rol, realizar el seguimiento.

A modo de cierre del apartado ¡Geografía también!

Como decía al inicio, este ejemplo sobre Geografía y el río Paraná no ha sido elegido al azar, sino con el propósito de mostrar de forma práctica que por ser el Codesarrollo un método de aprendizaje, puede aplicarse a distintos ámbitos y temáticas diversas.

Al igual que en el apartado anterior, se han descrito los aspectos más salientes en el diseño de un taller de Codesarrollo para el aprendizaje de conocimientos a través de un caso práctico.

Apartados relacionados y/o que tratan temas con alguna conexión

La mayoría de los apartados tienen conexión entre sí. A continuación, solo voy a destacar algunos de ellos.

- Apartado 5. Nuevas generaciones, inmediatez, lenguaje y otras cuestiones en relación con Formación

---

2 Un entrenador siempre debería ser experto en la temática en cuestión. Es decir, en el conocimiento o competencia que está ayudando a desarrollar. El entrenador experto puede ser interno o externo a la organización. La expresión "entrenador experto interno" se utiliza para indicar que el entrenador pertenece a la misma organización que el aprendiz. Ejemplo, el entrenador experto es un gerente de un área diferente a aquella en la cual se desempeña el aprendiz. Cuando el entrenador es su propio jefe, esta relación se denomina *jefe entrenador.*

- Apartado 10. Factores a tener en cuenta para alcanzar alta efectividad y eficacia

- Apartado 11. Aprender puede no ser aburrido. Diseño de una actividad sobre conocimientos

- Apartado 13. Crecer es posible

- Apartado 14. Cambiar a través de la acción. Diseñar una actividad que permita cambiar comportamientos. Desarrollar competencias

- Apartado 15. Plan anual para un colectivo de profesionales de la misma especialidad

- Apartado 16. Pensando en los clientes

- Apartado 20. Formación para alcanzar la estrategia

- Apartado 21. Formación y cambio cultural. Lograr la cultura deseada

- Apartado 23. Formación para la alta gerencia

- Apartado 24. Formación para todos los niveles de conducción

- Apartado 29. Indicadores de gestión sobre Formación

- Apartado 30. Formador de formadores. Diseño e implementación

Crecer es posible

El desarrollo de personas ¿es posible?

Es necesario desterrar un mito. Las competencias pueden ser innatas y, también, desarrollarse.

Crecer es posible; quizá, difícil.

Para alcanzar ciertas cosas, acceder a ciertos niveles, se debe transitar un camino, más o menos dificultoso según cada caso. Para alcanzar un mayor aprendizaje y desarrollo, también.

El crecimiento puede ser fácil, producirse sin que nos demos cuenta, felices de transitar ese camino; en otros casos, podrá implicar un esfuerzo mayor.

A una misma persona, a veces "crecer" podrá resultarle más fácil que en otras situaciones; quizá en un momento de la vida crezca más y en otros menos, todo es posible

En cuanto a los temas de esta obra, el cambio de comportamientos (desarrollo de una o varias competencias), tal vez pueda visualizarse como el camino más difícil de emprender.

Nos referiremos al desarrollo de competencias en este apartado, y también en otros.

¿Cómo se verifica el desarrollo? En muy pocas palabras, podríamos decir que, en algunos casos, el desarrollo se verifica espontáneamente, es decir, sin mediar acción alguna. En otros casos requiere un proceso de aprendizaje. En otros, quizá nunca se alcance.

El término *desarrollo* se utiliza, especialmente, con relación a competencias; sin embargo, también es aplicable a conocimientos.

Desarrollo. Acción de hacer crecer algo, por ejemplo, una competencia o un conocimiento.

Desarrollo de competencias. Acciones tendientes a alcanzar el grado de madurez o perfección deseado en función del puesto de trabajo que la persona ocupa en el presente o se prevé que ocupará más adelante.

Desarrollo de conocimientos. Acciones tendientes a acrecentar un conocimiento, usualmente a través de su utilización (puesta en práctica).

En las primeras páginas del *Apartado 11. Aprender puede no ser aburrido. Diseño de una actividad de conocimientos,* se ha incluido una explicación detallada del método Codesarrollo, los pasos que implica y otros aspectos de relevancia, que sugerimos tener presentes para la lectura de este apartado.

En la tabla siguiente el desarrollo se ha abierto en etapas o pasos. Estos pasos se podrán observar en el desarrollo de cualquier capacidad (conocimientos y/o competencias).

Etapa **Desde el involucrado o sujeto de aprendizaje**	Descripción
Tomar conciencia del nivel real. Reconocer la necesidad de desarrollo.	Tomar conciencia de la brecha.
Tomar la iniciativa.	Proponerse cerrar la brecha.
Realizar una autoevaluación.	Comprender en detalle dónde están los factores que se deben modificar (comportamientos) y/o qué se debe aprender (conocimientos).
Iniciar el autodesarrollo.	Comenzar a aplicar, por ejemplo, nuevos comportamientos, nuevos conocimientos. Al inicio es posible que no puedan observarse resultados concretos.
Poner en práctica.	Continuar aplicando nuevos comportamientos y/o nuevos conocimientos, según corresponda. Se comienzan a observar cambios en la utilización de los nuevos comportamientos y/o conocimientos, según corresponda.
Acceder a un nuevo nivel: experto.	El comportamiento ha sido incorporado, es natural para el involucrado. El conocimiento se domina.

Como decíamos, estas etapas podrían transitarse de manera consciente o no; una persona podría recorrerlas sin proponérselo especialmente. Las personas con alta capacidad de aprendizaje así lo hacen.

En el desarrollo de personas –ya sea a través de un proceso asistido, es decir con ayuda, o de manera espontánea– se pueden identificar etapas o partes del proceso de aprendizaje.

Estas etapas, como se ha dicho, podrán transitarse de manera espontánea, natural, quizá de manera inconsciente.

Para el diseño de una actividad de formación basada en el Codesarrollo se han considerado estos pasos, transformándolos en parte del método. En este caso, la aplicación de etapas descritas precedentemente se lleva a cabo de manera consciente, con la intención de mejorar, de aprender, de cambiar.

En el gráfico de la página siguiente ofrecemos un esquema de las diversas etapas que permiten aprendizaje y desarrollo.

Como se observa en la figura, el paso 0 (cero) implica reconocer la necesidad de desarrollo. Este punto es clave. El desarrollo comienza a partir de esta acción inicial.

Si una organización provee actividades de formación a sus colaboradores y estos, eventualmente, consideran que no las necesitan, el resultado no será el esperado, los participantes pensarán que esas actividades no son para ellos o, aun encontrándolas ilustrativas, conceptualmente adecuadas, no las realizarán con el debido interés como para lograr cambiar comportamientos o aprender nuevos conocimientos con el objeto de luego llevarlos a la práctica. Frente a esta situación, con cierta frecuencia las personas incluso no asisten a las formaciones sugeridas desde el área de Recursos Humanos.

Cuando el participante de una actividad formativa reconoce que posee una brecha (en relación con la competencia o el conocimiento en el que se enfoca la actividad en cuestión), ya ha iniciado un proceso positivo, ha superado el paso 0 (cero) y está en condiciones de pasar al siguiente.

Continuando con el gráfico precedente, en el *paso 1* se presenta el tema. Luego, en el *paso 2* se pone en juego la competencia o se aplica de manera práctica el conocimiento, según corresponda.

A continuación, para concretar realmente el cambio/resultado esperado, será necesario realizar el paso 3: observar y reflexionar al respecto.

¿Por qué en el gráfico –luego de que se haya verificado un incremento en el conocimiento o en el desarrollo de la competencia, según corresponda– la flecha reinicia el ciclo en el paso cero? Esta situación plantea un verdadero desafío para el aprendizaje: preguntarse nuevamente, reflexionar, reconocer nuevas brechas. El escenario más frecuente será que la persona se encuentre en un nivel más alto que al inicio, aunque aún sin llegar a alcanzar el nivel deseado.

Las personas que de una manera natural o inducidas por alguna acción externa, como la autoevaluación que se propone en el método Codesarrollo, reflexionan de manera positiva, son aquellas orientadas al aprendizaje.

Antes de iniciar procesos de desarrollo siempre es aconsejable contar con mediciones específicas del nivel del participante en el tema en cuestión y en general, en cuanto a los conocimientos y competencias requeridos. Se verá esta instancia en otros segmentos de este libro, por ejemplo, en el *Apartado 19. Formación después de mediciones específicas.*

Para alcanzar el desarrollo deseado, tanto de una competencia como de conocimientos, se deberían cumplir los siguientes pasos:

1. Reconocimiento de la necesidad de desarrollo (por ejemplo, después de una evaluación del desempeño[1] o luego de una evaluación específica de competencias).

2. Informarse en relación con la competencia o el conocimiento a desarrollar.

3. Poner en juego la competencia/conocimiento, es decir, "usarlo".

4. Observar y reflexionar al respecto.

Estos cuatro pasos conforman un círculo virtuoso de crecimiento.

El rol del plan de acción en el crecimiento de las personas

En la vida de cualquier persona, aquello que se encara por propia iniciativa y decisión, en términos generales, está más cerca de su concreción que aquellas otras actividades quizá igualmente positivas, pero que se viven como una imposición.

En el método que nos ocupa, este aspecto está de algún modo considerado en dos pasos, el número 3 (autoevaluación) y el número 4 (plan de acción). Ambas son etapas clave para el aprendizaje de conocimientos y el desarrollo de competencias (es decir, para el crecimiento integral de una persona).

---

1 *Desarrollo de competencias.* Ediciones Granica, Buenos Aires, 2017.

Si bien el participante puede haber llegado al taller de Codesarrollo por indicación de un jefe o una invitación del área de RRHH, se espera lograr el convencimiento necesario, durante el transcurso del taller, para transformar el desarrollo en algo que la persona lleve a cabo por propia iniciativa y con convicción.

Cuando el participante realiza su propio diagnóstico, ese será el primer paso para su propio crecimiento personal, al reconocer una eventual necesidad de desarrollo en relación con una cuestión en particular. Luego, el plan de acción, como su nombre lo indica, lo conducirá hacia el nivel deseado, el cual se desea alcanzar.

En síntesis, el plan de acción para el autodesarrollo es una forma de llevar a experiencias concretas el aprendizaje o los nuevos comportamientos, según corresponda, antes de ponerlos *en uso* en la actividad laboral.

Un concepto para no olvidar

Autodesarrollo implica hacer algo por propia voluntad. Sin embargo, muchos especialistas en RRHH se preguntan –por ejemplo– cómo "controlar" que las personas lleven a cabo el plan de acción, cómo "comprobar" si las personas hacen algo por su propio desarrollo.

También se preguntan acerca de cómo controlar el uso de las guías de desarrollo en la intranet organizacional, cómo verificar si los colaboradores las leen, si las utilizan de algún modo. Entre otras opciones, se plantean llamar a los colaboradores para indicarles qué acción podrían realizar, fuera del ámbito laboral, para mejorar.

Desde ya, todo lo anterior implica buenos propósitos, no obstante, en el autodesarrollo, las actividades las deben elegir y realizar las personas, por su propia decisión.

Las buenas prácticas organizacionales (también el autodesarrollo) se basan en un concepto que debemos recordar: las organizaciones están conformadas por personas adultas. Podrán ser jóvenes, sin embargo, son adultas. Los jefes y los especialistas de Recursos Humanos no deben asumir un rol similar al de *papá o mamá* de sus colaboradores, ni reflejar este comportamiento en el diseño de las actividades.

Partiendo de este concepto, la organización diseñará programas de desarrollo de personas y de formación para colaboradores adultos, responsables, que deben (o al menos deberían) tomar las riendas de sus carreras y sus vidas. En contrapartida, la organización contiene y guía; además, provee los métodos de

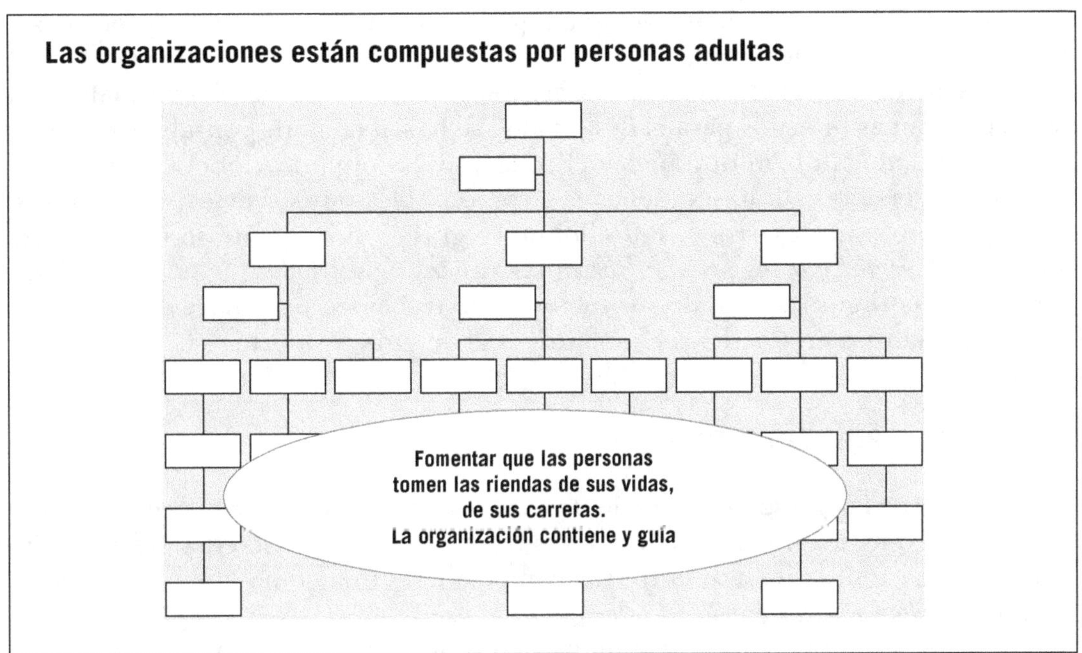

desarrollo de personas[2], y las actividades de formación se diseñan sobre la base de este criterio.

Las organizaciones, sus directivos y jefes, no deben asumir respecto de los colaboradores un rol equivalente a tomarlos de la mano en su camino; ya no son niños. Las organizaciones definen programas, lineamientos, políticas, métodos y procedimientos que guían y contienen a las personas en un marco, que se espera que sea ameno y agradable a la vez que laboral y productivo.

Una actividad de formación implica un camino de doble vía. La organización ofrece un camino para el desarrollo de las capacidades de sus colaboradores –en materia de competencias y conocimientos–, sin embargo, esto no termina allí: los colaboradores deben hacer su parte, participar activamente para alcanzar los resultados esperados.

Las buenas prácticas, desde ya, son positivas para todos. El primer beneficiado será, sin lugar a dudas, el colaborador.

Por lo tanto, considerar como adulto al colaborador, cualquiera fuere su nivel dentro de la organización, es una forma de respeto hacia él. Al mismo tiempo,

---

2 En la obra *Construyendo talento* (Ediciones Granica, Buenos Aires, 2016) se presenta un grupo de programas internos para el desarrollo.

constituye, desde la perspectiva del tema que nos ocupa, la manera más efectiva y eficaz de alcanzar el desarrollo.

El diseño de actividades formativas, así como la puesta en marcha de cualquiera de los programas internos para el desarrollo[3], se basan en la responsabilidad de los participantes, de allí la importancia del concepto: las organizaciones están conformadas por personas adultas, quienes son responsables por sus actos, sus carreras, su desempeño y su desarrollo. Por ello, en el gráfico precedente se mencionó el concepto *Fomentar que las personas tomen las riendas de sus vidas, de sus carreras, etc.* El papel de la organización, de sus métodos de trabajo y, por ende, de los jefes y de los especialistas en Recursos Humanos, es el de guía y soporte.

Desarrollo y autodesarrollo

El desarrollo de las personas –del talento y otras expresiones similares– es una cuestión sobre la que mucho se habla y poco se hace de manera concreta y efectiva. Muchas organizaciones incluyen entre sus competencias una como la que trataremos aquí: *Desarrollo y autodesarrollo del talento.*

Es, desde ya, una competencia muy interesante. Quizá su organización cuente con una similar. Quizá sus superiores hablen del tema. Quizá, como número 1 de la organización o del área de Recursos Humanos, sea un tema que lo preocupe.

A modo de cierre de este apartado, deseo proponerle al lector darle a esta cuestión una mirada personal. Pensar cuáles son sus comportamientos en materia de desarrollo, con relación a usted mismo y a sus colaboradores.

Las personas que no se autodesarrollan difícilmente sean buenos desarrolladores de otros. Por lo cual, siempre será una buena práctica comenzar por analizar esta cuestión en primera persona. A partir de esta primera reflexión, podrá proponer mejores caminos para el desarrollo de otros, colaboradores directos y/o indirectos.

La definición de la competencia[4] es la siguiente:

Desarrollo y autodesarrollo del talento. Capacidad para fomentar e incentivar el crecimiento del talento (conocimientos y competencias) propio y de los demás, y utilizar para ello diversas tecnologías, herramientas y medios, según sea lo más adecuado. Implica la

---

3 *Construyendo talento.* Ediciones Granica, Buenos Aires, 2016.

4 Una competencia se abre en grados o niveles. La apertura en grados de esta competencia la encontrará en la obra *Diccionario de competencias. La trilogía. Tomo 1.* Asimismo, para cada competencia que conforma un modelo de competencias deben elaborarse ejemplos de comportamientos observables siguiendo la misma apertura en grados o niveles utilizada en el diseño del diccionario de competencias. Ejemplos de comportamientos en relación con esta competencia los encontrará en la obra *Diccionario de comportamientos. La trilogía. Tomo 2.*

búsqueda del aprendizaje continuo, mantenerse actualizado y poder incorporar nuevos conocimientos a su área de trabajo para obtener mejores resultados en el negocio.

Una competencia se desarrolla; siempre es posible alcanzar un nivel superior. Sin embargo, cuando el nivel que se evidencia de la competencia es del tipo "no desarrollado", quizá pueda representar un problema, en especial si la persona en cuestión es un alto directivo o un especialista en Recursos Humanos, responsable de los temas organizacionales en materia de Formación.

A modo de cierre

Las competencias pueden ser innatas y, también, desarrollarse. Todas las competencias se pueden desarrollar, es un mito que unas competencias sí se pueden desarrollar y otras no.

El camino para alcanzar el desarrollo de una competencia podrá ser más fácil o más dificultoso, más rápido o más lento. Cada caso es diferente, cada persona también. En cualquier circunstancia y situación, aun en casos a priori difíciles, realizar acciones tendientes al desarrollo proporcionará –como mínimo– algún grado de mejora.

Q&A sobre desarrollo de competencias

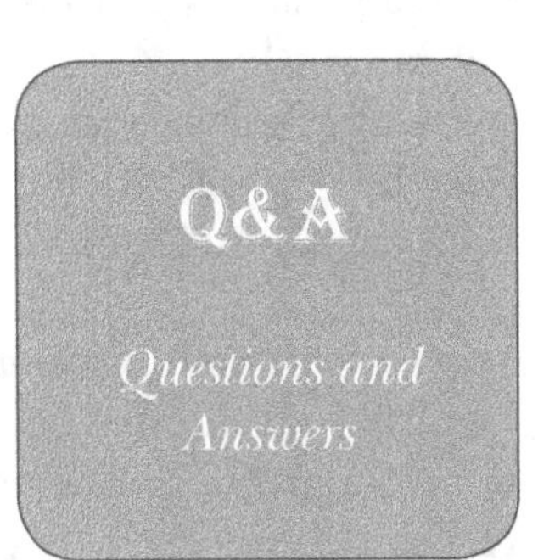

¿El desarrollo de competencias siempre es posible?

La respuesta a esta pregunta es: depende. Si una persona desea cambiar, reconoce una brecha y realiza las acciones adecuadas logrará, aunque quizá con alguna dificultad, cambiar comportamientos y así desarrollar una competencia.

En un caso opuesto, si una persona no reconoce una brecha o, aun reconociéndola, decide no cambiar, el desarrollo de la competencia no será posible.

El desarrollo, en todos los casos, depende de la íntima convicción de cada uno.

Como jefe, como responsable de RRHH no será posible conocer, cabalmente, cuál es la "íntima convicción del colaborador". Es importante recordar este concepto. Y esta sí puede ser una dificultad.

Los jefes muchas veces toman por válido que un colaborador les diga que "se va a esforzar para cambiar". Algo similar podrá afirmar un responsable de RRHH. Sin embargo, como jefe, como responsable de RRHH, no podrá saberlo. Puede ser cierto, o no. Habrá que esperar. Y evaluar a la persona después de un período de tiempo prudencial, para poder determinar si el cambio se ha verificado o no.

¿Todas las competencias se pueden desarrollar?
Sí y no. Como en la pregunta anterior. Depende.

Si una persona realmente desea mejorar, cambiar sus comportamientos, aun con cierta dificultad, lo logrará.

No es cierto que es más fácil desarrollar una competencia que otra. Todas las competencias se pueden desarrollar. Dependerá de cada persona en particular,

¿Cuántas competencias se pueden desarrollar?
El desarrollo de una competencia implica un cierto esfuerzo, dedicación. La respuesta a esta pregunta no puede ser un número concreto. Se podrán desarrollar tres competencias o cuatro competencias al mismo tiempo, o solo una o dos... No muchas más.

De alguna manera, aquello que indique el sentido común.

Si a una persona, después de una evaluación, se le han detectado brechas en cuatro competencias pero en dos de ellas se ha verificado una brecha mayor que en las otras dos, se le sugerirá que debe mejorar en cuatro competencias. Una sugerencia posible será que comience a trabajar activamente en el desarrollo de aquellas con mayor brecha.

Cuando las brechas son pequeñas, por ejemplo, un grado, tomando conciencia del nivel requerido, leyendo atentamente los comportamientos esperados, se podrá verificar alguna mejora, en un corto plazo.

¿En cuánto tiempo se puede cerrar una brecha?
Al igual que les he comentado con relación a las preguntas anteriores: depende. En algún caso será posible achicar una brecha de un grado o dos (es decir, ver resultados positivos) en unos pocos meses, quizá en un año.

En algún otro caso, la respuesta puede ser "nunca"; por ejemplo, cuando no se reconoce la brecha.

Usted sostiene que para el desarrollo de una competencia no es necesario aprender conocimientos, ¿es así?
Los conocimientos podrán ser una guía, también en materia de competencias. Poseer conocimientos, sobre cualquier tema, siempre aporta al crecimiento de la persona.

Sin embargo, si alguien debe modificar comportamientos, solo poseer conocimientos sobre el tema en cuestión no le permitirá su desarrollo.

Por ejemplo, conocer sobre teorías de liderazgo no hará líder a una persona. Solo se mejorará la competencia *Liderazgo* al cambiar comportamientos.

Igual comentario es válido frente a otras competencias, desde *Trabajo en equipo* hasta *Capacidad de planificación y organización*.

¿Cuál es su opinión sobre la frase "líder se nace"?

Sí, es cierto, líder se nace.

Al mismo tiempo, también es cierto que la capacidad para ser un buen líder puede desarrollarse.

Esta circunstancia –poseer una competencia o no– puede darse con relación a liderazgo o con cualquier otro tema. Las personas pueden poseer de manera innata una competencia o, frente a algún estímulo, desarrollarla.

Las organizaciones intentan muchas veces, a través de caminos equivocados, desarrollar a sus gerentes y jefes en materia de liderazgo.

En cualquier caso, será una buena idea comenzar a desarrollar a directivos de todos los niveles en su rol de jefes junto con algunas competencias, como la capacidad para ser entrenador y delegar. Ver *Apartado 24. Formación para todos los niveles de conducción*.

Apartados relacionados y/o que tratan temas con alguna conexión

La mayoría de los apartados tienen conexión entre sí. A continuación, solo voy a destacar algunos de ellos.

- Apartado 5. Nuevas generaciones, inmediatez, lenguaje y otras cuestiones en relación con Formación

- Apartado 10. Factores a tener en cuenta para alcanzar alta efectividad y eficacia

- Apartado 11. Aprender puede no ser aburrido. Diseño de una actividad sobre conocimientos

- Apartado 12. ¡Geografía también! Diseño de una actividad sobre conocimientos

- Apartado 14. Cambiar a través de la acción. Diseñar una actividad que permita cambiar comportamientos. Desarrollar competencias

- Apartado 15. Plan anual para un colectivo de profesionales de la misma especialidad

- Apartado 16. Pensando en los clientes

- Apartado 20. Formación para alcanzar la estrategia

- Apartado 21. Formación y cambio cultural. Lograr la cultura deseada

- Apartado 23. Formación para la alta gerencia

- Apartado 24. Formación para todos los niveles de conducción

- Apartado 29. Indicadores de gestión sobre Formación

- Apartado 30. Formador de formadores. Diseño e implementación

Cambiar a través de la acción.
Diseñar una actividad que permita
cambiar comportamientos.
Desarrollar competencias

Formación: ¿cuál es su grado de eficacia?

En los apartados anteriores vimos la aplicación práctica del método Codesarrollo para el aprendizaje de conocimientos. Utilizando un esquema similar, se verá el método aplicado al desarrollo de competencias, donde, también, será un aspecto clave la experimentación junto con la autoevaluación y el plan de acción.

Algunas reflexiones sobre el aprendizaje y su eficacia

En formación y capacitación, se pueden observar distintos grados de eficacia según las diferentes formas de aprendizaje. Poner en juego, en acción, un conocimiento y/o una competencia será un aspecto muy importante en todo proceso formativo.

Corroboran esta afirmación estudios que hemos realizado, junto con la experiencia profesional de muchos años, y también estudios y experiencias de otras instituciones, así como publicaciones en diversos medios.

De la figura siguiente se desprende que "escuchar una conferencia" da como resultado un aprendizaje relativamente bajo, que crece a medida que la persona incrementa su nivel de participación.

El aprendizaje alcanza su nivel máximo cuando la persona pone en acción aquello que ha aprendido.

En resumen, como se desprende de la figura de la página siguiente, el grado de eficacia en el aprendizaje va creciendo cuando la persona que lo lleva a cabo va sumando actividades (debate, discusión, puesta en práctica, autoevaluación, etc.) acerca del tema sobre el cual se propone aprender.

La capacitación estructurada con un profesor/ instructor, participantes y fechas y horarios predeterminados, puede realizarse de modo no presencial, a través de la tecnología –como videoconferencias–, hoy accesible de manera amplia y con bajo costo.

Si la capacitación se reduce a leer un texto o escuchar a un orador, aun siendo este muy bueno, el grado de aprendizaje será menor que si, luego de dicha lectura o conferencia, se adiciona un debate o discusión. Si a todo lo antedicho se le agrega la puesta en práctica de lo que fue tratado, el grado de aprendizaje aumenta aún más, y logra su nivel máximo cuando el conocimiento se pone en acción tras una autoevaluación.

El diseño de las actividades será un factor determinante para alcanzar el grado de eficacia deseado.

Para el desarrollo de competencias, si a la exposición conceptual sobre un tema (relacionado con la competencia a desarrollar) se le adiciona la puesta en práctica, por ejemplo, a través de un ejercicio, de observar comportamientos en una película, un *role playing* para poner en juego comportamientos en un rol diferente al propio... el aprendizaje se perfecciona.

Capacitación. Eficacia en el aprendizaje – 1

Lectura o escuchar una conferencia	Debate y discusión	Puesta en práctica	Autoevaluación	Acción	Acción (adicional al punto anterior)
Lectura o escuchar una conferencia	Debate y discusión	Puesta en práctica	Autoevaluación	Autoevaluación (adicional al punto anterior)	
Lectura o escuchar una conferencia	Debate y discusión	Puesta en práctica	Puesta en práctica (adicional al punto anterior)		
Lectura o escuchar una conferencia	Debate y discusión	Debate y discusión (adicional al punto anterior)			
Lectura o escuchar una conferencia	Lectura o escuchar una conferencia				

0 — 100

Se incrementará, a su vez, al adicionar la autoevaluación junto con un plan de acción, para llevar a la práctica la competencia una vez finalizada la actividad de aprendizaje, es decir, al llevar a la vida cotidiana el aprendizaje (del conocimiento o competencia, según corresponda).

Para el desarrollo de personas se utilizan diversas buenas prácticas. En el gráfico superior de la página siguiente se muestran algunas de las más frecuentes.

Las diferentes posibilidades mencionadas para presentar el tema y poner en juego conocimientos y/o competencias (pasos 1 y 2 del método Codesarrollo) pueden ser eficaces, según su diseño y el enfoque que se desea darle a la actividad. Del mismo modo, unas son más adecuadas para aprender conocimientos y otras para desarrollar competencias. Todas, a su vez, podrán aplicarse en ambos casos.

Las actividades aquí mencionadas pueden relacionarse con la eficacia en las técnicas de aprendizaje tratadas más arriba.

En la figura inferior de la página siguiente se observa que si a las actividades mencionadas de abajo hacia arriba (*Lectura o escuchar una conferencia, Debate y discusión* y *Puesta en práctica*), se les agrega *Autoevaluación* y *Acción,* el grado de eficacia se incrementa, alcanzando su máximo nivel.

En Codesarrollo se utiliza una combinación de distintas actividades (más de una, en un mismo Codesarrollo), permitiendo el aprendizaje que, en todos los casos, finaliza con el paso 3 (autoevaluación) y el paso 4 (plan de acción).

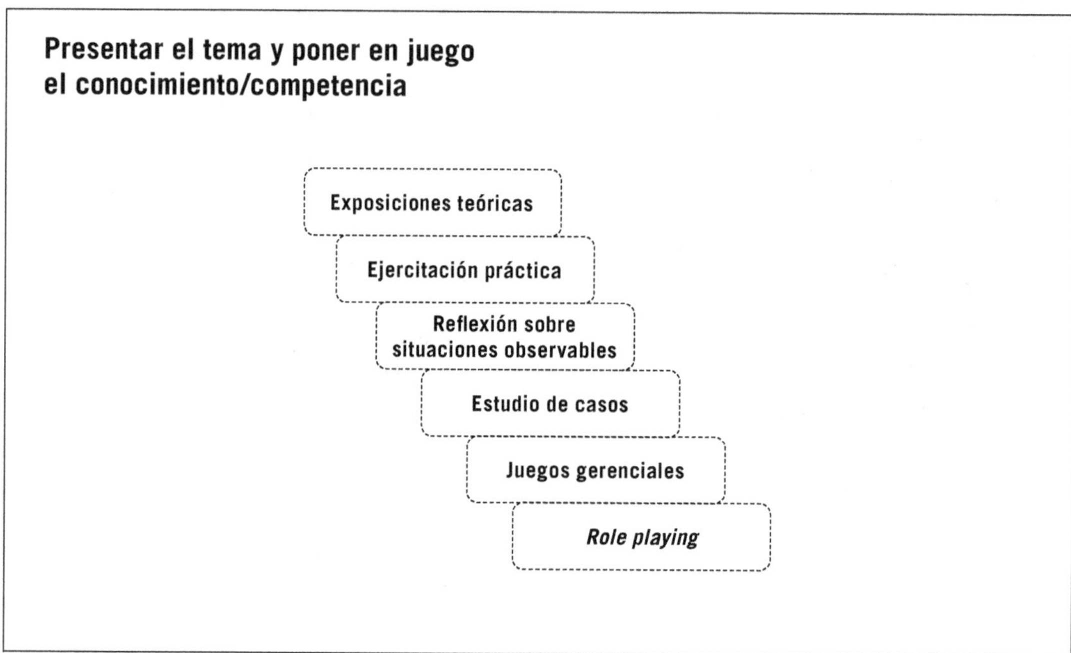
Presentar el tema y poner en juego
el conocimiento/competencia
Exposiciones teóricas
Ejercitación práctica
Reflexión sobre
situaciones observables
Estudio de casos
Juegos gerenciales
Role playing

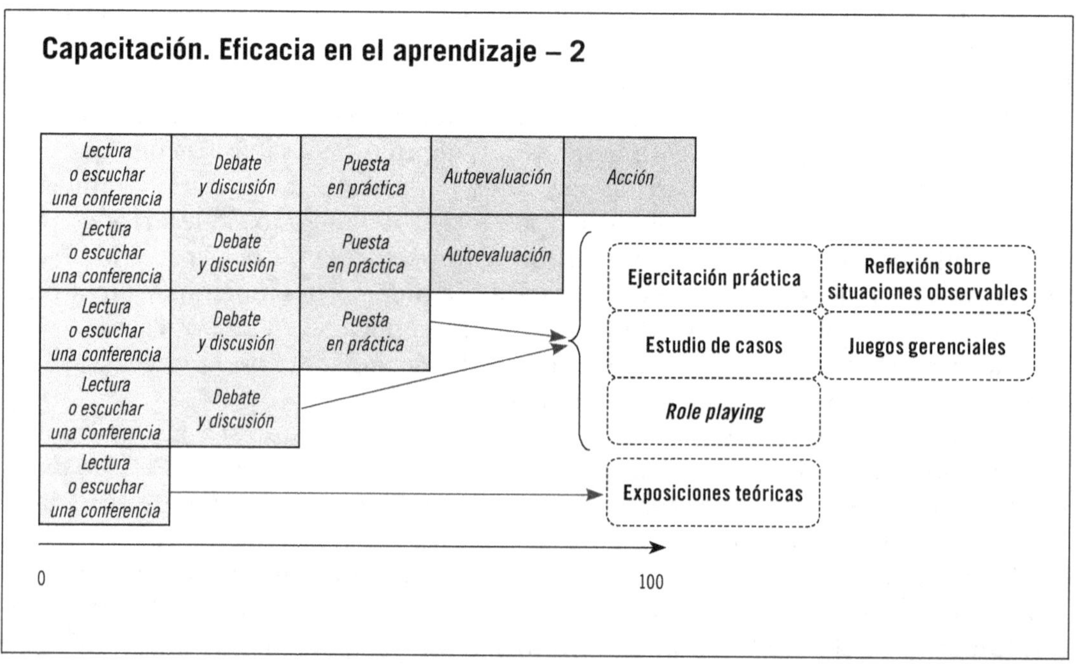
Capacitación. Eficacia en el aprendizaje – 2
Lectura o escuchar una conferencia
Debate y discusión
Puesta en práctica
Autoevaluación
Acción
Lectura o escuchar una conferencia
Debate y discusión
Puesta en práctica
Autoevaluación
Lectura o escuchar una conferencia
Debate y discusión
Puesta en práctica
Lectura o escuchar una conferencia
Debate y discusión
Lectura o escuchar una conferencia
Ejercitación práctica
Reflexión sobre situaciones observables
Estudio de casos
Juegos gerenciales
Role playing
Exposiciones teóricas
0
100

En resumen, en el taller de Codesarrollo primero se lleva a cabo la autoevaluación, a través de un test de preguntas para las cuales se ofrecen varias opciones de respuesta, de las que el participante deberá elegir una. Las respuestas se presentan en desorden, para no inducir a elegir una de ellas en función de un cierto ordenamiento.

Los diseños se realizan a medida, en especial cuando el taller apunta al desarrollo de competencias, considerando las definiciones de acuerdo con el modelo de competencias organizacional.

Diseñar una actividad para desarrollar competencias. Cambiar comportamientos

Pasos dentro del método codesarrollo

Ya hemos visto en apartados anteriores los pasos del método Codesarrollo. Cuatro de ellos se realizan durante el taller de Codesarrollo y el ciclo de aprendizaje se completa a través del seguimiento posterior. Taller y seguimiento conforman un ciclo, que continúa con un nuevo taller unos meses después.

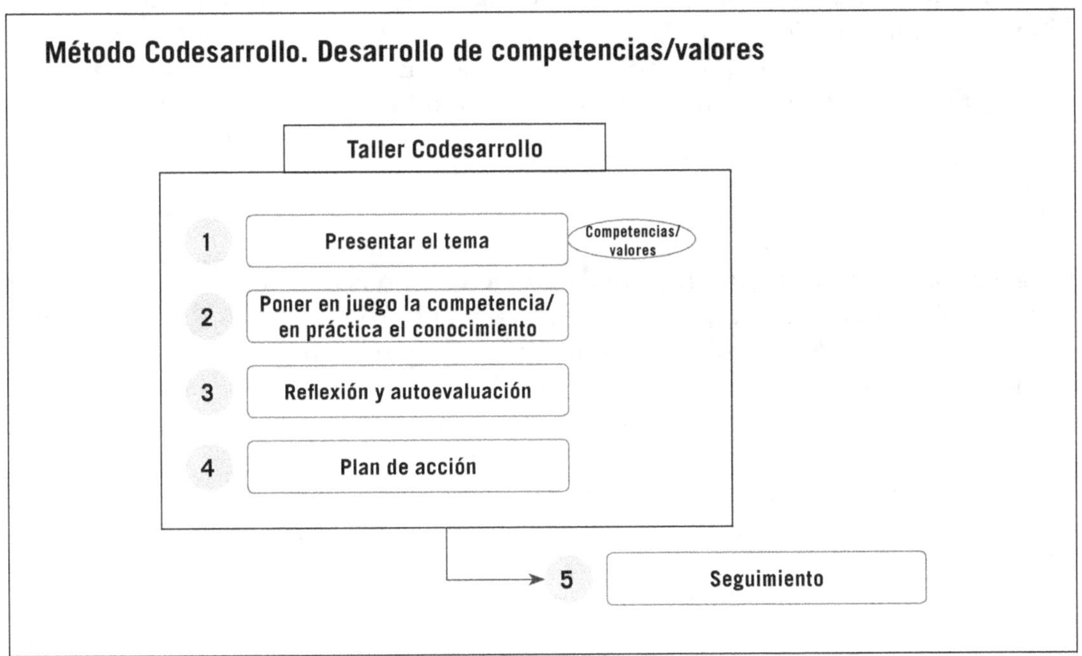

En el gráfico anterior se indica, en el paso 1, "presentar el tema", que puede estar relacionado tanto con competencias como valores. Si bien se podría afirmar que los valores "se tienen o no se tienen", desde una mirada organizacional siempre será posible llevar a cabo acciones en relación con estos aspectos éticos, para fortalecerlos, para conducirlos a un nivel superior. Por lo tanto, cuando se desee accionar sobre los valores organizacionales, el método sugerido es, también, Codesarrollo.

Competencias y valores se manifiestan en comportamientos, y la manera de desarrollarlos es similar.

Codesarrollo para cambiar comportamientos. Orientación al cliente interno y externo

En las primeras páginas del *Apartado 11. Aprender puede no ser aburrido. Diseño de una actividad de conocimientos,* se ha incluido una explicación detallada del método Codesarrollo, los pasos que implica y otros aspectos de relevancia, que sugerimos tener presentes, también, para la lectura de este apartado.

El método implica un ciclo compuesto por un taller de Codesarrollo, luego seguimiento y, después de un tiempo, un segundo taller de Codesarrollo. Este ciclo a su vez se abre en pasos.

Al igual que en otros ejemplos de esta obra, se explicará en forma integral cómo diseñar un taller de Codesarrollo y, con mayor detalle, alguno de sus pasos. En este apartado tomaremos como ejemplo la competencia *Orientación al cliente interno y externo,* y su tratamiento en un taller de Codesarrollo.

Primeros pasos, 1 y 2

El taller comienza presentando el tema. Si bien algunas competencias, en función de su nombre, podrán referirse a un tema conocido (por ejemplo, conceptos tales como *liderazgo* y *trabajo en equipo*), es muy posible que los participantes no tengan en claro algunos aspectos involucrados, así como el enfoque que la organización le ha dado al término y la definición adoptada en el momento de la implantación del modelo, entre otras circunstancias.

Con frecuencia se conoce una definición estándar o general, pero no la que ha adoptado la organización a la cual se pertenece y/o los comportamientos asociados a la misma.

Por lo tanto, es preciso dedicar una parte de la actividad a explicar cuál es la definición de la competencia para esa organización en particular. Un *modelo de competencias*[1,2] siempre se diseña a medida; por lo tanto, las definiciones pueden variar de una organización a otra.

Luego, se pondrá en juego la competencia a través de ejercicios prácticos, *role playing*, casos de estudio, proyecciones de películas, estudios de referentes, etc. Con frecuencia se combinan varias de estas opciones.

En resumen, proponer –a los participantes– actividades que impliquen la puesta en juego de la competencia para que, luego, permitan reflexionar al respecto, en especial, cómo cada uno de los participantes está aplicando los conceptos analizados, llevando a la práctica el tema en cuestión (competencia).

Para la preparación del ejemplo, hemos considerado el desarrollo de la competencia *Orientación al cliente interno y externo*[3], cuya definición es la siguiente:

Orientación al cliente interno y externo. Capacidad para actuar con sensibilidad ante las necesidades de un cliente y/o conjunto de clientes, actuales o potenciales, externos o internos, que pueda/n presentar en la actualidad o en el futuro. Implica una vocación permanente de servicio al cliente interno y externo, comprender adecuadamente sus demandas y generar soluciones efectivas a sus necesidades.

La importancia de los pasos 3 y 4

Conducir al participante a la reflexión y a su propia autoevaluación. Así, el participante podrá tomar conciencia sobre la situación real en que se encuentra. Para ello se administra un test durante el taller de Codesarrollo. Este paso, como ya hemos dicho, es clave.

La autoevaluación en competencias, en el ejemplo que hemos utilizado en este apartado, se realiza sobre la base de preguntas. Dos de ellas se exponen en el gráfico de la página siguiente. Para cada una se consignan cinco posibles respuestas, de las cuales el participante, en su evaluación, podrá elegir solo una.

---

1 *Modelo de competencias*: conjunto de procesos relacionados con las personas que integran la organización y que tienen como propósito alinearlas en pos de los objetivos organizacionales. Un modelo de competencias permite seleccionar, evaluar y desarrollar a las personas en relación con las competencias necesarias para alcanzar la estrategia organizacional. Como resultado de la definición del modelo de competencias se confeccionan una serie de documentos; entre los más relevantes se pueden mencionar los *diccionarios de competencias y comportamientos* y la *asignación de competencias a puestos*. Fuente: *Diccionario de términos de Recursos Humanos*, Ediciones Granica, Buenos Aires, 2011.

2 El *modelo de competencias* es la herramienta N° 37 descrita en la obra *Las 50 herramientas de Recursos Humanos que todo profesional debe conocer*, Ediciones Granica, Buenos Aires, 2017.

3 El lector podrá encontrar definiciones, grados y comportamientos asociados en: *Diccionario de competencias. La trilogía. Tomo 1*, Ediciones Granica, Buenos Aires, 2015 y *Diccionario de comportamientos. La trilogía. Tomo 2*, Ediciones Granica, Buenos Aires, 2015.

Autoevaluación para Codesarrollo sobre *Orientación al cliente interno y externo*

1 ¿Cómo actúa con respecto a los requerimientos por parte de los clientes internos y externos?

1.1 Me preocupo por la calidad de cada trabajo que emprendo, dando respuesta inmediata a los problemas de mis clientes con soluciones adecuadas. ☐

1.2 Aporto soluciones a la medida del requerimiento de los clientes internos o externos. ☐

1.3 Actúo optimizando en tiempo y forma el producto/servicio brindado, y permanentemente evalúo el nivel de satisfacción de mis clientes. ☐

1.4 Escucho e interpreto adecuadamente los requerimientos de los clientes. ☐

1.5 Esporádicamente respondo adecuadamente a las demandas de mis clientes internos y externos. ☐

2 ¿Cómo describiría las relaciones que establece con los clientes internos y externos?

2.1 Estoy siempre disponible para recibir y escuchar a mis clientes internos y externos, tanto en cuestiones formales como informales. ☐

2.2 Mantengo una actitud de total disponibilidad en relación con los clientes internos y externos. ☐

2.3 Estoy disponible para atender consultas y reclamos que traslado a un superior si exceden mis atribuciones específicas. ☐

2.4 No tengo una comunicación fluida con los clientes internos y externos. ☐

2.5 Desarrollo soluciones a los problemas de mis clientes internos y externos, trabajando conjuntamente con ellos. ☐

La autoevaluación debería incluir como mínimo seis preguntas con sus respuestas posibles, para así lograr un resultado abarcativo y, de ese modo, determinar realmente el grado de desarrollo de la competencia sobre la que se está realizando la medición (autoevaluación).

Escala utilizada:

A: Máximo nivel

B: Nivel alto

C: Nivel intermedio

D: Nivel mínimo

N/D: No desarrollado o ausencia de la competencia

El diseño debe prever la escala junto con una descripción detallada de cada uno de los niveles[4]. En ningún caso la asignación debe quedar a criterio del instructor.

---

4 Si la organización cuenta con un modelo de competencias, la autoevaluación y la escala aplicada deberán guardar relación con dicho documento interno.

Según la opción elegida para cada pregunta se define el nivel de la persona evaluada. Continuando con el ejemplo:

Pregunta 1:

Si el participante hubiese elegido la respuesta "1.3" esto indicaría que tiene la competencia en su máximo nivel de desarrollo (grado A) y, por el contrario, si hubiese elegido la respuesta "1.5" estaría indicando un grado No desarrollado o ausencia de la competencia. El grado C de la competencia se corresponde con la respuesta "1.2".

Pregunta 2:

Si el participante hubiese elegido la respuesta "2.5" esto indicaría que tiene la competencia en su máximo nivel de desarrollo (grado A) y, por el contrario, si hubiese elegido la respuesta "2.4" estaría indicando un grado No desarrollado o ausencia de la competencia. El grado C de la competencia se corresponde con la respuesta "2.1".

Una vez finalizada la autoevaluación, el participante confeccionará, con el apoyo del instructor, su plan de acción; este será el segundo aspecto clave del método Codesarrollo para lograr que el participante, efectivamente, pueda cambiar comportamientos y alcanzar el resultado esperado: el desarrollo de la competencia.

El plan de acción es el paso final del taller de Codesarrollo y es, como decíamos, necesario para lograr la adquisición o el desarrollo tanto de un conocimiento como de una competencia. Como se expuso en párrafos anteriores, el autodesarrollo es una forma de experiencia concreta para el aprendizaje, antes de poner los comportamientos en "uso" en la actividad laboral concreta.

¿Cómo confeccionar el participante el plan de acción durante el Codesarrollo?

El instructor tiene en sus manos "las ideas" para que el participante aplique lo visto en el taller (en el caso práctico aquí desarrollado, en relación con la competencia *Orientación al cliente*), y su rol consiste en guiarlo para que confeccione su propio plan de acción.

Se debe inducir a que el participante elabore un plan realista y desafiante, que pueda y quiera llevar a cabo. Si el plan no se concreta, no se logrará el desarrollo de la competencia.

A continuación, las "ideas" para la confección de un plan de acción en relación con la competencia *Orientación al cliente interno y externo.*

En la figura inferior de la página siguiente se puede observar un conjunto de actividades a llevar a cabo como parte de un plan de acción. En este ejemplo, al inicio, realizar lecturas de tipo general sobre la temática en cuestión, luego un análisis detallado sobre la competencia, revisar el nivel requerido –y los comportamientos

El plan de acción completa el ciclo "aprendizaje de adultos"

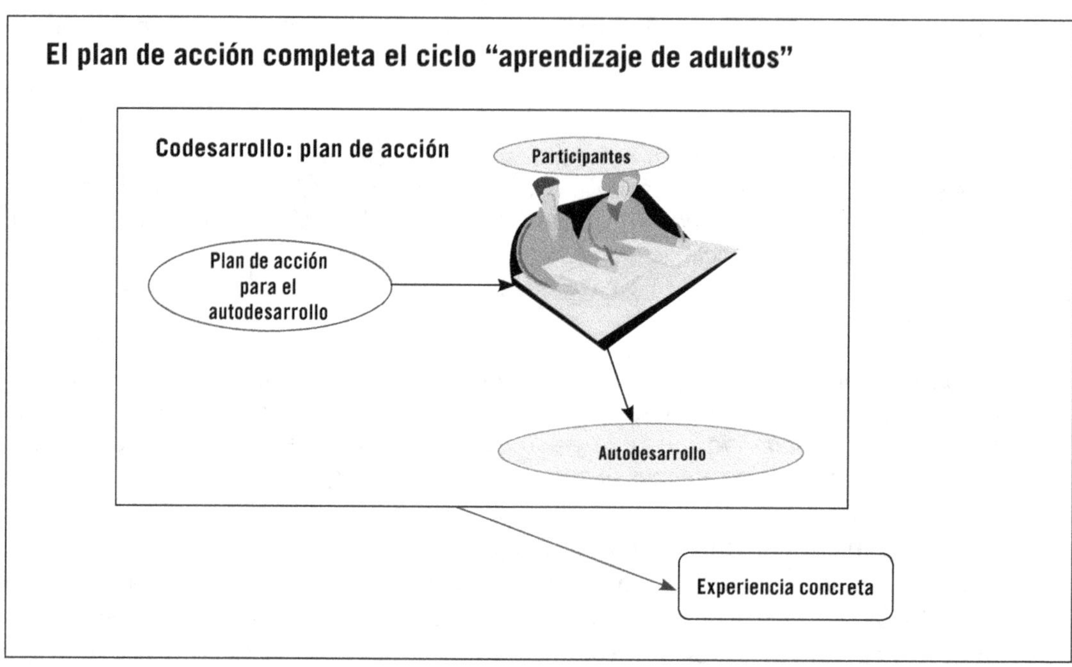

Plan de acción sobre *Orientación al cliente interno y externo*

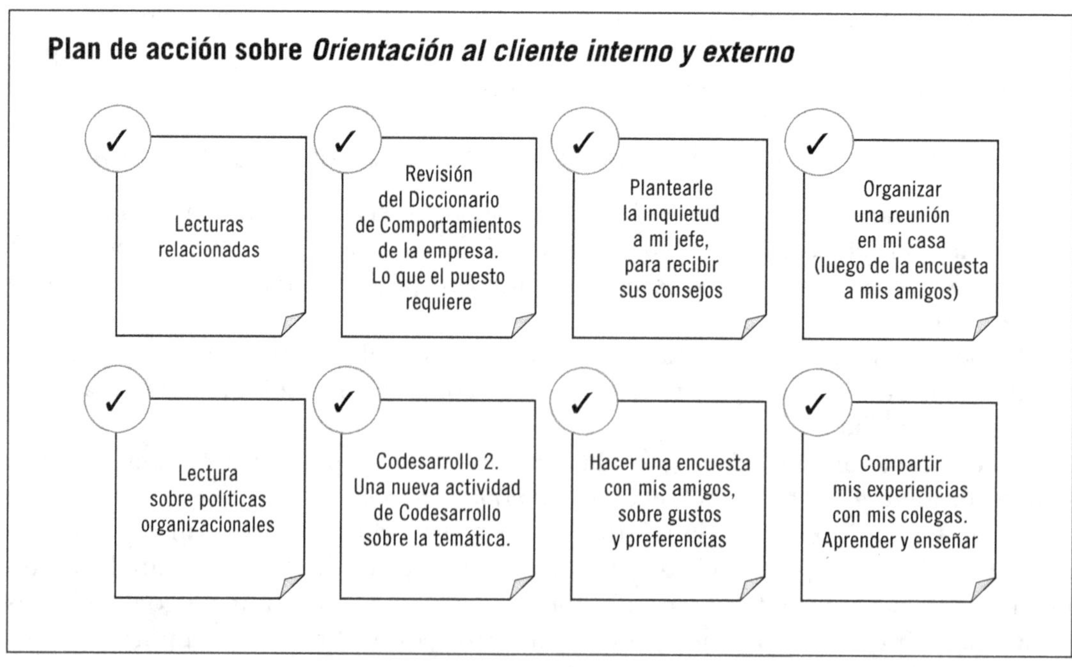

asociados– en relación con el puesto de trabajo que el participante ocupa ahora o se prevé que ocupe más adelante.

A continuación, la persona se propone compartir inquietudes con su jefe directo, solicitándole consejos, si las circunstancias así lo indican.

Continuando con el gráfico precedente, la persona podrá poner en acción la competencia al realizar una encuesta con sus amigos para identificar gustos y preferencias y sobre esa base planear una reunión en su casa. El desarrollo se afianza con un aprendizaje compartido.

El ciclo de aprendizaje se completa investigando sobre la competencia en cuestión, observando comportamientos en referentes, usándola en otras situaciones.

Paso 5. Seguimiento

Una vez finalizado el taller, el desarrollo continúa a través de un seguimiento, que podrá ser realizado por el instructor que ha llevado a cabo la actividad o por el jefe directo del participante.

Como se ha explicado, el método Codesarrollo incluye el paso 5 (Seguimiento). Como su nombre lo indica, se realiza el seguimiento de los distintos aspectos del taller presencial y, muy especialmente, su aplicación práctica a través del plan de acción (autodesarrollo). Este papel lo pueden desempeñar el instructor, una persona de Recursos Humanos o –lo que se considera ideal– el jefe directo de cada participante.

Se sugiere continuar la lectura sobre este punto en el *Apartado 18. Seguimiento de la evolución del desarrollo de las competencias y/o del aprendizaje de conocimientos* y en el *Apartado 25. Los jefes. Seguimiento eficaz. Segundo taller de Codesarrollo sobre la misma temática.*

El responsable de Formación podrá adicionar otras instancias de seguimiento, por ejemplo, cuando la necesidad de la actividad formativa haya sido planteada por un cliente interno o responsable del área. En el ejemplo de este apartado, en una actividad de *Codesarrollo sobre servicio al cliente,* el gerente de Ventas en su rol de experto podrá suministrar su opinión sobre algunos aspectos que él quisiera evaluar en cuanto a los resultados de las actividades formativas relacionadas con su área.

A modo de cierre

El aprendizaje efectivo se alcanza a través de poner en práctica los conocimientos y/o los comportamientos relacionados con la competencia a desarrollar.

El método Codesarrollo ofrece a los participantes la posibilidad de llevar a la práctica los nuevos conocimientos/comportamientos. Primero durante el taller y, luego, a través del autodesarrollo. De este modo se espera alcanzar un aprendizaje efectivo.

Apartados relacionados y/o que tratan temas con alguna conexión

La mayoría de los apartados tienen conexión entre sí. A continuación, solo voy a destacar algunos de ellos.

- Apartado 5. Nuevas generaciones, inmediatez, leguaje y otras cuestiones en relación con Formación

- Apartado 10. Factores a tener en cuenta para alcanzar alta efectividad y eficacia

- Apartado 11. Aprender puede no ser aburrido. Diseño de una actividad sobre conocimientos

- Apartado 12. ¡Geografía también! Diseño de una actividad sobre conocimientos

- Apartado 13. Crecer es posible

- Apartado 15. Plan anual para un colectivo de profesionales de la misma especialidad

- Apartado 16. Pensando en los clientes

- Apartado 18. Seguimiento de la evolución del desarrollo de las competencias y/o del aprendizaje de conocimientos

- Apartado 20. Formación para alcanzar la estrategia

- Apartado 21. Formación y cambio cultural. Lograr la cultura deseada

- Apartado 23. Formación para la alta gerencia

- Apartado 24. Formación para todos los niveles de conducción

- Apartado 25. Los jefes. Seguimiento eficaz. Segundo taller de Codesarrollo sobre la misma temática.

- Apartado 29. Indicadores de gestión sobre Formación

- Apartado 30. Formador de formadores. Diseño e implementación

Plan anual para un colectivo de profesionales de la misma especialidad

Una necesidad frecuente: diseñar actividades formativas para conocimientos y competencias

En las primeras páginas del *Apartado 11. Aprender puede no ser aburrido. Diseño de una actividad de conocimientos,* se ha incluido una explicación detallada del método Codesarrollo, sus pasos y otros aspectos de relevancia, que sugerimos tener presentes para la lectura de este apartado en particular.

En el *Apartado 13. Crecer es posible* hemos visto el diseño de actividades para el desarrollo de competencias; también en el *Apartado 14. Cambiar a través de la acción. Diseñar una actividad que permita cambiar comportamientos. Desarrollar competencias.*

A continuación se verá cómo preparar un plan anual para la formación en conocimientos junto con el desarrollo de competencias, a través de un ejemplo de formación combinada para auditores.

Confeccionar un plan de formación para un colectivo mezclando actividades sobre conocimientos y competencias

En ocasiones es necesario encarar en simultáneo el desarrollo tanto de conocimientos como de competencias. Si bien desde la mirada del participante puede no ser demasiado importante diferenciar entre ambos tipos de desarrollos, sí será clave que los responsables del diseño de los distintos módulos que conformarán el plan anual tengan en claro esta diferencia.

Para aprender conocimientos se deberán comprender los conceptos involucrados para luego llevarlos a la práctica. Para el desarrollo de competencias las actividades deberán inducir a la persona a cambiar sus comportamientos.

En el gráfico de la página siguiente (*Mezclar conocimientos y competencias – I*) se sugiere un diseño que aborde las temáticas por separado, utilizando el método Codesarrollo.

El diseño de las actividades podrá ser realizado por expertos en los distintos temas, y la impartición, llevada a cabo por un instructor. Según las circunstancias, un instructor podrá hacerse cargo del conjunto de las actividades o, si esto no fuese posible, se podrá recurrir a dos instructores, uno para la adquisición de conocimientos y otro para el desarrollo de competencias.

El plan anual, en el caso que estamos analizando en este apartado, estará conformado por dos tipos de actividades:

- Codesarrollo sobre conocimientos: implica adquirir un conocimiento para luego utilizarlo.

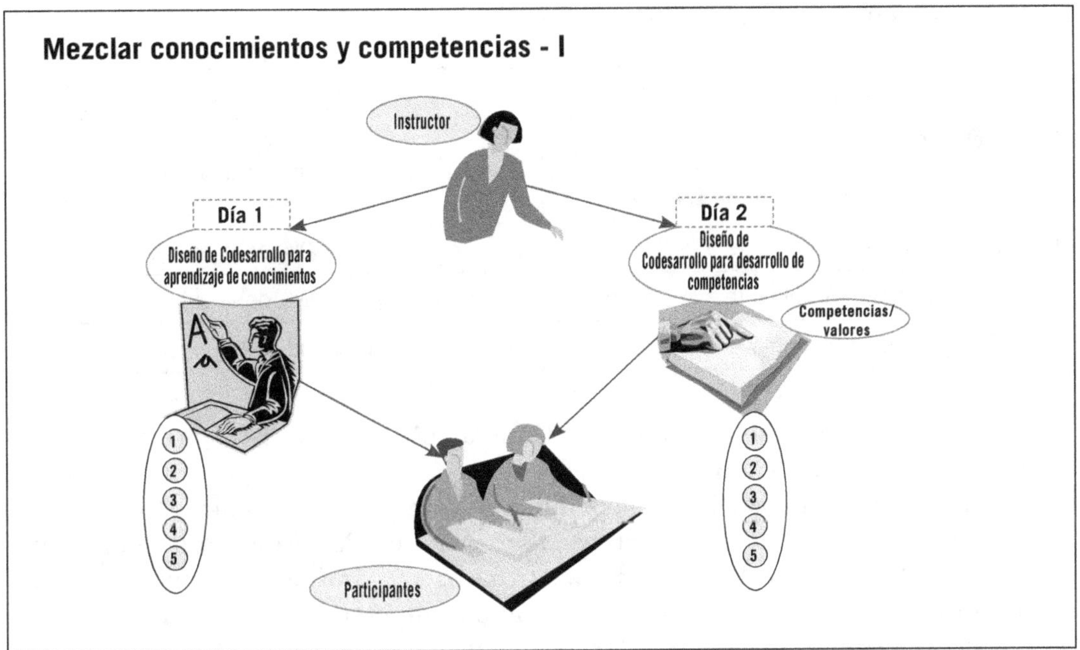

- Codesarrollo sobre competencias: implica el cambio de comportamientos por parte del participante. En el caso del desarrollo de valores, el diseño será similar al usado para competencias, dado que también implica el cambio de comportamientos.

Veamos el siguiente esquema, a modo de ejemplo.

Día 1: Aprendizaje de conocimientos

Esquema del taller de Codesarrollo	Comentarios
Conocimientos: Paso 1: presentar el tema Paso 2: poner en juego el conocimiento	Tiempo estimado: 60% de la actividad
Paso 3: conducir al participante a la reflexión	Tiempo estimado: 20% de la actividad
Paso 4: conducir al participante a la acción	Tiempo estimado: 20% de la actividad
Paso 5: seguimiento conjunto	Posterior a la actividad

Día 2: Desarrollo de una competencia

Esquema del taller de Codesarrollo	Comentarios
Competencias: Paso 1: presentar la definición de la competencia Paso 2: poner en juego la competencia	Tiempo estimado: 60% de la actividad
Paso 3: conducir al participante a la reflexión	Tiempo estimado: 20% de la actividad
Paso 4: conducir al participante a la acción	Tiempo estimado: 20% de la actividad
Paso 5: seguimiento conjunto	Posterior a la actividad

Los participantes de las actividades de Codesarrollo, en especial si forman parte de la organización, quizá ya conozcan acerca de las temáticas y/o posean algún nivel de desarrollo tanto en materia de conocimientos como en competencias (o valores).

En cualquier caso, un esquema de taller como el planteado en las tablas precedentes (taller presencial con sus cuatro pasos y el posterior seguimiento), les permitirá afianzar tanto conocimientos como competencias y alcanzar un mejor desempeño en sus respectivos puestos de trabajo.

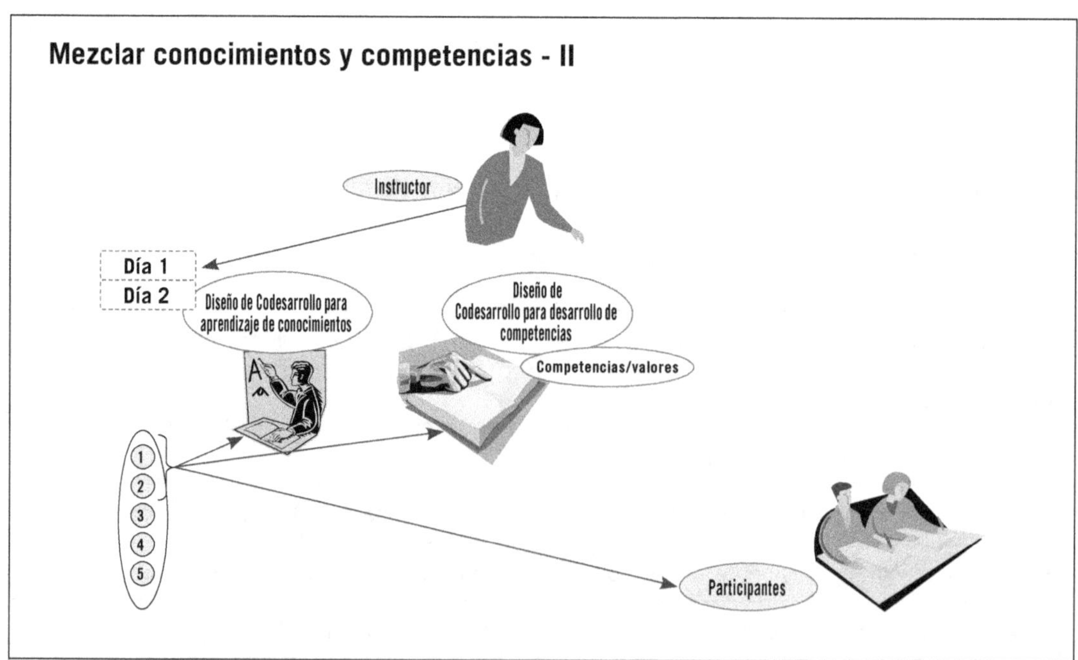

En el gráfico anterior (*Mezclar conocimientos y competencias – II*) se muestra un esquema diferente con la misma idea central.

En la figura mencionada lo que se propone es separar en módulos los pasos 1 y 2 (conocimientos y competencias), para luego realizar los pasos 3 y 4 en el taller, y su posterior seguimiento (paso 5), de manera conjunta.

El esquema sería el que se expone a continuación.

Esquema del taller de Codesarrollo	Comentarios
Conocimientos: Paso 1: presentar el tema Paso 2: poner en juego el conocimiento	Tiempo estimado: 30% de la actividad
Competencias: Paso 1: presentar la definición de la competencia Paso 2: poner en juego la competencia	Tiempo estimado: 30% de la actividad
Paso 3: conducir al participante a la reflexión (conocimientos y competencias)	Tiempo estimado: 20% de la actividad
Paso 4: conducir al participante a la acción (conocimientos y competencias)	Tiempo estimado: 20% de la actividad
Paso 5: seguimiento conjunto	Posterior a la actividad

El esquema de la tabla precedente podría ser utilizado para la preparación de talleres tanto de un día como de dos días de extensión.

Un plan anual comprende la realización de los talleres de Codesarrollo 1 y 2

Un plan anual, usualmente, incluye la realización del taller de Codesarrollo 1, una etapa de seguimiento posterior, para luego llevar a cabo el taller de Codesarrollo 2.

El diseño del taller 2 para un Codesarrollo sobre conocimientos

Cuando el Codesarrollo es sobre conocimientos, el segundo taller podrá iniciarse con una revisión general sobre los temas tratados en el taller 1, sumando luego nuevos conceptos, más avanzados o profundos, y, en especial, nuevos ejercicios, para poner en práctica tanto los conocimientos presentados en el taller de Codesarrollo 1, como los adicionales que se sumaron en el taller 2.

Si por alguna razón los participantes no aplican a diario los conocimientos adquiridos, seguramente olvidarán una parte (en este caso, de los aspectos vistos en el taller 1).

Para un adecuado diseño del taller de Codesarrollo número 2, sobre la misma temática del primer taller, será importante considerar los resultados del seguimiento y recabar, además, la opinión de los jefes acerca del desempeño de los participantes.

Esta información proveerá información relevante para el responsable del diseño de la segunda actividad. Podrá verificar el grado de puesta en práctica de los conocimientos por parte de los participantes y/o problemas que eventualmente se hayan presentado.

En cualquier caso, siempre se deberá tener en cuenta la posibilidad de que los participantes –o algunos de ellos– hayan olvidado algunos contenidos, no hayan puesto en práctica los conocimientos adquiridos, y otras situaciones similares.

En resumen, habrá que volver, en alguna medida, sobre los mismos temas, adicionando ejercicios nuevos y diferentes, que incluyan la totalidad de las temáticas abordadas (talleres 1 y 2).

Si las personas han aplicado los conocimientos, la resolución de los ejercicios del taller 2 será más fluida. En todos los casos, los ejercicios deberán ser nuevos y diferentes, para que la actividad sea más interesante. Aquí radica el arte del buen diseño: que las actividades sean siempre atractivas para los participantes, asegurando al mismo tiempo el aprendizaje.

El diseño del taller 2 para un Codesarrollo sobre competencias

En el segundo taller deberán presentarse al participante los comportamientos relacionados con la competencia, al igual que en el taller 1; de algún modo se asemeja a lo planteado en el punto anterior (repaso de conocimientos), con la diferencia de que no habrá nuevos comportamientos para adicionar. Los comportamientos que se desea desarrollar serán aquellos del *diccionario de comportamientos* (documento interno organizacional).

En el taller 2 será clave ofrecer al participante nuevas formas de poner en juego la competencia. La efectividad estará basada en la ejercitación, en la forma de plantear la actividad, que, como dijimos anteriormente, debe ser atractiva para el participante y, al mismo tiempo, asegurar el cambio de comportamientos.

Con frecuencia –como vimos en los primeros apartados–, los participantes están sobreexpuestos a actividades "divertidas", con escasos resultados en materia de desarrollo. Por lo cual tanto la organización como el responsable de Formación, y los participantes, instructores y responsables del diseño de las distintas actividades, deberían comprender que si bien hay que evitar "ser aburrido", el método a aplicar debe asegurar algún grado de efectividad, por medio de actividades atractivas que, al mismo tiempo, permitan el cambio de comportamientos.

El propósito no será "divertir" al participante sino lograr el efecto deseado, muchas veces difícil e incómodo, como es cambiar hábitos arraigados en la conducta y evidenciar nuevos comportamientos, de acuerdo con lo esperado.

Formación para auditores

En el caso que presentamos, un Estudio Profesional ha modificado sus métodos y procedimientos de auditoría junto con la implementación de un nuevo software corporativo. En función de estos cambios se ha diseñado un plan de formación para el equipo de auditores de la organización. La Dirección propuso combinar el aprendizaje mencionado con el desarrollo de tres competencias, considerando el resultado de las evaluaciones de desempeño del período anterior.

Los conocimientos necesarios se han compilado en dos módulos junto con un tercero (específico sobre informes), derivados de la aplicación de los nuevos procedimientos corporativos:

- Auditoría Módulo 1.

- Auditoría Módulo 2.

- Dictamen e informes de auditoría.

Sobre el último de los temas de conocimientos mencionados ("Dictamen de auditoría") se ha visto el diseño de un taller en el *Apartado 11. Aprender puede no ser aburrido. Diseño de una actividad sobre conocimientos.*

Del modelo de competencias[1] se eligieron las siguientes:

Pensamiento analítico. Capacidad para comprender una situación, identificar sus partes y organizarlas sistemáticamente, a fin de determinar sus interrelaciones y establecer prioridades para actuar.

Capacidad de planificación y organización. Capacidad para determinar eficazmente metas y prioridades de su tarea, área o proyecto, y especificar las etapas, acciones, plazos y recursos requeridos para el logro de los objetivos. Incluye utilizar mecanismos de seguimiento y verificación de los grados de avance de las distintas tareas para mantener el control del proceso y aplicar las medidas correctivas necesarias.

Tolerancia a la presión de trabajo. Capacidad para trabajar con determinación, firmeza y perseverancia a fin de alcanzar objetivos difíciles o para concretar acciones/decisiones que requieren un compromiso y esfuerzo mayores a los habituales. Implica mantener un alto nivel de desempeño aun en situaciones exigentes y cambiantes, con interlocutores diversos que se suceden en cortos espacios de tiempo, a lo largo de jornadas prolongadas.

---

1 Encontrará un mayor detalle sobre las definiciones de competencias aquí expuestas en la obra denominada *La Trilogía: Diccionario de competencias. Tomo 1; Diccionario de comportamientos. Tomo 2,* y *Diccionario de preguntas. Tomo 3,* Ediciones Granica, Buenos Aires, 2015.

Una vez definidos los conocimientos y las competencias a desarrollar, se preparó un plan anual. Un esquema simplificado del mismo puede apreciarse en la figura al pie.

A continuación, una formación integral para auditores, combinando distintas temáticas.

La figura muestra un esquema simplificado y conceptual. Inicia con la impartición del primer taller de codesarrollo (T1). No se indican los plazos en los cuales se realiza el seguimiento (S), ni el segundo taller de la misma temática (T2). Usualmente se dejan transcurrir varios meses entre el primer taller y el segundo, lapso durante el cual se realiza el seguimiento.

Se podría llevar a cabo el plan anual, por ejemplo, impartiendo talleres de Codesarrollo cada dos meses en el período de un año, alternando formación en conocimientos y desarrollo de competencias. El seguimiento podrá realizarse por separado o en forma conjunta. La idea se expresa en las dos figuras de la página siguiente.

En el supuesto del primer gráfico, el seguimiento de los temas directamente relacionados con la especialidad profesional podría estar a cargo del jefe directo.

Continuando con este supuesto, el seguimiento en materia de competencias puede estar a cargo del jefe directo y/o de un mentor, del responsable del área de Recursos Humanos y/o del instructor que impartió los respectivos talleres.

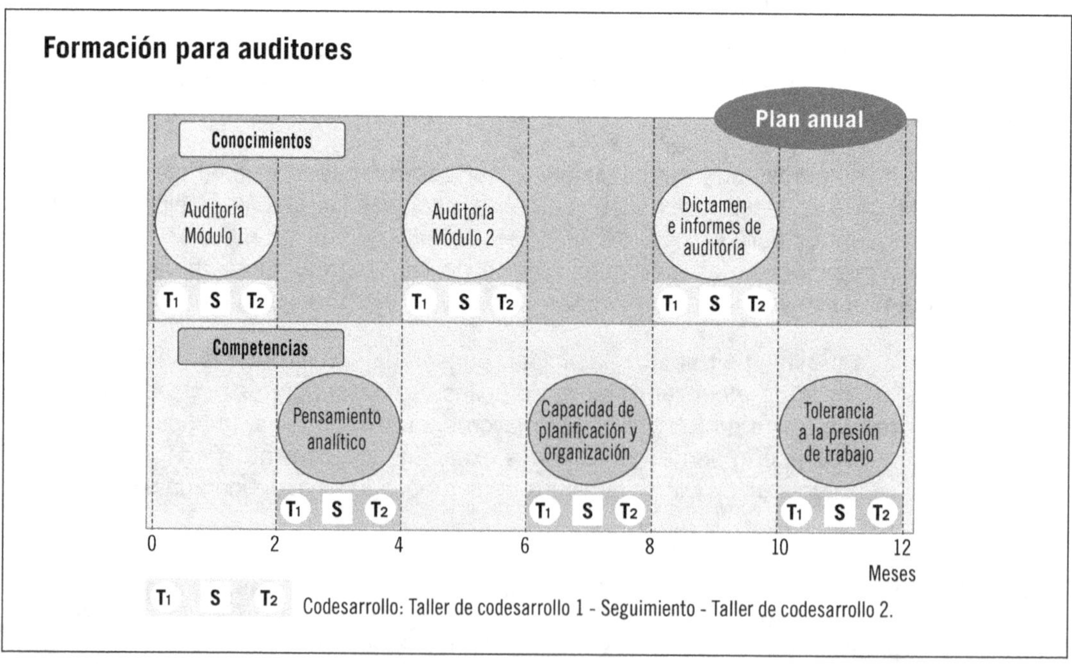

Formación para auditores. Seguimiento - 1

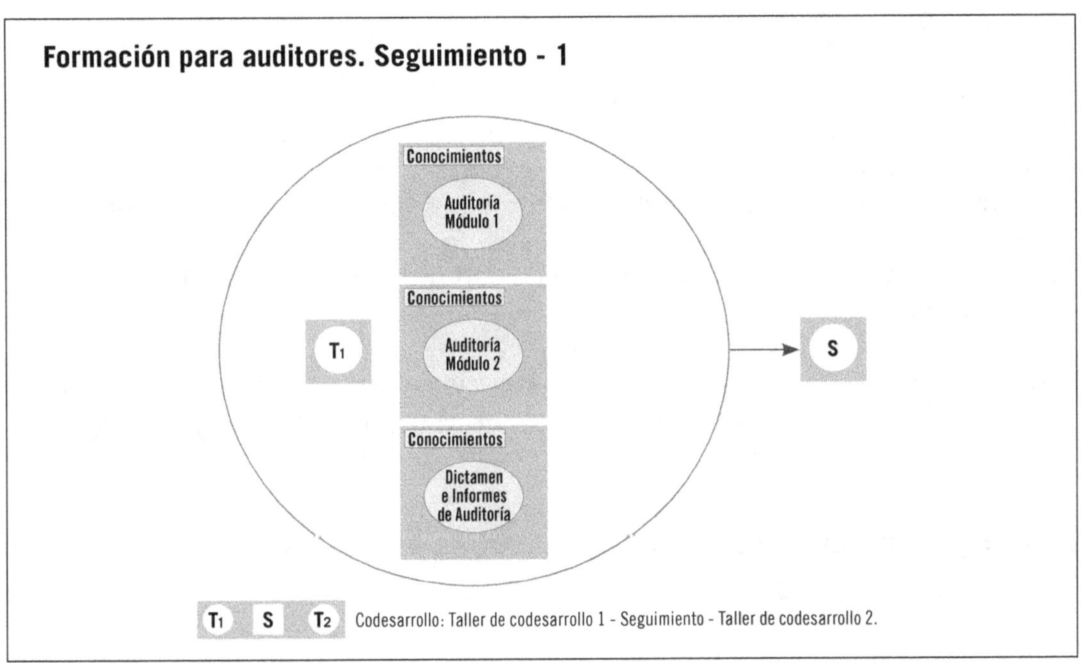

Formación para auditores. Seguimiento - 2

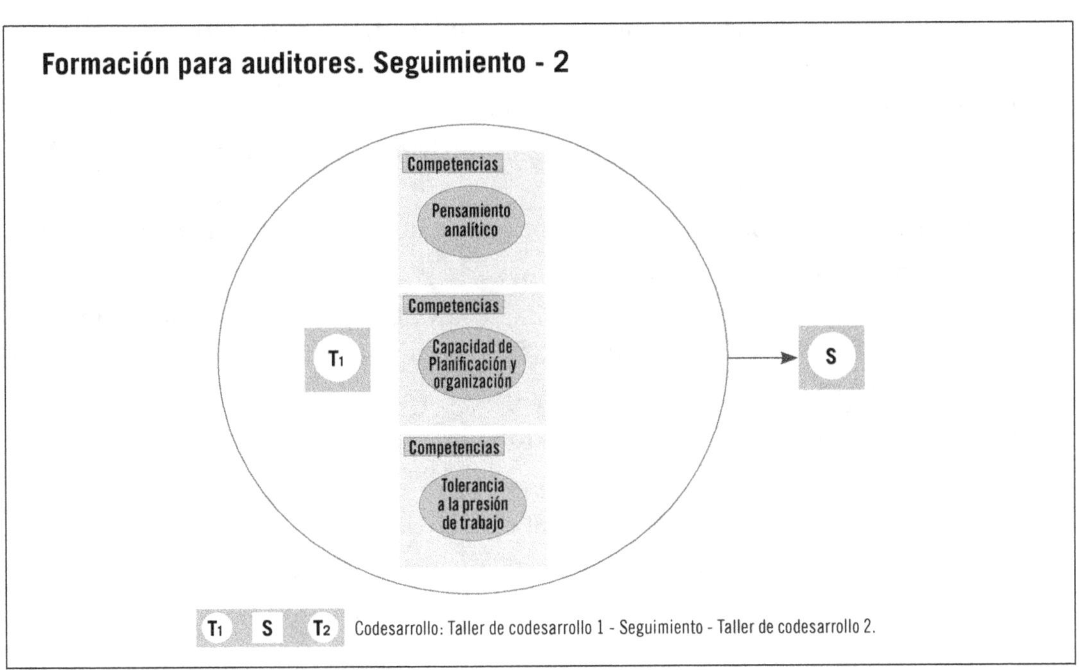

A modo de cierre

La formación de un grupo de personas frecuentemente requiere la combinación de diferentes necesidades. En este apartado, a través de un caso práctico, se describe un plan de formación anual para un colectivo de personas de la misma especialidad, combinando el aprendizaje de conocimientos y el desarrollo de competencias.

En el ejemplo se expone un plan anual de formación para auditores. El esquema podrá ser adaptado a cualquier especialidad profesional y aplicado, a su vez, en organizaciones de todo tipo.

Los conocimientos podrían ser IT (tecnología informática), recursos humanos, calidad, contabilidad, finanzas, aspectos diversos relacionados con producción, logística, etc.

A su vez, las competencias serán las necesarias según los puestos de trabajo y sus definiciones se corresponderán con el respectivo modelo organizacional.

Apartados relacionados y/o que tratan temas con alguna conexión

La mayoría de los apartados tienen conexión entre sí. A continuación, solo voy a destacar algunos de ellos.

- Apartado 5. Nuevas generaciones, inmediatez, lenguaje y otras cuestiones en relación con Formación
- Apartado 10. Factores a tener en cuenta para alcanzar alta efectividad y eficacia
- Apartado 11. Aprender puede no ser aburrido. Diseño de una actividad sobre conocimientos
- Apartado 12. ¡Geografía también! Diseño de una actividad sobre conocimientos
- Apartado 13. Crecer es posible
- Apartado 14. Cambiar a través de la acción. Diseñar una actividad que permita cambiar comportamientos. Desarrollar competencias
- Apartado 16. Pensando en los clientes
- Apartado 20. Formación para alcanzar la estrategia
- Apartado 21. Formación y cambio cultural. Lograr la cultura deseada
- Apartado 23. Formación para la alta gerencia
- Apartado 24. Formación para todos los niveles de conducción
- Apartado 29. Indicadores de gestión sobre Formación
- Apartado 30. Formador de formadores. Diseño e implementación

Pensando en los clientes

Acerca del término "cliente"...
Atención al cliente... Servicio al cliente

Cundo se dice la palabra "cliente" ¿se está realmente pensando en "los clientes"?

"Pensando en los clientes" me pareció un aspecto interesante a considerar en el marco de esta obra. Muchas veces tengo la sensación de que el término "cliente" no se utiliza adecuadamente. No se le asigna su verdadera dimensión.

Días atrás hablaba con la dueña de un negocio muy afamado en el mundo de la moda, sobre sus productos y otras cuestiones relacionadas. Sus comentarios fueron muy interesantes; destacó por un lado el rol de los oficios en el mundo actual, su relación con la formación universitaria, uniendo el concepto al papel del maestro experimentado que enseña a los más jóvenes.

La charla continuó sobre sus clientes y la preocupación acerca de que las personas compren sus productos y regresen una y otra vez.

Esta preocupación, genuina, es la esencia misma de la definición del término cliente[1]: *persona que utiliza con asiduidad los servicios de un profesional o empresa.*

En las organizaciones se consideran otras dos definiciones relacionadas con la anterior. "Cliente externo" es un concepto que usualmente representa la idea más generalizada sobre el término, definida del siguiente modo: *organizaciones o personas que adquiere/n los productos o servicios de la organización de referencia. Por extensión se utiliza para designar a aquellos que reciben un determinado servicio brindado por una ONG, una entidad de bien público de cualquier tipo, un organismo del Estado, etc.*

En las buenas prácticas se considera que, para una buena gestión, será necesario considerar una mirada adicional a la anterior, "cliente interno": el concepto hace referencia a aquellas áreas o personas, de la misma organización, que interactúan con la propia área; puede ser en rol de cliente interno estrictamente dicho, recibiendo un producto o servicio, o bien un proveedor.

Ni "servicio al cliente" ni "atención al cliente".
Debemos tener "orientación al cliente"

En el blog **www.lamiradademartha.com** publiqué hace un tiempo la siguiente reflexión bajo el título *Pensar en el otro... Difícil, ¿no?*

En repetidas ocasiones, cuando menciono la competencia *Orientación al cliente* alguna persona "corrige y/o aclara" utilizando las palabras "servicio al cliente", como si fuese lo mismo y, en algún caso, como si esta expresión fuese más adecuada que la primera.

---

1 *Diccionario de términos de Recursos Humanos.* Ediciones Granica, Buenos Aires, 2011.

En mi opinión, el "servicio al cliente" forma parte de las tareas en muchos puestos de trabajo; por decirlo de algún modo, es "una obligación" para aquellas personas que, en diferentes roles, deban atender clientes, usuarios, pacientes, etc.

Servicio al cliente es la prestación que una empresa o negocio brinda a sus usuarios, destinado a atender consultas, pedidos o reclamos, vender un producto, etc. Esta prestación o servicio lo llevará a cabo una persona a la cual se le han asignado dichas funciones.

Para desempeñar adecuadamente estas funciones se requerirán ciertas competencias, especialmente la que denominamos *Orientación al cliente*.

El grado mínimo (Grado D) de la competencia *Orientación al cliente* indica: *capacidad para interpretar las necesidades del cliente, solucionar sus problemas y atender sus inquietudes, en la medida de sus propias posibilidades.*

En nuestra opinión, el concepto *Orientación al cliente* es más amplio que el mero servicio al cliente.

Orientación al cliente se define como la capacidad para actuar con sensibilidad ante las necesidades de un cliente y/o conjunto de clientes, actuales o potenciales. En resumen: actuar con sensibilidad ante las necesidades del otro.

Si me acerco a un negocio a comprar algo o simplemente a preguntar el valor de un producto, o realizo un llamado para presentar un reclamo, el comportamiento del vendedor o persona con la cual me comunico –por cualquiera de las razones mencionadas, u otras– debería ser amable, tendiente a ayudar y/o resolver la cuestión planteada. Comparto a continuación dos situaciones anecdóticas que presencié, y que ilustran otras circunstancias frecuentes.

En un local de venta de zapatos, a la sazón en liquidación al finalizar una temporada, una potencial clienta pregunta por la disponibilidad de un determinado zapato en su talle (número 37). La vendedora, desde una cierta distancia, le responde: "no lo tenemos en 37". Ante esta respuesta, la potencial cliente, con gesto adusto, se retira.

Asumiendo que, de ese modelo y color, no hubiese un par de zapatos en el número solicitado, imagino que en stock habría algún otro modelo disponible... por lo cual la vendedora podría haber respondido: "lamentablemente de ese modelo no tenemos en talle 37, sin embargo, podría enseñarle otras opciones". También, podría haber agregado que en pocos días podría ofrecerle más variedad de modelos u otras respuestas similares. En un grado más alto de la competencia la vendedora podría haber ofrecido otro modelo, en el número requerido, brindar otra opción, quizá explicando los aspectos favorables del producto. El lector podrá imaginar más opciones, que evidencien alto grado de desarrollo de competencias relacionadas con la atención al cliente.

En otra situación distinta, a una persona con cita coordinada con varios días de anticipación en un consultorio odontológico (podría indicar aquí cualquier otro servicio, desde belleza de manos hasta una visita al médico), le informan que el turno está cancelado, y eventualmente, le ofrecen un nuevo horario, para otro día.

Frente a la situación, la persona afectada por la cancelación no solo no recibe una disculpa, sino que, por el contrario, debe escuchar los problemas del empleado del consultorio o la situación: *No sabe todos los turnos que debí cancelar el día de hoy...*

Asumiendo que realmente fue así, que un imprevisto de último momento obligó a cancelar los turnos, la persona afectada por la cancelación, que llamaré "cliente", debió recibir una disculpa, un comentario como el siguiente: "lamento si esta cancelación le trae inconvenientes". En un grado más alto de la competencia, hubiera podido agregar: "quizá podamos recompensarlo de algún modo". En cambio, la persona a la cual se le canceló el turno en cuestión –el cliente– fue receptor de quejas y problemas.

Como decíamos al inicio, qué difícil es ponerse en el lugar del otro. Dejar de lado nuestros problemas para, frente a un hecho en particular, poner el foco en la otra parte, en cómo percibe las cosas, en cómo pueda verse afectado, en cómo puede sentirse.

Quizá no se pueda solucionar el problema, como en las dos situaciones mencionadas, no obstante, sí –en todos los casos– se podrá ver la cuestión desde la mirada del otro, ponerse en su lugar, para de ese modo realmente tratar al cliente como cliente.

Sin embargo, pareciera que el tema está agotado: otra vez hablar de los clientes...

La atención al cliente, desde sus diferentes miradas, parece un tema agotado, demasiado analizado y abordado; a pesar de lo cual cada día, en todo tipo de ambiente y lugar, desde diferentes roles, la "atención al cliente" falla, no convence, no es lo que debiera ser. Las excusas son diversas: la crisis económica, el contexto, las nuevas generaciones... y puedo sumar palabras y palabras... Sin embargo, sin cliente no hay negocio, ni servicio, ni nada. El cliente podrá ser directo o indirecto. Siempre estará allí.

Las fallas en la atención al cliente varían desde falta de conocimientos hasta escasa motivación y vocación de servicio. Cada organización deberá analizar y ajustar el foco, según corresponda a su caso en particular.

A continuación se verá un plan de formación, conformado por varias actividades, orientado a mejorar una serie de aspectos relacionados con la atención a los clientes.

Formación para la atención de clientes

En el *Apartado 14. Cambiar a través de la acción. Diseñar una actividad que permita cambiar comportamientos. Desarrollar competencias,* hemos visto el diseño de un Codesarrollo enfocado a la competencia *Orientación al cliente interno y externo.* A su vez, hemos visto un plan anual para un colectivo específico (auditores) en el *Apartado 15. Plan anual para un colectivo de profesionales de la misma especialidad.* Con un esquema similar, en esta sección se propondrá un plan "pensando en los clientes".

El caso elegido puede relacionarse con la fuerza de ventas de una organización que comercialice productos variados, y también otras actividades similares: personas que se desempeñan en la recepción de un hotel, telemarketers de cualquier servicio o producto, solo por citar algunos ejemplos. Una función que implique el trato con clientes, junto con la responsabilidad de resolver problemas, cerrar acuerdos, etc.

Para este colectivo de personas se propone una estructura de talleres de Codesarrollo a realizarse en dos días consecutivos, mezclando diversas temáticas de conocimientos y competencias.

En el ejemplo que se presenta en este apartado, la organización ha priorizado dos aspectos en relación con la atención a los clientes. Por un lado, una serie de cambios devenidos de un nuevo software corporativo que ya se encuentra en uso en todas las tiendas, junto con la idea de fortalecer un protocolo de atención que, si bien no es nuevo, los colaboradores no lo aplican en su totalidad, y que permite resolver algunas problemáticas frecuentes.

Los conocimientos seleccionados como prioritarios para el plan anual fueron:

- Manejo del nuevo software.

- Protocolo para la atención de clientes.

Del modelo de competencias[2] se eligieron las siguientes:

- *Cierre de acuerdos.* Capacidad para concretar y formalizar acuerdos y vínculos con los clientes, a través de propuestas y soluciones oportunas que respondan a sus necesidades y expectativas, y lograr beneficios para ambas partes.

- *Orientación al cliente interno y externo.* Capacidad para actuar con sensibilidad ante las necesidades de un cliente y/o conjunto de clientes, actuales o potenciales, externos o internos, que pueda/n presentar en la actualidad o en el futuro. Implica una vocación permanente de servicio al cliente interno y externo, comprender adecuadamente sus demandas y generar soluciones efectivas a sus necesidades.

Una vez definidos los conocimientos y competencias a desarrollar, se preparó un plan anual. Un esquema simplificado del cual puede apreciarse en la figura siguiente.

---

2 Encontrará un mayor detalle sobre las definiciones de competencias aquí expuestas en la obra denominada *La Trilogía: Diccionario de competencias. Tomo 1; Diccionario de comportamientos. Tomo 2,* y *Diccionario de preguntas. Tomo 3* (Ediciones Granica, Buenos Aires, 2015).

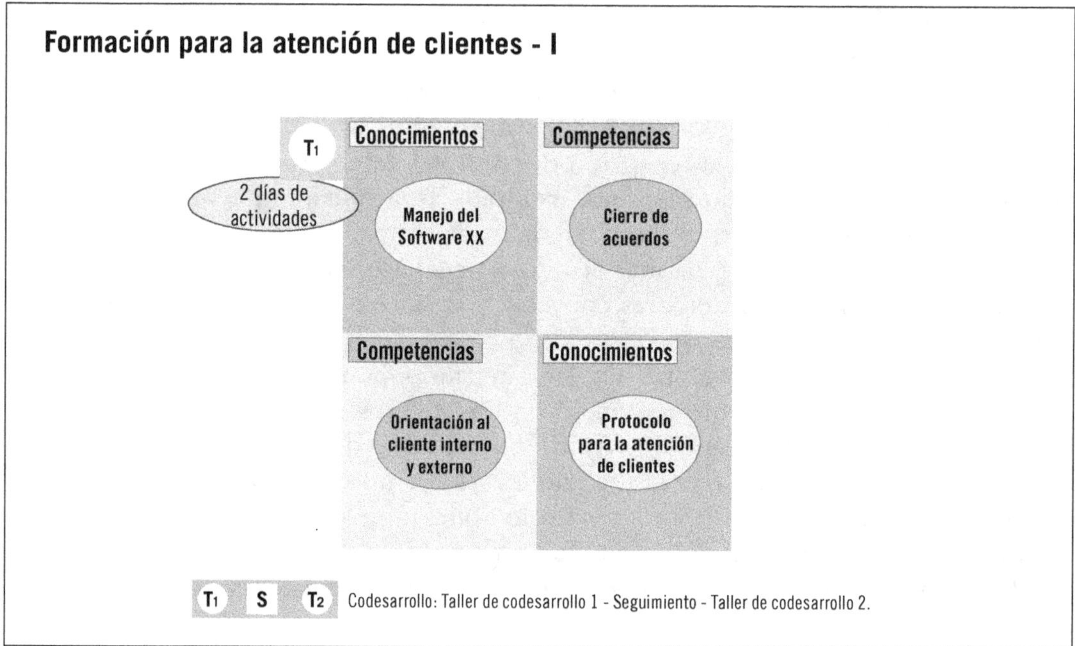

En la figura se expone un esquema con las distintas acciones a realizar, combinando en dos días actividades relacionadas con conocimientos y competencias, con el propósito de formar al colectivo receptor en un conjunto de aspectos necesarios para mejorar la atención a clientes. El plan de actividades comienza por el primer taller de Codesarrollo (T1).

Dentro de este ejemplo, es posible poner en práctica el esquema de maneras diferentes.

En una primera opción, considerar la formación sobre atención a clientes como un bloque de temas. El seguimiento y el segundo taller de Codesarrollo se realizan de manera conjunta, con un diseño en módulos, como puede verse en el gráfico *Formación para atención de clientes - I.*

Los participantes de los talleres de Codesarrollo 1 y 2 serán los mismos, y el seguimiento de los cuatro módulos del primer taller de Codesarrollo, con los temas mencionados en la figura precedente, será llevado a cabo también de manera conjunta. La idea se expresa en el gráfico de la página siguiente.

El seguimiento conjunto de los temas del taller de Codesarrollo 1, disímiles entre sí, podrá ser realizado por el jefe directo de los participantes.

Para el seguimiento (S) usualmente se destinan varios meses, antes de llevar a cabo el segundo taller, de la misma temática (T2).

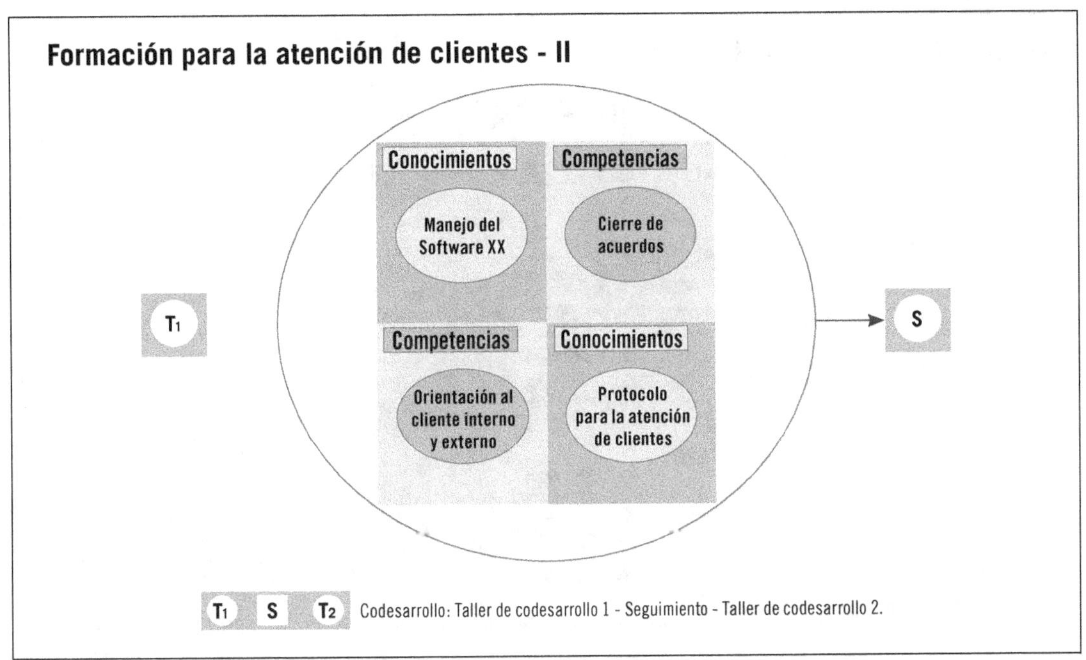

En otra variante, podría impartirse el taller de Codesarrollo de manera similar a la primera opción, realizando el seguimiento (paso 5) por separado para cada tema y, eventualmente, con distintos responsables. La idea se expone en el gráfico superior de la página siguiente, *Formación para atención de clientes - III.*

Dada la diversidad de temas, los módulos pueden haber sido impartidos por instructores diferentes. Si el seguimiento es asignado a ellos, sería realizado por distintos responsables.

En el ejemplo planteado en este apartado, para completar el ciclo que propone el método Codesarrollo los participantes recibirán el primer taller de dos días de actividad. A continuación, iniciará el paso 5, de seguimiento, que podrá realizarse en conjunto o por separado, según se vio en párrafos previos. Más adelante se realizará el segundo taller de Codesarrollo, sobre los mismos temas. La idea está ilustrada en la figura inferior de la página siguiente.

En casos como el planteado, es usual que la impartición del taller 2 se realice utilizando el mismo esquema con el cual se llevó a cabo el taller 1, es decir, el mismo grupo de participantes e igual orden de los temas a tratar.

Sin embargo, también podría organizarse de otro modo. Por ejemplo, según el resultado del seguimiento, considerando el grado de avance de cada colaborador en el aprendizaje de conocimientos y la modificación de comportamientos, unos podrán recibir el taller 2 en una fecha y otros, en otra.

Formación para la atención de clientes - III

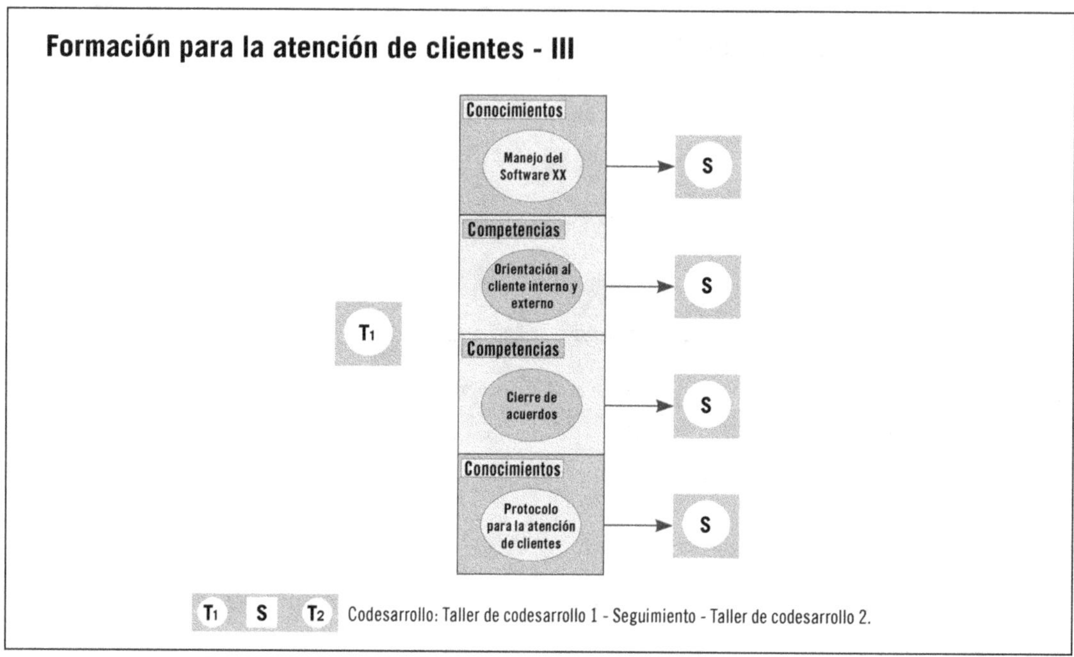

Formación para la atención de clientes - IV

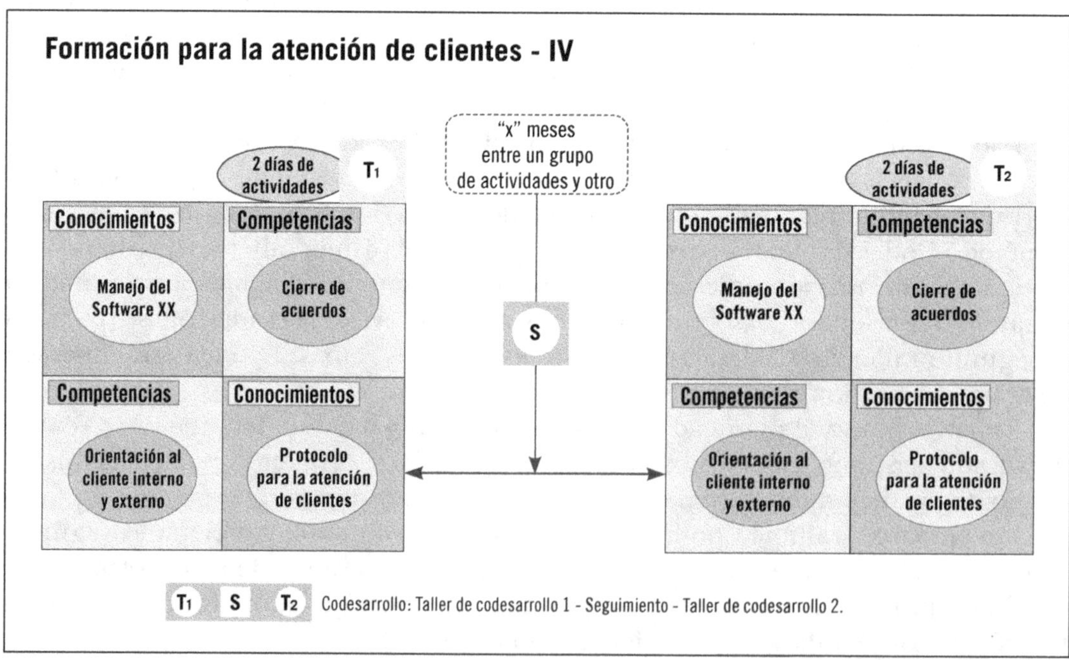

En organizaciones con gran número de colaboradores, usualmente se imparte formación para la atención de clientes a colectivos numerosos, motivo por el cual sería factible hacer diferentes agrupaciones de participantes. En caso contrario, si el número de colaboradores a participar en las actividades fuese reducido, la planeación de actividades deberá ajustarse a esta realidad.

La estructura de las actividades que se exponen en este apartado, combinando distintas temáticas tanto de conocimientos como de competencias, es usual. Las organizaciones con colaboradores ubicados en distintas zonas geográficas estructuran actividades para aprovechar costos de desplazamiento y optimizar de ese modo los costos involucrados. A la formación se suman, también, presentaciones de planes comerciales, nuevos productos y otras cuestiones relacionadas.

La impartición combinando temáticas formativas con otras cuestiones, podrá utilizarse en diversas circunstancias, en especial cuando las personas deban trasladarse de sus lugares de trabajo al centro de formación. Entre otras posibles situaciones, podría aplicarse un esquema similar cuando se incorporen grupos numerosos de colaboradores, como parte del proceso de inducción a la organización.

Las temáticas de la formación, por supuesto, pueden ser otras diferentes a las del ejemplo; aquí solo se ha pretendido mostrar al lector una idea sobre cómo se estructuran actividades de este tipo y cómo manejar grupos numerosos de colaboradores de nivel inicial o de mediano nivel en la estructura.

En todos los casos serán de vital importancia tanto el seguimiento como la segunda impartición (taller de Codesarrollo 2), para cerrar el ciclo de aprendizaje.

El ejemplo expuesto hasta aquí (publicado con algunos pocos cambios, para adaptarlo a las necesidades didácticas de esta obra) se implementó en una organización de dimensiones grandes. Por lo tanto, se hizo el diseño para luego impartirse varias veces, en distintas ciudades, a destinatarios de diferentes niveles, entre otras características particulares.

Actividades abiertas sobre temas relacionados con clientes u otros

En el *Apartado 10. Factores a tener en cuenta para alcanzar alta efectividad y eficacia* se ha visto la posibilidad de que el método Codesarrollo pueda ser utilizado en actividades abiertas, es decir, en las cuales participan personas de distintas organizaciones.

Una propuesta de formación mezclando distintas temáticas, conocimientos y competencias, similar al ejemplo, también podría llevarse a cabo para asistentes de organizaciones diversas (lo que denominamos Codesarrollo abierto). Las definiciones de las competencias a desarrollar, así como los conocimientos a impartirse, serán de tipo estándar o general.

En todos los casos las actividades pueden ser muy interesantes y generar resultados muy positivos. Atender bien a los clientes, "pensar en los clientes" como se propone desde el título, usualmente requiere una formación combinada en distintas temáticas para lograr el efecto deseado.

A modo de cierre

Al igual que vimos en el apartado anterior, frente a la necesidad de cubrir necesidades formativas diferentes, para un grupo de personas, dentro de un área en particular, se propuso un plan anual que combina el aprendizaje de conocimientos y el desarrollo de competencias.

Un esquema similar podrá diseñarse para grupos de colaboradores de otras áreas, por ejemplo, Logística, Producción, Mantenimiento, etc.

Apartados relacionados y/o que tratan temas con alguna conexión

La mayoría de los apartados tienen conexión entre sí. A continuación, solo voy a destacar algunos de ellos.

- Apartado 5. Nuevas generaciones, inmediatez, lenguaje y otras cuestiones en relación con Formación
- Apartado 10. Factores a tener en cuenta para alcanzar alta efectividad y eficacia
- Apartado 11. Aprender puede no ser aburrido. Diseño de una actividad sobre conocimientos
- Apartado 12. ¡Geografía también! Diseño de una actividad sobre conocimientos
- Apartado 13. Crecer es posible
- Apartado 14. Cambiar a través de la acción. Diseñar una actividad que permita cambiar comportamientos. Desarrollar competencias
- Apartado 15. Plan anual para un colectivo de profesionales de la misma especialidad
- Apartado 20. Formación para alcanzar la estrategia
- Apartado 21. Formación y cambio cultural. Lograr la cultura deseada
- Apartado 23. Formación para la alta gerencia
- Apartado 24. Formación para todos los niveles de conducción
- Apartado 29. Indicadores de gestión sobre Formación
- Apartado 30. Formador de formadores. Diseño e implementación

17

Definir necesidades a través de talleres

Actividades grupales para detectar y definir necesidades de formación

Definir necesidades de desarrollo será un aspecto clave para la confección de un plan de formación efectivo. Por otra parte, es difícil obtener la información necesaria para realizar un análisis completo de las actividades formativas requeridas por la organización, que, como ya se ha señalado, deben definirse mirando al futuro y con el propósito de alcanzar los planes estratégicos. En este apartado y basados en la experiencia profesional de nuestra firma, proponemos un camino.

En el *Apartado 9. Reconocer necesidades y priorizarlas* nos hemos referido a las distintas fuentes que deberían considerarse a los efectos de reconocer y definir las necesidades, previo a la confección del plan de formación. Una de dichas fuentes son las "encuestas a los jefes".

La *adecuación persona-puesto* debería ser un concepto a tener en cuenta para la detección de necesidades, considerando diferentes situaciones posibles:

- Adecuación persona-puesto respecto de la posición ocupada por el colaborador *en el presente.*

- Adecuación persona-puesto en relación con alguna posición que el colaborador podría ocupar *en el futuro*, según las diferentes posibilidades planteadas por los diferentes programas para el desarrollo de personas dentro de la organización.

Como decíamos en el apartado mencionado, estas encuestas constituyen una modalidad, de uso frecuente, a través de la cual se les pregunta a los jefes sobre las necesidades de formación de sus colaboradores.

Si bien esta es una buena práctica, puede originar desajustes e incluir una visión poco objetiva, ya que los jefes pueden percibir requisitos y, consecuentemente, necesidades que no respondan estrictamente a la realidad y/o que no representen todo lo necesario para que ese colaborador (o conjunto de colaboradores) se desempeñe/n de manera exitosa en sus puestos de trabajo, o no sean las más apropiadas para ese momento de la organización.

Los jefes, con frecuencia, están inmersos en el día a día, en las urgencias del corto plazo, y no contemplan necesidades de más largo plazo, necesarias para alcanzar la estrategia organizacional. Este comentario no implica desestimar la opinión de los jefes sino alertar acerca de que esta recolección de información debe ser complementada, en todos los casos, con información adicional.

Frente a situaciones como la descrita, será una buena idea, recolectar la opinión de los jefes en talleres.

Quiénes deberían participar en los talleres

Comencemos por recordar la definición del término[1]:

> **Taller.** Actividad de formación estructurada durante la cual se intercalan exposiciones teóricas con ejercitación práctica, siendo esta última la predominante.

El taller, en este caso, sería una actividad estructurada, en la cual se intercalarían exposiciones teóricas con actividades participativas por parte de los asistentes. No se trataría de una actividad realizada con el propósito de formar a sus asistentes. Su objetivo sería producir un documento interno.

Deberían participar de estos talleres todos los jefes, de todos los niveles. En organizaciones con numerosos jefes –desde el número 1 hasta directivos, gerentes y jefes de todo nivel– se deberán realizar varios talleres. Podrían agruparse por áreas, con la participación muy especial del director o gerente principal. La idea se expresa en la figura siguiente.

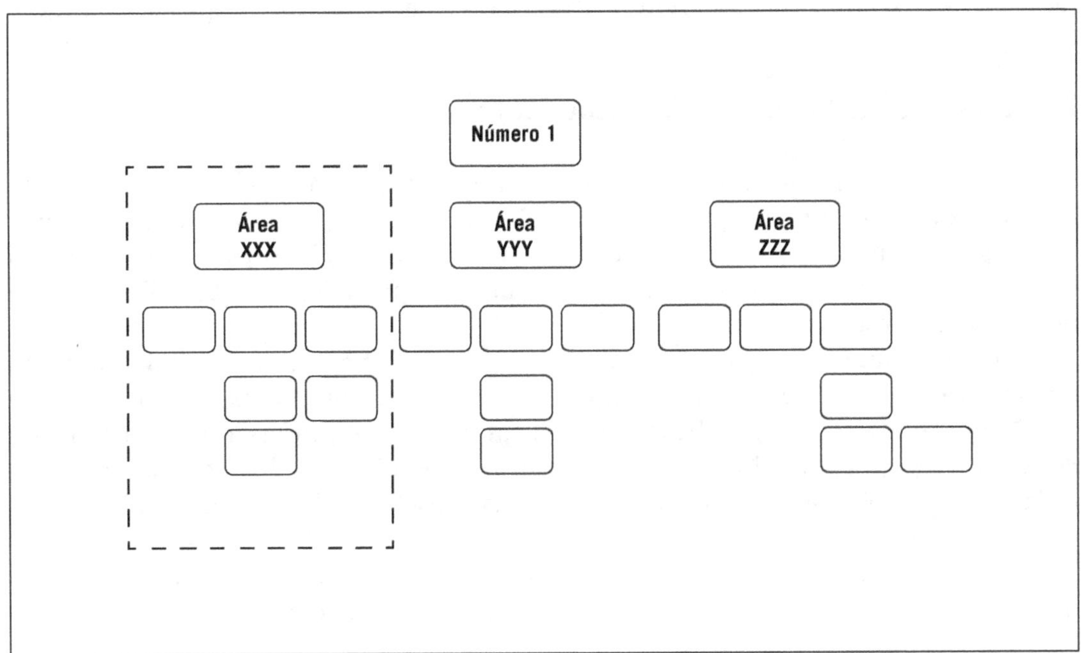

---

1 Fuente: *Diccionario de términos de Recursos Humanos*, Ediciones Granica, Buenos Aires, 2011.

En la figura se señala con una línea discontinua a los jefes y responsables de un área en particular.

Si al segmentar a "los jefes" por áreas la cantidad de asistentes fuese un número muy pequeño, se podría realizar un único taller o bien realizar varios, invitando a más de un área para, si fuese pertinente, separarlos al definir sus respectivas necesidades de formación; de ese modo se facilitará –en cada mesa de trabajo– el análisis de sus respectivas necesidades.

Analizar y reflexionar para luego definir necesidades de formación del equipo a cargo

Como se plantea desde el título, en este apartado estamos analizando una de las buenas prácticas: reemplazar las encuestas o preguntas que se realizan a los jefes (sobre necesidades de formación) por un taller durante el cual cada uno de los jefes allí presentes, en una actividad estructurada y con algún tipo de guía por parte de los expertos en formación, definirán las necesidades de los equipos a su cargo.

Esquema de un taller para definir necesidades

Un taller para definir necesidades de formación podría comenzar con alguna explicación breve sobre buenas prácticas. La relación de la formación con la visión y la estrategia organizacional. Como decíamos en el *Apartado 1. De ayer a mañana. Difícil y posible a la vez*, hay que destacar la importancia de que la formación se lleve a cabo de cara al futuro.

Luego de una exposición como la descrita, se debe explicar detalladamente cuáles serán los pasos a seguir durante el taller, y los resultados esperados.

A continuación se expondrán distintas cuestiones/preguntas a resolver durante el taller. Luego, y sobre el final, considerando cantidad y tipo de necesidades detectadas, se deberá sugerir realizar un esquema "ABC", es decir, una escala de importancia y prioridad de cada uno de los ítems respecto de los demás.

El instructor, en este caso un facilitador[2], deberá ayudar a los asistentes para que identifiquen necesidades recordando el concepto mencionado al inicio: la ade-

---

2 Facilitador: se trata de una persona con nivel y experiencia cuyo rol es conducir una reunión de trabajo donde los participantes deben producir un determinado resultado. Ejemplos: un plan estratégico, la visión y la misión de la organización, o su modelo de valores y/o competencias. Fuente: *Diccionario de términos Recursos Humanos*, Ediciones Granica, Buenos Aires, 2011.

cuación persona-puesto, tanto respecto de la posición que cada colaborador ocupa en el presente como la que, si corresponde, se prevé que ocupe en el futuro.

Preguntas y reflexión sobre los equipos a cargo de cada jefe

Las preguntas/cuestiones sobre los equipos a cargo, es decir, colaboradores, se han dividido en dos partes.

Se recomienda iniciar planteando la mirada al futuro, de algún modo "obligando" a los jefes a pensar en los objetivos que deberán alcanzar, y en los conocimientos, experiencia y competencias que sus colaboradores deberían poseer para lograrlo.

Muchos jefes, como decíamos al inicio del apartado, están muy involucrados en resolver los temas que viven en el día a día y, de alguna manera, no consideran las situaciones que deberán asumir más adelante.

Una vez realizado el ejercicio de pensar y analizar las necesidades de cara al futuro, será el momento de realizar un ejercicio análogo en relación con las necesidades actuales, para resolver y mejorar la presente situación.

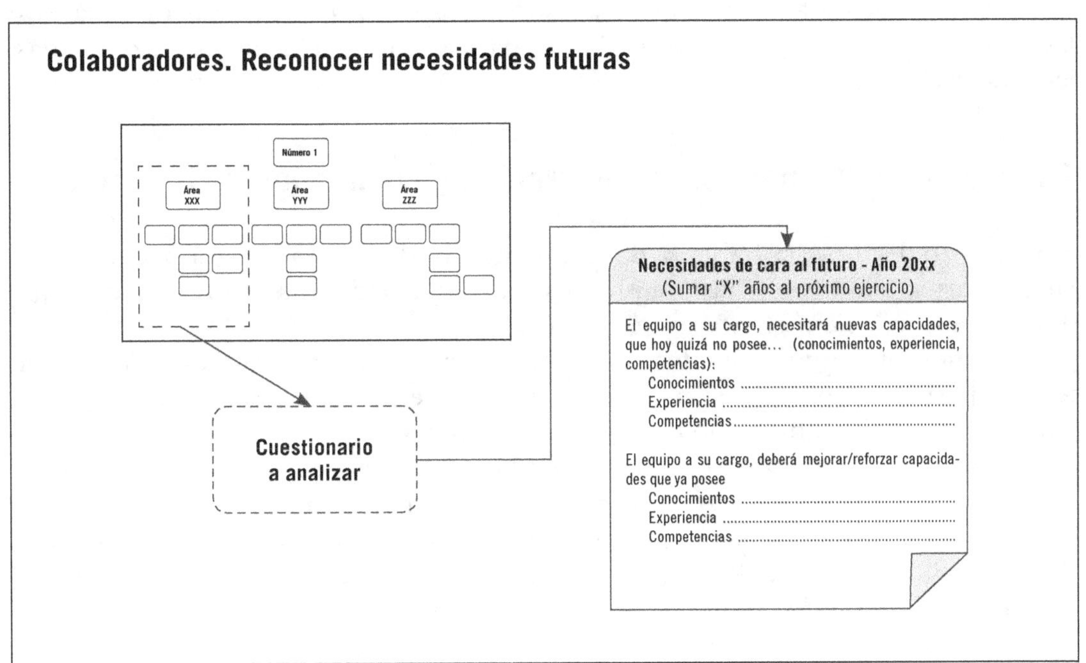

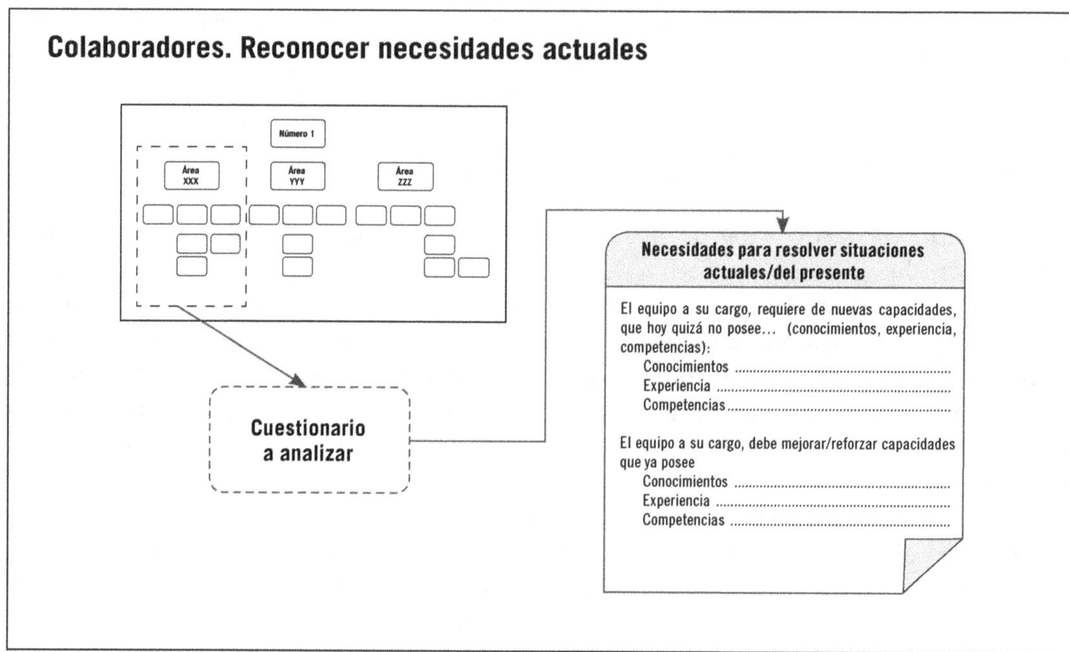

Sobre la base de los dos tipos de cuestionarios surgirá un documento final con las necesidades actuales y futuras definidas para el grupo de personas involucradas, jefes y colaboradores.

Analizar y reflexionar sobre sus propias necesidades de formación

Si bien el taller podría haberse dado por finalizado, luego de responder ambos cuestionarios planteados hasta aquí, se podrá adicionar una segunda parte, que describiremos de aquí en adelante.

Las cuestiones que se plantearán a continuación, si bien no son de uso frecuente, la experiencia nos indica que resultan un aporte muy interesante para tener en cuenta. En especial utilizando el esquema de talleres.

Cada asistente pensará en sí mismo, en un contexto reflexivo, considerando los planes futuros de la organización y con su propio jefe presente.

Al igual que las preguntas/cuestiones sobre los colaboradores, las preguntas para reflexionar sobre las necesidades propias de cada uno también se han dividido en dos partes.

En su mirada individual, cada interesado podrá incluir en el análisis un horizonte de más largo plazo. Dependerá de cada caso y circunstancia.

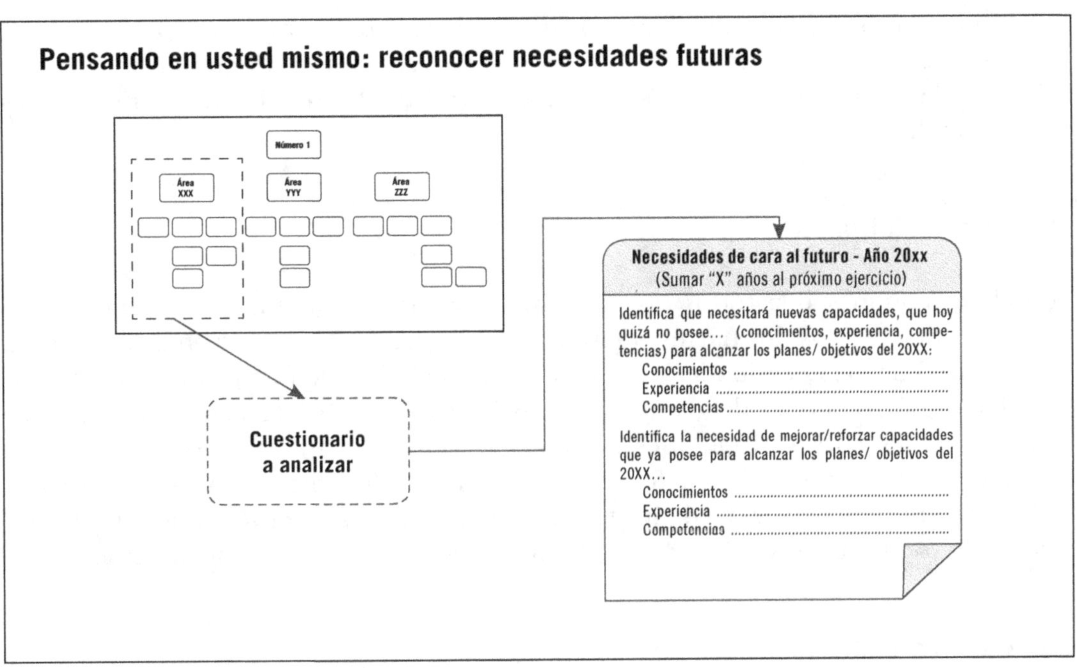
Pensando en usted mismo: reconocer necesidades futuras
Número 1
Área XXX
Área YYY
Área ZZZ
Cuestionario a analizar
Necesidades de cara al futuro - Año 20xx
(Sumar "X" años al próximo ejercicio)
Identifica que necesitará nuevas capacidades, que hoy quizá no posee... (conocimientos, experiencia, competencias) para alcanzar los planes/ objetivos del 20XX:
Conocimientos ....
Experiencia ....
Competencias...
Identifica la necesidad de mejorar/reforzar capacidades que ya posee para alcanzar los planes/ objetivos del 20XX...
Conocimientos ....
Experiencia ....
Competencias ....

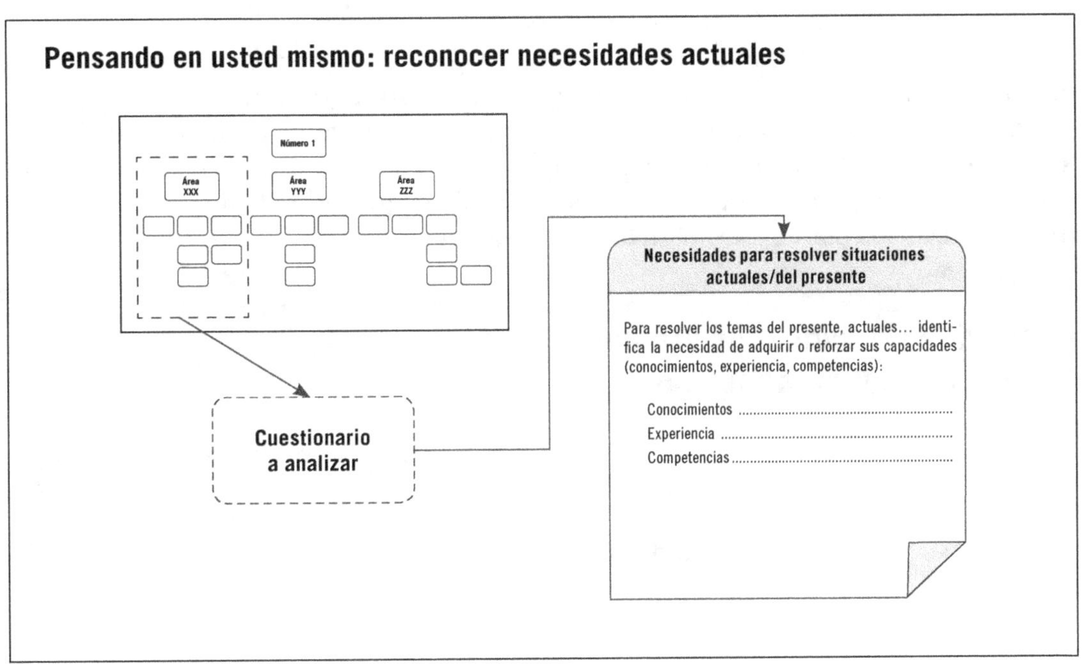
Pensando en usted mismo: reconocer necesidades actuales
Número 1
Área XXX
Área YYY
Área ZZZ
Cuestionario a analizar
Necesidades para resolver situaciones actuales/del presente
Para resolver los temas del presente, actuales... identifica la necesidad de adquirir o reforzar sus capacidades (conocimientos, experiencia, competencias):
Conocimientos ....
Experiencia ....
Competencias...

A continuación podrá analizar la situación actual o de muy corto plazo.

Sobre la base de los dos últimos cuestionarios surgirá un documento final con las necesidades actuales y futuras definidas para los jefes que estuvieron presentes en la actividad.

En el cierre del taller

Se deberá comunicar a todos los participantes que el documento producido durante el taller (en sus dos partes, sobre el equipo y reflexiones personales), no es la versión final de las necesidades a ser incluidas en el plan de formación.

Si la organización es de grandes dimensiones, con fábricas y sucursales en distintas ciudades y otras situaciones similares, es posible realizar varios talleres para la detección de necesidades de formación, como los descritos en párrafos previos.

En resumen, a posteriori de los talleres, deberá realizarse un análisis final, considerando todas las necesidades de la organización en materia de formación.

Un último comentario

Como ya se ha expresado, la detección de necesidades es una preocupación frecuente en la mayoría de las organizaciones.

De allí la importancia de reflexionar e indagar acerca de las reales necesidades de formación, en el marco de una actividad estructurada (taller).

Un marco conceptual, una adecuada guía del facilitador de la actividad, momentos compartidos con pares, serán elementos que ayudarán al propósito final: confeccionar un plan de formación efectivo y eficaz que les permita, a todos y cada uno, alcanzar los planes estratégicos organizacionales.

Apartados relacionados y/o que tratan temas con alguna conexión

La mayoría de los apartados tienen conexión entre sí. A continuación, solo voy a destacar algunos de ellos.

- Apartado 4. Diversidad, discriminación y otras cuestiones
- Apartado 5. Nuevas generaciones, inmediatez, lenguaje y otras cuestiones en relación con Formación

- Apartado 6. ¿Somos útiles proponiendo la formación adecuada, o llamamos al propalador de creencias?

- Apartado 7. Comenzando por el principio. Buenas prácticas en Formación

- Apartado 8. Continuando con las buenas prácticas: Herramientas y Formación

- Apartado 9. Reconocer necesidades y priorizarlas

- Apartado 10. Factores a tener en cuenta para alcanzar alta efectividad y eficacia

- Apartado 11. Aprender puede no ser aburrido. Diseño de una actividad sobre conocimientos

- Apartado 14. Cambiar a través de la acción. Diseñar una actividad que permita cambiar comportamientos. Desarrollar competencias

- Apartado 18. Seguimiento de la evolución del desarrollo de las competencias y/o del aprendizaje de conocimientos

- Apartado 19. Formación después de mediciones específicas

- Apartado 20. Formación para alcanzar la estrategia

- Apartado 25. Los jefes. Seguimiento eficaz. Segundo taller de Codesarrollo sobre la misma temática

- Apartado 29. Indicadores de gestión sobre Formación

- Apartado 30. Formador de formadores. Diseño e implementación

Notas

Para reflexionar, implementar, llevar a cabo en la organización

Para reflexionar, implementar, llevar a cabo en mi desarrollo profesional y personal

18

Seguimiento de la evolución del desarrollo de las competencias y/o del aprendizaje de conocimientos

Análisis de la evolución del aprendizaje y del desarrollo

En formación, como en el análisis de cualquier otro proyecto, podrá realizarse un seguimiento o control del avance, de los resultados obtenidos, del retorno de la inversión.

En consecuencia, el seguimiento podrá realizarse en distintos momentos y, a su vez, desde puntos de vista diferentes. Podrá medirse la inversión realizada, la evolución del desarrollo de una persona en particular o de un colectivo o grupo de colaboradores.

La infaltable pregunta sobre desarrollo/aprendizaje es: *¿qué indicadores se pueden utilizar para medirlo?* Existe una dificultad intrínseca en la medición de cualquier metodología que se desee aplicar en relación con el cambio organizacional y con el cambio de personas en general. Entonces la pregunta es válida: ¿cómo realizar un seguimiento de la evolución del desarrollo de las competencias y/o del aprendizaje de conocimientos?

La respuesta es sencilla, aunque llevarla a la práctica puede no serlo tanto: realizar al inicio una medición y luego de un período determinado, una nueva medición del/los factor/es que se desea analizar (competencias o conocimientos). Se retomará el tema en *Apartado 29. Indicadores de gestión sobre Formación.*

Se verán, a continuación, distintas opciones de seguimiento, individual y grupal.

Seguimiento individual

Para el seguimiento individual se deberá considerar el desempeño, por lo cual será de utilidad contar con algún tipo de medición. Se puede utilizar información de diversas mediciones, por ejemplo: evaluaciones de desempeño, si es que miden competencias. También resultados de mediciones múltiples como las evaluaciones de 360 grados y 180 grados, diagnósticos circulares y otras herramientas disponibles[1,2] que se hayan utilizado.

En el gráfico siguiente no se consigna si la medición se refiere a conocimientos o competencias. La idea que se desea exponer es que, en cualquiera de los casos, siempre se compara la medición realizada con lo requerido (puesto actual o futuro, según corresponda).

No existen mediciones adecuadas sin comparación con un parámetro; de lo contrario no proveen información que permita tomar decisión alguna.

---

1 Podrá leer sobre las distintas mediciones mencionadas en la obra *Desempeño por competencias,* Ediciones Granica, Buenos Aires, 2017.

2 En la metodología MAI se utilizan, además, las *Fichas de evaluación,* que con sus diferentes diseños permiten medir: valores, competencias y conocimientos. Ver las herramientas 27 y 28 en la obra *Las 50 herramientas de Recursos Humanos que todo profesional debe conocer,* Ediciones Granica, Buenos Aires, 2017.

En el caso de la disciplina que nos ocupa, Recursos Humanos, las mediciones deben realizarse en comparación con lo requerido por un puesto de trabajo, usualmente el actual, por ejemplo, en las evaluaciones de desempeño, en los diagnósticos adecuación persona-puesto, etc.

En el caso de diagramas de reemplazo, planes de sucesión u otros programas, podrá realizarse una comparación similar, en este caso, en relación con un puesto diferente al que la persona ocupa en el presente (de allí la expresión utilizada en varias partes de este trabajo: "puesto futuro que se prevé que la persona ocupará").

En resumen, una medición sin comparar contra lo requerido (o deseado), no brindará una información útil.

Para realizar un seguimiento efectivo del desarrollo de competencias de un colaborador deberá observarse su evolución en un período de tiempo, comparando, por ejemplo, el grado observado en un momento inicial con el alcanzado luego de un año (o el lapso conveniente, según la circunstancia).

En la figura siguiente puede apreciarse la comparación entre lo requerido y una medición realizada para tres colaboradores (Colaborador 1, Colaborador 2, Colaborador 3).

La información que puede observarse en el gráfico equivaldría a una "foto", es decir, no brinda información acerca de la evolución de cada colaborador, solo la situación en un momento dado, comparado en cada caso con lo requerido.

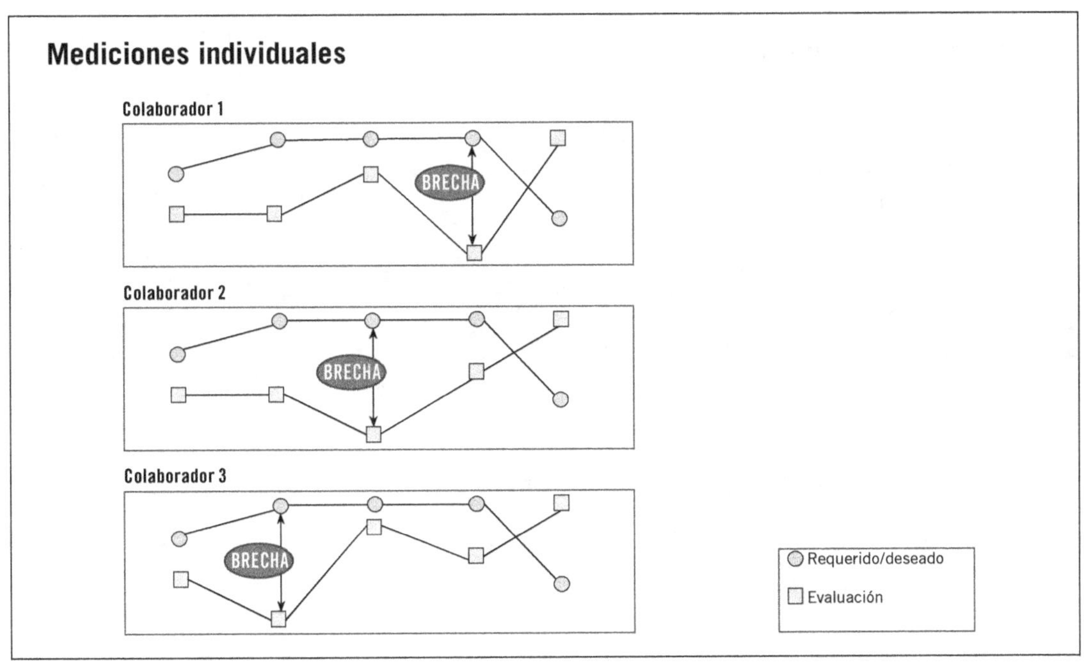

La evolución en el desarrollo podrá obtenerse de la comparación entre varios períodos. Veamos el gráfico al pie.

En la figura pueden apreciarse tres mediciones para una misma persona a la cual hemos denominado "Colaborador 2": una medición al inicio del programa de formación (Año 1, utilizando el método Codesarrollo), luego dos mediciones más, realizadas en los años 2 y 3.

Como puede observarse, luego de un período de tiempo las brechas son menores, lo que revela que las acciones de Codesarrollo –en ese caso– han sido eficaces.

Para realizar el seguimiento de acciones de formación en materia de competencias y/o conocimientos se deben realizar varias mediciones; por ejemplo, medir las capacidades (conocimientos y/o competencias) antes del inicio de las actividades de Codesarrollo u otras, y volver a hacerlo tras un período de tiempo, idealmente más de una vez.

¿Cuánto tiempo debe transcurrir entre una medición y otra? Depende del tema; en unos casos se pueden realizar en intervalos cortos (por ejemplo, para conocimientos), y en otros (para competencias, por caso) se sugiere dejar pasar varios meses, idealmente un año, ya que cada persona involucrada deberá modificar comportamientos, y esto siempre requiere más tiempo.

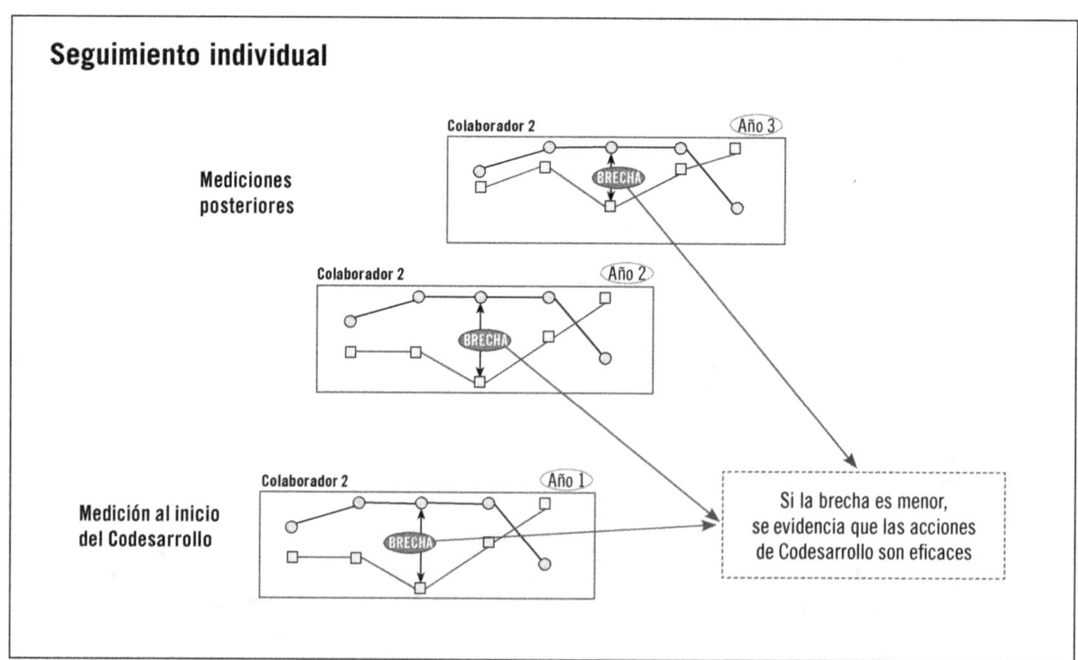

En el *Apartado 19. Formación después de mediciones específicas* y también en el *Apartado 22. Formación combinando medición de capacidades y codesarrollo,* se verán temas especialmente relacionados con los aquí tratados.

Seguimiento de un colectivo de personas

La idea central es la misma que en el caso del seguimiento individual. Se deben realizar mediciones para luego determinar la existencia –o no– de brechas.

El análisis se realiza, en este caso, para un colectivo o grupos de personas que se desee medir o evaluar. El colectivo o grupo de personas deberá tener cierta homogeneidad. Por ejemplo, grupos de vendedores, auditores, ingenieros eléctricos. Podrán tener niveles diferentes, formando, de alguna manera, parte de un colectivo con algún tipo de afinidad laboral.

Para el análisis, conclusiones y posteriores decisiones a tomar, deberá tenerse en cuenta que –dentro de ese grupo o colectivo– una o varias personas podrán tener una medición diferente al promedio, por sobre o por debajo de la media.

Si la decisión fuese realizar acciones de formación para las brechas más significativas del grupo, en su conjunto, en unos casos algún integrante podría recibir formación que no sea imprescindible (cuando su medición está por sobre la media) y algún otro podría no recibir una formación que necesite con mayor premura, porque su medición personal está por debajo de la media.

En resumen, siempre será conveniente realizar análisis grupales, sin perder de vista los casos individuales. Si por alguna circunstancia solo se lleva a cabo un análisis del conjunto de colaboradores, los jefes y otros involucrados deberán estar atentos para realizar acciones individuales de formación complementarias.

En las mediciones para un colectivo o grupo de personas, en todos los casos –ya sea que se midan conocimientos o competencias– se debe comparar con lo requerido o deseado. La idea se expresa en el gráfico de la página siguiente.

En la figura se muestra una medición correspondiente a un momento dado, la cual es comparada con lo requerido, ya sea del puesto actual o futuro. Se señala una brecha como la más significativa. Esta brecha podría originar acciones de formación para ese colectivo. Si la brecha identificada fuese en la competencia *Orientación* al cliente interno y externo, el conjunto de colaboradores debería participar en un Codesarrollo sobre esa temática específica[3].

---

3 Un ejemplo de Codesarrollo sobre la competencia *Orientación al cliente interno y externo* puede verse en el *Apartado 14. Cambiar a través de la acción. Diseñar una actividad que permita cambiar comportamientos. Desarrollar competencias.*

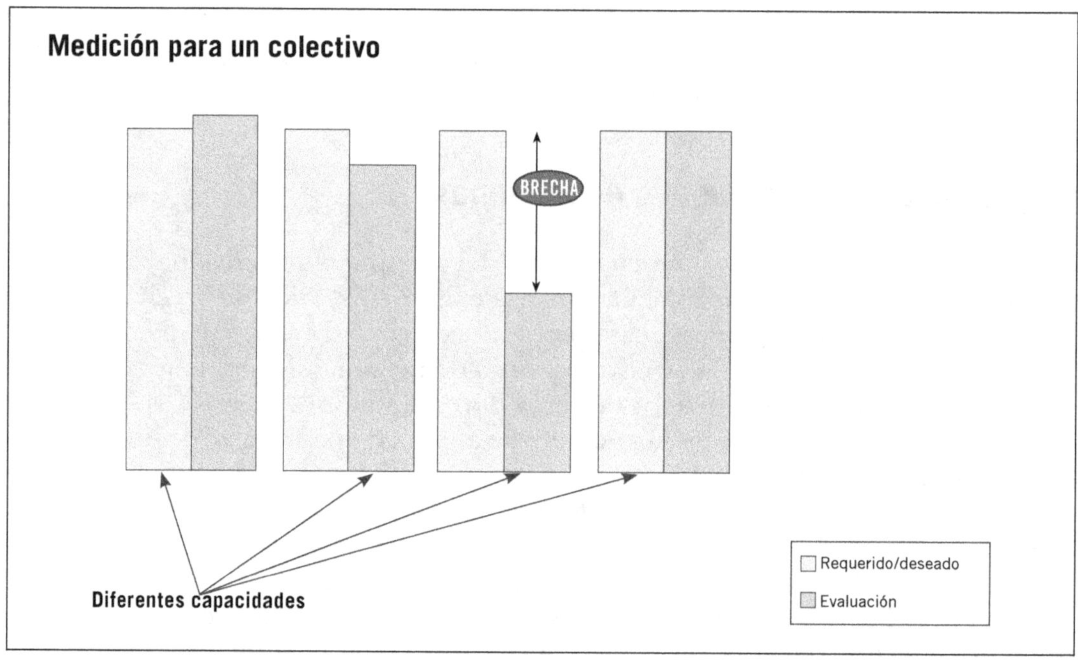

El concepto "mediciones para un colectivo" no implica que estas evaluaciones deban ser estrictamente grupales: pueden administrarse de manera individual, por ejemplo, a través de la *Evaluación vertical*[4]. Luego, sobre estas evaluaciones podrán confeccionarse informes por colectivos de personas. Ejemplo: vendedores de la zona "X".

Para evaluar la evolución en el desarrollo de competencias y/o conocimientos de un colectivo o grupo de personas, es recomendable realizar una medición antes del inicio de las actividades de formación, y en momentos posteriores.

A partir de estas mediciones se pueden utilizar distintos indicadores, ver *Apartado 29. Indicadores de gestión sobre Formación*. Para la elaboración de los índices allí expuestos será necesario contar con una medición concreta y fiable del desarrollo de competencias y/o conocimientos, según corresponda.

Para realizar un seguimiento –como se expone en el gráfico siguiente– las mediciones deben realizarse por ítems similares en varios momentos, de ese modo la comparación será válida y permitirá conocer el grado de eficacia de las acciones encaradas.

---

4 *Desarrollo por competencias*. Ediciones Granica, Buenos Aires, 2017.

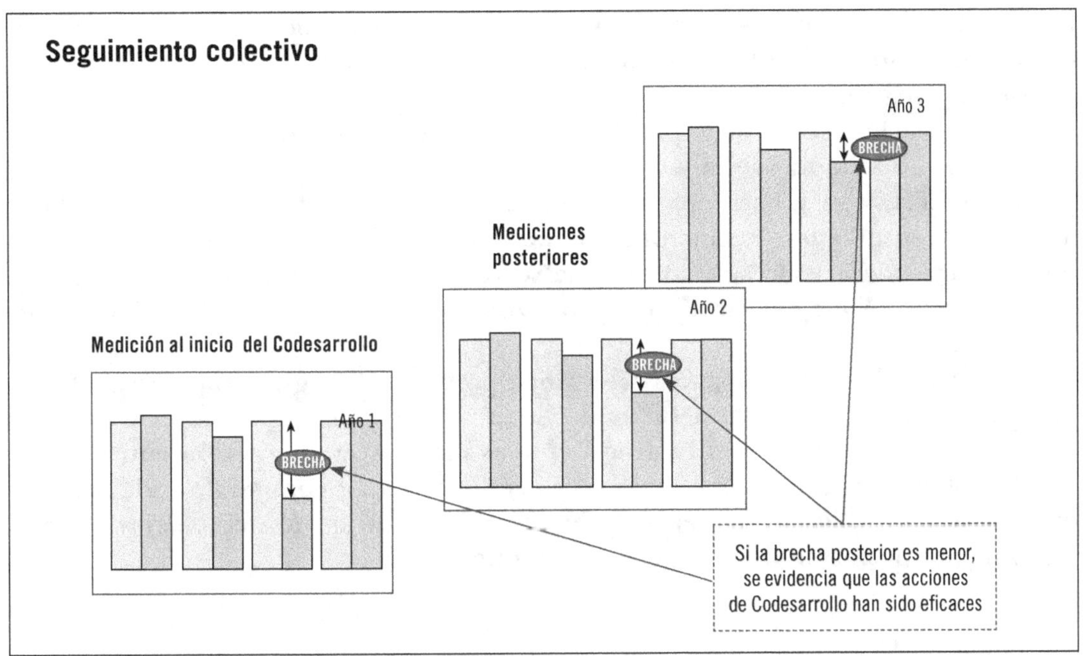

Como puede observarse en el gráfico precedente, si las brechas detectadas en una medición posterior a las acciones de Codesarrollo son menores a las previas, eso significa que, para ese colectivo de personas, dichas acciones han sido eficaces.

Respecto de cuánto tiempo debe transcurrir entre una medición y otra, vale el mismo comentario que hemos hecho para el seguimiento individual: en relación con conocimientos se pueden realizar mediando un período breve, en cambio, para competencias se sugiere dejar pasar varios meses, idealmente un año, ya que las personas involucradas deberán modificar comportamientos y esto siempre requiere más tiempo.

Seguimiento y plan de acción en el método Codesarrollo

Lo expuesto hasta aquí en este apartado son aspectos a tener en cuenta en relación con Formación, cualquiera sea el diseño utilizado para las distintas actividades que se realicen. A continuación, algunas consideraciones breves sobre el método Codesarrollo en particular.

En las primeras páginas del *Apartado 11. Aprender puede no ser aburrido. Diseño de una actividad de conocimientos,* se ha incluido una explicación detallada del método Codesarrollo, sus pasos y otros aspectos de relevancia, entre ellos el plan de acción (paso 4 del taller de Codesarrollo) y el paso 5, posterior al taller, que se denomina "seguimiento".

En el Apartado 11 se ha expuesto un gráfico denominado "Codesarrollo. Pasos y secuencia", donde puede observarse que el método Codesarrollo está compuesto por dos talleres (T1 y T2), separados por un espacio de tiempo en el cual se lleva a cabo el seguimiento. Adicionalmente, también se indica que en cada uno de los talleres de Codesarrollo se realizan cuatro pasos. El seguimiento corresponde al paso número 5. Y luego, tras un período razonable, se lleva a cabo el segundo taller de Codesarrollo (T2).

Partiendo de la información del gráfico previo, en la figura al pie se destacan dos aspectos fundamentales del método: seguimiento y plan de acción.

La idea central de la figura precedente es mostrar la interacción entre los pasos. Un plan de acción adecuado a las necesidades, que contemple –además– las expectativas y motivaciones del participante, podrá ser un insumo efectivo para el seguimiento posterior al taller de Codesarrollo.

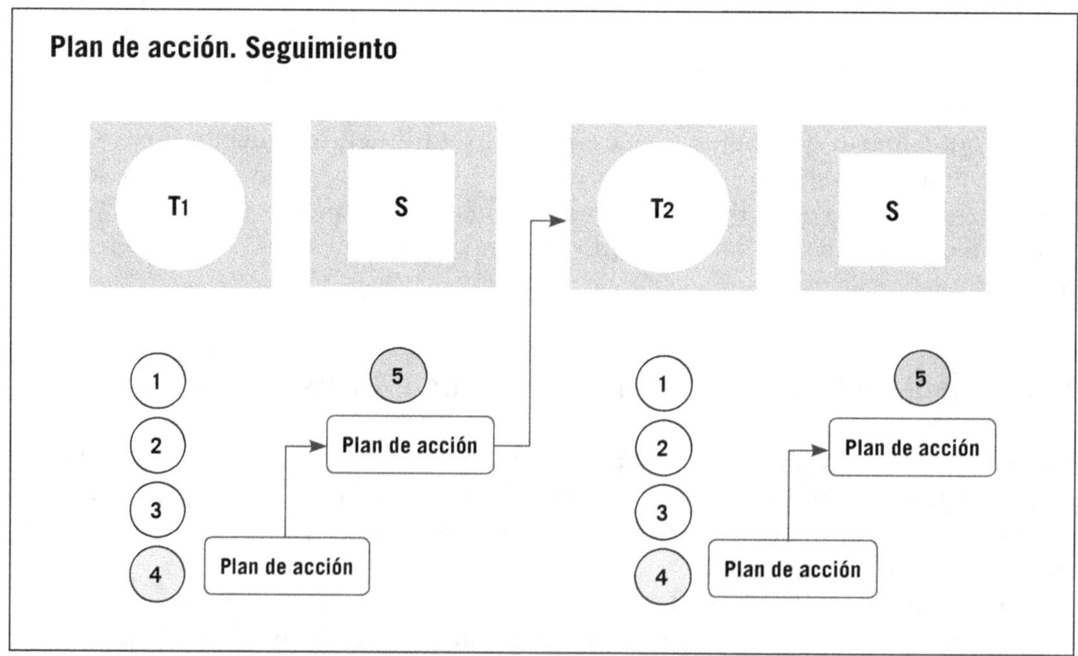

Plan de acción - Método Codesarrollo

El plan de acción (paso 4 dentro del método Codesarrollo) es un aspecto fundamental para alcanzar el desarrollo/aprendizaje deseado.

En el taller de Codesarrollo se llevan a cabo cuatro pasos (1 a 4). El seguimiento implica el paso número 5. En el segundo taller de Codesarrollo se realizan nuevamente los pasos 1 a 4.

En el paso 4 se propone conducir al participante a la acción, a través de la confección de un plan concreto realizado durante el taller de Codesarrollo y que le permitirá poner en práctica lo aprendido y/o usar los comportamientos, inmediatamente después de que el taller concluye.

Seguimiento - Método Codesarrollo

El seguimiento (paso 5 dentro del método Codesarrollo) es el segundo aspecto fundamental para alcanzar el desarrollo/aprendizaje deseado. Implica, como su nombre lo indica, un seguimiento posterior al taller de Codesarrollo.

Este seguimiento podrá ser realizado por el instructor que ha llevado a cabo la actividad, o por el jefe directo de los participantes.

Implica, además, realizar mediciones del grado de avance o desarrollo de los participantes de la/s actividad/es de Codesarrollo.

Dicho seguimiento podrá ser individual o colectivo (es decir, para un grupo de personas).

A modo de cierre

El resultado de la formación es una cuestión que preocupa a los especialistas en Recursos Humanos, al número 1 y a los directivos en general. También a los participantes de las actividades y a sus jefes. Unos y otros desean conocer cómo analizar y seguir la evolución del aprendizaje de conocimientos y/o del desarrollo de competencias.

La evolución del desarrollo, para ambos ítems, se podrá realizar a través de mediciones efectuadas en más de un momento (medir solo una vez no aporta información acerca de la evolución deseada).

El seguimiento de la evolución podrá realizarse a nivel individual y grupal. También desde distintas miradas y perspectivas.

La formación es un factor esencial para alcanzar los objetivos organizacionales de cara al futuro: la visión y la estrategia. También como vehículo para lograr el cambio cultural, cuando sea necesario.

Apartados relacionados y/o que tratan temas con alguna conexión

La mayoría de los apartados tienen conexión entre sí. A continuación, solo voy a destacar algunos de ellos.

- Apartado 7. Comenzando por el principio. Buenas prácticas en Formación

- Apartado 10. Factores a tener en cuenta para alcanzar alta efectividad y eficacia

- Apartado 11. Aprender puede no ser aburrido. Diseño de una actividad sobre conocimientos

- Apartado 12. ¡Geografía también! Diseño de una actividad sobre conocimientos

- Apartado 13. Crecer es posible

- Apartado 14. Cambiar a través de la acción. Diseñar una actividad que permita cambiar comportamientos. Desarrollar competencias

- Apartado 19. Formación después de mediciones específicas

- Apartado 20. Formación para alcanzar la estrategia

- Apartado 21. Formación y cambio cultural. Lograr la cultura deseada

- Apartado 22. Formación combinando medición de capacidades y Codesarrollo

- Apartado 23. Formación para la alta gerencia

- Apartado 25. Los jefes. Seguimiento eficaz. Segundo taller de Codesarrollo sobre la misma temática

- Apartado 26. Motivar a otros, ¿un rol que deben asumir los jefes?

- Apartado 27. Problemas entre jefes y colaboradores

- Apartado 28. Programas para jefes. Distintas temáticas

- Apartado 29. Indicadores de gestión sobre Formación

19

Formación después de mediciones específicas

Formación interna

La formación podrá ser interna o abierta. En este último caso una institución educativa ofrece una actividad en la cual pueden participar personas de diferentes organizaciones, en contraposición con la formación interna, que se realiza en el ámbito de una organización, y todos los asistentes pertenecen a una misma empresa o grupo empresario.

En una primera mirada, la formación interna debería surgir como respuesta a las necesidades detectadas después de realizar mediciones.

Si una persona ocupa un puesto para el cual se requieren ciertas capacidades –conocimientos, competencias, experiencia– y se detecta una brecha en cualquiera de los aspectos mencionados, debe analizarse cuál es el mejor camino para resolverla. No siempre la solución será asistir a una capacitación. En ocasiones, otras alternativas darán muy buenos resultados. Como se verá más adelante, los jefes pueden asumir un rol de entrenadores de sus colaboradores, entre otras opciones.

¿Cómo determinar una necesidad de formación específica? El primer aspecto será medir las capacidades de los colaboradores, comparándolas con lo requerido por el puesto que cada uno ocupa. También podrá realizarse un análisis similar si a alguno de los colaboradores se lo estuviese evaluando en relación con un puesto futuro.

En todos los casos será importante determinar el tipo de necesidades –conocimientos, competencias, experiencia– detectadas a través de las mediciones mencionadas.

Dichas mediciones podrán ser producto de los procedimientos habituales, por ejemplo, las evaluaciones de desempeño, u otras que se realicen con el propósito específico de determinar eventuales brechas, ya sea de conocimientos o competencias. En ambos casos será posible utilizar Codesarrollo como método de aprendizaje.

Diseños a medida para responder a necesidades de formación que surgen de mediciones específicas

Para la formación interna, el método Codesarrollo, en su variante denominada "Codesarrollo interno", permitirá la realización de un diseño a medida[1].

El diseño a medida podrá contemplar, además de los aspectos específicos que cada organización pueda requerir, la información resultante de las mediciones.

---

1 En el *Apartado 10. Factores a tener en cuenta para alcanzar alta efectividad y eficacia*, se pueden distinguir dos tipos de Codesarrollo, interno y abierto.

Cuando se cuenta con información precisa sobre el grado de desarrollo de las capacidades de los colaboradores, producto de las mencionadas mediciones específicas, la formación podría ser aún más efectiva.

Entre las mediciones específicas a las cuales hace referencia el título del apartado, se podrían señalar las habituales, como las evaluaciones de desempeño, así como otras, excepcionales y/o menos frecuentes.

Según los programas internos para el desarrollo que la organización[2] haya implementado, se realizarán también mediciones que podrán detectar necesidades de formación. Entre los más frecuentes se pueden mencionar planes de sucesión y planes de carrera; no obstante, puede contarse con otros más.

A continuación se describirán las situaciones más frecuentes a partir de las cuales los colaboradores podrían necesitar formación.

Por último, se hará referencia a las acciones a llevar a cabo cuando se implanta (o se modifica) un modelo de competencias con el propósito de alcanzar la estrategia y/o un cambio cultural.

Necesidades de formación después de la evaluación de desempeño

Evaluación vertical del desempeño

La evaluación del desempeño es un proceso estructurado para medir el desempeño de los colaboradores. En la metodología MAI se propone la evaluación vertical[3], una medición del desempeño realizada por el jefe o superior que se complementa con la autoevaluación del propio colaborador y la revisión del nivel superior al jefe directo ("jefe del jefe").

Dicho proceso (estructurado) tiene un doble propósito: 1) se utiliza para medir el desempeño de los colaboradores (usualmente se combinan objetivos y competencias) y, al mismo tiempo, 2) es un derecho del colaborador, al recibir retroalimentación sobre cómo está haciendo las cosas (desempeño). La denominación de "vertical" hace referencia a los actores más usuales del proceso: el jefe directo, el colaborador (autoevaluación), y una mirada adicional, como es la del "jefe del jefe" (en nuestra metodología denominamos a ese aspecto *la tercera firma*).

---

2 Los programas internos para el desarrollo de personas que ya integran la organización podrá verlos en la obra *Construyendo talento*, Ediciones Granica, Buenos Aires, 2016.

3 *Desempeño por competencias*. Ediciones Granica, Buenos Aires, 2018.

Luego de las evaluaciones de desempeño pueden darse dos tipos de situaciones. Por un lado, pueden detectarse necesidades a partir de los resultados individuales, es decir, personas que presentan una brecha, ya sea en conocimientos y/o competencias.

Desde otra perspectiva, un grupo o colectivo de personas pueden requerir, en su conjunto, el desarrollo de una competencia o el aprendizaje de un conocimiento.

El método a utilizar para el diseño de las actividades formativas es Codesarrollo. Interno en este caso.

En la figura al pie se muestra cómo después de la aplicación de la evaluación vertical podrán determinarse tanto actividades individuales como para un grupo o colectivo de personas, integrando ambas opciones el plan de formación.

En la figura de la página siguiente, el método Codesarrollo (en su variante "Codesarrollo interno") contempla en su diseño distintas posibles situaciones, según el resultado de las evaluaciones realizadas, en este caso la evaluación vertical.

Como surge de la figura, el diseño podrá considerar las dos situaciones posibles en los cuales podrá ser utilizado.

- Cuando la participación de los colaboradores en las distintas actividades, de acuerdo con las brechas detectadas, se ha decidido a partir de analizar el colectivo al cual pertenecen. Por ejemplo, formación en la competencia

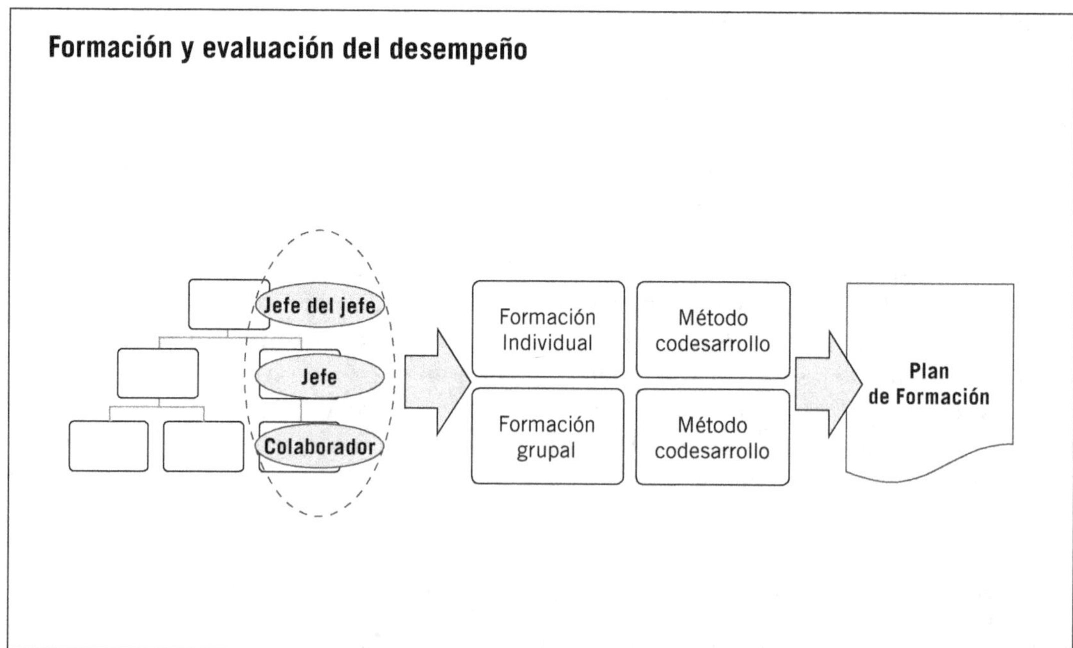

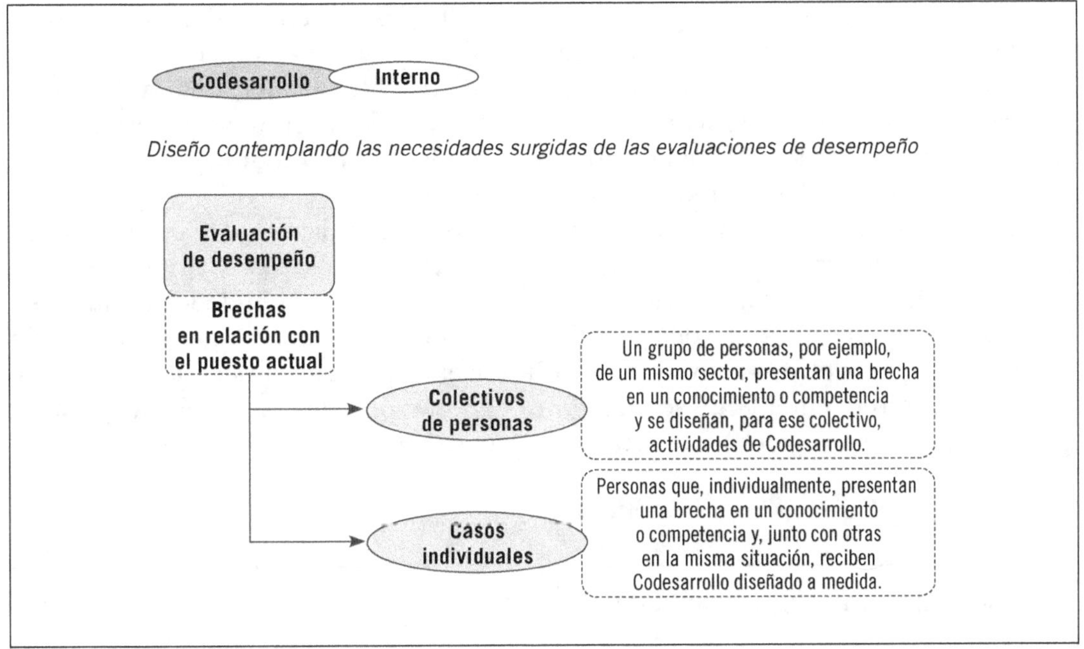

"X" para todos los vendedores o para todos los integrantes del área de logística.

- En el caso opuesto al anterior, cuando la decisión de la participación de cada uno los colaboradores se ha realizado (analizando individualmente cada caso) según las brechas detectadas.

En organizaciones integradas por muchos colaboradores es usual tomar decisiones sobre la base de grupos o colectivos de una misma especialidad y, además, que los jefes analicen las necesidades individuales, para solicitar formación específica para alguno/s de los integrantes de su equipo de trabajo.

Cada forma de decidir tiene puntos a favor y otros no tan convenientes. Es importante tenerlos en cuenta, para así tomar decisiones efectivas.

Mediciones múltiples y la formación resultante

Las organizaciones, con alguna frecuencia, realizan mediciones múltiples del desempeño, entra las más conocidas la *evaluación de 360°*. Esta evaluación consiste en un proceso estructurado para medir las competencias de los colaboradores de una organización, con un propósito de desarrollo, en el cual participan múltiples evaluadores. Toma el nombre de 360° en alusión a que una persona es evaluada por sus superiores, pares y subordinados, además de por ella misma (autoevaluación). En ocasiones la evaluación incluye la opinión de clientes internos y/o externos. Para que una evaluación de 360° sea eficaz debe ser diseñada a medida de la organización y en función de las competencias de su modelo.

Otras evaluaciones múltiples que también podrán utilizarse son: evaluación de 180° y diagnóstico circular. En cualquiera de estas evaluaciones, al igual que en la evaluación de 360°, el propósito será el desarrollo y la formación de los evaluados.

A partir de los resultados de las evaluaciones múltiples mencionadas, se podrán tomar decisiones de formación y desarrollo diversas. Entre las necesidades que se detectan más frecuentemente se encuentra el desarrollo de competencias para un grupo de directivos o jefes[4]. Las ideas se expresan en la figura siguiente.

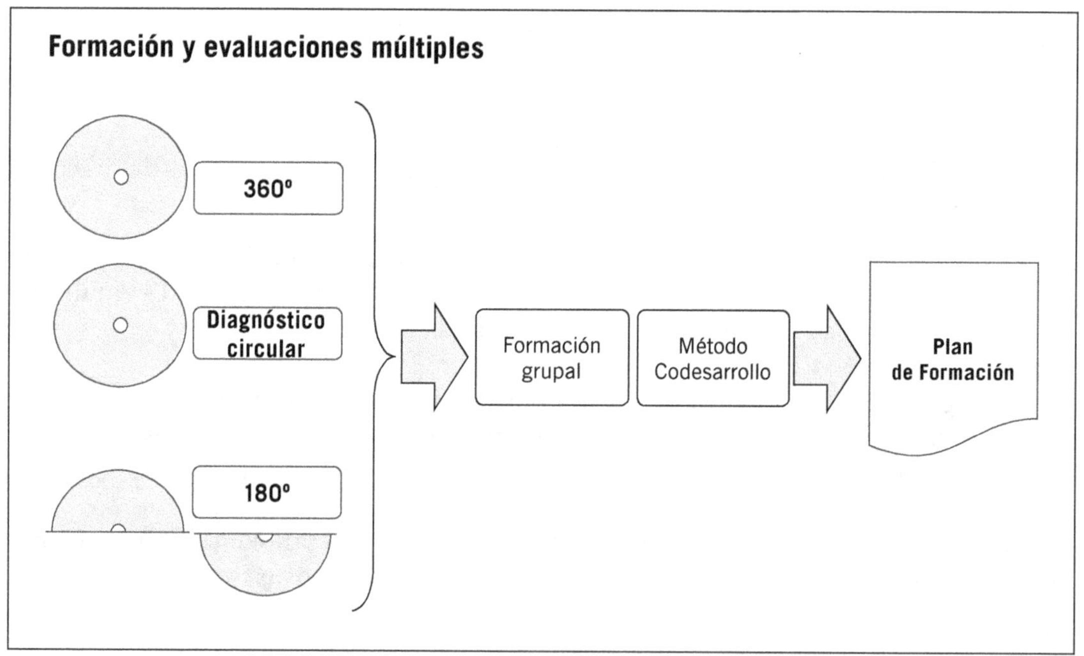

---

4 En varios apartados de esta obra se exponen ejemplos de formaciones específicas para jefes y alta gerencia.

Comentario importante sobre formación y las distintas evaluaciones mencionadas

En todas las evaluaciones mencionadas (evaluación vertical, evaluación de 360°, evaluación de 180° y diagnóstico circular), así como también en el caso de otras no mencionadas,, los evaluados podrán realizar acciones de autodesarrollo y los jefes de los evaluados llevar a cabo su rol de *jefe entrenador*.

En el caso del autodesarrollo las personas podrán decidir libremente hacer algo (o no) en materia de desarrollo. Esta decisión podrá estar relacionada con aquellos a los cuales se les ha detectado una brecha, como también con aquellos otros que, no existiendo brecha, igualmente desean realizar alguna acción de superación.

En los párrafos previos (y en las figuras ilustrativas) solo se hizo mención a la formación estructurada a través de talleres y, además, utilizando el método Codesarrollo.

Necesidades de formación que surgen de planes de sucesión, planes de carrera u otros programas internos para el desarrollo. Codesarrollo interno

Las organizaciones con frecuencia implementan programas internos para el cuidado del capital intelectual y el desarrollo[5] de sus colaboradores.

La mayoría de estos programas considera algún tipo de medición de capacidades para, luego, definir actividades formativas, según los propósitos de cada programa.

Por lo tanto, surgirán necesidades de formación luego de las mediciones específicas relacionadas con planes de carrera, planes de sucesión y otros programas internos.

Si bien muchas veces la información para los mencionados planes surge de las evaluaciones de desempeño (ya mencionadas), también es usual que se realicen mediciones específicas como producto de la puesta en marcha de programas para el desarrollo de personas. En ambos casos pueden determinarse necesidades individuales y colectivas. Veamos a continuación dos ejemplos.

En planes de sucesión, los casos más frecuentes son de tipo individual. Una persona tiene brechas entre lo requerido por el puesto futuro determinado en el plan de sucesión y la medición actual.

---

5 *Construyendo talento.* Ediciones Granica, Buenos Aires, 2016.

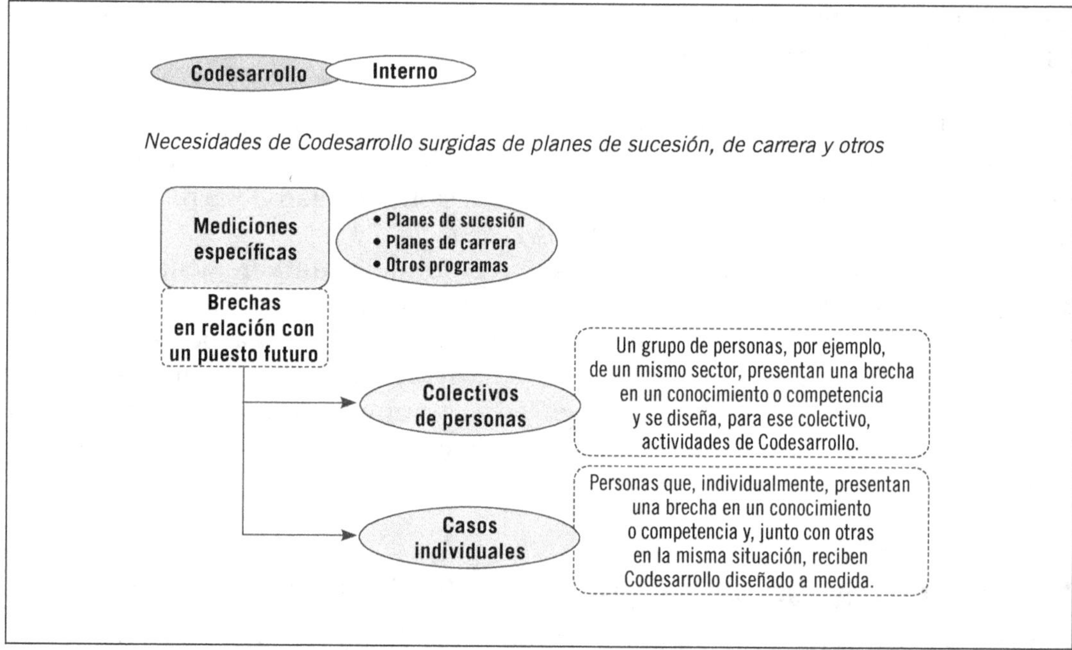

En planes de carrera, lo más frecuente es impartir actividades por colectivos o grupos de personas. Todos los participantes de un determinado nivel reciben formación sobre un tema en particular.

En la implementación de los distintos programas organizacionales se consideran las necesidades de formación. Como se observa en la figura precedente, podrán definirse necesidades formativas para grupos o colectivos de personas, por ejemplo, de un mismo sector. También, necesidades individuales.

Necesidades de formación producto del cambio cultural, luego de implantar un modelo de competencias y otras circunstancias similares. Codesarrollo interno.

En el *Apartado 20. Formación para alcanzar la estrategia* y también en el *Apartado 21. Formación y cambio cultural. Lograr la cultura deseada,* se analizarán las necesidades de formación con estos propósitos específicos.

En ocasiones se toma la decisión de impartir actividades formativas sobre una temática en particular, sin realizar mediciones previas. Es decir, por alguna razón, se estima que todos los integrantes de un área u organización deberán participar de la actividad "xx". Esta determinación puede no ser caprichosa, sino devenir de un cambio cultural deseado o de nuevos planes estratégicos.

También se detectarán necesidades luego de las mediciones que se realicen, por ejemplo en el momento de implantar un modelo de competencias. En este último caso (al implantar un modelo de competencias) lo más usual es que luego de realizar las mediciones específicas, al inicio, se puedan presentar tanto casos individuales como grupales o colectivos para planificar la formación.

Una situación análoga se produce cuando se implementan modelos de conocimientos y de valores.

En el caso del cambio cultural, lo más frecuente es planear actividades formativas para toda la organización; por lo tanto, el abordaje debe ser por colectivos de personas.

Las situaciones descritas en el siguiente gráfico son las más frecuentes. Desde ya, pueden darse otras.

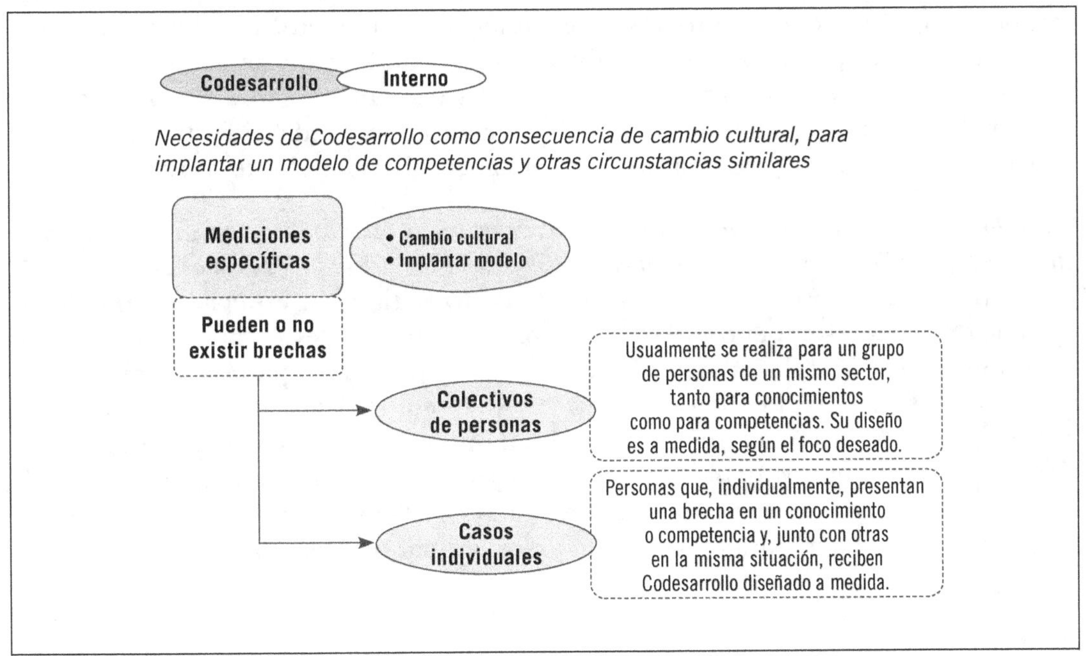

Q&A sobre formación interna

¿Cómo debería ser el mensaje, a transmitir a los colaboradores, sobre los programas internos? Las áreas de Recursos Humanos suelen "venderlos" como un beneficio; sin embargo, requieren un esfuerzo mutuo.

Las buenas prácticas en Recursos Humanos, entre ellas los programas internos para el desarrollo, son del estilo *ganar-ganar*. Producen beneficios para todos, para la organización y para los participantes de dichos programas.

Las organizaciones ofrecen formación y carrera. Al mismo tiempo, los participantes deberán realizar algún tipo de esfuerzo. Su desempeño y desarrollo serán objeto de mediciones, como se vio en párrafos previos, y la mayoría de las veces alcanzar los niveles deseados en materia de aprendizaje de conocimientos y desarrollo de competencias requiere esfuerzos adicionales.

En resumen, las áreas de Recursos Humanos deberían enfatizar la característica ganar-ganar de estos programas. Los eventuales esfuerzos extras serán recompensados, de algún modo, en el corto, mediano o largo plazo, según las circunstancias.

Continuando con los programas internos para el desarrollo. ¿Las mediciones definen la formación que recibirá cada participante?

Efectivamente. En algunos programas, como *planes de carrera*, las actividades formativas están predeterminadas. El resultado de las mediciones será una guía para asignar a los participantes a las distintas actividades y niveles.

En *planes de sucesión* y otros programas similares, como *diagramas de reemplazo*, las actividades se definen sobre la base de las brechas que puedan identificarse, entre las capacidades actuales de una persona y lo requerido por el puesto futuro.

Los colaboradores suelen desconfiar de la determinación de brechas, ¿cómo lograr que acepten sus necesidades de desarrollo y participen motivados en las actividades formativas?

Con frecuencia, sobre las evaluaciones de todo tipo, en especial acerca de las evaluaciones de desempeño, no existen opiniones favorables. Y muchas veces estas "opiniones no favorables" tienen sustento. Malas experiencias pasadas, evaluaciones aplicadas deficientemente, jefes que no cumplen como debieran su rol, y otras razones. Cuando está situación existe, es difícil implementar nuevos procedimientos.

Recursos Humanos deberá primero asegurarse de estar trabajando bien, de contar con las mejores herramientas[6] en cada caso para, luego, hacer una suerte de *mercadeo* de las herramientas (de Recursos Humanos) disponibles.

---

6 Ver *Las 50 herramientas de Recursos Humanos que todo profesional debe conocer.* Ediciones Granica, Buenos Aires, 2017.

Cuando las personas no aceptan las brechas o bien, aun aceptándolas, no se sienten motivados a participar en las actividades formativas, creo que siempre será una buena idea explicar para qué le servirán, a cada uno, las actividades en cuestión, es decir, explicar los beneficios desde la mirada individual, no desde la mirada organizacional. Esta forma de presentar las cosas desde una mirada diferente será siempre un muy buen aporte, con un enfoque *ganar-ganar*[7].

En muchas organizaciones las personas no saben que están en algún listado como posibles sucesores de otros. ¿Cómo informarles su participación en algunas actividades, por ejemplo, cuando las mismas no están relacionadas con su puesto actual?

Las buenas prácticas indican que los posibles sucesores deben estar informados acerca de su participación en programas de sucesión. En mi opinión, es un error no informar al respecto. Por lo tanto, en una primera instancia sugiero subsanar esta cuestión.

Adicionalmente, y al igual que lo sugerido en la pregunta anterior, siempre será una buena idea explicar los beneficios de la formación (y de cualquier otra buena práctica de RRHH) desde la mirada individual, desde la perspectiva de cada colaborador.

Por último, para mejorar en todos y cada uno de los métodos y procedimientos de RRHH y alcanzar los objetivos deseados en cada caso, las organizaciones deberían formar a los jefes de todos los niveles acerca de sus roles, de cómo llevarlos a cabo. Sugiero leer especialmente el *Apartado 24. Formación para todos los niveles de conducción.*

---

7 *Ganar-ganar*: expresión ampliamente difundida en relación con las buenas prácticas en negociación. Implica que el resultado obtenido es bueno para ambas partes. Se utiliza, también, la expresión en inglés *win-win*. El concepto *ganar-ganar* va mucho más allá del resultado concreto de una negociación. En la disciplina de Recursos Humanos se considera que se alcanza un nivel *ganar-ganar* cuando, por ejemplo, un procedimiento se ha implementado de acuerdo con las buenas prácticas, siendo el resultado, en consecuencia, bueno tanto para la organización como para el colaborador, los jefes y, también, los pares del colaborador (compañeros de trabajo), así como para otras áreas internas relacionadas y, en adición a lo anterior, externos vinculados, como clientes y proveedores, según corresponda en cada caso.
Un manejo del área experto dará al profesional de Recursos Humanos un resultado *ganar-ganar* en su gestión.
Un jefe que lleva adecuadamente adelante sus roles de jefe, logrará con sus colaboradores una relación del tipo *ganar-ganar*, y, por extensión, también con sus propios jefes o accionistas, según corresponda. Fuente: *Diccionario de términos de Recursos Humanos*, Ediciones Granica, Buenos Aires, 2011.

Apartados relacionados y/o que tratan temas con alguna conexión

La mayoría de los apartados tienen conexión entre sí. A continuación, solo voy a destacar algunos de ellos.

- Apartado 7. Comenzando por el principio. Buenas prácticas en Formación

- Apartado 8. Continuando con las buenas prácticas: Herramientas y Formación

- Apartado 9. Reconocer necesidades y priorizarlas

- Apartado 10. Factores a tener en cuenta para alcanzar alta efectividad y eficacia

- Apartado 11. Aprender puede no ser aburrido. Diseño de una actividad sobre conocimientos

- Apartado 12. ¡Geografía también! Diseño de una actividad sobre conocimientos

- Apartado 13. Crecer es posible

- Apartado 14. Cambiar a través de la acción. Diseñar una actividad que permita cambiar comportamientos. Desarrollar competencias

- Apartado 17. Definir necesidades a través de talleres

- Apartado 18. Seguimiento de la evolución del desarrollo de las competencias y/o del aprendizaje de conocimientos

- Apartado 20. Formación para alcanzar la estrategia

- Apartado 21. Formación y cambio cultural. Lograr la cultura deseada

- Apartado 22. Formación combinando medición de capacidades y Codesarrollo

- Apartado 24. Formación para todos los niveles de conducción

- Apartado 25. Los jefes. Seguimiento eficaz. Segundo taller de Codesarrollo sobre la misma temática

- Apartado 26. Motivar a otros, ¿un rol que deben asumir los jefes?

- Apartado 27. Problemas entre jefes y colaboradores

- Apartado 28. Programas para jefes. Distintas temáticas

Formación
para alcanzar la estrategia

Qué hace falta para alcanzar la estrategia –y accionar sobre la cultura, también–

Las organizaciones definen su visión y su estrategia. Una vez establecidos estos objetivos será preciso identificar los principales factores para alcanzarlos y, como una consecuencia directa, plantearse, además, qué aspectos de la cultura deberán modificarse (si esto fuese necesario).

En la mayoría de los casos, para alcanzar la estrategia hace falta accionar sobre la cultura. En numerosas ocasiones, implica cambios culturales. Retomaremos esta cuestión en el *Apartado 21. Formación y cambio cultural. Lograr la cultura deseada,* por lo cual se sugiere también su lectura.

La formación deberá basarse en desarrollar aquellos factores identificados en la estrategia y, cuando corresponda, en la cultura organizacional. En ningún caso alcanza con brindar información sobre estrategia, cultura o cambio. Lo requerido debe incluirse en planes concretos, para lograr el desarrollo necesario.

Informar sobre diversas temáticas podrá resultar interesante; ilustrar a los colaboradores sobre los planes futuros, etc., siempre será positivo. No obstante, ese camino será insuficiente, no permitirá lograr el resultado esperado.

A modo de ejemplo, si una empresa ha identificado como una cuestión relevante la calidad, deberá desarrollar dicha competencia en todos sus colaboradores, no solo realizar acciones en un grupo de ellos, como podría ser el área de fábrica o producción.

Si el cambio que se desea alcanzar fuese "mejor atención a los clientes" quizá el problema no sea la atención al cliente en sí misma, sino que los integrantes de la organización, en su conjunto, deben mejorar la colaboración entre ellos, lo que, como un efecto no deseado, repercute en los clientes.

Algo similar ocurre cuando existe rivalidad entre áreas, generando problemas que de un modo u otro repercuten en los clientes, por ejemplo al demorarse las entregas de los productos. En otro caso similar, por retraso en los pagos, el subcontratista que tiene a su cargo la distribución del producto lo hace con demora, por lo cual el producto llega fuera de término al cliente, quien finalmente no queda satisfecho. Y así sucede con otras tantas circunstancias similares.

En resumen, cuando una organización advierte problemas con sus clientes, clientes no satisfechos por cualquier razón, no necesariamente las actividades formativas para mejorar "la atención al cliente" sean la solución que esa organización requiere.

Algunos conceptos a tener en cuenta[1]:

Cultura. Conjunto de supuestos, convicciones, valores y normas que comparten los miembros de una organización.

---

1 Fuente: *Diccionario de términos de Recursos Humanos,* Ediciones Granica, Buenos Aires, 2011.

Cultura organizacional. La expresión hace referencia al conjunto de valores esenciales compartidos en una organización, los cuales proveen información implícita y/o explícita acerca de los comportamientos preferidos en ella. Implica ciertos supuestos, creencias aceptadas, percepciones y sentimientos.

Estrategia. Conjunto de acciones coordinadas y planeadas para conseguir un fin (en el ámbito de las organizaciones, alcanzar los fines u objetivos organizacionales).

Relación entre estrategia, cultura y formación

¿Qué relación tiene la *estrategia* (misión, visión y planes estratégicos) con la *cultura*? Podríamos definirla como un vínculo de doble vía: la cultura define la estrategia de una organización; en especial, define la visión, pero, al mismo tiempo, para poder alcanzar esa estrategia en ocasiones será necesario cambiar la cultura.

La relación entre cambio cultural y estrategia puede verse en el gráfico al pie.

Si bien la relación entre estrategia y cultura es de doble vía, cuando el cambio cultural es necesario, por cualquier motivo, este afecta la estrategia (conformada por la misión, visión y planes estratégicos). Por lo tanto, una organización que deba afrontar un cambio cultural deberá comenzar por revisar su misión y su visión,

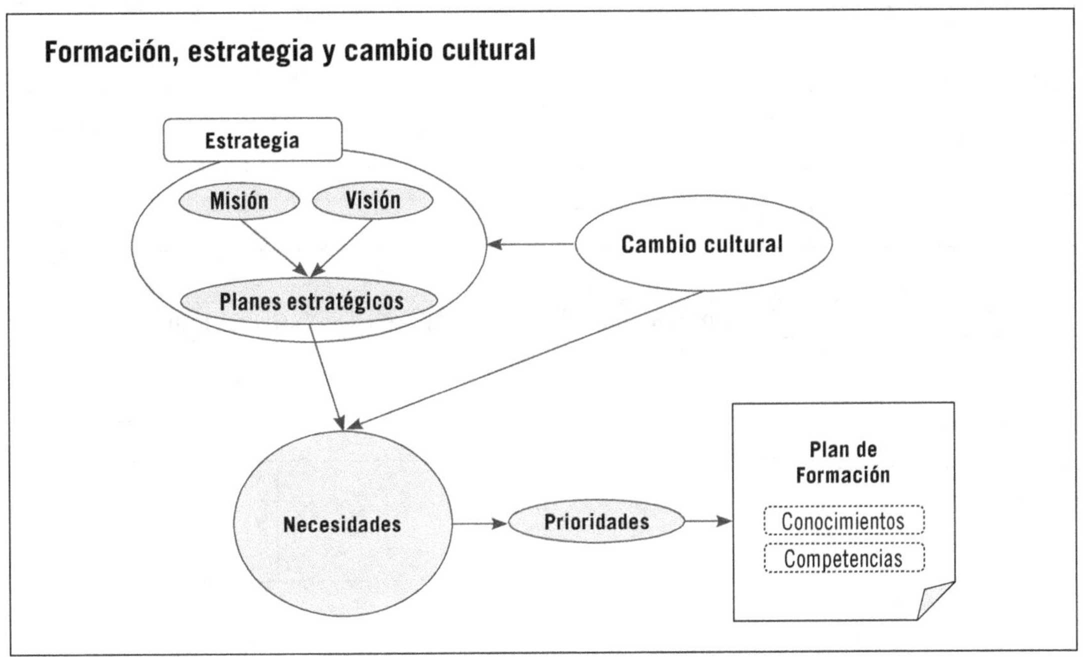

como una consecuencia de este primer paso, revisar sus planes estratégicos. El paso siguiente, y ciertamente recomendado por nosotros, será la definición o redefinición, según corresponda, del modelo de competencias de la organización (y del modelo de valores, cuando exista por separado).

De este modo el cambio cultural integrará la definición de necesidades formativas y el plan de formación, como surge del análisis del gráfico precedente[2].

Analizar detalladamente los componentes de la visión y la estrategia

El primer paso será desglosar la visión y la estrategia en partes, y determinar qué conocimientos y competencias serán necesarios para poder alcanzar dicha visión (usualmente definida con un horizonte de varios años) y las estrategias resultantes, a corto, mediano y largo plazo.

Los componentes que habrá que identificar se resumen en el siguiente cuadro.

		Competencias	
	Conocimientos	Nombre de la competencia y definición	Indicadores de comportamientos
ESTRATEGIA Descripción de la estrategia a alcanzar	1.		•
	2.		•
	3.		•
	4.		•
	5.		•
	6.		•

	Competencias	Valores	Indicadores
CULTURA Descripción de la cultura a alcanzar			•
			•
			•
			•
			•
			•

2 Lectura recomendada: *Formación. Capacitación. Desarrollo*, Ediciones Granica, Buenos Aires, 2019.

Del análisis del esquema precedente se desprende que, para alcanzar la estrategia, son necesarios una serie de conocimientos y competencias para los cuales deberán definirse, además, indicadores/comportamientos observables.

Para alcanzar la cultura deseada, por su parte, serán necesarios quizá no tantos los conocimientos (puede ocurrir en algún caso), sino –usualmente– competencias y valores, para los cuales habrá que definir indicadores/comportamientos observables.

Las competencias identificadas deberían integrarse al modelo de competencias, lo mismo que los valores.

Una vez que se han identificado los principales elementos que componen la estrategia y cultura deseada, se deberá determinar eventuales brechas entre lo deseado o requerido y la situación actual. Esta información será la base para diseñar actividades formativas.

Un cambio cultural necesario al modificar la estrategia. Un ejemplo práctico

Una empresa (la llamaremos *Empresa 1*) con gran tradición en un negocio en particular, a la sazón conducida por la tercera generación, operaba desde hacía muchos años en una situación "casi" monopólica, al ser la única proveedora en el mercado de un determinado producto.

En los primeros años del nuevo siglo, un nuevo jugador llegó a ese mercado (la denominaremos *Empresa 2*), con nuevas ideas y un producto competitivo, ofreciendo formas de entrega diferentes, otra forma de hacer las cosas.

La Empresa 1, para neutralizar de algún modo esta amenaza, desconocida hasta el momento, debió modificar aspectos de logística y financiación, y –en relación con el tema que nos atañe– implantar una serie de cambios en su personal.

¿Cómo se deberían encarar las acciones formativas en función de este planteamiento estratégico?

Para simplificar el ejemplo en este apartado, se presentará a continuación un cuadro solo con actividades formativas para vendedores. En el caso real que aquí expongo de manera resumida, se realizaron acciones en todos los niveles organizacionales, incluyendo al número 1.

Para alcanzar la estrategia, los vendedores deberán adquirir nuevos conocimientos derivados de los cambios realizados en la distribución de productos, situación que implicó un cambio en el software utilizado junto con la modificación en las condiciones de financiación de los productos ofrecidos a los clientes.

En cuanto a competencias, se modificó el modelo de la empresa; para los vendedores se definieron nuevas competencias y, específicamente, se fijó como lo requerido el grado C de las competencias *Orientación al cliente interno y externo* e *Iniciativa*.

La estrategia, en relación con la fuerza de ventas, fue segmentada de la siguiente manera.

	Conocimientos	Competencias	
		Nombre de la competencia y definición	Indicadores de comportamientos
ESTRATEGIA Alcanzar las metas planteadas en cuanto a nivel de ventas (xxx dólares). Mantener la cuota de mercado en los primeros seis meses y luego aumentarla en un 5% al incrementar el radio de acción.	Nuevo software	*Orientación al cliente interno y externo* Grado requerido para vendedores: C	Comprende y se mantiene atento a las necesidades de los clientes. Escucha los pedidos de los clientes tanto internos como externos, así como sus problemas, y responde a ellos de manera efectiva y en tiempo y forma. Mantiene relaciones mutuamente beneficiosas con sus clientes.
	Nuevos métodos de trabajo en relación con cambios en la distribución		
	Explicación de las nuevas condiciones de financiación	*Iniciativa* Grado requerido para vendedores: C	Resuelve situaciones complejas o de crisis, tanto externas como internas a la organización, con visión de corto plazo, y prevé opciones de cursos de acción eficaces y efectivos. Analiza las situaciones planteadas y elabora planes de contingencia con el propósito de crear oportunidades y/o evitar problemas potenciales. Promueve la participación entre sus colaboradores y brinda retroalimentación e incentivo para que actúen de manera similar en relación con el personal a su cargo.

Como se dijera, se realizaron acciones, también, con los otros niveles de la organización, a través de hacer un análisis similar.

La formación requerida, en relación con el cuadro estratégico precedente, abierto en conocimientos y competencias, utilizando el método Codesarrollo[3], se expone en el cuadro siguiente. Los participantes de estas actividades serían los vendedores y jefes.

Formación en conocimientos

Participantes	Codesarrollo 1	Codesarrollo 2	Codesarrollo 3
• Vendedores • Jefes de vendedores	Nuevo software	Distribución. Nuevos métodos	Financiación. Nuevas condiciones
• Jefes de vendedores		Control y seguimiento de órdenes	Incidencia de las nuevas condiciones de financiación en los resultados organizacionales

Formación para el desarrollo de competencias[4]

Participantes	Codesarrollo 4	Codesarrollo 5	Codesarrollo 6
• Vendedores • Jefes de vendedores	Orientación al cliente interno y externo	Iniciativa	
• Jefes de vendedores			Compromiso con la rentabilidad

Para simplificar los dos cuadros expuestos precedentemente, solo se menciona el primer taller de Codesarrollo. Deberían agregarse tanto el seguimiento como el segundo taller de Codesarrollo, sobre la misma temática. Usualmente, entre el primer taller y el segundo transcurren varios meses, lapso durante el cual se realiza el seguimiento.

Para completar el ejemplo, al nivel *jefe de vendedores* se le agregaron otras actividades.

---

3 En las primeras páginas del *Apartado 11. Aprender puede no ser aburrido. Diseño de una actividad de conocimientos,* se ha incluido una explicación detallada del método Codesarrollo, los pasos que implica y otros aspectos de relevancia, que sugerimos tener presentes para la lectura de este apartado en particular.

4 Definiciones de competencias en las obras: *Diccionario de competencias. La trilogía. Tomo 1* (Ediciones Granica, Buenos Aires, 2015) y *Diccionario de comportamientos. La trilogía. Tomo 2* (Ediciones Granica, Buenos Aires, 2015).

En resumen

Una vez identificados los componentes a mejorar o modificar se debería, si corresponde, modificar el modelo de competencias, para que dicho modelo incluya el cambio deseado y/o la estrategia a alcanzar. Luego, sobre la base del nuevo modelo, habrá que diseñar y llevar a cabo las actividades formativas.

El método sugerido para estas actividades, orientadas tanto al aprendizaje de conocimientos como al desarrollo de competencias, es Codesarrollo. Método que puede ser utilizado, además, para el desarrollo de valores.

Esta idea se plasma en el gráfico al pie.

Como dice el título del gráfico de la página siguiente, si se conoce el problema (el factor que se quiere modificar y/o cambiar), se puede anticipar la puesta en práctica de una acción, aun sin realizar mediciones.

La situación planteada en el gráfico es frecuente. Las organizaciones necesitan obtener resultados y encarar problemas, y en ocasiones no hay tiempo para seguir todos los pasos sugeridos, en el orden más adecuado. Cuando, como en los ejemplos planteados, se puede llegar a un diagnóstico preciso, es posible, al mismo tiempo y en un plan, por ejemplo, anual, realizar las dos acciones en simultáneo.

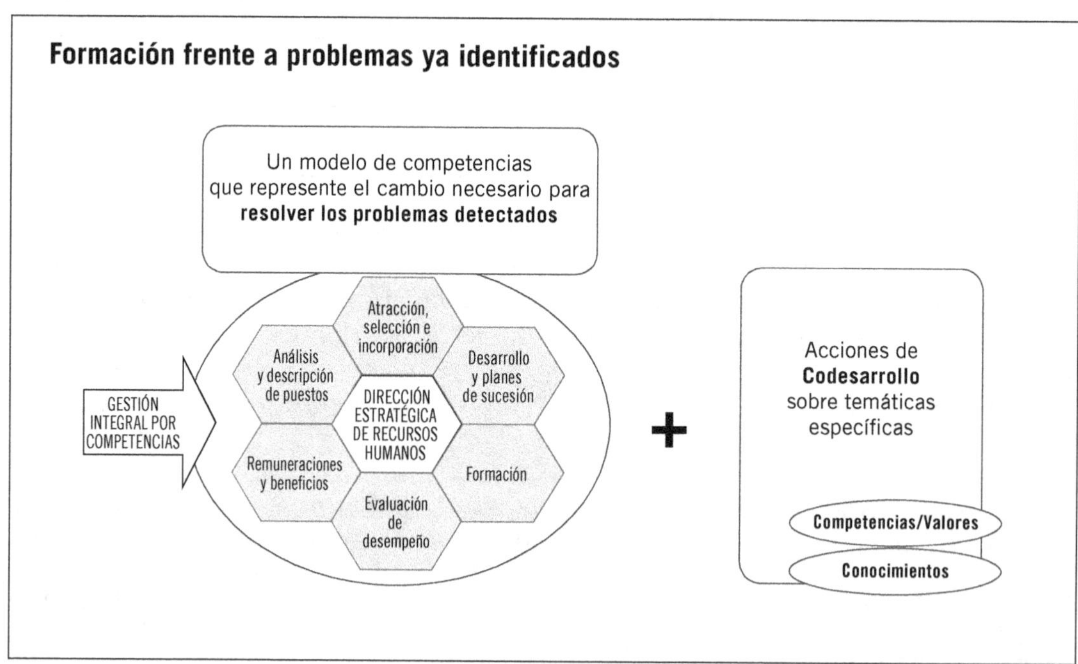

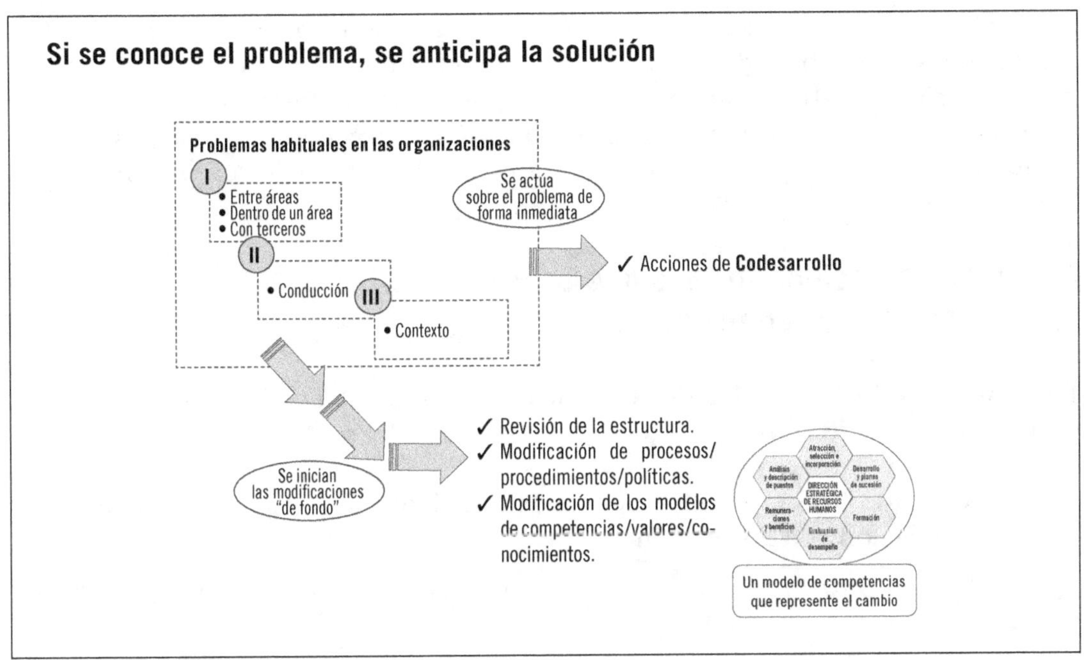

En forma inmediata, es posible comenzar actividades formativas bajo la modalidad de Codesarrollo con todos los colaboradores y niveles de supervisión, por ejemplo, en temáticas tales como *Colaboración, Delegación, Comunicación* (solo por citar algunas), en función del diagnóstico realizado. Y, al mismo tiempo, ofrecer a todos los jefes programas específicos, como *Rol del jefe* y *Jefe entrenador.*

De este modo se puede dar una respuesta rápida y eficaz a un problema organizacional que podría significar pérdida de negocios, de clientes, etc. y así afectar los resultados finales.

Al mismo tiempo, es necesario encarar las "acciones de fondo", tales como modificar el modelo de competencias para incluir las nuevas competencias requeridas. Además, se procederá a la revisión de la estructura, la modificación de procesos/procedimientos/políticas y, si fuese pertinente, de los modelos de valores y conocimientos.

Un comentario final

Para alcanzar la estrategia, al igual que el cambio cultural (tema que se verá en el apartado siguiente), en la mayoría de los casos será imprescindible llevar a cabo acciones formativas.

Para ello se deberá identificar qué factores hay que incorporar, mejorar, reforzar. Luego, sobre la base de dichos factores debidamente definidos, se elaborará el plan de acción y se diseñarán las actividades formativas necesarias.

Como en los ejemplos que hemos visto aquí, con frecuencia los planes anuales combinan el aprendizaje de conocimientos con el desarrollo de competencias.

Apartados relacionados y/o que tratan temas con alguna conexión

La mayoría de los apartados tienen conexión entre sí. A continuación, solo voy a destacar algunos de ellos.

- Apartado 5. Nuevas generaciones, inmediatez, lenguaje y otras cuestiones en relación con Formación

- Apartado 10. Factores a tener en cuenta para alcanzar alta efectividad y eficacia

- Apartado 11. Aprender puede no ser aburrido. Diseño de una actividad sobre conocimientos

- Apartado 12. ¡Geografía también! Diseño de una actividad sobre conocimientos

- Apartado 13. Crecer es posible

- Apartado 14. Cambiar a través de la acción. Diseñar una actividad que permita cambiar comportamientos. Desarrollar competencias

- Apartado 15. Plan anual para un colectivo de profesionales de la misma especialidad

- Apartado 16. Pensando en los clientes

- Apartado 21. Formación y cambio cultural. Lograr la cultura deseada

- Apartado 23. Formación para la alta gerencia

- Apartado 24. Formación para todos los niveles de conducción

- Apartado 29. Indicadores de gestión sobre Formación

- Apartado 30. Formador de formadores. Diseño e implementación

Formación y cambio cultural. Lograr la cultura deseada

Cultura y estrategia organizacional

En las primeras páginas del *Apartado 11. Aprender puede no ser aburrido. Diseño de una actividad de conocimientos,* se ha incluido una explicación detallada del método Co-desarrollo, los pasos que implica y otros aspectos de relevancia, que sugerimos tener presentes para la lectura de este apartado en particular.

En el *Apartado 20. Formación para alcanzar la estrategia,* nos hemos referido a las necesidades de formación producto de los cambios de estrategia y, como una consecuencia de una nueva visión y estrategia, la necesidad de llevar a cabo un cambio cultural. Se ha expuesto, además, un caso real.

Dos conceptos para recordar[1]:

Cultura. Conjunto de supuestos, convicciones, valores y normas que comparten los miembros de una organización.

Cultura organizacional. La expresión hace referencia al conjunto de valores esenciales compartidos en una organización, los cuales proveen información implícita y/o explícita acerca de los comportamientos preferidos en ella. Implica ciertos supuestos, creencias aceptadas, percepciones y sentimientos.

La cultura organizacional, de algún modo, forma parte de la misión, la visión y los planes estratégicos resultantes.

Recuerdo una anécdota en un hotel "5 estrellas" ubicado en la capital de un país centroamericano y enfocado más al mundo corporativo que al turismo, con un enorme centro de convenciones e instalaciones de excelencia. Un día, caminando por un pasillo con la Gerente de Recursos Humanos, ella me dice: "A veces pienso que debería darles todas las mañanas una pincelada (a los colaboradores) de 'atención al cliente'". En esta organización, este era un valor fundamental, a desarrollar en todos los colaboradores.

En otra organización con perfil muy joven (más del 90% de sus integrantes no superaban los 30 años de edad) se realizaba un estricto control sobre las relaciones no apropiadas entre colaboradores. En este contexto, la Dirección fue informada de una supuesta inconducta de un alto directivo (la comunicación la había realizado la esposa). Frente a esta situación, el ejecutivo cuestionado fue desvinculado.

¿Cuál es la relación de estos casos con la cultura? En el primero, la organización deseaba una cultura orientada al cliente como parte de su estrategia. En el segundo ejemplo, los valores personales, ética y respeto, estaban por sobre otras cuestiones.

---

1 Fuente: *Diccionario de términos de Recursos Humanos,* Ediciones Granica, Buenos Aires, 2011.

La estrategia organizacional incluía los valores como un componente relevante de la cultura deseada.

Nuestra recomendación, en todos los casos, es incluir como competencias cardinales aquellos elementos de la cultura deseada. En el primero de los casos mencionados será *Orientación al cliente interno y externo,* y en el segundo, *Ética.*

Ética es una competencia cardinal[2]; elegida por muchas organizaciones, por ejemplo, en bancos y empresas de servicios de índole diversa. También hemos diseñado modelos en los cuales se ha elegido *Justicia* como competencia cardinal; en otros casos, *Respeto.* Una competencia es *cardinal* cuando es aplicable a todos los colaboradores de la organización[3].

En ocasiones se realizan mediciones para conocer sobre la realidad de estas competencias más en profundidad; es decir, en qué grado se encuentran desarrolladas entre los colaboradores.

Al definir modelos de competencias, con frecuencia se consideran competencias que además de permitir alcanzar la estrategia también permitan accionar sobre la cultura deseada.

En resumen, para encarar el cambio cultural, para alcanzar la cultura deseada, deberán implementarse acciones diseñadas a medida, según sea necesario en cada organización y en cada momento.

La formación será un vehículo para accionar sobre el cambio cultural o para alcanzar una determinada cultura deseada, siempre y cuando su diseño así lo permita. Cualquier tipo de formación no alcanzará el resultado deseado. El éxito no tiene que ver con la formación de manera genérica, sino con su contenido y diseño específicos. El aprendizaje, la adquisición de conocimientos y el desarrollo de competencias pueden convertirse en meros conceptos vacíos de significado si no se fijan los objetivos correctos con el diseño adecuado. El resultado estará determinado por el contenido dado a cada acción de formación.

Formación y cultura

El cambio cultural suele enfocarse a través de actividades diversas, todas ellas muy interesantes e ilustrativas, por ejemplo: conferencias de todo tipo, por parte de per-

---

2 Competencia cardinal, competencia aplicable a todos los integrantes de la organización. Las competencias cardinales representan la esencia de la organización y permiten alcanzar su visión.

3 Las definiciones de todas las competencias mencionadas las podrá encontrar en las obras *Diccionario de competencias. La trilogía. Tomo 1* (Ediciones Granica, Buenos Aires, 2015) y *Diccionario de comportamientos. La trilogía. Tomo 2* (Ediciones Granica, Buenos Aires, 2015).

sonas o empresas que lograron llevar a cabo con éxito actividades de gran impacto, o cursos teóricos sobre el tema, o talleres prácticos que permiten resolver problemas de otros, etc. Sin embargo, ninguna de estas actividades hace foco en el cambio que *esa organización*, en particular, necesita.

¿Cuándo las organizaciones se ven frente a la necesidad de un cambio cultural? Los motivos son diversos, el más frecuente –más allá de que, en ocasiones, se utilicen otros argumentos– es: *cuando los negocios no van de acuerdo con lo esperado.* Es decir, ante situaciones problemáticas relacionadas con: ventas, ganancias, penetración en el mercado que no llegan al nivel deseado; encuestas de clima laboral y/o encuestas de satisfacción de clientes que evidencian dificultades; conflictos entre accionistas, etc.

El concepto "cuando los negocios no van de acuerdo con lo esperado" puede obedecer a muchas y diversas causas, por ejemplo, que la organización no adaptó su estrategia a los tiempos (situaciones de contexto social y/o político del país o región, o global, según corresponda; tecnología, etc.) o cuenta con una conducción inadecuada, o cualquier otro motivo. Si una empresa no tiene en claro la causa por la cual los negocios no van bien, difícilmente podrá tomar cursos de acción adecuados. Por lo tanto, el primer paso será un diagnóstico sincero y objetivo de las causas que originaron la situación. Estas determinarán los cambios de estrategia y cultura necesarios.

La expresión "negocios" se ha considerado en un sentido amplio, me estoy refiriendo a la conducción de una organización de cualquier tipo, una empresa, una ONG o una dependencia estatal.

Veamos algunas posibles situaciones problemáticas cuya solución puede requerir un cambio cultural y/o estratégico:

- La empresa debe revisar el rumbo: nuevos mercados, nuevos productos, etc.

- Reestructuración de la organización.

- Cambio de conducción (sin cambio de paquete accionario).

- Fusión de empresas.

- Compra de otras empresas o negocios.

- Venta de la empresa (cambio de paquete accionario).

- La conducción no es la más adecuada.

- El mercado en el cual se opera ha cambiado por la acción de agentes externos.

- Los subsistemas de Recursos Humanos no tienen un diseño adecuado.

- La máxima conducción no delega.

- Los jefes intermedios no delegan.

- Falta de compromiso en el personal.

- Falta de valores en el personal.

- Directivos no capacitados.

- Colaboradores no capacitados.

- Cambio de un software.

- Nuevos canales de distribución.

- Nuevos canales de venta.

- Nuevas tecnologías de producción.

- Nuevas tecnologías de venta.

Son solo algunos ejemplos de situaciones que podrían resolverse (al menos en cierta medida) mediante un cambio cultural. Como puede apreciarse, el cambio cultural y el cambio estratégico pueden estar estrechamente relacionados y enfocarse, desde la función de Recursos Humanos, de manera conjunta. Cualquiera de los ejemplos expuestos, relacionados con los negocios y la estrategia, requiere un cambio de modelo de competencias.

En resumen, la forma de accionar sobre el cambio cultural en relación con las personas que integran la organización es modificando los subsistemas de Recursos Humanos, incluyendo en el manejo de ellos las competencias que representen el cambio que se desea alcanzar. Para que el cambio se opere, a partir de un momento dado se deberá seleccionar a personas que ya posean las nuevas características deseadas y, al mismo tiempo, evaluar el desempeño de todas los integrantes de la organización teniendo en cuenta estas competencias, con el propósito último de desarrollarlas, para reducir las brechas entre el comportamiento deseado –de acuerdo con la nueva cultura– y el actual.

El nuevo modelo de competencias podrá incluir o no la competencia *Adaptabilidad al cambio* (usualmente es contemplada). En ese caso, esta competencia, así como otras que se hayan definido, deberán ser desarrolladas entre los colaboradores de todos los niveles de la organización, comenzando –en algunos casos así se aconseja– por la máxima conducción.

Si el nuevo modelo de competencias no refleja la cultura deseada, aunque incluya la competencia mencionada –*Adaptabilidad al cambio*– los resultados no serán los esperados.

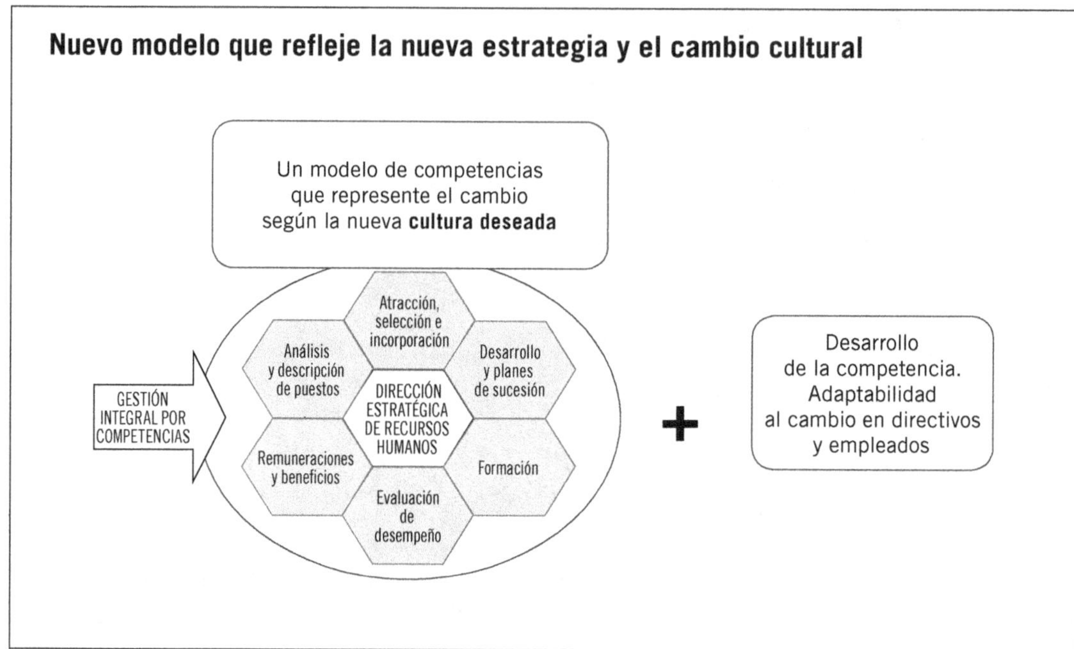

Formación combinando conocimientos y competencias/valores

En algunos apartados hemos presentado un plan (anual, el cual también podría ser semestral o bianual, según las circunstancias) que muestra cómo combinar varias temáticas con un propósito de desarrollo específico.

En todos los casos las actividades se han distribuido en un período de doce meses, conformando un plan anual de formación para ese grupo o colectivo de personas. Cada organización podrá determinar la mejor forma de llevar cabo un plan, como los mencionados. Podrán realizarse en un año, en menos tiempo y, también, extenderse a dos años, dependerá de diferentes factores.

La formación, en la mayoría de los temas elegidos para esta obra, implica –en mayor o menor medida– un cambio cultural y, también, acciones para alcanzar la estrategia. Como ya se explicó, la formación debe llevarse a cabo, en todos los casos, de cara al futuro, aun cuando deban atenderse problemas urgentes del presente y de la coyuntura del momento.

Formación en valores y competencias

En mis obras y también en los modelos que implementamos en nuestros clientes, usualmente los valores se transforman en una competencia. Es nuestra recomendación.

Los valores podrían considerarse por separado, si así se desea realizar el diseño de los métodos y procedimientos organizacionales. En este caso –si los valores no integran el modelo de competencias– quizá sea necesario diseñar dos modelos, uno de competencias y otro de valores. Este es el caso que originó las actividades que se exponen en el gráfico siguiente.

Los valores y competencias[4] considerados para ese ejemplo son:

- Valores: *Ética, Integridad, Compromiso.*

- Competencias: *Orientación al cliente interno y externo, Calidad y mejora continua, Influencia y negociación.*

El gráfico muestra el momento en el cual se imparte el primer taller de Codesarrollo (T1). Como en los ejemplos anteriores, no se visualiza en qué plazos se realiza el seguimiento (S), ni el segundo taller de la misma temática (T2). Usualmente –repetimos– se deja transcurrir varios meses entre el primer taller y el segundo, lapso durante el cual se realiza el seguimiento.

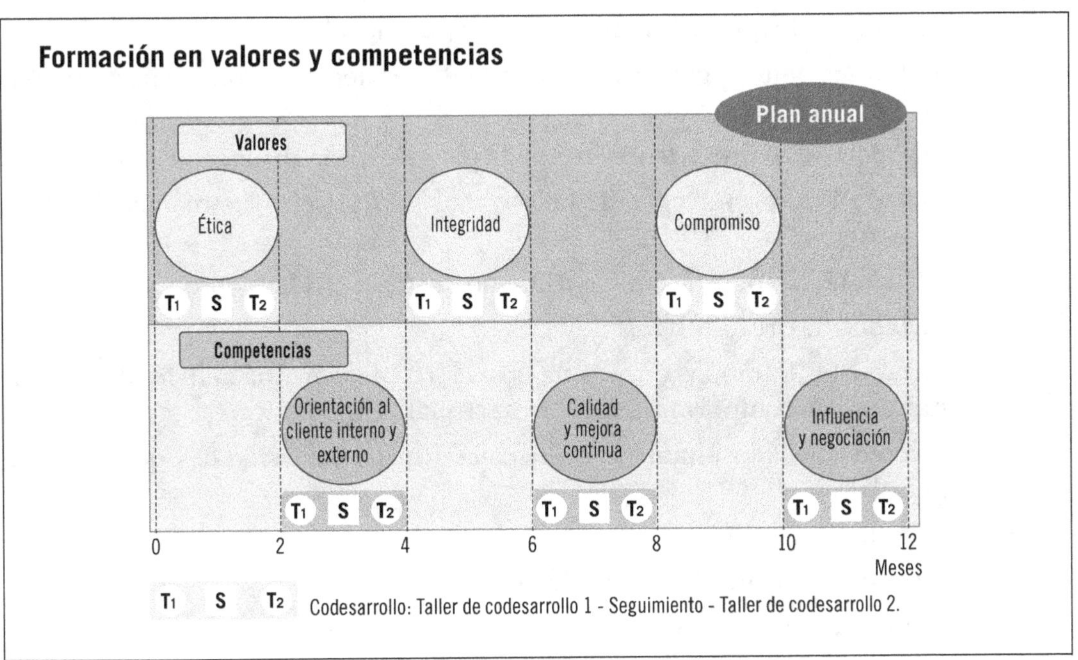

4 Las definiciones correspondientes se hallan en las obras: *Diccionario de competencias. La trilogía. Tomo 1* (Ediciones Granica, Buenos Aires, 2015) y *Diccionario de comportamientos. La trilogía. Tomo 2* (Ediciones Granica, Buenos Aires, 2015).

En el caso del gráfico anterior se realizaron talleres de Codesarrollo cada dos meses, intercalando las temáticas. Podría haberse optado por otra distribución diferente a lo largo del año; por ejemplo, los valores en el primer semestre y, en el segundo, las competencias.

A modo de cierre

Para lograr un cambio cultural será imprescindible identificar los factores que se desea modificar y establecer un plan de acción específico, que combine distintos elementos.

Apartados relacionados y/o que tratan temas con alguna conexión

La mayoría de los apartados tienen conexión entre sí. A continuación, solo voy a destacar algunos de ellos.

- Apartado 1. De ayer a mañana. Difícil y posible a la vez
- Apartado 5. Nuevas generaciones, inmediatez, leguaje y otras cuestiones en relación con Formación
- Apartado 10. Factores a tener en cuenta para alcanzar alta efectividad y eficacia
- Apartado 11. Aprender puede no ser aburrido. Diseño de una actividad sobre conocimientos
- Apartado 12. ¡Geografía también! Diseño de una actividad sobre conocimientos
- Apartado 13. Crecer es posible
- Apartado 14. Cambiar a través de la acción. Diseñar una actividad que permita cambiar comportamientos. Desarrollar competencias
- Apartado 15. Plan anual para un colectivo de profesionales de la misma especialidad
- Apartado 16. Pensando en los clientes
- Apartado 20. Formación para alcanzar la estrategia
- Apartado 23. Formación para la alta gerencia
- Apartado 24. Formación para todos los niveles de conducción
- Apartado 29. Indicadores de gestión sobre Formación
- Apartado 30. Formador de formadores. Diseño e implementación

Formación combinando medición de capacidades y Codesarrollo

Conocer el nivel de cada participante antes de la formación

Este subtítulo es casi una expresión de deseo. Así debería ser, aunque no siempre se cuenta con una determinación fehaciente del nivel de conocimientos y/o desarrollo de competencias de los futuros asistentes a las actividades de formación.

En el ámbito de las organizaciones, para un mejor aprovechamiento de la inversión realizada en el desarrollo de los colaboradores mediante planes de formación realmente efectivos, debería contarse con esta información. Es decir, en el momento de determinar necesidades de formación y, luego, al realizar un plan detallado, definiendo los asistentes a cada actividad, se debería contar con información precisa al respecto. También es importante desde la mirada del instructor, antes de las actividades, conocer el nivel de cada participante. Cuando asumo el rol de instructora, realizo todas las acciones a mi alcance para saber algo o mucho, según el caso, acerca del nivel de los participantes, desde solicitar un currículum hasta, en los primeros minutos, formular algunas preguntas para hacerme una idea general sobre el nivel de cada asistente, entre otras variantes.

Por último, los participantes desean asistir a actividades con algún grado de valor agregado, que les permitan mejorar tanto en sus puestos actuales como frente a eventuales ascensos o cambios de función.

En todos los casos y desde todas las miradas, sería ideal realizar una medición antes de impartir cualquier actividad comparando las capacidades de la persona con lo requerido por el puesto que ocupa (adecuación persona-puesto) u otro con el cual se lo desee comparar (por ejemplo, frente a una eventual promoción, un plan de sucesiones, etc.). Para ello se deberán determinar la/s brecha/s existente/s entre lo deseado o requerido y las capacidades de la persona evaluada (conocimientos y/o competencias, según corresponda). La idea se expresa en el gráfico de la página siguiente.

Una vez que se ha impartido la actividad y después de un período definido, se deberán medir nuevamente las capacidades en evaluación y realizar una nueva determinación de brechas. Si se han reducido, el resultado de la formación podrá considerarse positivo. Hemos visto esta cuestión en *Apartado 18. Seguimiento de la evolución del desarrollo de las competencias y/o del aprendizaje de conocimientos.*

En la práctica organizacional es usual utilizar como método de evaluación de la formación solo una encuesta de satisfacción del participante. La práctica es adecuada pero absolutamente insuficiente, ya que generalmente no se formulan preguntas similares al instructor, quien quizá no está satisfecho con los participantes, o con el lugar, o con cualquier otro aspecto.

Para evaluar la efectividad de las actividades se deberán analizar varias cuestiones, entre ellas la opinión de los participantes junto con la de los instructores, los

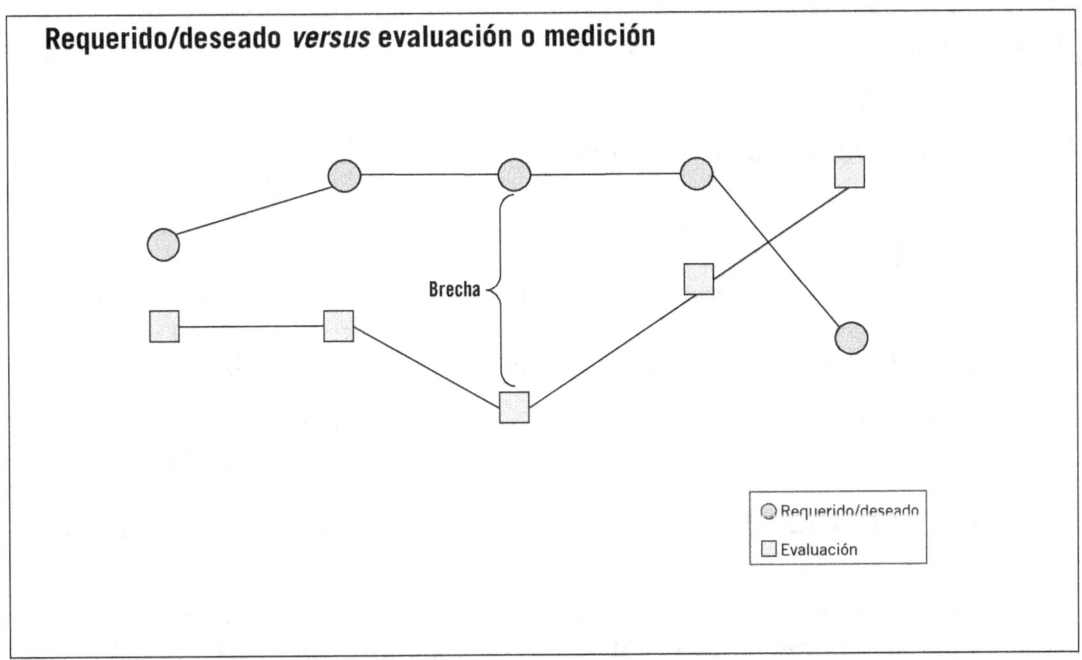

jefes de los participantes; también, algún experto en el tema, dependiendo de cada caso en particular.

Por ejemplo, si se diese la circunstancia de que los participantes quedaran "muy satisfechos" pero no se produjo el aprendizaje y/o no se modificaron los comportamientos, el resultado final no será el esperado desde ninguna de las miradas que mencionamos en párrafos previos.

Mediciones más frecuentes. Conocimientos y competencias

En el ámbito de las organizaciones se realizan diversas mediciones y evaluaciones. En todos los casos será importante contar con herramientas[1] confiables que, a su vez, sea conocidas por todos los involucrados, evaluadores y evaluados.

Los especialistas en Recursos Humanos, así como los jefes directos de cada uno de los colaboradores, deberán medir capacidades –conocimientos y competencias– utilizando procedimientos y herramientas organizacionales, y dejar de lado

---

1 Hemos visto las definiciones de herramientas en el *Apartado 7. Comenzando por el principio. Buenas prácticas en Formación* y en el *Apartado 8. Continuando con las buenas prácticas: Herramientas y Formación.*

opiniones y percepciones personales sobre las distintas cuestiones. A continuación se mencionarán las mediciones más frecuentes[2].

Evaluación combinada de conocimientos y competencias

- *Evaluación del desempeño vertical.* En ocasión de la evaluación del desempeño (anual o con cualquier otra frecuencia –en nuestra metodología lo combinamos con la fijación de objetivos–) es altamente recomendable incluir una instancia de evaluación de competencias, con tres miradas: la del propio individuo (autoevaluación), la del jefe y la del jefe del jefe.

- *Evaluación de 360°.* A través de una consulta a distintos niveles de la organización –y, en ocasiones, a personas externas a la misma, como clientes o proveedores– se aportan distintas miradas sobre el evaluado. Se incluye la propia del individuo (autoevaluación), y la de sus superiores, pares y subordinados.

- *Evaluación de 180°.* Es una versión reducida de la anterior, que se aplica en aquellos casos en que no se desea que los subordinados participen de la evaluación o en organizaciones donde no existe un nivel superior (por ejemplo, firmas profesionales o empresas con varios socios). A través de una consulta a distintos niveles de la organización –y, en ocasiones, a personas externas a la misma, como clientes o proveedores– se aportan distintas miradas sobre el evaluado.

Para medir conocimientos

- *Evaluación por un experto.* Para medir conocimientos se puede recurrir a un experto interno o externo, quien aplicará diferentes métodos con ese fin. Por ejemplo: examen por escrito, resolver un caso práctico, o una entrevista profunda donde se formulan preguntas de tipo técnico (a modo de examen oral).

---

2 Obras para informarse más profundamente sobre las evaluaciones: *Desempeño por competencias* (Ediciones Granica, Buenos Aires, 2018) y *Las 50 herramientas de Recursos Humanos que todo profesional debe conocer* (Ediciones Granica, Buenos Aires, 2017).

Para medir competencias y valores

- *Assessment Center Method (ACM).* Evaluaciones específicas para medir competencias que se realizan en diferentes momentos, para conocer el grado de desarrollo de competencias de las personas en el momento de implementar Gestión por Competencias o, en otras instancias de la administración del modelo, cuando se deseen evaluar competencias ya sea para tomar acciones de desarrollo o bien para la elección de personas con vistas a que integren planes de sucesión o de carrera.

- *Entrevista por incidentes críticos (BEI, sigla que corresponde a la expresión inglesa "behavioral event interview").* Se trata de un tipo especial de entrevista donde se exploran, como su nombre lo indica, los incidentes críticos, tanto positivos como negativos, de una persona, junto con sus competencias.

- *Ficha de evaluación.* Documento de medición de comportamientos/conocimientos estructurado y basado en el modelo de competencias/valores/conocimientos de la organización.

- *Ficha de evaluación reducida.* Documento de medición de comportamientos/conocimientos estructurado y basado en el modelo de competencias/valores/conocimientos de la organización. Se diferencia de la *Ficha de evaluación* en su extensión; al ser más breve, su administración y procesamiento se realizan en un tiempo más corto.

Caso práctico 1

Realizar mediciones antes de impartir actividades formativas

En la organización cuyo caso práctico se expone a continuación, se estaba llevando a cabo un programa de formación sobre equipos de trabajo. En un momento dado se planteó la necesidad de continuarlo, haciendo foco en la integración y el desarrollo de los mencionados equipos.

Los jefes, de todos los niveles, habían recibido con anterioridad formación sobre sus respectivos roles de jefes, según lo que se expone en el *Apartado 24. Formación para todos los niveles de conducción.*

El plan para este colectivo se enriqueció con actividades adicionales (ver gráfico siguiente).

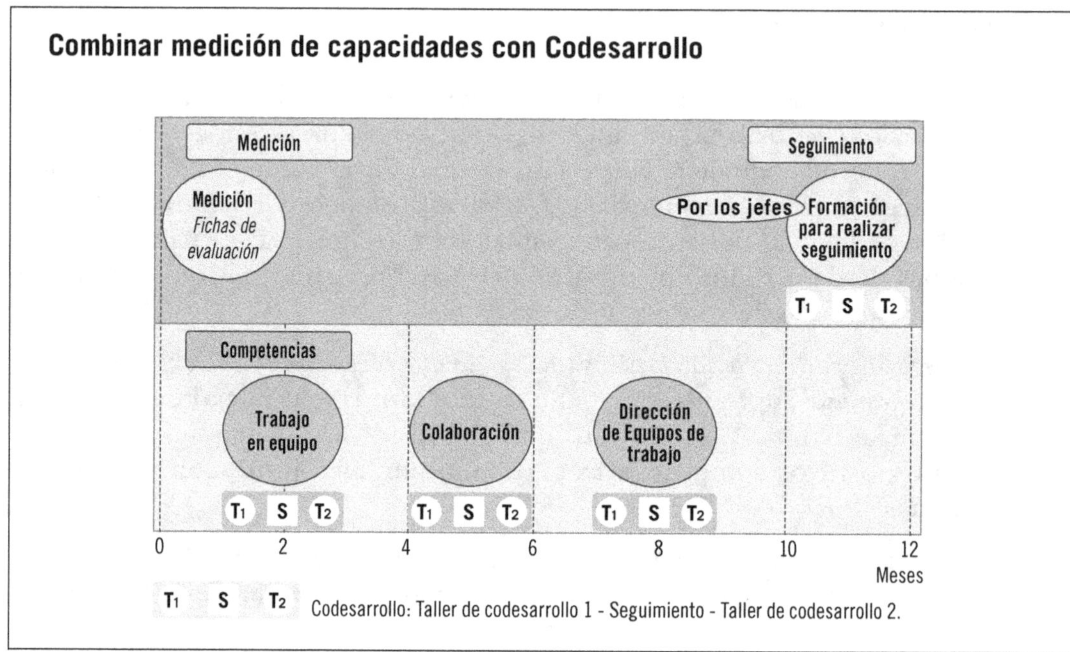

El plan de trabajo comenzó por una evaluación del grado de desarrollo de tres competencias sobre las cuales se iban a impartir las actividades formativas: *Trabajo en equipo, Colaboración* y *Dirección de equipos de trabajo*[3].

Para la medición se diseñaron las siguientes actividades grupales:

1°. Autoevaluación utilizando *Fichas de evaluación*[4], por lo tanto, la primera medición la llevaron a cabo los propios participantes. Esta cuestión no es un mero detalle. El desarrollo será más efectivo cuando la primera medición la realiza el evaluado.

2°. En una actividad diferente a la anterior, los jefes (de cada uno de los participantes) revisaron las autoevaluaciones mencionadas en primer término. Este esquema se aplicó a todos los niveles de la organización.

---

3 Las definiciones de estas competencias las podrá encontrar en *Diccionario de competencias. La trilogía. Tomo 1* (Ediciones Granica, Buenos Aires, 2015) y *Diccionario de comportamientos. La trilogía. Tomo 2* (Ediciones Granica, Buenos Aires, 2015).

4 Ver la obra *Las 50 herramientas de Recursos Humanos que todo profesional debe conocer*, Ediciones Granica, Buenos Aires, 2017.

Luego de la medición descrita en el párrafo anterior, se impartieron los primeros talleres de Codesarrollo, definidos para todos los niveles de la organización.

La formación de los distintos grupos continuó con el seguimiento. Los jefes ya habían sido formados en su rol de jefes entrenadores, por lo cual contaban con la preparación necesaria para realizar el seguimiento (paso 5 del método Codesarrollo).

No obstante, para garantizar el seguimiento por parte de los jefes, dado que era la primera aplicación del método de Codesarrollo, se realizaron talleres de media jornada para que todos aquellos que tuvieran personas a su cargo comprendieran qué significa, dentro de su rol de entrenador, hacer seguimiento de la formación recibida por las personas que les reportan.

Caso práctico 2

Formación posterior a la aplicación de una evaluación 360°

Una organización ha realizado, sobre su Comité Ejecutivo integrado por 15 directivos, una evaluación de 360°. A posteriori y en función de las principales brechas se confeccionó un plan con las siguientes actividades formativas.

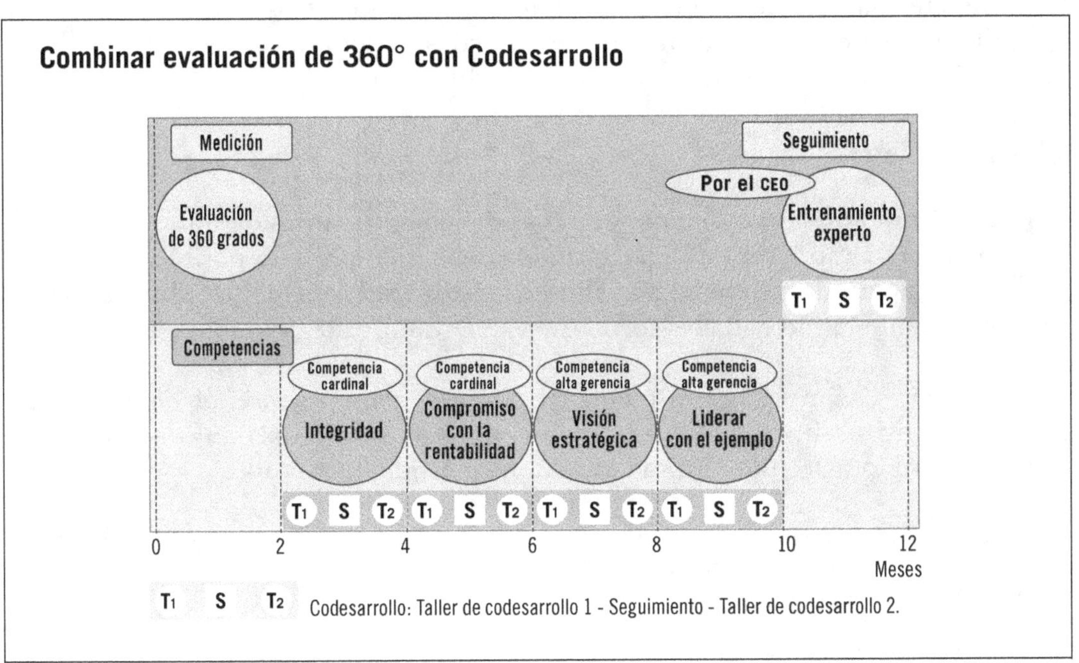

Como puede observarse en el gráfico precedente, las principales brechas detectadas en ese grupo de directivos fueron en dos competencias cardinales: *Integridad* y *Compromiso con la rentabilidad,* y en dos competencias gerenciales específicas para la alta gerencia: *Visión estratégica* y *Liderar con el ejemplo*[5].

En función del modelo de competencias organizacional se diseñaron cuatro actividades formativas utilizando el método Codesarrollo. De acuerdo con las circunstancias, la impartición de los talleres estuvo a cargo de un socio principal de la firma consultora, empresa que también había realizado la mencionada evaluación de 360°.

El seguimiento posterior a los talleres de Codesarrollo, dado el nivel de los participantes, lo realizó el CEO de la empresa, quien había participado como asistente en los talleres de Codesarrollo, con un doble propósito: acompañar a sus colaboradores y, además, conocer a fondo los contendidos de cada una de las actividades.

El CEO había recibido formación como "jefe entrenador", entre otros programas específicos para jefes que la organización había implementado con anterioridad, según se detalla en el *Apartado 24. Formación para todos los niveles de conducción.* No obstante, para alcanzar mejores resultados en el seguimiento se realizó un acompañamiento al número 1 a través de un programa de *Entrenamiento experto*[6].

Solo a modo de información complementaria, observamos que el mencionado directivo (CEO de la empresa) debía –también– cerrar dos brechas menores, de un grado cada una. Para alcanzar esta meta, recibió entrenamiento experto sobre ambas competencias, fuera del programa pautado para los otros ejecutivos. El rol de apoyo (experto) para el achicamiento de brechas del número 1 lo realizó el socio principal de la firma consultora, ya mencionado.

A modo de cierre

Conocer el nivel de las capacidades de los participantes antes de tomar decisiones de formación, siempre será un escenario ideal. No siempre será posible.

En este apartado y retomando algunos vistos previamente, se plantean casos prácticos donde las actividades formativas se llevan a cabo, combinadamente con mediciones.

Las organizaciones podrán medir capacidades para así diseñar planes de formación efectivos. Sin embargo, en algún punto, el resultado final dependerá de cada colaborador. De cómo asuma cada uno su propio desarrollo.

---

5 Las definiciones de estas competencias las podrá encontrar en *Diccionario de competencias. La trilogía. Tomo 1* (Ediciones Granica, Buenos Aires, 2015) y *Diccionario de comportamientos. La trilogía. Tomo 2* (Ediciones Granica, Buenos Aires, 2015).

6 Ver *Construyendo talento,* Ediciones Granica, Buenos Aires, 2016. También, la obra *Las 50 herramientas de Recursos Humanos que todo profesional debe conocer,* Ediciones Granica, Buenos Aires, 2017.

Q&A sobre medición de capacidades y aplicación de Codesarrollo

¿Es posible realizar actividades formativas sin mediciones previas?

Sí, es posible. Y ocurre en la mayoría de los casos. Sin embargo, es importante que –aun sin mediciones concretas– se tenga alguna percepción al respecto.

¿Cuándo podemos decir que se tiene cierta "percepción" sobre la cuestión? Desde la mirada del CEO y/o del área de Recursos Humanos, cuando se posea algún tipo de indicio por el cual se considera conveniente que un grupo de colaboradores reciba una formación determinada en lugar de otra.

Desde la mirada del participante, cuando valore positivamente la formación; es decir, el participante considera que tiene una brecha y que le será provechoso desarrollar la capacidad en cuestión, o, en otro escenario, el colaborador podría no reconocer la brecha y/o ignorar que posee una brecha e igualmente sentirse motivado a mejorar, a aprender acerca del tema planteado en la formación.

Cuando no existe una "percepción de necesidad" acerca de una formación en particular, unos y otros no tendrán una apreciación positiva respecto de la formación. Esta situación también es frecuente.

En la obra Desempeño por competencias *se afirma que solo los evaluados reciben el resultado de la evaluación de 360°. Si esto es así, ¿cómo podrían diseñarse actividades, como se ha expuesto en el caso práctico 2?*

Cuando se administra evaluación de 360° se confeccionan varios tipos de informes. El individual se le entrega a cada evaluado. Adicionalmente, se elabora información consolidada sobre el grupo evaluado. Sobre la base de esta última, se podrán diseñar actividades para el colectivo evaluado en su conjunto, como se ha expuesto en el caso práctico 2.

¿Cuántas competencias se pueden desarrollar al mismo tiempo? ¿Es posible formarse en varios aspectos de manera simultánea?

La respuesta a la pregunta "cuántas competencias se pueden desarrollar al mismo tiempo", como en otros casos, será: depende. Si la persona que debe desarrollar varias competencias reconoce la importancia de achicar sus brechas (ya sea en relación con el puesto actual o futuro) y asume con alta motivación su desarrollo, podría lograrlo. Quizá sea difícil, pero posible.

En el caso opuesto, sin conciencia de que necesita mejorar y/o sin motivación para hacerlo, no habrá ni desarrollo ni aprendizaje.

Otras personas podrán estar a medio camino entre el caso altamente positivo y el totalmente negativo. Ante esta circunstancia, seguramente los resultados serán parciales, es decir, en un tema habrá desarrollo, en otro no.

En resumen, cada persona será –de un modo u otro– responsable de lograr su desarrollo. Las organizaciones que desean desarrollar a sus colaboradores podrán ofrecer actividades formativas adecuadas. Sin embargo, el resultado final dependerá de cada colaborador. De cómo asuma su propio desarrollo.

Apartados relacionados y/o que tratan temas con alguna conexión

La mayoría de los apartados tienen conexión entre sí. A continuación, solo voy a destacar algunos de ellos.

- Apartado 7. Comenzando por el principio. Buenas prácticas en Formación
- Apartado 8. Continuando con las buenas prácticas: Herramientas y Formación
- Apartado 9. Reconocer necesidades y priorizarlas
- Apartado 10. Factores a tener en cuenta para alcanzar alta efectividad y eficacia
- Apartado 11. Aprender puede no ser aburrido. Diseño de una actividad sobre conocimientos
- Apartado 12. ¡Geografía también! Diseño de una actividad sobre conocimientos
- Apartado 13. Crecer es posible
- Apartado 14. Cambiar a través de la acción. Diseñar una actividad que permita cambiar comportamientos. Desarrollar competencias
- Apartado 17. Definir necesidades a través de talleres
- Apartado 18. Seguimiento de la evolución del desarrollo de las competencias y/o del aprendizaje de conocimientos
- Apartado 19. Formación después de mediciones específicas
- Apartado 20. Formación para alcanzar la estrategia
- Apartado 21. Formación y cambio cultural. Lograr la cultura deseada
- Apartado 24. Formación para todos los niveles de conducción
- Apartado 25. Los jefes. Seguimiento eficaz. Segundo taller de Codesarrollo sobre la misma temática
- Apartado 26. Motivar a otros, ¿un rol que deben asumir los jefes?
- Apartado 27. Problemas entre jefes y colaboradores
- Apartado 28. Programas para jefes. Distintas temáticas

Formación para la alta gerencia

Alta gerencia y planes estratégicos...
¿Es necesario algún tipo de formación
o ya saben todo lo que hay que saber?

En las primeras páginas del *Apartado 11. Aprender puede no ser aburrido. Diseño de una actividad de conocimientos,* se ha incluido una explicación detallada del método Co-desarrollo, los pasos que implica y otros aspectos de relevancia, que sugerimos tener presentes para la lectura de este apartado en particular[1].

En el Apartado 15 se ha visto un *Plan anual para un colectivo de profesionales de la misma actividad,* combinando aspectos relacionados con conocimientos y desarrollo de competencias. También se ha tratado el método en el *Apartado 16. Pensando en los clientes.* Ahora nos enfocaremos en la alta gerencia.

En las organizaciones, los programas para altos ejecutivos son muy frecuentes. Compartiremos aquí un ejemplo, diseñado para un grupo empresario, con negocios diversos en regiones también diversas.

Los altos ejecutivos seguramente habrán participado con anterioridad en diversos programas destinados a la alta gerencia. Por lo tanto, el reto será agregar valor, generar interés y entusiasmo, proponiendo temáticas interesantes, quizá con perspectivas novedosas o disruptivas, siempre en relación con sus preocupaciones actuales y futuras. En ocasiones, se confunde brindar "actividades novedosas o disruptivas" con ofrecer formaciones en lugares atractivos por el paisaje o por alguna otra característica diferente al contenido en sí. No es esa la orientación de nuestra propuesta.

Para lograr un excelente resultado, será necesario realizar un análisis profundo y detallado de los planes estratégicos de la organización para los próximos años, incluyendo sus métodos de trabajo, eventuales nuevos conocimientos que puedan requerirse y, muy especialmente, considerar el modelo de competencias.

Complementariamente, realizar reuniones y consultas con el propósito de detectar necesidades de formación.

En el caso que se eligió para este apartado, entre los planes estratégicos de la organización para los próximos cinco años destacaba la necesidad de darle un enfoque actualizado al manejo de la Junta Directiva, tanto frente a los requerimientos legales de los distintos países donde la organización opera como frente a un eventual cambio en la conducción, por recambio generacional de alguno de sus integrantes.

---

1 Encontrará un mayor detalle sobre las definiciones de competencias aquí expuestas en la obra denominada *La Trilogía: Diccionario de competencias. Tomo 1; Diccionario de comportamientos. Tomo 2,* y *Diccionario de preguntas. Tomo 3* (Ediciones Granica, Buenos Aires, 2015)

En cuanto a negocios futuros, se apuntaba a incrementar la participación de la organización en nuevos mercados. Frente a esta perspectiva, surgieron preocupaciones adicionales en materia del cuidado del medio ambiente, por la necesidad de cambiar uno de los principales insumos, utilizado en varios de los productos.

Formación en algunos temas específicos. Conocimientos

De acuerdo con la estrategia organizacional, los conocimientos seleccionados como prioritarios fueron: Gobierno corporativo, Mercados y Regulaciones internacionales sobre el cuidado del medio ambiente. Adicionalmente, se consideraron ciertas competencias.[2]

En función de los conocimientos y competencias a desarrollar, se preparó un plan anual. En la figura podrá ver un esquema simplificado.

La figura muestra el momento en el cual se imparte el primer taller de Codesarrollo (T1). No se visualiza en qué plazos se realizan ni el seguimiento correspondiente (S), ni el segundo taller de la misma temática (T2). Usualmente se dejan

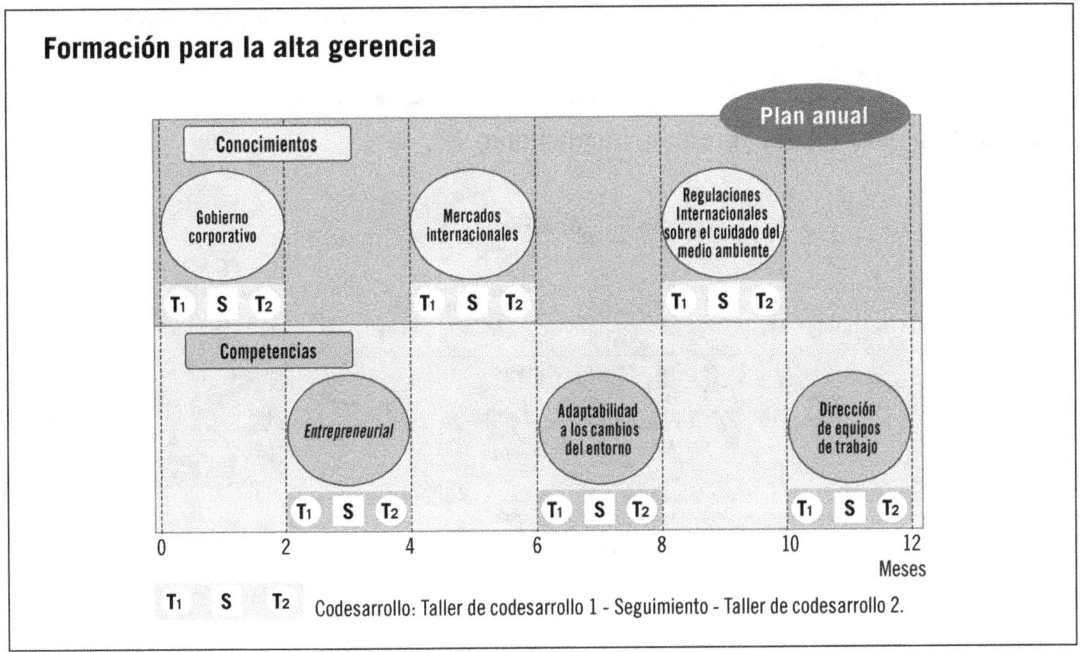

---

2 Las competencias a desarrollar en la alta gerencia fueron: *Entrepreneurial,* Adaptabilidad a los cambios del entorno y Dirección de equipos de trabajo.

transcurrir varios meses entre el primer taller y el segundo, lapso durante el cual se realiza el seguimiento.

Para este caso, podrían impartirse talleres de Codesarrollo cada dos meses en un período de un año, alternando formación en conocimientos y desarrollo de competencias.

En la formación para la alta gerencia, el seguimiento, con frecuencia, lo realiza un consultor externo, quien puede aunar los roles de experto e instructor. La idea se expone en la figura siguiente.

Como se trata de altos ejecutivos, el seguimiento mencionado se realizará de manera personalizada, según el estilo de cada uno de los altos directivos participantes en las actividades.

Como se vio en apartados anteriores, el seguimiento también podría estar a cargo del jefe directo de cada uno de los participantes. Y podría ser realizado por más de una persona, si la situación y la temática lo ameritaran.

En el ejemplo de la figura de la página siguiente, el seguimiento recae en dos personas diferentes: una de ellas realizará el seguimiento de conocimientos, y otra, competencias, según el rol experto de cada una de ellas.

Respecto de la combinación de temas, es importante señalar que, por ejemplo, un alto directivo puede necesitar adquirir conocimientos sobre mercados internacionales y desarrollar la competencia *Adaptabilidad a los cambios del entorno*; temas

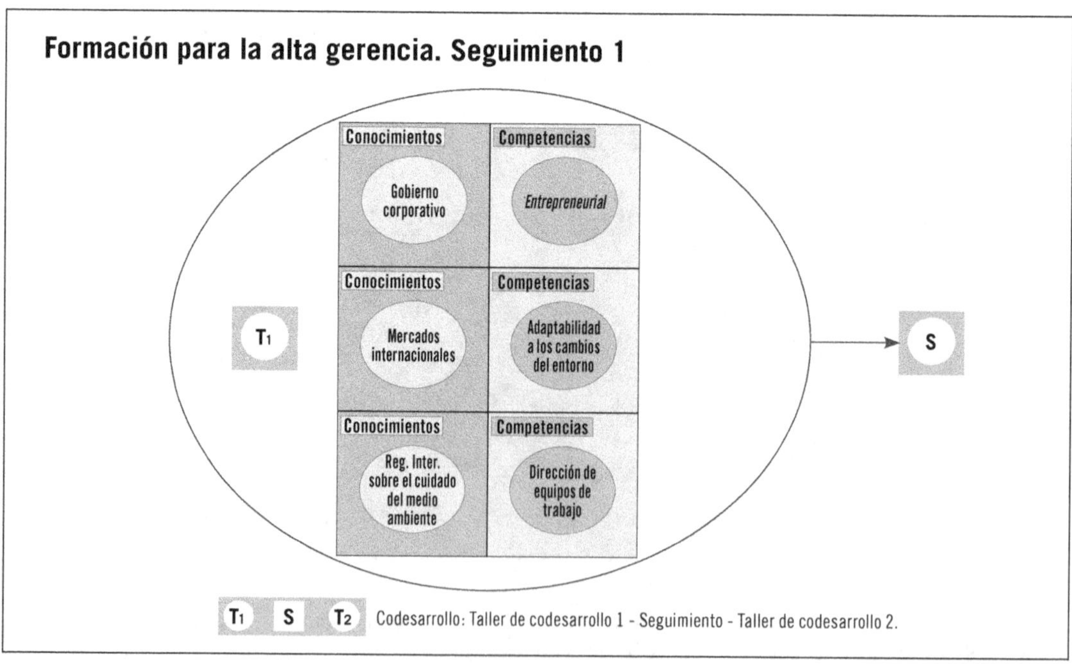

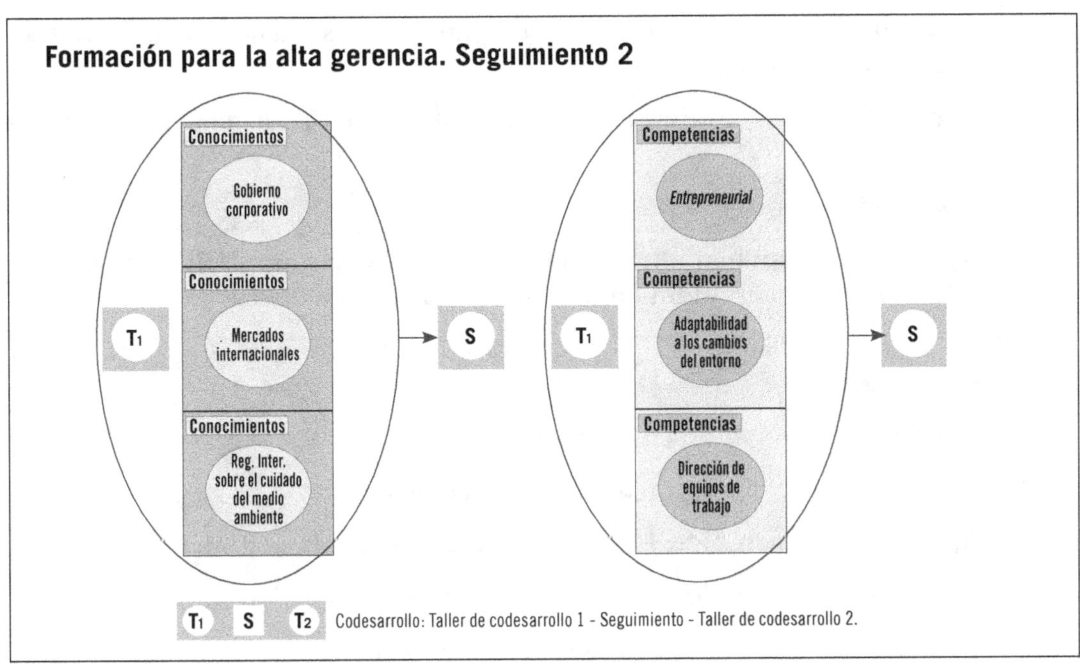

relacionados entre sí que, sin embargo, requieren actividades formativas diferentes. El diseño experto de la formación en su conjunto es un factor clave, en especial cuando está destinada a altos directivos.

Como en otros casos prácticos, en este apartado también hemos combinado el aprendizaje de conocimientos con el desarrollo de competencias para la formación de la alta gerencia, utilizando Codesarrollo en su diseño..

Apartados relacionados y/o que tratan temas con alguna conexión

La mayoría de los apartados tienen conexión entre sí. A continuación, solo voy a destacar algunos de ellos.

- Apartado 2. Estrellas fugaces, ¿sí o no? *After office, outdoors,* convivios y demás

- Apartado 5. Nuevas generaciones, inmediatez, lenguaje y otras cuestiones en relación con Formación

- Apartado 10. Factores a tener en cuenta para alcanzar alta efectividad y eficacia

- Apartado 11. Aprender puede no ser aburrido. Diseño de una actividad sobre conocimientos

- Apartado 12. ¡Geografía también! Diseño de una actividad sobre conocimientos

- Apartado 13. Crecer es posible

- Apartado 14. Cambiar a través de la acción. Diseñar una actividad que permita cambiar comportamientos. Desarrollar competencias

- Apartado 15. Plan anual para un colectivo de profesionales de la misma especialidad

- Apartado 16. Pensando en los clientes

- Apartado 20. Formación para alcanzar la estrategia

- Apartado 21. Formación y cambio cultural. Lograr la cultura deseada

- Apartado 24. Formación para todos los niveles de conducción

- Apartado 29. Indicadores de gestión sobre Formación

- Apartado 30. Formador de formadores. Diseño e implementación

Formación para todos los niveles de conducción

Programas para jefes de todos los niveles

En las primeras páginas del *Apartado 11. Aprender puede no ser aburrido. Diseño de una actividad de conocimientos,* se ha incluido una explicación detallada del método Co-desarrollo, los pasos que implica y otros aspectos de relevancia, que sugerimos tener presentes para la lectura de este apartado en particular.

En otros apartados se han presentado planes anuales de diversa índole, combinando contenidos y objetivos de formación. Algo similar se verá también aquí, en este caso para combinar el desarrollo de varias competencias relacionadas con los distintos roles de los jefes.

En cuanto a programas para jefes, la gama de temas posibles es muy amplia. Por un lado, pueden abarcar el desarrollo específico de competencias, y también existen una serie de actividades –algunas de las cuales mencionaremos a continuación– donde se podrán desarrollar temáticas tanto de conocimientos como de competencias, al aplicar las necesarias para que los jefes ejerzan sus funciones con los mejores resultados.

En cuanto a actividades formativas para jefes, usualmente se sugiere comenzar por *Rol del jefe*[1]. Este es un programa de conocimientos en el cual se realiza una mirada global y sistémica sobre todo lo que debe hacer una persona con gente a su cargo para ser "un buen jefe".

Luego se podrá continuar con otros programas, desarrollando competencias.

En la figura siguiente, luego de *Rol del jefe*, se muestran dos programas sobre el lado izquierdo: *Delegación* y *Jefe entrenador*. Ambos tienen el foco en el desarrollo de una competencia; en el primer caso, la competencia *Conducción de personas* o, si se prefiere, *Delegación* o *Capacidad para delegar efectivamente*[2], y la segunda actividad o herramienta se focaliza en el desarrollo de la competencia *Entrenador*[3,4].

Continuando con la figura precedente, se observan dos actividades formativas, no siempre consideradas en relación con los jefes y que, en mi opinión, son muy importantes y complementan de una manera muy positiva la formación de quienes tienen gente a cargo, de todos los niveles: *Conciliar vida profesional y personal* y *Cómo llevarme bien con mi jefe*.

---

1 *Rol del jefe.* Ediciones Granica, Buenos Aires, 2019.

2 *Cómo delegar efectivamente en 12 pasos.* Ediciones Granica, Buenos Aires, 2012.

3 El lector puede consultar la definición de las competencias *Conducción de personas* y *Entrenador,* su apertura en grados o niveles y los comportamientos asociados, en las obras *Diccionario de competencias. La trilogía. Tomo 1,* y *Diccionario de comportamientos. La trilogía. Tomo 2* (Ediciones Granica, Buenos Aires, 2015).

4 *12 pasos para transformarse en un jefe entrenador.* Ediciones Granica, Buenos Aires, 2019.

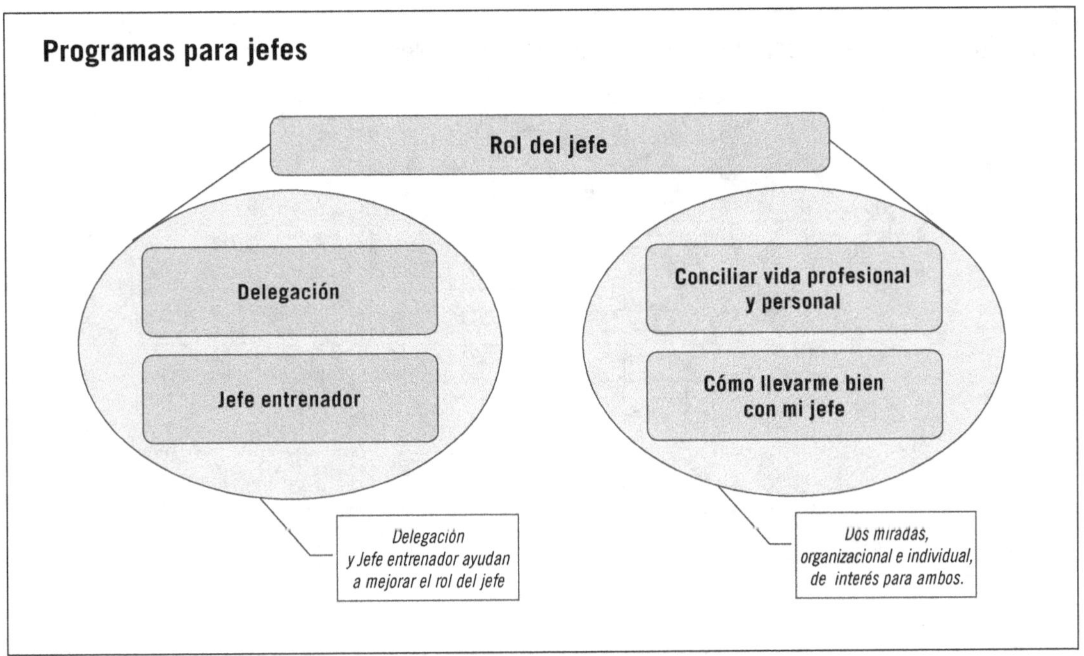

Recursos Humanos no es una disciplina que atañe solo a los especialistas. Por el contrario, los asuntos que implica involucran a *todos* los integrantes de una organización y, desde ya, particularmente a los jefes, dado que ellos conducen equipos de trabajo, de diferente índole y magnitud.

Son temas relevantes también desde la perspectiva del colaborador, que muchas veces no comprende el porqué de algunas políticas o procedimientos.

Por esta razón, es muy importante trabajar sobre el rol de los jefes y el de los colaboradores. Cuando ambas miradas y perspectivas se ensamblan adecuadamente, la relación se torna del tipo *ganar-ganar.*

Por último, es importante recordar que, en muchas ocasiones, una persona es al mismo tiempo jefe y colaborador. Por lo tanto, es muy importante trabajar en simultáneo sobre los dos roles, y por este motivo *Cómo llevarme bien con mi jefe* se considera tanto un programa para jefes como un programa de liderazgo.

La idea que se desea expresar a través de la figura siguiente es que en el ámbito de las organizaciones encontraremos personas de diferente nivel que podrán ser jefes, colaboradores y, en ocasiones, ambas cosas a la vez. Ser colaborador en relación con un jefe y jefe de los colaboradores que integran su equipo de trabajo.

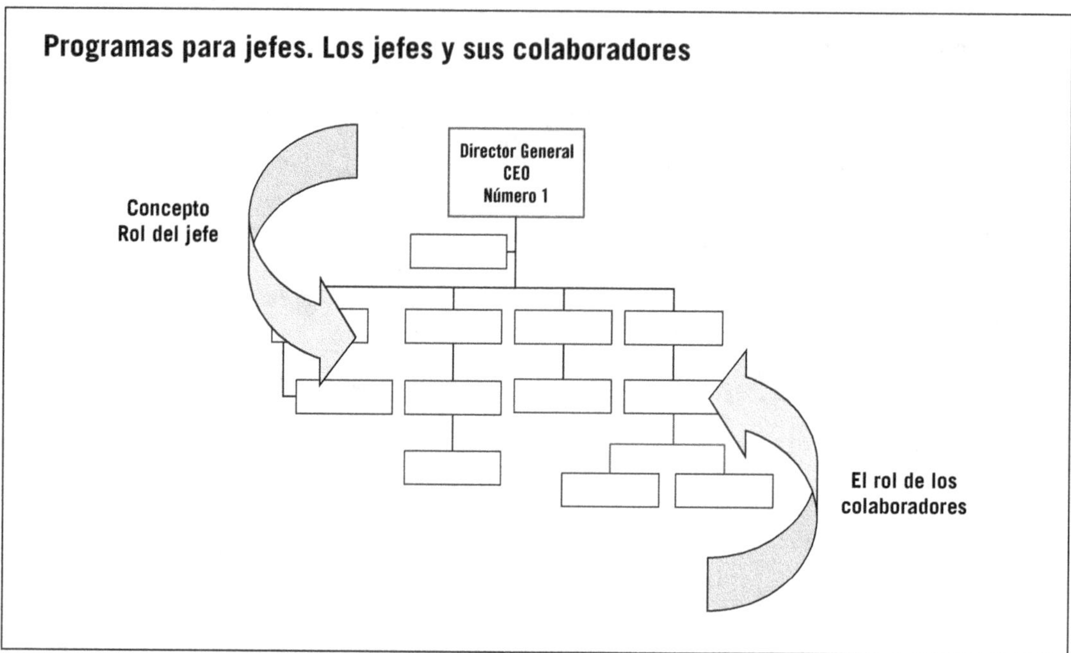

Por último, en las distintas actividades formativas, en todos los temas mencionados, comenzando por *Rol del jefe*, deberían incluirse a todas aquellas personas que
aun no siendo jefes, se prevé que lo sean en un futuro.

Frente a una afirmación frecuente tal como "líder se nace", será importante tener en cuenta que también la capacidad para ser un buen líder puede desarrollarse.
Un camino para desarrollarse como líder comenzará por *Rol del jefe* y sus programas
relacionados.

De actividades formativas a programas organizacionales[5]

Una buena idea será transformar las actividades formativas en programas organizacionales, dándoles de ese modo mayor estatus y visibilidad.

La denominación "programas organizacionales" hace referencia al conjunto or-
denado de actividades y/o pasos necesarios para llevar a cabo uno o varios proyectos, en el ámbito de una organización.

---

5 *Construyendo talento.* Ediciones Granica, Buenos Aires, 2016.

Los programas organizacionales deben diseñarse con un enfoque sistémico, con el propósito de alcanzar la visión y los planes estratégicos.

Dentro de estos programas organizacionales podemos incluir los mencionados en párrafos previos junto con otros, en relación con los distintos roles de los jefes, de todos los niveles.

La expresión "programas para jefes" hace referencia al conjunto de programas dirigidos a todos los jefes, usualmente a partir del número 1 de la organización, con el propósito de fortalecer sus competencias y difundir las obligaciones adicionales que todo jefe debe asumir, inherentes a su rol específico de conductor de colaboradores.

Impartición "en cascada"

El término *jefe* es un concepto que incluye a todos los niveles, a partir del número 1. Por lo tanto, el plan de formación deberá contemplarlos a todos ellos.

En formación de ejecutivos, cuando se desea implementar programas relacionados con liderazgo y conducción en sus diferentes variantes, se recomienda la impartición comenzando por el número 1 de la organización.

Si por alguna razón el número 1 pensara que esa capacitación no le concierne y/o no la necesita (o cualquier otra circunstancia), se debe tener en cuenta el mensaje que se transmite con esta actitud. Los jefes de otros niveles verán con buenos ojos que también su propio jefe reciba y participe de la actividad formativa en cuestión.

En resumen, en nuestra opinión, la formación en cascada, a través de programas para jefes a partir de la máxima conducción, es el mejor camino para la formación de jefes. Si, además, los altos directivos se transforman ellos en instructores, los resultados mejoran aún más. Para ellos se sugiere un aspecto adicional a tener en cuenta, que se verá en el *Apartado 30. Formador de formadores. Diseño e implementación.*

Definición del término:

Formación en cascada. Acción y efecto de educar y/o instruir a un grupo de personas de una misma organización y de diferentes niveles dentro de ella, produciendo un efecto en cadena. El propósito será, según corresponda, el aprendizaje de conocimientos y/o el desarrollo de competencias. Incluye conceptos tales como Codesarrollo y Capacitación.

La idea se expresa en la figura siguiente.

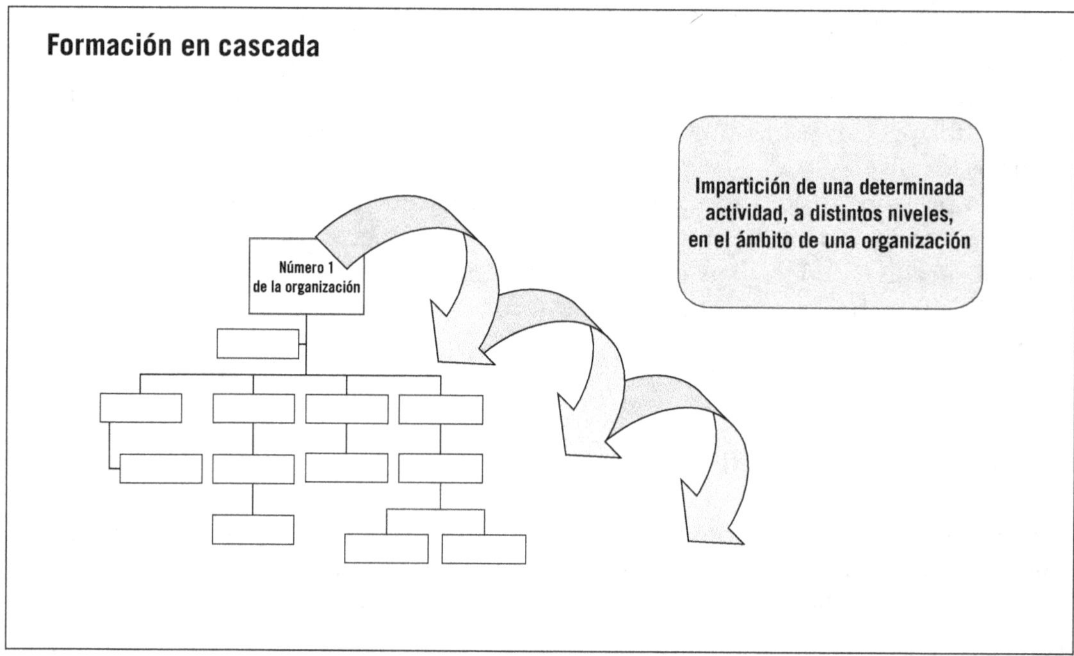

La formación a ser impartida en cadena o en cascada, incrementa su efectividad. Los colaboradores perciben un compromiso mayor, por parte de sus superiores, en relación con la temática en cuestión.

Por dónde comenzar o... "Ya hemos realizado muchos cursos de liderazgo, ¿qué hacemos ahora?"

Nos plantean a diario el dilema del subtítulo. Unos nos preguntan "por dónde comenzar", asumiendo que hay un nuevo comienzo en materia de formación de jefes.

En otras organizaciones nos miran y dicen: "Ya hemos realizado muchos cursos de liderazgo, ¿qué hacemos ahora?".

También los más escépticos se expresan: "Ya hemos realizado muchos cursos de liderazgo, ¿hay algo nuevo?".

Nuevo, no sé. Necesario, tengo mucho para contarle... Hay que formar a los jefes acerca de sus roles. Aun los mejores jefes y líderes siempre fallan en alguno de los roles o no llevan todos a cabo como debieran. También habrá que formar a los futuros o nuevos jefes. Siempre hay mucho por hacer en materia de programas para jefes.

A continuación presentamos un esquema frecuente que implementamos en nuestras empresas clientes, para formar a jefes de todos los niveles.

Como se ha dicho en repetidas ocasiones, jefe es también el número 1, y los talleres para jefes se recomiendan a partir de ese máximo nivel de dirección. Es decir, el número 1 también debe participar.

En nuestra firma, adicionalmente, diseñamos las actividades formativas bajo el diseño "Formador de formadores" que se verá en el Apartado 30.

Definiciones a tener en cuenta:

Jefe entrenador. El concepto implica que el jefe es una persona que al mismo tiempo que cumple el *rol de jefe* lleva adelante otra función respecto de sus colaboradores: ser guía y consejero en una relación orientada al aprendizaje. Lo asume de manera deliberada, desea hacerlo y está convencido de los resultados a obtener.

Para que un jefe se transforme en jefe entrenador o, ya siéndolo, mejore aún más esta capacidad, el camino sugerido es el desarrollo de la competencia *Entrenador*.

Convertirse en jefe entrenador no implica adicionar tareas. Por el contrario, se trata de un comportamiento permanente que un jefe lleva a cabo en su relación cotidiana con sus colaboradores.

Delegación. Dar a otra persona autoridad para ejecutar una tarea y/o para actuar en representación de otra.

Implica poseer en algún grado la competencia *Conducción de personas*.

Los contenidos que se describen en la figura siguiente serán necesarios tanto para la alta gerencia como para los niveles de gerencia intermedia y supervisión que –en general– reportan a los primeros.

En organizaciones grandes, además de las actividades "para todos los niveles de conducción" se implementan programas como los mencionados en el *Apartado 23. Formación para la alta gerencia.* Dicha puesta en práctica debería realizarse articuladamente, de modo tal que los altos directivos reciban primero algunos de los contenidos mencionados a continuación, para luego introducirse en los aspectos específicos para la alta gerencia.

Como en otros casos expuestos en distintos apartados, en el gráfico de la página siguiente, la figura muestra el momento en el cual se imparte el primer taller de Codesarrollo (T1). No se visualiza en qué plazos se realizan el seguimiento (S) ni el segundo taller de la misma temática (T2). Usualmente –como en el caso anterior– se dejan transcurrir varios meses entre el primer taller y el segundo, lapso durante el cual se realiza el seguimiento.

El gráfico siguiente presenta un esquema anual donde, por ejemplo, puede impartirse al inicio la temática de conocimientos (*Rol del jefe*) y luego –por ejemplo,

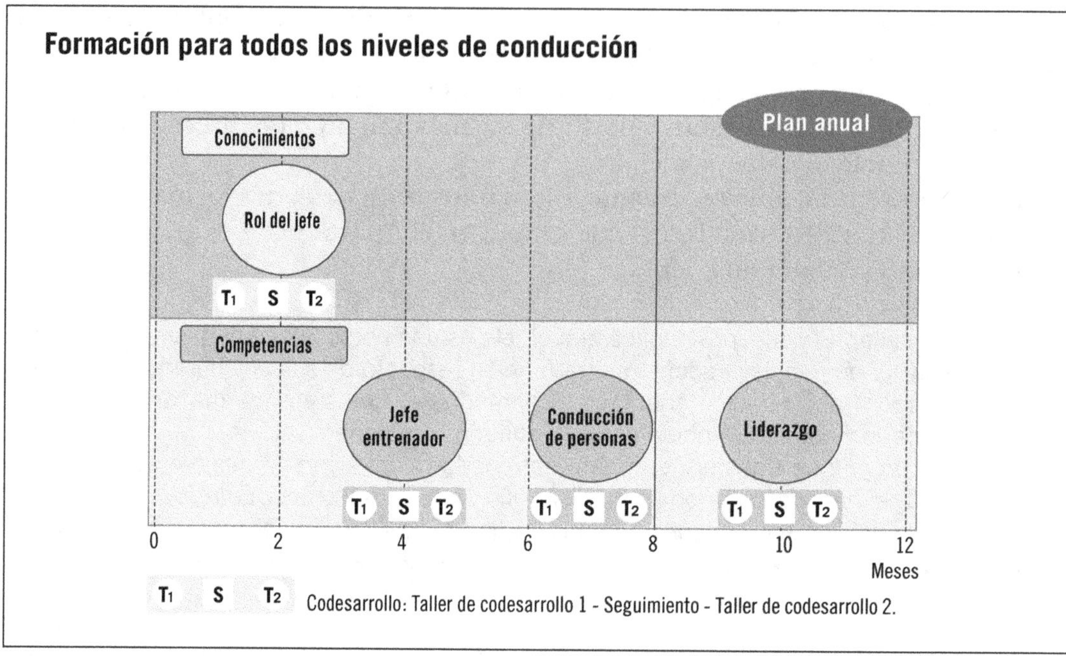

cada tres meses– los tres talleres de Codesarrollo siguientes, todos enfocados al desarrollo de competencias, específicas para jefes.

La secuencia para jefes que presentamos al lector es la más usual. Conforma en sí misma un verdadero programa para jefes de todos los niveles, comenzando por un taller de Codesarrollo de conocimientos, como el denominado *Rol del jefe*, el cual debe ser seguido por otros dos talleres: *Jefe entrenador*, donde se desarrolla en todos los jefes la competencia *Entrenador*, y *Conducción de personas*, donde se trabaja sobre la competencia *Delegación*.

Luego, el programa para jefes se completa con otros Codesarrollos, según el modelo de competencias de la organización; por ejemplo, sobre *Liderazgo* en diversas variantes (*Liderazgo para el cambio, Liderazgo en el siglo XXI, Líder emprendedor*, entre otras).

Creo importante destacar la importancia de este programa de actividades para jefes. En nuestra experiencia, empresas de todo tipo, tamaño y origen necesitan trabajar en la formación de los jefes, y esta es una buena sugerencia en tal sentido.

Directivos y jefes. Su rol en otros programas internos organizacionales

En la obra *Construyendo talento*[6] se presentan distintos tipos de programas organizacionales para el desarrollo de personas que ya forman parte de la organización. Tres de esos programas destacan el rol de los jefes tanto en la formación propiamente dicha de los equipos a su cargo como en la transferencia de valores y cultura organizacional: *Entrenamiento experto, Jefe entrenador* y *Mentoring*.

Entrenamiento experto

Entrenamiento experto es un programa organizacional para el aprendizaje mediante el cual, a través de una relación interpersonal, un individuo con mayor conocimiento o experiencia en un determinado tema lo transmite a otro. Cada uno de los participantes del programa cumple un rol: entrenador o aprendiz. Un entrenador podrá tener a su cargo varios aprendices; sin embargo, en todos los casos brindará su entrenamiento de manera personalizada e individual.

Para que el entrenamiento experto se verifique es necesario que el entrenador sea realmente un experto en la temática o que posea un alto grado de desarrollo de la competencia en cuestión, según corresponda. Los objetivos son específicos y el plazo, acotado (usualmente, unos pocos meses).

Este programa hace foco en el aprendizaje de algún tema en particular con plazos y objetivos definidos –un conocimiento o una competencia, según corresponda–, donde el entrenador y el aprendiz conforman una comunidad de aprendizaje con un propósito específico (por ejemplo, desarrollar un conocimiento o una competencia).

Para que el *entrenamiento experto* sea eficaz, el entrenador deberá poseer un alto grado de desarrollo del conocimiento o competencia a desarrollar en el aprendiz.

Para un mejor aprovechamiento del capital intelectual, las organizaciones podrían desarrollar entrenadores expertos *internos*.

La expresión "entrenamiento experto interno" se utiliza para indicar que el entrenador pertenece a la misma organización que el aprendiz. Las organizaciones que utilizan entrenamiento experto interno como un programa organizacional, fijan políticas y otros aspectos relacionados con esta modalidad. Ejemplo: el entre-

---

6 *Construyendo talento.* Ediciones Granica, Buenos Aires, 2016.

nador experto debe ser un gerente de un área diferente de aquella en la cual se desempeña el aprendiz.

Cuando el rol de entrenador lo asume el jefe directo de la persona, esa función se denomina *jefe entrenador.*

Jefe entrenador

Como se vio en páginas previas, el concepto "jefe entrenador" implica que el jefe es una persona que al mismo tiempo que cumple el *rol de jefe* lleva adelante otra función respecto de sus colaboradores: ser guía y consejero en una relación orientada al aprendizaje. Las organizaciones pueden jerarquizar esta figura convirtiendo la formación en un programa organizacional.

De este modo, a través de esta variante, se desarrolla en todos los jefes la competencia *Entrenador* para que todos los jefes, en su contacto cotidiano con sus colaboradores, ayuden a estos en su crecimiento, tanto en competencias como en conocimientos.

Para la formación de jefes, usualmente, se llevan a cabo varios programas, siendo el primero de ellos *Rol del jefe.* Luego, desarrollar la competencia *Entrenador* aplicando el método Codesarrollo, impartiéndose dos talleres, con seguimiento entre la primera y la segunda actividad formativa.

Desde el área de Recursos Humanos, el coordinador de la formación y/o de los planes internos de desarrollo deberá realizar un control de las distintas actividades que se llevarán a cabo. Por ejemplo:

- *Rol del jefe.*

- *Jefe entrenador* –desarrolla la competencia *Entrenador,* en los dos talleres que propone el método Codesarrollo.

- *Delegación, Conducción de personas* y *Empowerment.*

- *Liderazgo* y otros temas similares y complementarios, como *Liderar con el ejemplo.*

El planeamiento y seguimiento a realizar por Recursos Humanos se refleja en el gráfico de la página siguiente.

Para lograr una mayor eficacia en la implementación de los programas para jefes se sugiere la impartición "en cascada", explicada en páginas previas.

Planificación de actividades para jefes

Para todos los jefes de la organización

Apellido y nombre	ROL DEL JEFE			JEFE ENTRENADOR 1			JEFE ENTRENADOR 2		
	Actividad	Responsable	Mes/Año	Actividad	Responsable	Mes/Año	Actividad	Responsable	Mes/Año
Participante 1									
	Actividad	Responsable	Mes/Año	Actividad	Responsable	Mes/Año	Actividad	Responsable	Mes/Año
Participante 2									
	Actividad	Responsable	Mes/Año	Actividad	Responsable	Mes/Año	Actividad	Responsable	Mes/Año
Participante 3									
	Actividad	Responsable	Mes/Año	Actividad	Responsable	Mes/Año	Actividad	Responsable	Mes/Año
Participante 4									
	Actividad	Responsable	Mes/Año	Actividad	Responsable	Mes/Año	Actividad	Responsable	Mes/Año
Participante 5									

Planificación de actividades para jefes. Impartición "en cascada"

Para todos los jefes de la organización

	ROL DEL JEFE			JEFE ENTRENADOR 1			JEFE ENTRENADOR 2		
	Actividad	Responsable	Mes/Año	Actividad	Responsable	Mes/Año	Actividad	Responsable	Mes/Año
Participante 2									

	ROL DEL JEFE			JEFE ENTRENADOR 1			JEFE ENTRENADOR 2		
	Actividad	Responsable	Mes/Año	Actividad	Responsable	Mes/Año	Actividad	Responsable	Mes/Año
Participante 2.1									
Participante 2.2									
Participante 2.3									

Como puede apreciarse en el gráfico anterior, el participante 2 primero lleva a cabo las actividades para las diferentes temáticas planeadas: *Rol del jefe* y dos niveles de *Jefe entrenador*. Luego, él asume el rol de instructor e imparte las mismas temáticas a sus colaboradores, a los cuales hemos identificado como participantes 2.1, 2.2 y 2.3.

También es posible mejorar como jefe entrenador a través de la aplicación del método 12 pasos, utilizado para la preparación de la obra *12 pasos para transformarse en un jefe entrenador*[7].

Mentoring como programa organizacional

El término *mentoring* hace referencia a aquellos programas organizacionales estructurados, de varios años de duración, mediante los cuales ejecutivos de mayor nivel y experiencia ayudan a otros en su crecimiento. A su vez, el término "ejecutivo" –por extensión– incluye diferentes relaciones laborales y profesionales. Los programas de *mentoring*[8] pueden aplicarse en toda clase de organización.

En un programa de este tipo participan el mentor y la persona bajo tutoría[9]. ¿Quiénes podrían asumir estos roles? Usualmente, el mentor es un ejecutivo *senior* (con una importante experiencia) y el que recibe el programa, un ejecutivo *junior* (con menos experiencia). Sin embargo, pueden existir variantes al respecto.

Otras de las características que definen estos programas son:

- El mentor y la persona bajo tutoría siempre pertenecen a la misma organización; también podría darse el caso de que uno de ellos pertenezca a otra empresa, dentro del mismo grupo corporativo.

- La extensión del programa apunta al mediano o largo plazo.

- Los objetivos son de carácter amplio y variado. Abarcan todos los temas relacionados con la carrera de la persona bajo tutoría contemplando, al mismo tiempo, los objetivos organizacionales.

La mejor inversión será desarrollar a los jefes –de todos los niveles– en sus roles de jefes, incluyendo el más destacado: ser entrenador de los equipos a su cargo. Así se logrará que la organización, en su conjunto, se oriente al aprendizaje.

7　*12 pasos para transformarse en un jefe entrenador*, Ediciones Granica, Buenos Aires, 2019.

8　*Programa de Mentoring* es la herramienta N° 36 de la obra *Las 50 herramientas de Recursos Humanos que todo profesional debe conocer*. Ediciones Granica, Buenos Aires, 2017.

9　*Persona bajo tutoría:* individuo que adhiere a un programa de *mentoring* para desarrollarse.

Una organización sustentable se basa en la sustentabilidad de sus recursos humanos. Este será un buen camino para lograr ese propósito.

A modo de cierre

Como decíamos en la presentación, en esta obra los jefes merecen una especial atención por dos cuestiones igualmente importantes: la relación "jefe-colaborador" es la fuente principal de los éxitos y fracasos organizacionales; además, las organizaciones destinan la mayor parte de sus planes de formación a temas de liderazgo o similares, no siempre enfocados a resolver las cuestiones de fondo.

En este apartado hemos visto planes anuales de formación que combinan el aprendizaje de conocimientos con el desarrollo de competencias. En ambos casos, utilizando el método Codesarrollo.

Por último, se alcanza mayor efectividad a través de la impartición "en cascada".

Apartados relacionados y/o que tratan temas con alguna conexión

La mayoría de los apartados tienen conexión entre sí. A continuación, solo voy a destacar algunos de ellos.

- Apartado 5. Nuevas generaciones, inmediatez, lenguaje y otras cuestiones en relación con Formación

- Apartado 10. Factores a tener en cuenta para alcanzar alta efectividad y eficacia

- Apartado 11. Aprender puede no ser aburrido. Diseño de una actividad sobre conocimientos

- Apartado 12. ¡Geografía también! Diseño de una actividad sobre conocimientos

- Apartado 13. Crecer es posible

- Apartado 14. Cambiar a través de la acción. Diseñar una actividad que permita cambiar comportamientos. Desarrollar competencias

- Apartado 15. Plan anual para un colectivo de profesionales de la misma especialidad

- Apartado 16. Pensando en los clientes

- Apartado 20. Formación para alcanzar la estrategia

- Apartado 21. Formación y cambio cultural. Lograr la cultura deseada

- Apartado 23. Formación para la alta gerencia

- Apartado 25. Los jefes. Seguimiento eficaz. Segundo taller de Codesarrollo sobre la misma temática

- Apartado 26. Motivar a otros, ¿un rol que deben asumir los jefes?

- Apartado 27. Problemas entre jefes y colaboradores

- Apartado 28. Programas para jefes. Distintas temáticas

- Apartado 29. Indicadores de gestión sobre Formación

- Apartado 30. Formador de formadores. Diseño e implementación

25

*Los jefes. Seguimiento eficaz.
Segundo taller de Codesarrollo
sobre la misma temática*

Seguimiento eficaz

Nos hemos referido al seguimiento en el *Apartado 18. Seguimiento de la evolución del desarrollo de las competencias y/o del aprendizaje de conocimientos.* Aquí se verá el seguimiento en función del rol de los jefes, en especial cuando cumplen el rol de entrenadores de sus equipos (*Jefe entrenador*).

Por otra parte, en las primeras páginas del *Apartado 11. Aprender puede no ser aburrido. Diseño de una actividad de conocimientos,* se ha incluido una explicación detallada del método Codesarrollo, los pasos que implica y otros aspectos de relevancia, que sugerimos tener presentes para la lectura de este apartado.

El método Codesarrollo es un proceso cuyo punto de partida consiste en un taller en el cual se realizan los 4 primeros pasos, para continuar luego con el paso 5, seguimiento, que se realiza al culminar esa primera actividad.

El seguimiento (paso 5) podrá realizarlo el instructor que haya impartido el Codesarrollo, o un mentor (si existiera esta figura). También el jefe directo del participante. Esta será siempre la mejor opción y la que será tratada en este apartado.

Recordemos, para empezar, algunos conceptos.

Seguimiento (en el método Codesarrollo)

El seguimiento propuesto en el paso 5 es uno de los aspectos fundamentales para alcanzar el desarrollo/aprendizaje deseado. Implica, como su nombre lo indica, un seguimiento posterior al taller de Codesarrollo que podrá ser realizado por el instructor o por el jefe directo de los participantes.

El seguimiento implica, además, realizar mediciones del grado de avance o desarrollo de los participantes de la/s actividad/es de Codesarrollo.

Dicho seguimiento podrá ser individual o colectivo (es decir, para un grupo de personas).

Qué se necesita para un seguimiento efectivo

Revisaremos a continuación algunos requisitos junto con otras características que debe tener quien lleve adelante el seguimiento, a fin de que resulte efectivo.

Nivel de conocimientos y/o desarrollo de una o varias competencias

Un nivel adecuado de conocimientos o de desarrollo de la competencia en cuestión debería ser considerado un requisito excluyente para que una persona lleve a cabo el seguimiento de otros. Veamos las diferencias según corresponda:

- Seguimiento de un taller sobre conocimientos. Se requiere que la persona que lo lleva adelante conozca en profundidad el tema, una combinación de experiencia con conocimientos teóricos relacionados que, de algún modo, dé sustento a la experiencia práctica.

- Seguimiento de un taller para el desarrollo de competencias. Se requiere poseer un nivel más alto de desarrollo de la competencia en cuestión, en relación con la persona a la cual se pretende ayudar y apoyar durante el seguimiento. No implica poseer el nivel más alto posible, solo uno superior.

Usualmente los jefes directos cumplen estas dos características.

Establecer una relación efectiva con el participante

¿Cuál debería ser la relación con el participante?

Si el seguimiento lo realiza el jefe, la relación ya está establecida, en los roles jefe-colaborador.

Si el seguimiento lo lleva a cabo una persona diferente del jefe, debería establecerse una relación tal que lo facilite, a fin de que resulte efectivo. Veamos algunas opciones posibles.

Si la persona asignada para el seguimiento es un funcionario del área de RRHH, se podrían realizar reuniones individuales periódicas, con cada uno de los participantes.

Si el instructor del taller asume el seguimiento, podría habilitar un horario (por ejemplo, dos horas semanales) para recibir las consultas de los participantes.

Por último, si en la organización se han implementado programas de *mentoring*, el mentor podría realizar (dentro de su rol específico) el seguimiento del taller de Codesarrollo.

Poseer algún grado de capacidad para guiar y ayudar a otros

Como veremos más adelante, los jefes desarrollan su capacidad de entrenadores cuando las organizaciones llevan a cabo programas tales como *Jefe entrenador*. Ver al respecto el *Apartado 24. Formación para todos los niveles de conducción*.

La situación ideal será que el seguimiento lo realicen los jefes directos, quienes a su vez pueden recibir algún tipo de apoyo de los especialistas de Recursos Humanos.

En aquellos casos en que, por algún motivo, el jefe no fuese la persona más indicada para llevar a cabo el seguimiento (por ejemplo, por no tener el nivel necesario de conocimiento del tema y/o desarrollo de la competencia en cuestión), el instructor podría encargarse del rol de seguimiento, asumiendo el papel de entrenador experto de los participantes.

En algunos casos, según la temática, el seguimiento también podría llevarlo a cabo un especialista de Recursos Humanos u otra persona de la misma organización, por ejemplo, el jefe del jefe.

Por último, para el caso de formación abierta, el seguimiento puede ser realizado por el instructor. En una universidad, se podría designar a un profesor para que realice el seguimiento de un grupo de alumnos.

Cómo realizar un seguimiento eficaz

Para hacer seguimiento en Codesarrollo, si la persona no lo hizo antes deberá recibir formación al respecto.

En nuestra opinión, como ya se expresó, la mejor opción será una preparación integral para directivos, gerentes y jefes. Ver el *Apartado 24. Formación para todos los niveles de conducción* y también el *Apartado 28. Programas para jefes. Distintas temáticas.*

En el método Codesarrollo, el participante de un taller elabora con la ayuda del instructor un plan de acción, el cual le permitirá poner en práctica el conocimiento y/o los comportamientos deseados, inmediatamente después de finalizar la actividad. Esta etapa implica lo que denominamos autodesarrollo, el camino más eficaz para alcanzar los mejores resultados en formación. La idea se expresa en la figura siguiente.

En ella se expone el ciclo completo de Codesarrollo, conformado por talleres y seguimiento. Entre los talleres, en la parte inferior de la figura, se señala el autodesarrollo del participante.

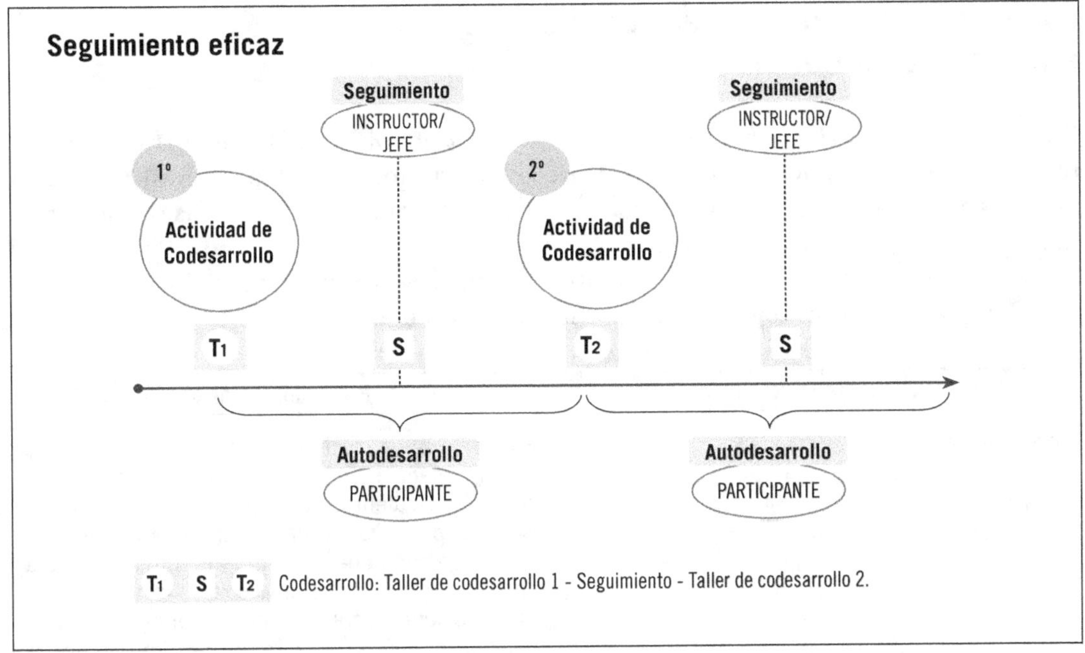

El método Codesarrollo plantea la realización de, como mínimo, dos talleres sobre la misma temática, dado que la experiencia indica que "no alcanza" con uno solo.

Para que el aprendizaje del conocimiento o el desarrollo de la competencia pueda verificarse, será necesaria la realización del ciclo completo del método: una primera impartición del taller con sus 4 pasos; a continuación, el seguimiento (paso 5), y luego de una cantidad de meses determinada, una segunda impartición de la misma temática con nuevos casos y ejercicios. Se retomará esta cuestión más adelante, en este mismo apartado.

De la experiencia práctica

Para algunos clientes de nuestra firma consultora, en especial cuando realizamos el diseño de los talleres, confeccionamos además cuestionarios y *checklists* para el seguimiento por parte de los jefes y/o por un responsable de Recursos Humanos.

El seguimiento es un factor clave. Toda ayuda para mejorar el resultado final de esta etapa debe ser considerada desde el inicio de su puesta en práctica.

Los jefes entrenadores realizan seguimiento en su accionar cotidiano

En el *Apartado 28. Programas para jefes. Distintas temáticas,* podrá encontrar una amplia gama de actividades para jefes. En este apartado, y en otros, hemos señalado algunas actividades como prioritarias o, dicho de otra manera, las más *necesarias* en la mayoría de las organizaciones.

Una de las actividades especialmente sugeridas es la denominada *Jefe entrenador*[1]. Comparto a continuación una explicación sintética.

Nombre de la actividad	Breve comentario
Jefe entrenador	Programa organizacional dirigido al desarrollo de la competencia *Entrenador.* Se relaciona con el concepto siguiente. El concepto *Jefe entrenador* implica que el jefe es una persona que al mismo tiempo que cumple el *rol de jefe* lleva adelante otra función respecto de sus colaboradores: ser guía y consejero en una relación orientada al aprendizaje. Lo asume de manera deliberada, desea hacerlo y está convencido de los resultados a obtener. Todo jefe, desde el número 1 de la organización hasta aquel que tiene a su cargo pocos colaboradores, debe cumplir un rol en relación con estos; una de estas tareas, muy especial, es el papel de guía y apoyo a los colaboradores para que realicen mejor sus tareas: ser entrenador. Para que este rol se verifique será necesario que la organización asuma una actitud activa al respecto, implementando los denominados *programas para jefes.*

Cuando las organizaciones desarrollan en todos sus jefes la competencia Entrenador[2], cuando todos los jefes son conscientes de sus roles (como jefes), implementar las buenas prácticas de Recursos Humanos es más fácil.

---

1 Lectura recomendada: *12 pasos para transformarse en un jefe entrenador,* Ediciones Granica, Buenos Aires, 2019.

2 La competencia *Entrenador* es una de las 60 competencias descritas en las obras *Diccionario de competencias. La Trilogía. Tomo 1* y *Diccionario de comportamientos. La Trilogía. Tomo 2* (Ediciones Granica, Buenos Aires, 2015).

El rol de los jefes

Como se dijo en párrafos previos, la situación ideal se da cuando el seguimiento lo asumen los jefes directos. Adicionalmente, será una buena idea brindarles formación específica, dirigida a realizar un seguimiento eficaz.

Un jefe debe cumplir una serie de roles en relación con el equipo a su cargo; uno de ellos es guiar y apoyar a sus colaboradores, tanto para que realicen adecuadamente sus tareas cotidianas como para que avancen en su formación y desarrollo. El seguimiento previsto en el método de Codesarrollo es parte de los roles asignados a todo jefe.

Como surge de la definición de la actividad (véase la tabla con la descripción correspondiente), el jefe asume su papel de entrenador de manera deliberada y desea ejercerlo. Esto implica la intencionalidad de hacer algo; el seguimiento en este caso lo realiza porque está convencido de que es bueno para todos: para la organización, para el colaborador y para él mismo.

Un jefe que tiene a su cargo colaboradores que aprenden, es un mejor jefe que el que sería en otra situación, y así será visto y evaluado por sus propios jefes.

Si los jefes cumplen su rol de entrenadores en relación con el equipo a su cargo, podrán detectar necesidades de desarrollo, en conocimientos y competencias. De esta manera estarán en condiciones de brindar apoyo a sus colaboradores para superar las eventuales brechas.

¿Cómo realizar el seguimiento? Si un colaborador asistió a un taller de Codesarrollo, su jefe podrá ayudarlo a poner en práctica el conocimiento aprendido o a mejorar sus comportamientos en el sentido deseado.

Algunos pasos para un seguimiento eficaz:

- Guiar al colaborador en la utilización práctica del nuevo conocimiento o en cómo realizar mejor las cosas cuando deba modificar comportamientos.

- Señalar los aspectos positivos y negativos, para profundizar aquello que es beneficioso y tener en cuenta lo que se debe mejorar.

- Si el colaborador tiene dudas sobre el conocimiento/competencia, ayudarlo a comprender, mostrarle ejemplos prácticos, explicarle la conveniencia de aplicar lo aprendido.

- Si el propio jefe tiene dudas al respecto, se podrá dirigir a Recursos Humanos o a su propio jefe para hacer sus consultas, según corresponda.

La eficacia del método Codesarrollo se basa, entre otros pilares, en el rol de los jefes directos y en el seguimiento por parte de estos del desarrollo/aprendizaje de sus colaboradores.

Segundo taller de Codesarrollo

El aprendizaje de un conocimiento y/o el desarrollo de una competencia requiere un proceso que demanda un cierto tiempo, más o menos extenso, según cada caso en particular. Por lo cual será necesario realizar el ciclo completo. Luego de la impartición del taller 1 y el seguimiento, cierta cantidad de meses después deberá realizarse una segunda impartición de taller sobre la misma temática, para reforzar los conceptos ya vistos con nuevos casos y ejercicios.

En resumen, para un aprendizaje efectivo, con frecuencia es necesario volver una y otra vez sobre los temas, quizá con alguna variante, para afianzar el aprendizaje y así incorporar los nuevos conocimientos y/o nuevos comportamientos a la vida cotidiana.

La expresión utilizada ("misma temática") no presupone la impartición de un segundo taller exactamente igual que el primero. De ninguna manera. Sí se desea enfatizar que se verán los mismos temas.

Por ejemplo, si se busca el desarrollo de una competencia, el diseño se habrá realizado sobre la base de la definición de la competencia que está registrada en el modelo organizacional, con su apertura en grados y sus comportamientos asociados. Esta información será siempre la misma. En cambio, los ejercicios, casos de estudio, eventuales *role playing*, serán diferentes, así como la formulación del test para la autoevaluación. Por último, el plan de acción, que elaborará cada participante, podrá basarse en el plan de acción confeccionado en el taller 1, con las correcciones necesarias luego de unos meses de puesta en práctica.

En el caso de un Codesarrollo para el aprendizaje de conocimientos, la situación será similar.

En resumen, el segundo taller de Codesarrollo será parecido al primero, con contenidos adicionales que refuercen lo visto en la primera etapa.

A modo de cierre

Con o sin método Codesarrollo, enfatizar el rol de los jefes como entrenadores de sus colaboradores será siempre una buena práctica. Las organizaciones orientadas al aprendizaje lo logran cuando los jefes, de todos los niveles, asumen este rol.

En este apartado hemos visto cómo los jefes, al llevar a cabo uno de sus roles (el de ser entrenadores de sus equipos) podrán realizar efectivamente el seguimiento propuesto por el método Codesarrollo.

Q&A sobre el seguimiento
por parte de los jefes

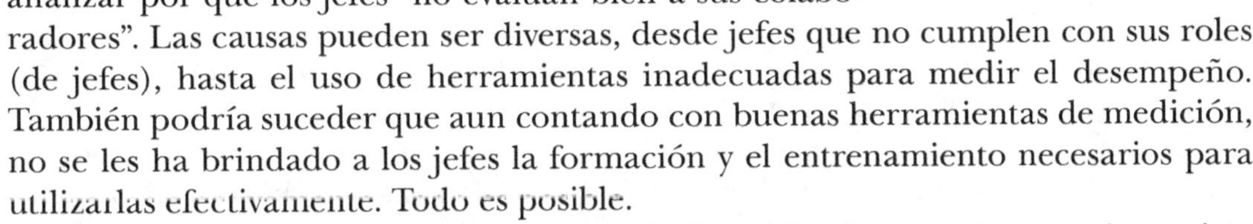

*Si con frecuencia los jefes no evalúan bien a sus colaboradores,
¿cómo confiarles el seguimiento de un taller de Codesarrollo?*

Efectivamente, si en algún caso los jefes no evaluaran
a sus colaboradores de una manera adecuada, posible-
mente tampoco puedan realizar el seguimiento.

Cuando esta situación se presenta, siempre sugiero
analizar por qué los jefes "no evalúan bien a sus colabo-
radores". Las causas pueden ser diversas, desde jefes que no cumplen con sus roles
(de jefes), hasta el uso de herramientas inadecuadas para medir el desempeño.
También podría suceder que aun contando con buenas herramientas de medición,
no se les ha brindado a los jefes la formación y el entrenamiento necesarios para
utilizarlas efectivamente. Todo es posible.

En resumen, comenzaría por analizar la situación y lograr, en una primera instancia, la adecuada evaluación –por parte de los jefes– del desempeño de los colaboradores. Luego, implementaría los programas para jefes de acuerdo con el *Apartado
24. Formación para todos los niveles de conducción* y el *Apartado 28. Programas para jefes.
Distintas temáticas.*

Una vez realizadas las acciones descritas, los jefes podrán llevar a cabo un seguimiento efectivo.

*Si el seguimiento lo hace el jefe del jefe, ¿cómo queda el jefe directo ante los ojos de sus colabo-
radores?*

En muchas organizaciones, quizá por situaciones como la planteada en la pregunta anterior, el jefe del jefe asume el seguimiento dentro del método Codesarrollo.
Cada organización elegirá el mejor camino. No hay una única variante al respecto.

En el caso de que el jefe del jefe realice el seguimiento, se deberá analizar cómo
percibirán esta situación los colaboradores. En ningún caso debería quedar flotan-
do la idea de que el seguimiento no lo hace el jefe directo porque "no puede", o
porque "no sabe", o porque "no es suficiente su nivel en la competencia tal o cual".

Una situación similar podría darse cuando el seguimiento lo realiza el instructor que llevó a cabo el taller de Codesarrollo y/o un responsable de RRHH.

En cualquiera de estos casos, se deberá dejar sentado que se ha elegido una variante distinta al jefe directo por una razón determinada, por ejemplo: se ha considerado la mayor experiencia del jefe del jefe o se ha elegido al responsable de RRHH
para unificar el seguimiento en una sola persona, u otras explicaciones posibles,
comunicadas con absoluta claridad y convicción.

Los jefes, con frecuencia, piensan que ya tienen demasiadas tareas a su cargo. ¿Cómo "venderles" la idea del seguimiento?

Como en tantas otras situaciones, explicándoles para qué les sirve a ellos…

Un jefe tiene totalmente claro que contar con colaboradores bien formados y con las capacidades necesarias para un desempeño exitoso en sus respectivos puestos de trabajo siempre será una situación *ganar-ganar*, comenzando por él mismo. También será beneficioso para los compañeros y los clientes internos o externos según sea el caso.

Un jefe también debe saber que su propio jefe lo evaluará más positivamente si tiene a su cargo un equipo valioso, si es un buen desarrollador de colaboradores, etc.

¿Cuán efectivo es el seguimiento por parte de un especialista de Recursos Humanos?

La respuesta a esta pregunta es: depende.

En algunos casos, el especialista de RRHH puede realizar muy buenos aportes. Además, al llevar a cabo el seguimiento de varias personas, podrá considerar problemas comunes entre los participantes, sugerir acciones similares, o distintas, según lo requiera cada participante.

En otros casos, si el especialista de RRHH "no diese la talla", podría ser negativo o, como sucede en la mayoría de los casos donde esta situación se presenta, los participantes seguramente perderán interés y desaprovecharán los beneficios del seguimiento. Quizá no se pierda el efecto beneficioso del Codesarrollo en su conjunto, dado que si el participante ha confeccionado un buen plan de acción para su autodesarrollo y lo aplica, a pesar de no contar con un apoyo eficaz (seguimiento), igualmente podrá llegar al segundo taller con resultados positivos en materia de aprendizaje.

¿Los participantes no se aburren al asistir a un segundo taller de Codesarrollo sobre la misma temática?

Entiendo que la expresión "misma temática" puede confundir. Sin embargo, insisto en ella, dado que es necesario que así sea. Volver sobre ciertas cuestiones garantiza el aprendizaje o el desarrollo de una competencia a través del cambio de comportamientos.

Será responsabilidad de quien haya realizado el diseño del método Codesarrollo, y también del instructor, que el segundo taller no solo no sea aburrido, sino que permita lograr el resultado deseado en materia de aprendizaje.

Por esta razón es que enfatizo tanto en esta obra –así como en *Formación. Capacitación. Desarrollo*– la importancia de que el diseño sea realizado por un experto. Se requiere que quien diseñe las actividades formativas sea un experto por partida doble: en el tema en cuestión (de la actividad) y en el método Codesarrollo.

Apartados relacionados y/o que tratan temas con alguna conexión

La mayoría de los apartados tienen conexión entre sí. A continuación, solo voy a destacar algunos de ellos.

- Apartado 5. Nuevas generaciones, inmediatez, lenguaje y otras cuestiones en relación con Formación

- Apartado 7. Comenzando por el principio. Buenas prácticas en Formación

- Apartado 8. Continuando con las buenas prácticas: Herramientas y Formación

- Apartado 10. Factores a tener en cuenta para alcanzar alta efectividad y eficacia

- Apartado 11. Aprender puede no ser aburrido. Diseño de una actividad sobre conocimientos

- Apartado 12. ¡Geografía también! Diseño de una actividad sobre conocimientos

- Apartado 13. Crecer es posible

- Apartado 14. Cambiar a través de la acción. Diseñar una actividad que permita cambiar comportamientos. Desarrollar competencias

- Apartado 18. Seguimiento de la evolución del desarrollo de las competencias y/o del aprendizaje de conocimientos

- Apartado 22. Formación combinando medición de capacidades y Codesarrollo

- Apartado 24. Formación para todos los niveles de conducción

- Apartado 26. Motivar a otros, ¿un rol que deben asumir los jefes?

- Apartado 27. Problemas entre jefes y colaboradores

- Apartado 28. Programas para jefes. Distintas temáticas

Notas

Para reflexionar, implementar, llevar a cabo en la organización

____

____

____

____

____

____

____

____

____

____

____

Para reflexionar, implementar, llevar a cabo en mi desarrollo profesional y personal

____

____

____

____

____

____

____

____

____

____

____

____

Motivar a otros, ¿un rol que deben asumir los jefes?

¿Se puede "motivar a otros"?

En una primera instancia, la motivación, tanto propia como la de otras personas, siempre es una cuestión difícil. En especial, cuando "motivar a otros" implica motivar a los colaboradores (desde la mirada del jefe y/o del área de RRHH). Entre otras razones, es difícil identificar qué los motiva y, también, cómo lograr incrementar dicha motivación.

Desde nuestra propia perspectiva, pensemos: ¿Cuántas veces nos sentimos mal sin razón alguna, cuántas veces nos afecta el contexto externo aun sin razones personales que lo avalen? ¿Cuántas veces nos afecta la temperatura externa, ya sea mucho frío o mucho calor? Además, en ocasiones, un tema nos afecta en un sentido u otro, y en otro momento, la misma cuestión produce un efecto diferente.

Los motivos de estas variaciones, que influyen en la motivación, son diversos, y a veces muy profundos. Desde una observación externa, quizá no se alcancen a comprender las reales causas por las cuales una persona se siente motivada o desmotivada. Muchas veces el involucrado tampoco conoce el porqué.

Más allá de las percepciones individuales, debemos considerar que todos y cada uno de nosotros nos vemos afectados, influenciados por un conjunto de circunstancias.

Entre los primeros apartados[1], analizamos *la felicidad en el trabajo*. El trabajo –en muchos casos– provoca en las personas un estado de grata satisfacción espiritual y física, por lo cual ayudaría a que esas personas se sientan motivadas. Los conceptos allí tratados tienen una relación directa con los que se verán a continuación.

Motivación. Concepto y causas posibles y/o frecuentes

El término "motivación"[2] hace referencia a la razón, causa o motivo para hacer algo: trabajar, cambiar de empleo, de carrera, etc.

El estudio de la motivación o motivaciones de las personas en relación con la disciplina de Recursos Humanos es un tema complejo, dado que dichas motivaciones pueden obedecer a causas diversas y abarcan otras razones o motivos más allá de los aspectos económicos que implica toda relación laboral.

Las personas, en el ámbito laboral, no siempre expresan sus motivaciones, no solo en relación con sus superiores, sino también con sus compañeros. Veamos dos ejemplos diferentes. Difícilmente se comenten proyectos tales como tener un nego-

---

1 *Apartado 3. Felicidad en el trabajo. ¿Es posible? ¿Es un mito?*
2 Según el *Diccionario de términos de Recursos Humanos* (Ediciones Granica, Buenos Aires, 2011), *motivación* es "razón, causa o motivo para hacer algo: trabajar, cambiar de empleo, de carrera, etc.".

cio propio o un trabajo independiente. También aquellas cuestiones que impliquen conflictos de relación (en especial cuando se trata de mala relación) con otras personas, desde jefes hasta colaboradores o compañeros. Se teme una mala interpretación acerca de la persona que lo dice, llegando a juzgarse que quien lo expresa es la causa de esa eventual mala relación con otras personas.

En la figura al pie se observan algunos factores que pueden influenciar en la motivación de las personas.

En ella se incluyeron, dentro de un recuadro, algunas circunstancias posibles.

Fuera de ese recuadro se mencionan factores externos a la organización: la relación con clientes y proveedores, según corresponda en cada caso, normas y regulaciones del país o región, junto con el contexto externo nacional e internacional. Por último, el contexto social y familiar. Según las circunstancias, estos factores podrán tener una incidencia alta.

Los factores externos a la organización son difíciles de neutralizar. No obstante, siempre se podrá pensar en algún camino a seguir para actuar positivamente frente a ellos. Desde el punto de vista de la formación, en algunas circunstancias se podrán llevar a cabo talleres tendientes a la contención emocional de los colaboradores.

Los aspectos organizacionales se incluyen dentro del recuadro.

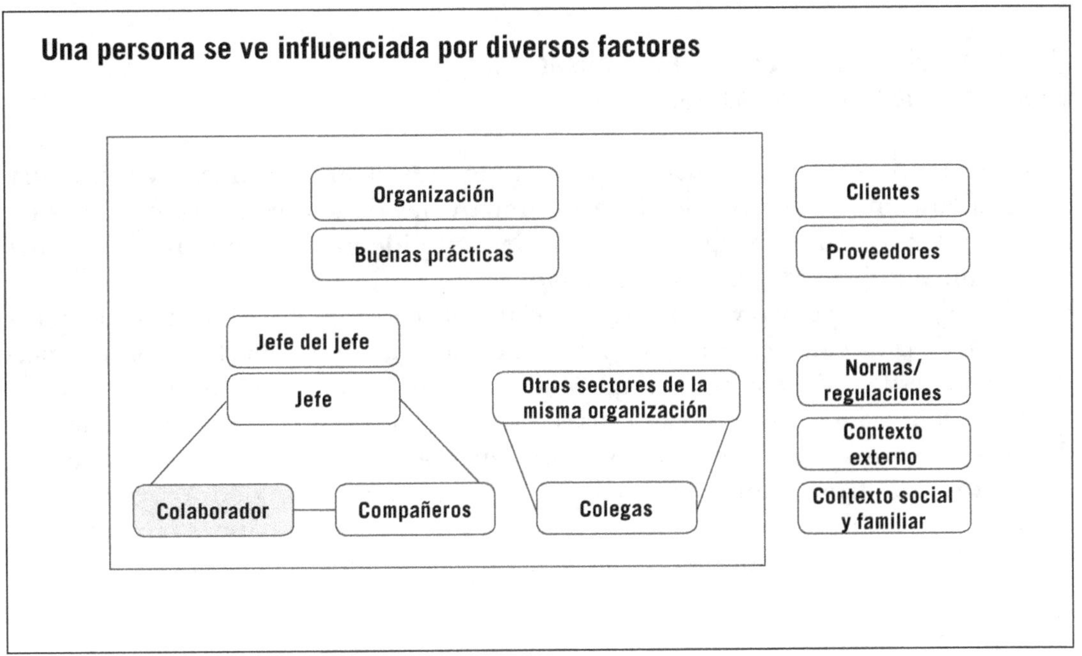

El primer análisis que debe realizarse es sobre la organización en su conjunto, el tipo de sector de la economía en la cual se desenvuelve, junto con el clima interno. A este aspecto global de la organización deberá sumársele la aplicación –o no– de las buenas prácticas, en sus distintas áreas y sectores.

Dejé para el final de la enumeración la fuente/causa mayor de motivación o insatisfacción, según el caso, en el ámbito laboral: las relaciones cotidianas con jefes[3] y compañeros, ya sean del mismo sector o de otros con los cuales se interactúa a diario.

En cuanto a los problemas organizacionales, se han mencionado situaciones diversas. La determinación de posibles causas que originen, eventualmente, desmotivación, podrá ayudar a delinear algún camino a seguir.

Como puede apreciarse, no incluí la remuneración como un componente de la motivación, aspecto sobre el cual se hará una referencia más adelante.

Antes de continuar, deseo retomar algunos aspectos que se vieron en el *Apartado 3. Felicidad en el trabajo. ¿Es posible? ¿Es un mito?* Entre los factores que ayudan a alcanzar la felicidad en el trabajo he identificado –entre otros– la relación con el puesto ocupado (*adecuación persona-puesto*) y la incidencia de la aplicación de las buenas prácticas en Recursos Humanos, considerándolas un factor clave para motivar a los colaboradores de la organización en su conjunto. También decíamos en el mencionado apartado que la felicidad no se *enseña*. Por extensión, podríamos decir que la motivación tampoco… Sin embargo, veremos el tema más en detalle.

¿La motivación se puede enseñar, desarrollar, en uno mismo y/o en otras personas?

Si bien la motivación no se *enseña* (como tampoco es de gran utilidad decirle a otra persona "adelante, usted puede" y frases similares), y dado que la motivación es un tema complejo, considero igualmente importante identificar y analizar las reales causas que despiertan –o no– la motivación.

Como jefes, directivos y, también, especialistas de RRHH, será importante conocer las causas de la felicidad en el trabajo y de la motivación, tanto desde la propia perspectiva, como desde la del equipo a cargo. Muchas de estas causas podrán ser similares.

Cuando se han identificado las causas (las reales, no las que se expresan, que pueden no ser las mismas), se podrá elaborar un plan de acción para mejorar la motivación.

"Motivar a otros" es un concepto que, como competencia, podrá formar parte de modelos organizacionales. También podrá integrar las temáticas para jefes. Se retoma el tema más adelante.

---

3 Algunas cuestiones sobre este tema se verán en el *Apartado 27. Problemas entre jefes y colaboradores.*

Motivaciones y aspectos económicos

Muchas personas sostienen que la principal motivación es la económica. Si bien es cierto que los aspectos económicos son importantes para todas las personas, no siempre es la principal motivación ni la que incide de manera principal en la toma de decisiones, a nivel individual, en relación con el trabajo y la carrera de una persona.

Adicionalmente, debe tenerse en cuenta que la remuneración incide, también, desde otro punto de vista. Es una suerte de vara de medida que las personas utilizan para compararse con otros (incluso de manera no consciente), e incide a favor o en contra en la autoestima.

En el ámbito de las organizaciones, las buenas prácticas indican la fijación de una política retributiva, la cual incluye el cuidado de la equidad interna y externa respecto de las remuneraciones. En consecuencia, las remuneraciones se fijan en función de los puestos de trabajo y las capacidades necesarias para alcanzar un desempeño exitoso, con un criterio de equidad hacia el interior y el exterior de la organización.

Usualmente, las motivaciones económicas se presentan en combinación con otras, excepto en aquellos niveles remuneratorios por los cuales la supervivencia o el mínimo bienestar de la familia estén en peligro.

El análisis de la motivación es, siempre, una tarea compleja.

Una sugerencia será, primero, analizar/determinar las correlaciones entre valores y proyectos tanto organizacionales como de la persona, y luego, en función de un análisis racional, hacer un diagnóstico de las brechas detectadas tomando conciencia de que algunas serán más fáciles de solucionar que otras: será más sencillo actuar en relación con las capacidades, y más complejo cuando la divergencia se produzca en torno a valores y/o proyectos[4].

Veamos algunos ejemplos sobre correlación entre valores y proyectos. Una persona posee como un valor importante la calidad, y la organización no la considera como un factor importante. También a la inversa, la organización ha definido la calidad como un valor estratégico y una persona piensa que es más importante hacer las cosas rápido, sin cuidar los detalles. En materia de proyectos, una persona es elegida para ocupar un nuevo puesto (promoción interna), el cual requiere realizar viajes frecuentes, sin embargo, la persona en cuestión, si bien el nuevo puesto representa un incremento importante en su remuneración, desea permanecer más tiempo con su familia y, en consecuencia, no querría realizar viajes frecuentes que impliquen ausencias del hogar. Quizá no lo expresa abiertamente, pero esa determinación existe.

---

4 *Encuesta sobre valores y proyectos personales*: medición interna para conocer los proyectos personales de los colaboradores y el grado de adherencia de estos a los valores organizacionales. Ver la herramienta número 19 de la obra *Las 50 herramientas de Recursos Humanos que todo profesional debe conocer*, Ediciones Granica, Buenos Aires, 2017.

En todos los casos, será importante detectar los distintos factores que componen la motivación. Quizá los aspectos económicos cubren las expectativas del colaborador, no obstante sentirse insatisfecho por otras cuestiones.

La motivación y la necesidad de reconocimiento

La motivación de las personas en el ámbito laboral es un tema que ha sido estudiado en profundidad por diferentes autores. Las organizaciones frecuentemente están preocupadas por esta temática y los diseños de soluciones no siempre dan el resultado esperado. Entre otras cosas, se debe recordar que –con frecuencia– la motivación no se basa en aquello que los directivos *creen* que los colaboradores necesitan, sino en lo que los colaboradores desean realmente. Habrá que detectar estos elementos motivadores.

La motivación es esencial para el buen funcionamiento de una organización. Sin motivación, una organización no funciona. La motivación en el trabajo es como el combustible para un motor. Una empresa puede tener la mejor tecnología y el equipamiento más adecuado, pero si su personal no se siente motivado tales recursos no serán tan productivos como debieran.

En materia de mediciones de competencias, se deberá analizar si las personas no alcanzan el comportamiento esperado por una falta de desarrollo de las competencias requeridas o por una situación de desmotivación. En este último caso se deberá determinar, además, si esta falta de motivación es originada en una situación personal del individuo ajena a la organización o, por el contrario, se basa en un factor organizacional. A su vez, se deberá analizar si la solución es posible, o no.

Una forma de analizar la motivación será tener en cuenta la correlación entre las necesidades de la organización y las de las personas.

Sentido de pertenencia e involucramiento

Crear en los colaboradores un sentido de pertenencia, que se sientan identificados con la organización, es, al igual que otros aspectos que se están analizando, también difícil. El concepto muchas veces se refleja en la competencia *Compromiso*[5].

---

5 Definición de la competencia *Compromiso*: capacidad para sentir como propios los objetivos de la organización y cumplir con las obligaciones personales, profesionales y organizacionales. Capacidad para apoyar e instrumentar decisiones consustanciado por completo con el logro de objetivos comunes, y prevenir y superar obstáculos que interfieran con el logro de los objetivos del negocio. Implica adhesión a los valores de la organización. Ver apertura en grados y comportamientos relacionados en las obras: *Diccionario de competencias. La trilogía. Tomo 1* y *Diccionario de comportamientos. La trilogía. Tomo 2* (Ediciones Granica. Buenos Aires, 2015).

Es frecuente observar campañas internas de publicidad, dirigidas a los empleados, para crear esta conciencia, la de "pertenecer" con orgullo a la organización. El término *pertenecer* (a una comunidad prestigiosa) fue utilizado por una muy conocida tarjeta de crédito para dar la idea de que sus socios pertenecían a un grupo de personas privilegiadas (por el hecho de poseer la mencionada tarjeta).

Las organizaciones también desean contar con personal comprometido y motivado (léase felices de pertenecer a dicha empresa). Para lograrlo, las organizaciones podrán ofrecer oportunidades de participación e involucramiento, en la medida en que obtengan alguna contrapartida, es decir, que los colaboradores respondan satisfactoriamente.

Las buenas prácticas en Recursos Humanos consideran estas cuestiones en su diseño, por ejemplo, en las evaluaciones de desempeño, en especial cuando estas mediciones contemplan tanto la administración por objetivos como la evaluación de competencias[6].

Contar con perspectiva de carrera y crecimiento personal, junto con incrementar el nivel de participación en las decisiones, son aspectos fundamentales para lograr un mayor involucramiento.

El involucramiento se logra, también, a través del enriquecimiento de las funciones y tareas a cargo de cada colaborador.

Adicionalmente, cuando la toma de decisiones se acerca al momento y lugar donde las cosas suceden, se incrementa el involucramiento de los colaboradores. Otro aspecto relevante es la comunicación clara, una adecuada comprensión –y participación en ellos– de los objetivos de la empresa.

Deseo de reconocimiento y valoración

Recibir un trato respetuoso, con dignidad, es fundamental. Adicionalmente, los colaboradores desean que se valoren sus capacidades (conocimientos, experiencia y competencias). Aquí radica la importancia –que se ha señado en diversos apartados de esta obra– de la adecuación persona-puesto. Adicionalmente, necesitan sentir que cuentan con posibilidades de desarrollo y crecimiento personal.

En otro orden de cosas, las personas esperan que se les diga "cómo están haciendo las cosas". No solo una vez al año o cada seis meses, según el esquema de evaluación del desempeño adoptado por cada organización. Los colaboradores necesitan

---

6 La evaluación que contempla objetivos y competencias se denomina *Evaluación vertical*. Ver las obras *Desempeño por competencias* (Ediciones Granica, Buenos Aires, 2018) y *Las 50 herramientas de Recursos Humanos que todo profesional debe conocer* (Ediciones Granica, Buenos Aires, 2017).

un reconocimiento constante acerca de si se están desempeñando bien, qué aspectos necesitan mejorar, etc. Este último aspecto se relaciona con las formaciones para jefes mencionadas en varios apartados: *Rol del jefe* y *Jefe entrenador.*

El resultado será, en todos los casos, del tipo *ganar-ganar,* beneficioso tanto para la organización como para los colaboradores. También para los jefes y compañeros de trabajo.

Desarrollar competencias para que los jefes motiven a sus colaboradores

Los modelos de competencias incluyen, en su diseño, competencias específicas para directivos, gerentes y jefes. En ocasiones, especialmente en organizaciones de grandes dimensiones, se realiza alguna distinción entre "todos los niveles de conducción" y la "alta gerencia". A los ejecutivos que conforman esta segunda categoría les corresponden todas las competencias del primer grupo más algunas adicionales, específicas para ese colectivo (alta gerencia).

La elección de las competencias gerenciales que integrarán el modelo deberá realizarse de un modo tal que permita solucionar o al menos mitigar los distintos problemas que cada organización, eventualmente, pueda identificar como más relevantes.

Las personas que posean algún grado de cualquiera de las competencias relacionadas con *liderazgo,* también serán motivadoras del equipo a su cargo (ver las competencias gerenciales en las obras *Diccionario de competencias* y *Diccionario de comportamientos*[7]).

Analicemos las definiciones de las competencias *Liderar con el ejemplo* y *Dirección de equipos de trabajo,* solo por mencionar dos ejemplos.

Liderar con el ejemplo. Capacidad para comunicar la visión estratégica y los valores de la organización a través de un modelo de conducción personal acorde con la ética, y motivar a los colaboradores a alcanzar los objetivos planteados con sentido de pertenencia y real compromiso. Capacidad para promover la innovación y la creatividad, en un ambiente de trabajo confortable.

Dirección de equipos de trabajo. Capacidad para integrar, desarrollar, consolidar y conducir con éxito un equipo de trabajo, y alentar a sus integrantes a actuar con autonomía

---

7 Ver las competencias gerenciales en las obras *Diccionario de competencias. La trilogía. Tomo 1* y *Diccionario de comportamientos. La trilogía. Tomo 2* (Ediciones Granica, Buenos Aires, 2015).

y responsabilidad. Implica la capacidad para coordinar y distribuir adecuadamente las tareas en el equipo, en función de las competencias y conocimientos de cada integrante, estipular plazos de cumplimiento y dirigir las acciones del grupo hacia una meta u objetivo determinado.

Adicionalmente a la elección de las mencionadas competencias como parte del modelo organizacional, se podrían diseñar actividades de Codesarrollo[8] para la siguiente competencia:

Motivar a otros. Capacidad para fomentar en otros una actitud permanente de superación, que se pone de manifiesto a través de un desempeño superior, en diferentes momentos y circunstancias. Implica involucrar a los colaboradores en la consecución de los objetivos organizacionales, identificar y conocer aquello que los estimula e inspira, sin descuidar, al mismo tiempo, la individualidad de cada uno de los integrantes del equipo de trabajo.

Al igual que sucede en relación con otras competencias, el jefe, para desarrollar en sus colaboradores "una actitud permanente de motivación", deberá actuar de la misma manera respecto de sí mismo. Para motivar a otros habrá que, primero, ser una persona que se "automotive".

En el *Apartado 28. Programas para jefes. Distintas temáticas* se expone, entre otras variantes, la formación específica para jefes en diversas competencias y valores. Sugiero observar ese listado de opciones, ya que podrán influir positivamente en la motivación de los equipos.

Cuando las condiciones de contexto externo son negativas y/o cuando la organización está atravesando circunstancias difíciles

En muchas ocasiones, las organizaciones –y las personas que las integran– se ven afectadas por circunstancias negativas del contexto externo. Ejemplos que se pueden mencionar: las crisis económicas de un país o región, circunstancias extremas productos de desastres naturales como huracanes, la pandemia mundial del 2020, etc.

En menor medida, entre otros aspectos externos que pueden poner en situación difícil a una organización o segmento de la economía se encuentran las regulaciones que entorpecen los negocios (por ejemplo, retenciones a las exportaciones, políticas cambiarias, etc.).

---

8 Ver el *Apartado 7. Comenzando por el principio. Buenas prácticas en Formación* y el *Apartado 14. Cambiar a través de la acción. Diseñar una actividad que permita cambiar comportamientos. Desarrollar competencias.*

Algunos aspectos, que pueden afectar la motivación de los colaboradores, podrán estar relacionados con negocios insuficientes (baja en las ventas, porque un competidor del mismo rubro se destaca en el mercado), problemas financieros, tecnología obsoleta (empresas que venden un producto que cae en desuso), etc.

No es mi propósito hacer un listado de situaciones *no felices*, solo destacar que este tipo de circunstancias no deseadas pueden afectar la motivación de jefes y colaboradores de todos los niveles.

A raíz de una profunda crisis que vivió mi país, Argentina, sobre fines del año 2001 y algunos años siguientes, donde muchas organizaciones se vieron afectadas desde diferentes ángulos, surgió una competencia a la cual se le dio un nombre quizá llamativo, utilizándolo con una connotación positiva[9]. Varios de nuestros clientes la han utilizado en sus modelos y/o han integrado el concepto dentro de la definición de otras competencias.

Competencia "del náufrago"[10]. Capacidad para sobrevivir y lograr que sobreviva la organización o área a su cargo en épocas difíciles, aun en las peores condiciones del mercado, que afecten tanto al propio sector de negocios como a todos en general, en un contexto donde, según los casos, la gestión pueda verse dificultada por ruptura de la cadena de pagos, recesión, huelgas o paros. Incluye la capacidad de dirigir organizaciones en procesos de cesación de pagos o concurso preventivo[11].

En resumen, cuando estas situaciones se presentan, se debe cuidar el estado de ánimo de todos los integrantes de la organización.

Las organizaciones que se encuentran preocupadas por resolver aspectos económicos y otros de carácter urgente, que puedan afectar la actividad principal, no siempre prestan atención a estas cuestiones.

---

9 Mirando en retrospectiva, cuando le puse ese nombre a la competencia, quizá tenía en mente la película *Náufrago* (título original en inglés: *Cast Away*), dirigida por el cineasta estadounidense Robert Zemeckis, protagonizada por Tom Hanks y estrenada en 2000. Su trama describe la supervivencia de Chuck Noland, un empleado de FedEx, en una isla del océano Pacífico, durante varios años.

10 *Diccionario de competencias. La trilogía. Tomo 1*, Ediciones Granica, Buenos Aires, 2015 y *Diccionario de comportamientos. La trilogía. Tomo 2*, Ediciones Granica, Buenos Aires, 2015.

11 La situación de cesación de pagos puede tener diferentes nombres según la legislación de cada país. En la jerga del sector también se la denomina *Chapter Eleven* en alusión al número de capítulo en la Ley Federal de Bancarrota de los Estados Unidos.

Algunos cambios culturales, nuevos proyectos, etc., que debieran ser motivadores para todos los colaboradores, en ocasiones provocan inquietud en el personal

Lo hemos visto en repetidas ocasiones. Una organización se plantea una visión retadora e interesante, que implica cambios y crecimiento. Sin embargo, quizá por fallas en la comunicación, la percepción es diferente; en algunos casos extremos las personas lo ven en un sentido absolutamente contrario, hasta piensan que podrían ser despedidos, que no habrá lugar para ellos en un futuro.

Recuerdo un caso. En una organización las personas, con fuerte compromiso e identificación, trabajaban durante jornadas extensas. Muchos de ellos, a las horas de trabajo debían sumarles un tiempo extra relevante para el traslado hacia y desde sus hogares, incluso más de dos horas diarias.

A sugerencia de la máxima conducción, se había incorporado una nueva competencia cardinal, *Responsabilidad personal,* con el propósito de hacer un cambio cultural para cuidar al personal, una decisión netamente a favor de los colaboradores.

De una forma totalmente inesperada, la iniciativa produjo al principio en algunas personas una enorme angustia. Sentían que, sin motivo aparente, la organización deseaba que además de cumplir con sus tareas, fuesen "responsables" por otras cuestiones.

Pasado el primer impacto, el cambio fue positivo y motivador. Debimos hacer un esfuerzo para que se comprendiera que ese cambio propuesto se había llevado a cabo para mejorar la calidad de vida de todos los colaboradores.

Si se detecta que la organización debe mejorar sus procedimientos adaptando las buenas prácticas

La falta de motivación –o la motivación en un nivel muy bajo– es una consecuencia directa de los métodos de trabajo. En ocasiones no fueron debidamente explicados a los colaboradores, en otros casos son innecesariamente complejos, hasta engorrosos.

Adicionalmente, y en la disciplina que me compete, muchas veces se observa la no utilización de las buenas prácticas, en especial en los subsistemas de selección y evaluación del desempeño. La mayoría de las consultas que recibimos de nuestros clientes sobre falta de motivación de un directivo y/o un gerente de nivel importante, usualmente, están causadas por este tipo de cuestiones.

Cuando los colaboradores perciben tratos preferenciales, en un proceso de selección, en la evaluación de desempeño y, la situación más enojosa de todas, en materia de remuneraciones, los índices de desmotivación se incrementan. Deseo destacar la palabra "percepción": aunque no sea totalmente cierto, la utilización de criterios poco claros, que puedan dejar sospechas de cualquier tipo de discrecionalidad por parte de los niveles más altos, será siempre dañina.

En síntesis, las organizaciones deberían asegurarse, en todos los casos, de que están utilizando las buenas prácticas en todos los subsistemas de Recursos Humanos.

Sectores dentro de una misma organización con sobrecarga de tareas (respecto de otros de la misma empresa)

La situación descrita en el punto anterior se intensifica cuando los colaboradores perciben que en otras áreas este problema no existe, o es irrelevante.

Adicionalmente podría darse que, por alguna razón, se necesite mayor cantidad de colaboradores para llevar a cabo la suma de tareas requeridas en el sector en cuestión.

Otra situación problemática frecuente deriva de otras dos cuestiones: ocupantes de puestos que no poseen las capacidades requeridas en cada caso, junto con jefes que delegan mal. La falta de delegación, así como la sobredelegación (delegar aquello que no debe delegarse y/o a personas no preparadas para realizar la tarea), son factores que, en algún momento, producen la sobrecarga de tareas.

Algunos de estos aspectos podrán encararse a través de los programas mencionados en el *Apartado 24. Formación para todos los niveles de conducción*. También, como decíamos en párrafos previos, mediante el desarrollo de valores –competencias cardinales en nuestra metodología–; por ejemplo, *Sencillez*[12] y *Ética y sencillez*[13].

---

12 *Sencillez*. Capacidad para explicar de manera clara y precisa tanto los éxitos como los fracasos, problemas o acontecimientos negativos. Capacidad de expresarse sin dobleces ni engaños, diciendo siempre la verdad y lo que siente. Implica generar confianza en superiores, colaboradores y compañeros de trabajo. Implica buscar nuevos y mejores caminos para hacer las cosas y evitar las soluciones complicadas y burocráticas. Fuente: *Diccionario de competencias. La trilogía. Tomo 1* (Ediciones Granica, Buenos Aires, 2015) y *Diccionario de comportamientos. La trilogía. Tomo 2* (Ediciones Granica, Buenos Aires, 2015).

13 *Ética y sencillez*. Capacidad para actuar en concordancia con los valores morales y las buenas costumbres y prácticas profesionales, y respetar las políticas organizacionales. Capacidad para generar confianza en otros al ejecutar acciones o procesos no burocráticos y simples de entender desde una perspectiva diferente a la propia. Implica ser uno mismo y demostrar seguridad, ser congruente entre el decir y el hacer y no dar lugar a malos entendidos. Fuente: *Diccionario de competencias. La trilogía. Tomo 1* y *Diccionario de comportamientos. La trilogía. Tomo 2* (obras citadas).

Los jefes y la motivación de sus equipos de trabajo

Como se destaca desde el título del apartado, en las organizaciones, así como en otros ámbitos, se plantea la duda de si la motivación es una responsabilidad de los jefes. Mi comentario sobre esa afirmación es: sí y no.

La capacidad para motivar a otros es una competencia que muchas personas poseen de manera innata y que, también, puede ser desarrollada. Muchas veces "la motivación a otros" es un concepto que forma parte de alguna otra competencia relacionada con liderazgo.

Directivos y, también, responsables de las áreas de Formación, se preguntan (nos preguntan) cómo hacer para que los jefes se transformen en motivadores. La primera respuesta es, en todos los casos, comenzar por los programas mencionados en el *Apartado 24. Formación para todos los niveles de conducción,* en especial, *Rol del jefe,* junto con el desarrollo combinado de las capacidades para entrenar y delegar.

Para el tema que nos ocupa, tanto en la propia motivación (automotivación) como en la motivación de otras personas, un aspecto a considerar será la conciliación entre vida profesional y personal y la visión de futuro que cada persona tenga sobre sí misma, así como la adecuación persona-puesto, entre otros factores relevantes.

Jefes y colaboradores tienen sus propias motivaciones y proyectos personales. Y eso puede incidir en las motivaciones personales de los otros. En el caso del jefe, su falta de motivación –por cualquier causa– será un factor que condicione la motivación de los integrantes del equipo a su cargo.

Por otra parte, un jefe, para motivar a las personas a su cargo, deberá conocer los proyectos personales de sus colaboradores. Cada persona posee un proyecto personal en curso (y planes futuros), aunque nunca se haya puesto a reflexionar sobre ello.

En cuanto a la visión de futuro que cada persona tiene de sí misma, así como sus objetivos a corto, mediano y largo plazo, será importante analizar la relación entre aquello que una persona quiere alcanzar y las verdaderas posibilidades de lograrlo.

La expresión "proyectos personales" hace referencia a aquello que una persona desea ser y hacer en el marco de lo posible. Se relaciona con la visión o la imagen del futuro deseado para sí mismo.

Los proyectos personales se relacionan con la visión desde la perspectiva personal y, también, con los valores personales. Es decir, se trata de la *Visión desde la perspectiva individual.* El concepto implica: la imagen del futuro deseado para uno mismo; lo cual deriva en fijarse retos y objetivos a alcanzar en un futuro.

También inciden los valores personales, concepto que hace referencia a los principios básicos inherentes a cada individuo en particular. Se relaciona con las creencias más profundas del individuo, con la forma en que cada uno ve las cosas y, además, con los proyectos personales.

Del mismo modo, el jefe deberá conocer las capacidades de cada uno de sus colaboradores: conocimientos, competencias y experiencia. Por último, para motivar, deberá conocer los gustos y preferencias de la gente a la cual dirige.

En resumen, el jefe debe conocer qué motiva a las personas, en general y, en particular, a su equipo de trabajo. Para ello deberá estar consciente acerca de los factores que pueden llegar a motivar a las personas para así conocer mejor a sus colaboradores.

Qué hacer frente a eventuales problemas en la motivación de sus equipos de trabajo

Nuestros clientes, con frecuencia, nos consultan sobre cómo motivar a los colaboradores, de todos los niveles, incluyendo directivos. También acerca de actividades para desarrollar en los jefes la capacidad de motivar a sus equipos. No existe una fórmula mágica para lograrlo. Se deberá analizar cada caso, cada organización en particular, cuáles son las posibles causas de la no motivación en el personal.

Cómo decíamos al inicio, determinar las causas. No siempre las más visibles son las verdaderas o las profundas.

Recuerdo un caso, hace unos años. Una organización, con oficinas en un edificio muy bello, tradicional del centro de Buenos Aires, ambientadas con esmero, sin descuidar ningún detalle de confort, encaró la reforma de un área de descanso para empleados, a pedido –insistente– de un grupo de colaboradores. Al poco tiempo de llevar a cabo esa remodelación, la situación de disconformidad no había disminuido. Luego de realizar algunos estudios específicos (se realizó una encuesta de satisfacción laboral estructurada en talleres), la conclusión a la cual se arribó fue que los empleados en realidad no estaban disconformes con el edificio, sino con una situación particular que involucraba al director del área en la cual se desempeñaban estos colaboradores y a uno de los integrantes del equipo.

Si no se hubiera realizado la acción descrita para determinar las causas reales de la insatisfacción, podrían haberse realizado otras acciones, y no llegar al foco del problema.

No siempre los jefes son el problema, no siempre lo son los colaboradores. Se deberá analizar cada caso en particular.

Los jefes, en la medida en que no estén directamente involucrados en la causa (como en el ejemplo dado en párrafos previos), podrán constituirse en una ayuda importante para determinar qué desmotiva a sus equipos.

Además de las recomendaciones habituales en cuanto a programas para jefes, ya mencionadas, se podrán realizar diseños adicionales, según cada circunstancia. Veamos algunos ejemplos.

**Problemas entre jefes y colaboradores.
Jefes que no cumplen adecuadamente sus roles.
Jefes excesivamente exigentes. Problemas entre colaboradores**

Esta cuestión es una fuente frecuente de desmotivación e, incluso, una de las causas –también frecuentes– de rotación de personas más allá de los indicadores usuales.

Nos hemos referido a la problemática en el *Apartado 27. Problemas entre jefes y colaboradores.*

Los jefes que cumplen con su "rol del jefe", también podrán detectar de manera temprana cuando alguno de sus colaboradores tiene dificultad para conciliar su vida profesional y personal. Cuando este tipo de situaciones se presenta, en algún momento afecta la motivación.

A modo de cierre del apartado

El término motivación, como se ha expresado, hace referencia a la razón, causa o motivo para hacer algo. El estudio de la motivación o motivaciones de las personas en relación con la disciplina de Recursos Humanos es un tema complejo, dado que dichas motivaciones pueden obedecer a causas diversas y abarcan otras razones o motivos más allá de los aspectos económicos que implica toda relación laboral.

En los primeros apartados de esta obra hemos abordado *la felicidad* partiendo de la definición de la Real Academia[14]: "estado de grata satisfacción espiritual y física". Partiendo de esta definición, podríamos afirmar que el trabajo en muchos casos provoca en las personas un estado de grata satisfacción espiritual y física. Por lo tanto, este estado ayudaría a que las personas se sientan motivadas. También nos hemos referido a las actividades que, si bien se venden "como motivadoras", solo proveerán un momento agradable, pero no solucionarán los problemas que originan la falta de motivación. Ver *Apartado 2. Estrellas fugaces, ¿sí o no? After office, outdoors, convivios y demás.*

En todos los casos, los jefes son un factor clave en la motivación de sus equipos de trabajo. Por lo tanto, las acciones que se realicen para mejorar tanto sus roles de jefe como el desarrollo de sus competencias serán relevantes para alcanzar el nivel deseado.

No obstante, si una organización detecta problemas de motivación en el conjunto de su personal o en algún grupo en particular, habrá que analizar detenidamente las causas. No siempre la más aparente es el motivo real.

---

14 www.rae.es

En resumen, la motivación, al igual que la felicidad, no se enseña. Sin embargo, es posible llevar a cabo acciones para neutralizar posibles causas de desmotivación. Además, las buenas prácticas producen motivación.

Los jefes tendrán un rol clave.

Apartados relacionados y/o que tratan temas con alguna conexión

La mayoría de los apartados tienen conexión entre sí. A continuación, solo voy a destacar algunos de ellos.

- Apartado 2. Estrellas fugaces, ¿sí o no? *After office, outdoors,* convivios y demás

- Apartado 3. Felicidad en el trabajo. ¿Es posible? ¿O es un mito?

- Apartado 4. Diversidad, discriminación y otras cuestiones

- Apartado 5. Nuevas generaciones, inmediatez, lenguaje y otras cuestiones en relación con Formación

- Apartado 7. Comenzando por el principio. Buenas prácticas en Formación

- Apartado 14. Cambiar a través de la acción. Diseñar una actividad que permita cambiar comportamientos. Desarrollar competencias

- Apartado 20. Formación para alcanzar la estrategia

- Apartado 21. Formación y cambio cultural. Lograr la cultura deseada

- Apartado 22. Formación combinando medición de capacidades y Codesarrollo

- Apartado 23. Formación para la alta gerencia

- Apartado 24. Formación para todos los niveles de conducción

- Apartado 25. Los jefes. Seguimiento eficaz. Segundo taller de Codesarrollo sobre la misma temática

- Apartado 27. Problemas entre jefes y colaboradores

- Apartado 28. Programas para jefes. Distintas temáticas

27

Problemas
entre jefes y colaboradores

Jefe-colaborador. Un binomio con "mala prensa"

La relación jefe-colaborador es una relación entre personas y, como tal, en ese vínculo la armonía, la conjunción de intereses comunes, las visiones compartidas… serán fluctuantes. Además, como en toda relación entre dos personas, se requiere del aporte de cada uno. No será posible ninguna relación fructífera donde una de las partes ponga su mejor esfuerzo y la otra no. Tampoco será posible si las visiones son muy diferentes. Si uno ve al otro con admiración y la mirada no es correspondida. Si una persona trata al otro con respeto y no es correspondida en esa actitud, y la interacción no es bidireccional, la relación no será fructífera, no llegará a buen puerto.

Con razón o sin ella, la figura del jefe es personaje frecuente de cómics, películas y novelas, en los cuales –usualmente– pueden observarse jefes poco amigables.

Cuando escribí la primera edición de la obra *Rol del jefe*, me valí de la estructura del cómic, en repetidas ocasiones, para desmitificar de algún modo este prejuicio sobre la relación. Para ello utilicé dos imágenes –una para el jefe y otra para el colaborador–, con sus características bien diferenciadas entre ambas. Algunos de estos gráficos se mostrarán a continuación. En ellos los personajes se expresan de un modo u otro, al brindar afirmaciones y/o formularse preguntas, este recurso utilizado me permite responder o comentar lo allí expuesto y, de ese modo, explicar algunos temas conceptuales.

En el cómic que se muestra en la página siguiente el jefe reflexiona sobre su rol en relación con los colaboradores[1].

En la figura, el jefe se pregunta sobre la mejor forma de hacer las cosas. Pareciera que, al formularse las preguntas, estaría reflejando sus propios miedos y creencias.

Los miedos y creencias de mi personaje ficticio representan los miedos y creencias más frecuentes.

Vemos que las primeras frases expresan creencias y llevan al jefe a malas prácticas en materia de Recursos Humanos: "¿Solo debo señalar los errores, así los colaboradores saben cuándo deben mejorar?". También luego, cuando dice: "Si digo muchos elogios a mis colaboradores… ¿no pedirán aumento de salario?".

A continuación, expresa una idea que, en una primera instancia, estaría orientada por el camino más adecuado al decir: "¡La empresa es algo diferente al hogar paterno! ¡Un jefe no debe ser la mamá o el papá de un colaborador!".

Si el jefe del cómic hubiese recibido Formación acerca de sus roles de jefe, sabría que las organizaciones se manejan implementando las buenas prácticas en RRHH,

---

1 *Rol del jefe.* Nueva edición, Ediciones Granica, Buenos Aires, 2019. Página 97.

por lo cual tiene razón al afirmar que las organizaciones son algo diferente al hogar paterno.

Por último, a través de esta frase, expresa una inquietud genuina: "¿Cuál es la mejor manera de dirigir un grupo humano?". Quiere hacer las cosas bien, quizá no sabe cómo.

Como se ha dicho otras veces, los "buenos jefes" no hacen "todo bien", siempre tienen aspectos para mejorar. Desde ya, también existen los restantes tipos de jefes, los "no tan buenos" o de nivel intermedio y, por supuesto, "los malos jefes".

Por otra parte, hay que tener en cuenta que quizá los "malos jefes" evidencian un comportamiento no adecuado pero no tanto porque así lo desean sino por caer presos de sus propios miedos y creencias. En estos casos, será mal fácil desarrollar en ellos sus capacidades para ser "un buen jefe".

La imagen elegida para jefe y colaborador, con un cierto estilo *vintage*, también fue parte del mensaje utilizado para la obra mencionada. Veamos la figura siguiente[2].

---

2 *Rol del jefe.* Nueva edición, Ediciones Granica, Buenos Aires, 2019. Página 96.

Analizando el gráfico precedente podríamos observar que el jefe está ubicado detrás de un escritorio, prolijamente vestido, con una ligera sonrisa. Además, expresa una creencia: "No tengo tiempo para decir si cada cosa está bien o mal, solo informo sobre aquello que es necesario modificar o corregir". Está equivocado. Esa es una creencia, no una buena práctica en su rol de jefe.

Continuando con el cómic, el colaborador, quizá un poco más serio que el jefe, mira atentamente la pantalla de su ordenador y, expresando un sentimiento que denota cierta frustración, dice: "Si el jefe no dice que algo está mal, es porque está bien. Esa es su forma de comunicar que se están haciendo las cosas bien. ¡Nunca un elogio!".

En resumen, el colaborador asume una aprobación tácita –por parte del jefe–, producto del silencio. En este ejemplo, el comportamiento del jefe es no decir cosa alguna. El silencio es, también, un comportamiento.

La situación aquí planteada, también es frecuente.

La relación jefe-colaborador –con mala prensa, como decíamos en el título de esta sección– no favorece al objetivo final para los distintos involucrados. Jefes y colaboradores desean desarrollar sus respectivas carreras en armonía, crecer, desarrollarse, como hemos visto en el *Apartado 3. Felicidad en el trabajo. ¿Es posible? ¿Es un mito?*

Jefes y colaboradores. Qué hacer frente a eventuales problemas en la relación

Principales problemas detectados en la relación jefe-colaborador

Detectar de manera temprana cualquier tipo de problema ayuda a lograr una solución efectiva. Esta reflexión también es aplicable a la relación jefe-colaborador.

Las organizaciones deberán estar atentas a cualquier situación que se presente. Adicionalmente, aun sin haber detectado problema alguno, se podrán diseñar actividades formativas que se anticipen a las problemáticas más comunes.

Entre las situaciones problemáticas más frecuentes podemos mencionar aquellas que son originadas por la coexistencia de generaciones diversas en un mismo equipo de trabajo.

- Jefes que conducen a todos sus colaboradores del mismo modo. Por ejemplo, afirmando que "tal o cual es su estilo de conducir".
  No será posible conducir a todas las personas, de diferentes generaciones, utilizando las mismas pautas, sin comprender las diferencias entre unos y otros.

- Jefes que dan por sentado que por pertenecer a una generación u otra las personas son de una determinada manera.
  Se debe considerar cada caso en particular. No es posible conducir a todas las personas, a todas las generaciones, utilizando las mismas pautas, sin comprender las diferencias entre ellas.

- Es posible identificar por lo menos tres factores en relación con la percepción, por parte de los jefes, acerca del comportamiento de las generaciones más jóvenes:

  1. Menor compromiso.

  2. Proyectos –no siempre realistas– vinculados al deseo de ser su propio empleador.

  3. Asignan una prioridad mayor a los temas personales, aun en detrimento de sus perspectivas profesionales en una organización.

  Si bien los factores mencionados podrán encontrarse con frecuencia en las nuevas generaciones, cada jefe deberá analizar las características de su propio equipo.

- Jefes que no consideran las capacidades (conocimientos, competencias, experiencia) de sus colaboradores en relación con el puesto que cada uno ocupa.

  No es un problema muy frecuente, no obstante, podría darse en algún caso.

- Jefes que no exploran adecuadamente las motivaciones de sus colaboradores pensando, en su mayoría, que sus propias motivaciones (las del jefe) son comunes a todas las personas.

  Si bien puede ser cierto en los grandes números, al mismo tiempo puede no verificarse cuando se analizan los distintos casos en particular.

- Otro aspecto, que se relaciona tanto con los jefes como con las políticas organizacionales en su conjunto: fijar objetivos y medir los resultados de los colaboradores en función de esas metas.

  Si bien muchas organizaciones cuentan entre sus esquemas de trabajo con la política de fijar objetivos, muchas veces estos no son definidos ni medidos adecuadamente, por lo cual no se verifica una apropiada gestión de personas a través de pautas objetivas.

¿Qué hacer con los problemas más frecuentes mencionados precedentemente y/o con otros también recurrentes?

Al tomar como referencia problemas frecuentes se deberá tener en cuenta que en cada organización podría darse que algunos no se verifiquen y, en cambio, existan otros. En cualquier caso, tener presente eventuales problemas entre jefes y colaboradores será siempre un *input* a considerar en el diseño de actividades para jefes.

La mención a los problemas que se realiza en este apartado y en el contexto de esta obra tiene como propósito principal la elección de las temáticas más adecuadas a tener en cuenta en la formación de directivos y jefes, de todos los niveles

Por último, en muchas ocasiones los colaboradores son quienes originan los problemas en la relación jefe-colaborador. Los jefes serán los primeros en detectar la mayoría de las cuestiones de este tipo. Entre los roles de los jefes, uno de ellos es la evaluación del equipo a su cargo, así como resolver problemas con sus colaboradores y, eventualmente, desvincularlos, así como otras funciones de relevancia.

En resumen, no es mi propósito dejar de lado los problemas originados por los colaboradores, sino darle a la cuestión otro enfoque.

Si el tenor de los problemas identificados requiriera otro tipo de acciones, será el área de Recursos Humanos la que deba intervenir.

Adicionalmente, podrán surgir otras necesidades formativas, por ejemplo, para colaboradores y, en algunos casos, la necesidad de llevar a cabo acciones diferentes.

Desarrollar las competencias apropiadas y necesarias mejorará la relación jefe-colaborador

El desarrollo de competencias podrá ser de gran ayuda para resolver problemas entre jefes y colaboradores y –en una forma de ver las cosas que me gusta aún más– para prevenirlos.

Lamentablemente, los modelos de competencias no siempre contemplan las cuestiones mencionadas. Al no estar incluidas en sus respectivos modelos, no son consideradas, luego, en la formación de los jefes.

En el *Apartado 28. Programas para jefes. Distintas temáticas*, presentamos una amplia gama de contenidos posibles para la formación de jefes. Recordando que muchos jefes son, también, colaboradores.

Un jefe debe, en innumerables ocasiones, tomar decisiones con recursos limitados, y con un nivel de decisión restringido. Y debe también poseer la capacidad para dar a cada uno lo que le corresponde o pertenece, cumpliendo al mismo tiempo con otros postulados organizacionales, tanto en valores como respecto de la visión y la estrategia. No es ni fácil ni sencillo lograrlo. Sin embargo, los jefes deberán hacerlo a diario. La competencia relacionada se denomina *Justicia*[3] e implica obrar con equidad en cualquier circunstancia, tanto personal como laboral.

La formación de jefes será más efectiva cuando se incorporen miradas adicionales a las más usuales. Salir de la zona de confort e incursionar en temas diferentes, como la competencia mencionada y otras en la misma línea, apuntan en ese sentido.

Cuestiones a considerar e incluir en las actividades formativas

En función de los problemas frecuentes enunciados, ofrecemos algunas sugerencias a tener en cuenta en las actividades formativas.

En ejercicios y casos prácticos se podrían plantear situaciones a partir de las cuales se lleve al participante a la reflexión sobre cómo debería actuar en relación con el equipo a su cargo.

---

3 *Justicia.* Capacidad para dar a cada uno lo que le corresponde o pertenece, en los negocios, en la relación con clientes y proveedores, en el manejo del personal o en una negociación, y, al mismo tiempo, velar por el cumplimiento de los valores de la organización y trabajar mancomunadamente en pos de la visión y la estrategia de esta. Implica obrar con equidad en cualquier circunstancia, tanto personal como laboral. Fuente: *Diccionario de competencias. La trilogía. Tomo 1* y *Diccionario de comportamientos. La trilogía. Tomo 2* (Ediciones Granica, Buenos Aires, 2015).

- En las evaluaciones: los jefes deben analizar, medir, evaluar el comportamiento de cada persona sin etiquetarla previamente al ubicarla en una categoría en particular.

- En todo momento, al asignar una nueva tarea u otras situaciones similares, tener en cuenta la adecuación persona-puesto, es decir, la relación entre lo requerido por un determinado puesto de trabajo y las capacidades de la persona que lo ocupa.

- En adición al ítem anterior, tener en cuenta los proyectos personales y la motivación de cada uno de los colaboradores. Los jefes deberán considerar que estas cuestiones pueden diferir de persona a persona y, muy especialmente, que tener en cuenta los colaboradores pueden sentir y pensar de una manera diferente a la de ellos.

- Situaciones en las cuales al delegar una tarea se deban considerar tanto las capacidades como la motivación.

- En la fijación de objetivos, considerar los dos aspectos fundamentales involucrados: la fijación de objetivos adecuados, junto con la forma en que se medirá su cumplimiento. Los objetivos deben cuantificarse, en todos los casos.

- Sobre nuevas generaciones y relaciones con las otras personas, en general: no dar por sentado que una persona, por su edad y/o cualquier otra variable, responde a ciertas características. No utilizar preconceptos, ni positivos ni negativos. Recordar sobre este punto que usualmente los jóvenes prejuzgan, de manera negativa, que las personas de más edad son de "x" manera. Y viceversa: usualmente los mayores piensan, de manera negativa, que las personas jóvenes son de tal o cual manera. En resumen, lo adecuado es no dar por sentado ni una cosa ni la otra, no es bueno ni malo pertenecer a una generación determinada. Habrá que analizar el comportamiento de cada persona en particular.

En el *Apartado 24. Formación para todos los niveles de conducción* hemos visto algunas actividades especialmente recomendadas para jefes. Si los jefes cumpliesen sus respectivos roles y todos tuviesen un adecuado desarrollo de sus capacidades esenciales, cualquier tipo de problemática relacionada con sus colaboradores sería de más fácil solución.

Como se ha expresado en diversos apartados, las capacidades de los jefes pueden ser desarrolladas e incrementadas a través de acciones concretas. Según nuestra experiencia, en la práctica profesional en el ámbito de organizaciones de todo tipo y en países diversos, los programas para jefes son muy exitosos. Los jefes descubren que al asumir su verdadero rol los problemas se atenúan, las distintas situaciones se resuelven más rápido y mejor.

Trabajar con los jefes a partir del número 1 de la organización y, "en cascada", llegar a todos los niveles de conducción es la mejor preparación para asumir problemas ya identificados u otros nuevos que se puedan presentar.

A modo de cierre

Para atenuar o solucionar eventuales problemas en la relación jefe-colaborador, habrá que identificar las reales causas que los ocasionan. Del mismo modo hay que actuar para prevenirlos: anticiparse a eventuales conflictos al detectar potenciales causas.

La mención a los problemas que se realiza en este apartado y en el contexto de esta obra tiene como propósito principal la elección de las temáticas más adecuadas para la formación dedicada a los jefes.

Adicionalmente, podrán surgir otros requerimiento formativos y la necesidad de llevar a cabo acciones diferentes.

Apartados relacionados y/o que tratan temas con alguna conexión

La mayoría de los apartados tienen conexión entre sí. A continuación, solo voy a destacar algunos de ellos.

- Apartado 4. Diversidad, discriminación y otras cuestiones

- Apartado 5. Nuevas generaciones, inmediatez, lenguaje y otras cuestiones en relación con Formación

- Apartado 9. Reconocer necesidades y priorizarlas

- Apartado 13. Crecer es posible

- Apartado 14. Cambiar a través de la acción. Diseñar una actividad que permita cambiar comportamientos. Desarrollar competencias

- Apartado 17. Definir necesidades a través de talleres

- Apartado 18. Seguimiento de la evolución del desarrollo de las competencias y/o del aprendizaje de conocimientos

- Apartado 19. Formación después de mediciones específicas

- Apartado 20. Formación para alcanzar la estrategia
- Apartado 21. Formación y cambio cultural. Lograr la cultura deseada
- Apartado 23. Formación para la alta gerencia
- Apartado 24. Formación para todos los niveles de conducción
- Apartado 25. Los jefes. Seguimiento eficaz. Segundo taller de Codesarrollo sobre la misma temática
- Apartado 26. Motivar a otros, ¿un rol que deben asumir los jefes?
- Apartado 28. Programas para jefes. Distintas temáticas
- Apartado 30. Formador de formadores. Diseño e implementación

28

Programas para jefes. Distintas temáticas

CEO. Número 1. Directivos. Gerentes. Jefes

El término *jefe*, en el modo en que lo utilizamos en esta obra, hace referencia a *todos* los jefes, comenzando por el número 1 de la organización. Y como ya he expresado, su formación será un aspecto clave desde todas las perspectivas. Por dicha razón, me he referido en muchos apartados a los jefes de todos los niveles y sus roles. En este último, a modo de cierre, haré un repaso de algunos de los temas mencionados, junto con otros adicionales.

Con frecuencia me gusta referirme a que, en el ámbito de las organizaciones, los protagonistas principales son los jefes y sus colaboradores. Todos los demás, por ejemplo, los especialistas en Recursos Humanos, somos las áreas de apoyo. Si se tratase de una película, seríamos los maquilladores, quizá los guionistas. Las estrellas, los actores principales, serán siempre el binomio conformado por el jefe y sus colaboradores. Si esta relación no es fructífera, nada será posible, nada será lo exitoso que debería ser.

Otras miradas. Nuevos enfoques en los programas para jefes

Como decíamos en otros apartados, en la formación de jefes es necesario incorporar nuevas miradas, nuevos enfoques. Algunos no son aspectos nuevos en sí mismos, sin embargo, no integran los clásicos programas gerenciales.

En los últimos años las actividades para los niveles gerenciales, desde la alta gerencia hasta los niveles intermedios, se han visto inundados por actividades como las descritas en el *Apartado 2. Estrellas fugaces, ¿sí o no?* After office, outdoors, *convivios y demás*, que si bien en algunos casos pueden ser interesantes, no resuelven las cuestiones de fondo.

Como también ya se ha expresado, cada organización deberá analizar y tener en claro cuál es su situación, qué aspectos son prioritarios para ella, para trasladar estas prioridades al plano de la formación.

En este apartado se presentará un listado amplio de opciones. No obstante, siempre podrán sumarse otras. Nuevos problemas que requieran soluciones diversas.

Jefes y colaboradores. Conocimientos necesarios para ser un buen jefe

Comenzar por impartir *Rol del jefe*

La experiencia indica que realizar con los jefes un análisis completo de las funciones a su cargo será siempre *un buen comienzo*. Si bien muchos de ellos han sido jefes desde hace mucho tiempo e, incluso, son considerados "buenos jefes", siempre habrá algún aspecto para mejorar en su rol.

Adicionalmente, la organización podrá enfatizar cuestiones que considere necesarias, como nuevas tendencias (del mercado, del contexto, de la región y el país, etc.) y cambios en la visión y la estrategia que, de algún modo, deban ser incorporados en el día a día de la relación jefe-colaborador.

Este programa organizacional se relaciona con la siguiente definición:

Rol del jefe: concepto integrador de las diversas facetas de la actividad de todo jefe. Enfoca su papel dentro de la organización, agregando a sus funciones tradicionales las responsabilidades y tareas inherentes a esta condición, por ejemplo: seleccionar colaboradores, evaluar su desempeño y entrenarlos, solo por nombrar algunas.

Jefe es todo aquel que tiene a otros a su cargo, desde el número 1 de la organización hasta aquel con pocos colaboradores que le reporten. Cada jefe debe cumplir un rol en relación con ellos, una serie de tareas derivadas del hecho de contar con personas bajo su conducción.

A ese conjunto de tareas las hemos denominado *rol del jefe*. Para que este rol se verifique será necesario que la organización asuma una actitud activa al respecto, y nuestra sugerencia es hacerlo a través de programas específicos para jefes. Por esta razón le hemos asignado a la formación de jefes la categoría de programa organizacional. En nuestra opinión, las actividades formativas para jefes tienen tal importancia y magnitud que deben ser diseñadas conformando un programa de este tipo, mediante el cual se presentan todos los aspectos relacionados con las funciones de un jefe, por el mero hecho de tener colaboradores a su cargo. Es, fundamentalmente, una actividad sobre conocimientos en relación con dichas funciones.

En la figura de la página siguiente se brinda información adicional sobre este programa.

El término "jefe" hace referencia a un concepto, no implica una categoría jerárquica dentro de una organización. Su definición es:

Jefe. Persona que tiene a otras a su cargo dentro de una estructura jerárquica. Los jefes pueden tener niveles muy diversos, desde el número 1 de la organización hasta otro con pocos colaboradores a su cargo.

Este es uno de los programas organizacionales para jefes y debería ser el primero de la serie en llevarse a cabo. La secuencia lógica de implementación es comenzar por este programa (*Rol del jefe*) y luego, según las necesidades, continuar con cualquiera de las otras opciones mencionadas en este apartado.

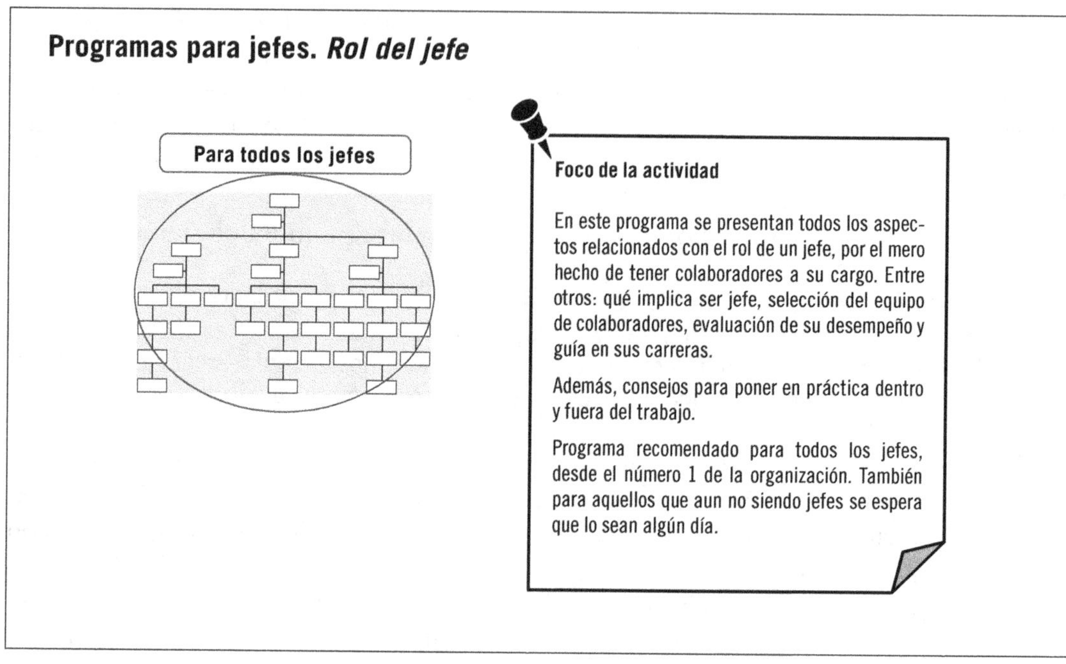

Dar vuelta el escritorio y analizar: *Cómo llevarme bien con mi jefe*

Los jefes, con frecuencia, son colaboradores. Incluso los directores de máximo nivel y CEOs, también, suelen serlo. Casi todos tienen un jefe, cerca o lejos, una autoridad superior a la cual reportan.

Este es un programa organizacional tendiente a lograr que los colaboradores, de todos los niveles jerárquicos, lleguen a transformarme "en el colaborador que la empresa desea". Se abordan varias temáticas: los jefes y los colaboradores; los amigos en el trabajo; el uso de los bienes de la empresa; la autonomía en la relación jefe-colaborador, entre otros aspectos.

En la figura siguiente se brinda información adicional sobre este programa. Si bien en ella se indica "todos los colaboradores", cuando las organizaciones cuentan con mucho personal no siempre es posible. En estos casos, se sugiere impartir la temática a todos los jefes, para –a partir de ellos– llegar a sus equipos de trabajo.

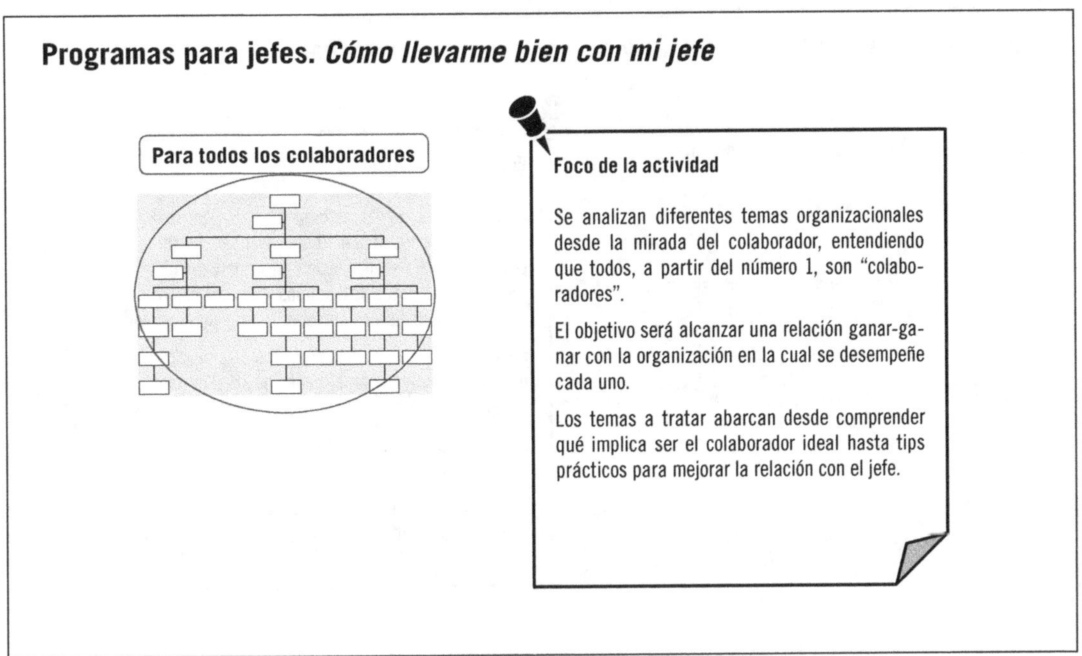

Una cuestión que concierne a todos: Conciliar vida profesional y personal (balance vida-trabajo)

En las últimas décadas del siglo XX y bajo la denominación "balance vida-trabajo" la cuestión era considerada casi exclusivamente en relación con "mujeres madres de niños pequeños".

En pleno siglo XXI, y quizá desde el inicio del nuevo siglo, el concepto ha cambiado. Se transformó en un problema de todos, independientemente de la edad, sexo u orientación sexual, si se tienen hijos o no. Tampoco importa la profesión o trabajo que se ejerza. Adicionalmente, cambió el nombre por uno más amplio: conciliar los distintos aspectos de nuestras vidas, tanto los profesionales como los personales.

Este programa organizacional se divide en tres partes. Primero, se identifican los diferentes intereses personales. Luego, se aborda el tema bajo dos miradas, la organizacional y la individual.

El propósito de esta doble mirada será lograr el ideal buscado por todos: una vida armónica alcanzando tanto los objetivos profesionales como los personales.

En la figura siguiente se brinda información adicional sobre este programa.

Programas para jefes. *Conciliar vida profesional y personal*

Para todos los colaboradores

Foco de la actividad

La conciliación de los distintos aspectos personales y laborales (balance vida-trabajo) es un tema de amplia preocupación en la actualidad, tanto para las áreas de Recursos Humanos como para los directivos y colaboradores en general.

Implica utilizar las buenas prácticas organizacionales con un enfoque ganar-ganar, bueno al mismo tiempo para la organización y sus colaboradores.

Los temas a tratar.se agrupan en tres áreas:

1. Los distintos intereses personales
2. Desde la mirada organizacional
3. Desde la mirada individual

Programas para jefes. *Conciliar vida profesional y personal. En la práctica*

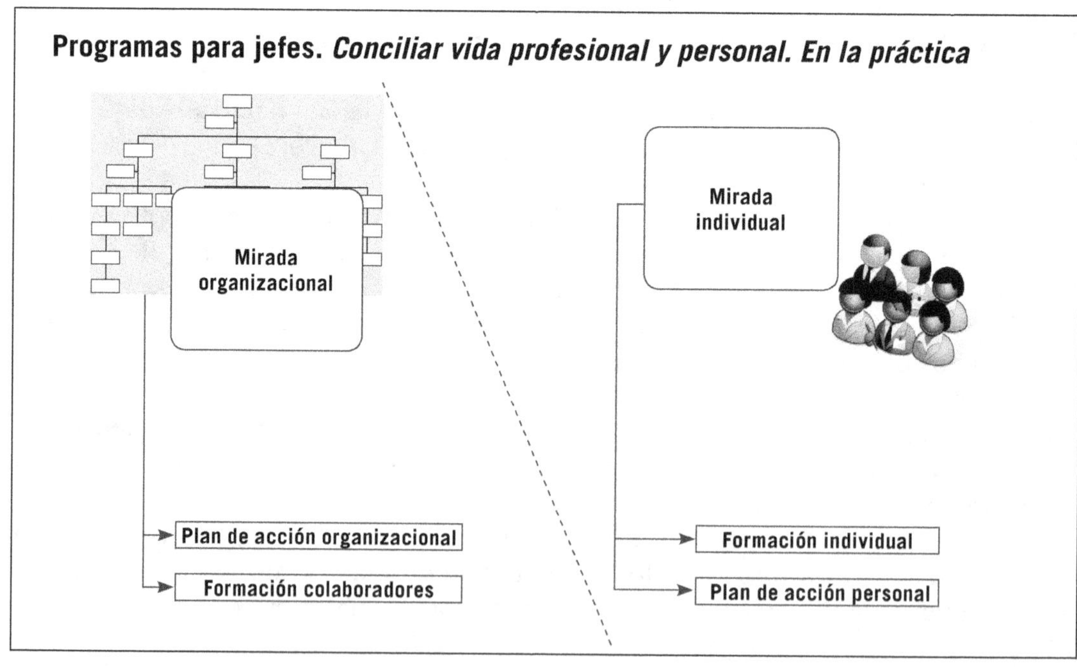

La temática relativa a *conciliar vida profesional y personal* debe abordarse bajo dos miradas, como se expone en la figura inferior de la página anterior.

La temática será de interés para todos los colaboradores.

En el caso de grandes organizaciones, con frecuencia, se sugiere impartir la temática a todos los jefes, para –a partir de ellos– llegar a sus equipos de trabajo.

Método *12 pasos* en distintos programas para jefes

En el *Apartado 7. Comenzando por el principio. Buenas prácticas en Formación*, entre otras buenas prácticas se menciona al método *12 pasos*. Este método podrá ser utilizado para el autodesarrollo, y también integrar una actividad formativa ofrecida directamente por la organización.

Para que pueda ser utilizado para el autodesarrollo la organización deberá proveer materiales al respecto, por ejemplo, manuales donde se describan, detalladamente, los referidos "12 pasos".

El método *12 pasos* también puede utilizarse para el desarrollo de competencias. Más adelante se incluye una tabla con temáticas posibles aplicando el método mencionado.

Competencias necesarias para todos los jefes

En la tabla que se muestra más adelante se han señalado diversas competencias y valores como aspectos necesarios a incluir en las actividades formativas para jefes. A continuación nos referiremos con más detalle a las necesarias para todos los jefes, en todas las organizaciones.

Los jefes y la delegación

La delegación, por defecto o por exceso, puede no ser la adecuada. La capacidad de delegar es esencial en el rol de todo jefe. Este programa organizacional se relaciona con la siguiente definición.

> **Delegación:** dar a otra persona autoridad para ejecutar una tarea y/o para actuar en representación de otra.

Programas para jefes. *Delegación*

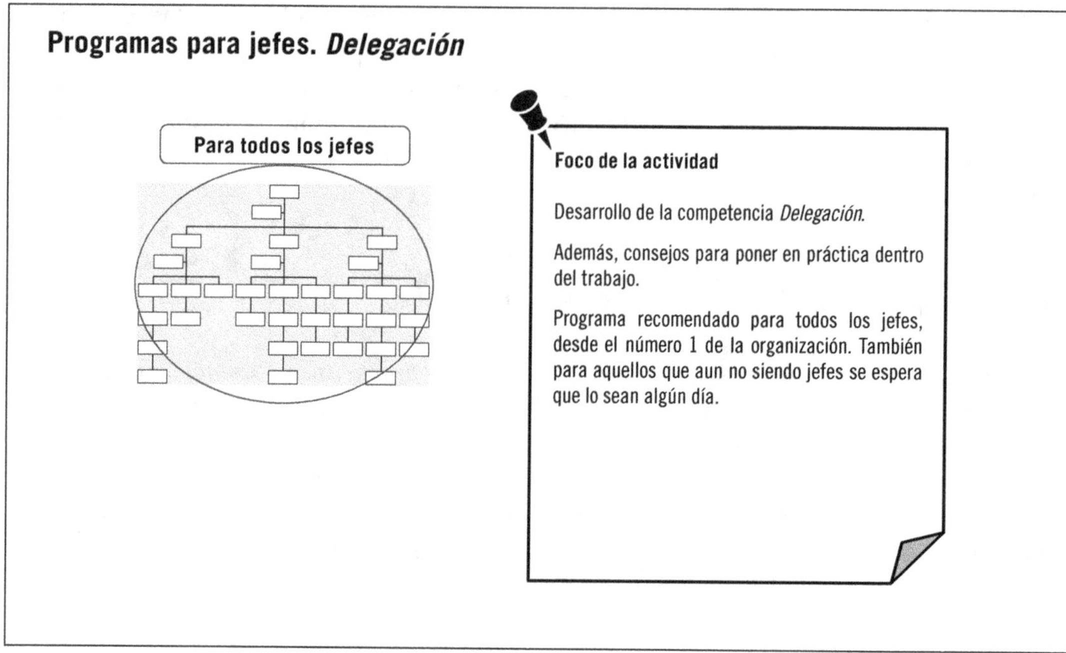

Por lo tanto, se debería incluir entre las actividades formativas para jefes el desarrollo de la competencia *Delegación* o *Conducción de personas*[1]. Este programa también se relaciona con otra competencia, *Empowerment*.

En la figura anterior se brinda información adicional sobre este programa.

La utilización de la competencia empowerment debería considerarse cuando la organización haya adoptado esta forma de trabajo, es decir cuando haya puesto en práctica procedimientos y políticas organizacionales tendientes a que las decisiones sobre un hecho se tomen lo más cerca posible de donde tiene lugar.

Para organizaciones orientadas al aprendizaje, será imprescindible el programa *Jefe entrenador*

Este programa organizacional se relaciona con la siguiente definición.

Jefe entrenador. El concepto implica que el jefe es una persona que al mismo tiempo que cumple el *rol de jefe* lleva adelante otra función respecto de sus colaboradores: ser guía

---

1 Las definiciones de las competencias mencionadas, así como su respectiva apertura en grados, podrán consultarse en los libros: *Diccionario de competencias. La trilogía. Tomo 1* y *Diccionario de comportamientos. La trilogía. Tomo 2.*

y consejero en una relación orientada al aprendizaje. Lo asume de manera deliberada, desea hacerlo y está convencido de los resultados a obtener.

Este es un programa organizacional dirigido al desarrollo de la competencia *Entrenador*[2]. Todo jefe, desde el número 1 de la organización hasta aquel que tiene a su cargo pocos colaboradores, debe cumplir un rol en relación con estos; una de estas tareas, muy especial, es el papel de guía y apoyo a los colaboradores para que realicen mejor sus tareas: ser entrenador.

En la figura siguiente se brinda información adicional sobre el programa *Jefe entrenador.*

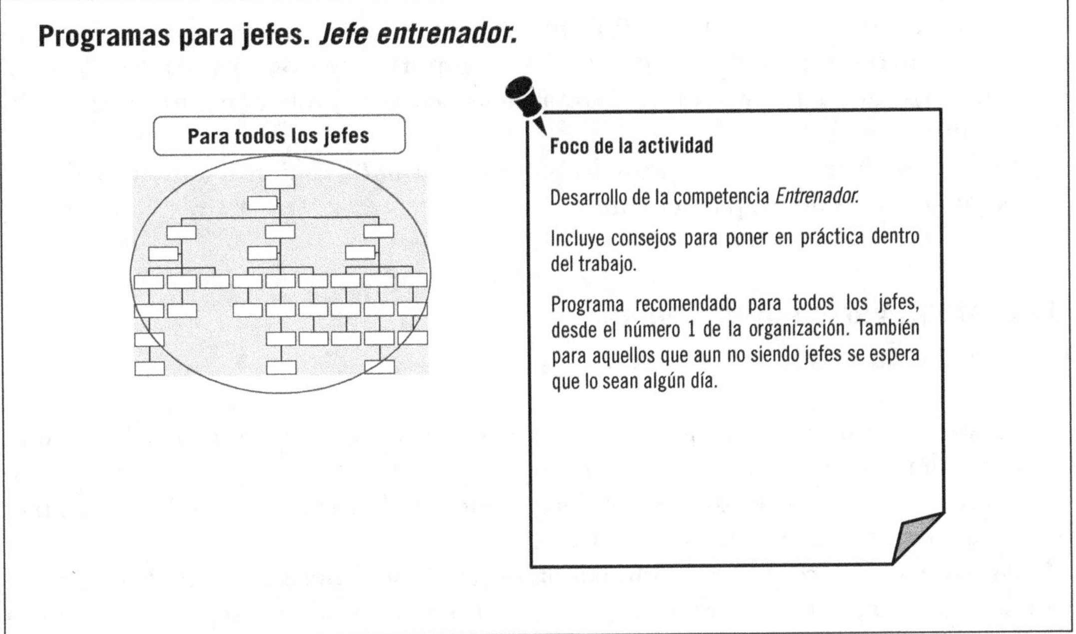

---

2 La definición de la competencia, así como su respectiva apertura en grados, podrá consultarse en los libros: *Diccionario de competencias. La trilogía. Tomo 1* y *Diccionario de comportamientos. La trilogía. Tomo 2.*

Cuando el negocio necesita equipos fuertes y dinámicos: *Team building*[3]

Lamentablemente, las actividades formativas sobre las distintas variantes de trabajo en equipo han caído en el descrédito, producto de las malas prácticas, las *estrellas fugaces*[4] y otras situaciones similares. Sin embargo, con un diseño adecuado[5], pueden aportar muy buenos resultados.

Este programa organizacional se relaciona con el concepto siguiente.

> **Team building:** conjunto de actividades planificadas y coordinadas que se realizan con el propósito de incrementar/mejorar el trabajo en equipo en el marco del ámbito en el cual las personas se desempeñan.

Entre las actividades que conforman el programa *Team building situacional* se pueden mencionar la puesta en práctica de comportamientos a través de la resolución de casos/ejercicios, y diferentes dinámicas grupales junto con planes de acción para el autodesarrollo.

En ocasiones el programa *Team building situacional*[6] comienza con la medición de las capacidades de los participantes.

Una amplia variedad de temas para jefes de todos los niveles

Las opciones formativas para jefes son diversas; definir las más indicadas dependerá de cada organización y, a su vez, del momento y contexto en el que esta se encuentre. En todos los casos se sugiere comenzar por *Rol del jefe* y, luego, adicionar otras temáticas según se considere más conveniente.

Para que el *rol del jefe* se verifique en la práctica, será necesario que la organización asuma una actitud activa al respecto. En nuestra opinión, y según experiencia profesional, las actividades formativas para jefes tienen tal importancia y magnitud

---

3 Se utiliza la denominación en inglés dado que es de uso frecuente y se la menciona en muchas obras sobre, por ejemplo, Recursos Humanos y desarrollo, en diferentes lenguas.

4 *Apartado 2. Estrellas fugaces, ¿sí o no?* After office, outdoors, *convivios y demás.*

5 Ver *Formación. Capacitación. Desarrollo,* Capítulo 3. También nos hemos referido a la importancia del diseño en varios apartados de esta obra.

6 Para la realización de un *Team building situacional* se sugiere la utilización de la herramienta 3, *Assessment. ACM.* Ver *Las 50 herramientas de Recursos Humanos que todo profesional debe conocer,* Ediciones Granica, Buenos Aires, 2017.

que deben ser diseñadas conformando un programa organizacional, mediante el cual se presenten todos los aspectos relacionados con las funciones de un jefe, por el mero hecho de tener colaboradores a su cargo.

Como decíamos, se sugiere comenzar por el programa *Rol del jefe* y luego, según las necesidades, continuar con cualquiera de los programas para jefes mencionados aquí (u otros), según corresponda.

Además de las mencionadas, otras actividades formativas posibles (entre otras) son las siguientes.

s

Nombre de la actividad	Breve comentario
Cómo ser un buen jefe en 12 pasos	Programa organizacional dirigido al desarrollo de la capacidad para ser un buen jefe (*rol del jefe*), que permite al participante incorporar consejos prácticos a su acción laboral diaria.
Conciliar vida profesional y personal en 12 pasos desde la mirada individual	Programa organizacional dirigido al desarrollo de la capacidad para mejorar la conciliación entre vida profesional y personal de los colaboradores y que permite al participante incorporar consejos prácticos a su acción laboral diaria.
Conciliar vida profesional y personal en 12 pasos desde la mirada organizacional	Programa organizacional dirigido a la máxima conducción de la organización y sus responsables de RRHH, con el propósito de analizar los métodos de trabajo para incorporar en ellos esta temática.
Delegación efectiva en 12 pasos	Programa organizacional dirigido al desarrollo de la capacidad para delegar (competencia *Conducción de personas*) que permite al participante incorporar consejos prácticos a su acción laboral diaria.
Desarrollo de competencias gerenciales	Además de las competencias mencionadas, podrán ser desarrolladas en todos los jefes, otras competencias[7] tales como: Dirección de equipos de trabajo *Entrepreneurial* Liderar con el ejemplo Liderazgo Liderazgo ejecutivo Liderazgo para el cambio Visión estratégica

7 Las definiciones de las competencias mencionadas, así como su respectiva apertura en grados, pueden consultarse en los libros: *Diccionario de competencias. La trilogía. Tomo 1* y *Diccionario de comportamientos. La trilogía. Tomo 2*, ya citados a lo largo de esta obra.

Nombre de la actividad	Breve comentario
Desarrollo de valores	Los aspectos principales están considerados –en alguna medida– en la definición de las competencias específicas gerenciales[8]. No obstante, podrían impartirse temáticas específicas sobre valores. Por ejemplo, valores transformados en competencias cardinales, como los siguientes: Compromiso Ética Ética y sencillez Fortaleza Integridad Justicia Prudencia Respeto Responsabilidad (personal y social) Sencillez Temple
Jefe entrenador en 12 pasos	Programa organizacional dirigido al desarrollo de la competencia *Entrenador* que permite al participante incorporar consejos prácticos a su accionar cotidiano.
Motivar a otros	Actividades destinadas al desarrollo de la siguiente competencia: *Motivar a otros.* Capacidad para fomentar en otros una actitud permanente de superación, que se pone de manifiesto a través de un desempeño superior, en diferentes momentos y circunstancias. Implica involucrar a los colaboradores en la consecución de los objetivos organizacionales, identificar y conocer aquello que los estimula e inspira, sin descuidar, al mismo tiempo, la individualidad de cada uno de los integrantes del equipo de trabajo. Implicará que los jefes deben alcanzar –antes de desarrollar a otros– su propia automotivación.

---

8 Los valores fueron considerados como competencias cardinales. Las definiciones, así como su respectiva apertura en grados, podrán consultarse en los libros: *Diccionario de competencias. La trilogía. Tomo 1* y *Diccionario de comportamientos. La trilogía. Tomo 2* (obras citadas).

Nombre de la actividad	Breve comentario
Nuevas realidades	En el *Apartado 4. Diversidad, discriminación y otras cuestiones* y en el *Apartado 5. Nuevas generaciones, inmediatez, lenguaje y otras cuestiones en relación con Formación* se plantean temas que, quizá no siendo nuevos, requieren una atención especial. Se podrá sumar las cuestiones allí planteadas a las temáticas incluidas en *Rol del jefe* o, si la situación lo indica, diseñar actividades específicas. Por ejemplo: Nuevas generaciones. Cómo liderar varias generaciones dentro de un mismo grupo de trabajo. Diversidad. Talleres para cruzar culturas (entre otros).
Team building *en 12 pasos*	Programa organizacional dirigido al desarrollo e integración de equipos de trabajo que permite al participante incorporar consejos prácticos a su accionar cotidiano. Se utiliza la denominación en inglés dado que es de uso frecuente y se la menciona en muchas obras sobre, por ejemplo, Recursos Humanos y desarrollo, en diferentes lenguas.

En otros apartados se ha mencionado la necesidad de formar a los jefes en temas de diversidad, nuevas generaciones y la conducción de generaciones distintas en un mismo equipo de trabajo, entre otras cuestiones.

Las temáticas expuestas en la tabla precedente son solo algunas de las posibles. A su vez, es importante destacar que las allí mencionadas difieren, además, en su estructura. Por ejemplo, *Rol del jefe* es una actividad a través de la cual se impartirán una serie de conocimientos básicos sobre la disciplina Recursos Humanos que todo jefe debe conocer. En otras, el foco estará en el desarrollo de competencias utilizando el método Codesarrollo; también se utilizará el método *12 pasos*, etc.

Una organización no necesariamente debe llevar a cabo todos los programas descritos. Un esquema sencillo que implementamos en la mayoría de nuestros clientes está conformado por *Rol del jefe* junto con el desarrollo de algunas competencias íntimamente relacionadas, por ejemplo, *Delegación* y *Entrenador*, para luego ir sumando otras actividades, según lo más conveniente en cada caso.

Distintos caminos para llevar a la práctica las actividades formativas para jefes

En el *Apartado 7. Comenzando por el principio. Buenas prácticas en Formación* hemos visto distintos caminos para el desarrollo. También se aplican a los jefes; por lo tanto, combinar las distintas opciones será siempre una muy buena idea.

Cuando una persona (o un grupo) debe aprender un conocimiento o desarrollar una competencia, podrá comenzar por Codesarrollo. Este podrá ser, además, el punto de partida para el autodesarrollo. Al realizar el seguimiento, los jefes tendrán un rol protagónico para así alcanzar el resultado esperado, tanto por el colaborador como por la organización.

En el esquema siguiente se desea mostrar que las actividades se pueden llevar a la práctica en distinto orden. Se ha señalado en gris cuáles son las actividades formativas propiamente dichas (taller de Codesarrollo).

Codesarrollo	Codesarrollo	Jefe entrenador	Jefe entrenador	Autodesarrollo	Autodesarrollo
Jefe entrenador	Autodesarrollo	Autodesarrollo	Codesarrollo	Jefe entrenador	Codesarrollo
Autodesarrollo	Jefe entrenador	Codesarrollo	Autodesarrollo	Codesarrollo	Jefe entrenador

Analizando la tabla precedente, la primera columna a partir de la izquierda indica que se podrá comenzar por participar en un taller de Codesarrollo; luego el jefe (en su rol de jefe entrenador) realizará el seguimiento, conduciendo al interesado al autodesarrollo.

En la segunda columna, a partir de la izquierda, se plantea también comenzar por participar en un taller de Codesarrollo; a partir del plan acción elaborado, continuar con el autodesarrollo, y finalmente el jefe hará un seguimiento. Luego, en las columnas siguientes, se observan otras combinaciones posibles.

En la elaboración de la tabla precedente, con sus distintas opciones, se ha considerado lo expuesto en el *Apartado 7. Comenzando por el principio. Buenas prácticas en Formación* sobre el método Codesarrollo, el cual implica la realización de:

- Taller de Codesarrollo 1

- Seguimiento

- Taller de Codesarrollo 2

También, como se ha visto en varias partes de esta obra —especialmente en el *Apartado 25. Los jefes. Seguimiento eficaz. Segundo taller de Codesarrollo sobre la misma*

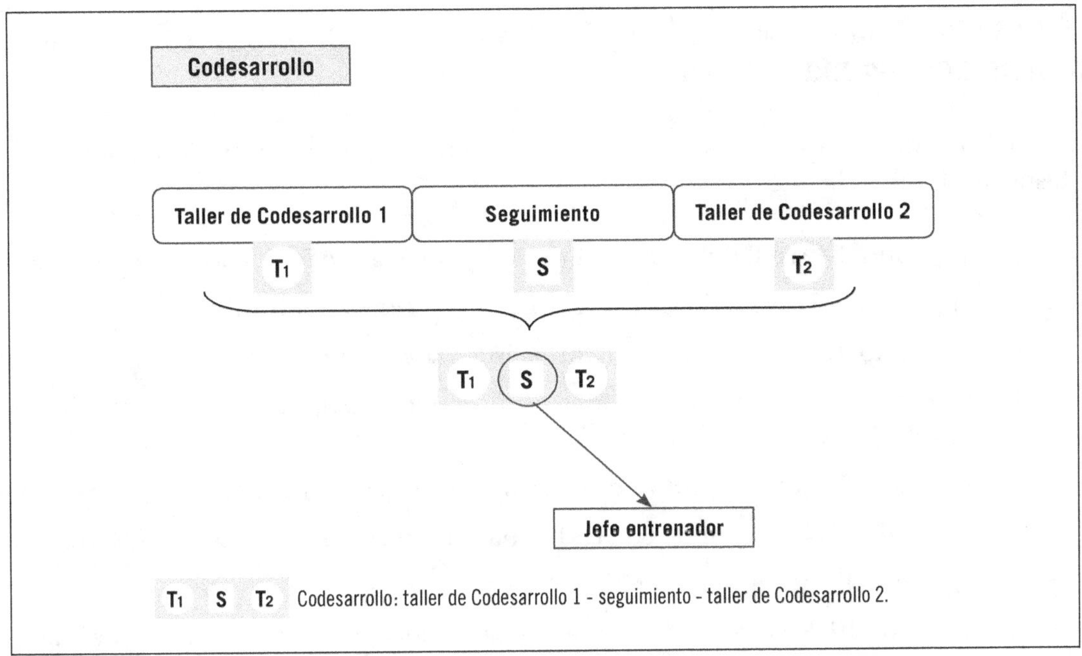

T₁ S T₂ Codesarrollo: taller de Codesarrollo 1 - seguimiento - taller de Codesarrollo 2.

temática– será ideal que el seguimiento lo realice el jefe directo del participante de la actividad. La idea se expone en la figura precedente.

En materia de Formación, como en otras cuestiones, no hay un único camino a seguir. Hemos tratado diversas cuestiones en apartados previos, compartiendo, a modo de ejemplos, soluciones ofrecidas a los clientes de nuestra firma. En muchas ocasiones será necesario abordar varias temáticas al mismo tiempo: conocimientos relacionados entre sí, competencias vinculadas a estos conocimientos y/o diferentes.

A modo de cierre

Los directivos y jefes, de todos los niveles, requieren una especial atención en materia de actividades formativas.

En este apartado se ha detallado una amplia gama de temáticas que incluyen conocimientos, competencias y otras cuestiones, vinculadas al contexto y las nuevas realidades.

Apartados relacionados y/o que tratan temas con alguna conexión

La mayoría de los apartados tienen conexión entre sí. A continuación, solo voy a destacar algunos de ellos.

- Apartado 2. Estrellas fugaces, ¿sí o no? *After office, outdoors,* convivios y demás

- Apartado 3. Felicidad en el trabajo. ¿Es posible? ¿Es un mito?

- Apartado 4. Diversidad, discriminación y otras cuestiones

- Apartado 5. Nuevas generaciones, inmediatez, lenguaje y otras cuestiones en relación con Formación

- Apartado 7. Comenzando por el principio. Buenas prácticas en Formación

- Apartado 8. Continuando con las buenas prácticas: Herramientas y Formación

- Apartado 9. Reconocer necesidades y priorizarlas

- Apartado 10. Factores a tener en cuenta para alcanzar alta efectividad y eficacia

- Apartado 13. Crecer es posible

- Apartado 14. Cambiar a través de la acción. Diseñar una actividad que permita cambiar comportamientos. Desarrollar competencias

- Apartado 17. Definir necesidades a través de talleres

- Apartado 18. Seguimiento de la evolución del desarrollo de las competencias y/o del aprendizaje de conocimientos

- Apartado 19. Formación después de mediciones específicas

- Apartado 20. Formación para alcanzar la estrategia

- Apartado 21. Formación y cambio cultural. Lograr la cultura deseada

- Apartado 23. Formación para la alta gerencia

- Apartado 24. Formación para todos los niveles de conducción

- Apartado 25. Los jefes. Seguimiento eficaz. Segundo taller de Codesarrollo sobre la misma temática

- Apartado 26. Motivar a otros, ¿un rol que deben asumir los jefes?

- Apartado 27. Problemas entre jefes y colaboradores

- Apartado 30. Formador de formadores. Diseño e implementación

Indicadores de gestión sobre Formación

Medir la gestión a través de indicadores.
Área de Recursos Humanos

La gestión del área de Recursos Humanos, en su conjunto, podrá ser medida a través de indicadores. También podrán medirse, por separado, las distintas funciones que integran el área. La idea se expresa en la figura al pie.

Los indicadores permiten medir, a través de la aplicación de una fórmula, la gestión de un área o función.

Se pueden elaborar diferentes indicadores, y la variedad al respecto es muy amplia. Cada organización deberá determinar cuáles son los más indicados.

¿Cómo elegir qué indicadores utilizar?

Algunas sugerencias para determinar los indicadores a implementar, en la cantidad adecuada:

- Para determinar qué indicadores utilizar se sugiere analizar los principales aspectos que la dirección de la organización desea controlar en función de la estrategia empresaria global.

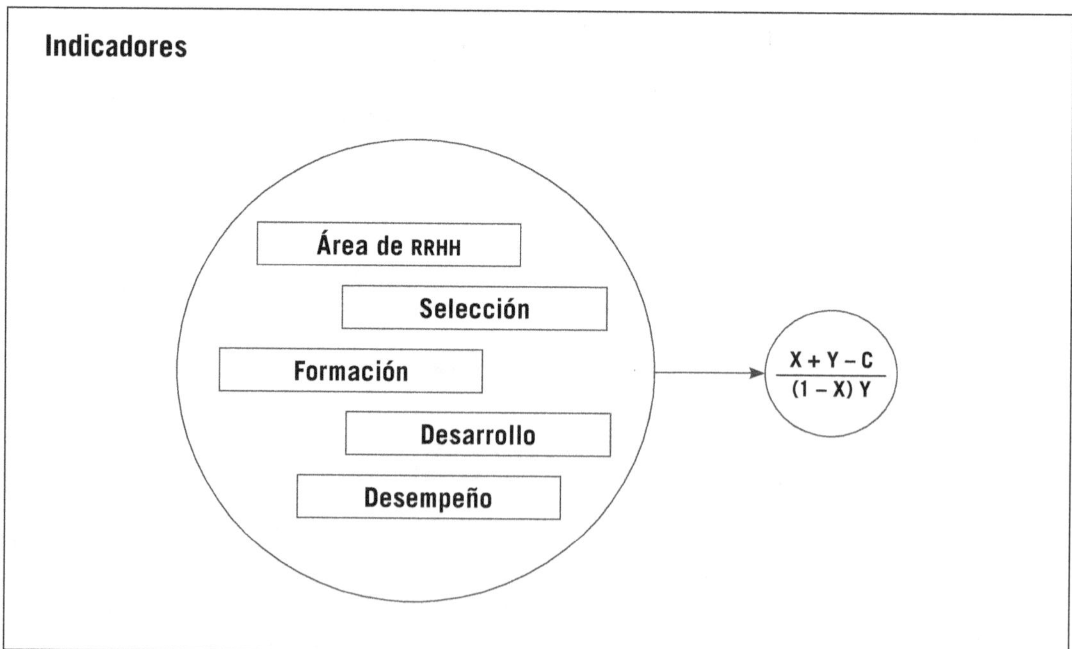

- Será de gran utilidad tomar un período de prueba que sea representativo de la actividad a medir –por ejemplo, los últimos 6 meses– y calcular los indicadores elegidos en ese lapso.

- Un director de Recursos Humanos con experiencia sabrá darse cuenta de si eligió bien los indicadores y si son lógicos los resultados obtenidos. También se puede requerir un asesoramiento externo para que lo ayude a establecer cuáles son los indicadores más apropiados en relación con el tamaño de la organización, el momento que esta atraviesa y el segmento de la economía al que pertenece.

- En ningún caso se aconseja aplicar todos los indicadores disponibles en el mercado o en la bibliografía especializada. Siempre se deben elegir unos pocos, asegurándose de que sean los más pertinentes en cada caso.

En resumen, los indicadores para el control de la gestión de Recursos Humanos proveen información de relevancia para la alta dirección, pemitiendo, por ejemplo, el análisis de diferentes aspectos de la gestión del área tales como: eficacia y eficiencia de la conducción del área y de los profesionales que la integran, eficacia y eficiencia de los métodos de trabajo utilizados, grado de aprovechamiento de la inversión –fuentes de reclutamiento en selección, recursos destinados a Formación y desarrollo–, entre otros.

Cada organización deberá determinar los aspectos más relevantes según su propia visión y estrategia organizacional.

Medir la gestión a través de indicadores. Área/función Formación

Cómo decíamos, los indicadores podrán medir aspectos específicos dentro del área de Recursos Humanos. Por ejemplo, Formación y Desarrollo de competencias.

Indicadores básicos para medir Formación

A continuación veremos los indicadores más usados para medir la inversión en Formación. Dichos índices permiten analizar la evolución de la inversión global realizada en la materia. Sin embargo, la medición no permite determinar la eficacia de los métodos utilizados.

Veamos el gráfico de la página siguiente.

Indicadores básicos en formación

$$\text{Inversión en Formación por empleado} = \frac{\$\ 250.000\ \text{(Inversión en Formación)}}{200\ \text{(Cantidad empleados capacitados)}} = \$\ 1.250$$

$$\text{\% inversión en Formación en relación con remuneraciones} = \frac{\$\ 250.000\ \text{(Inversión en Formación)} \times 100}{\$\ 2.500.000\ \text{(Compensaciones totales)}} = 10\%$$

En el ejemplo, una organización ha invertido en Formación un total de $ 250.000 (dólares u otra moneda), el número de colaboradores es de 200 y las compensaciones totales ascienden a $ 2.500.000.

Los indicadores resultantes son: Inversión en Formación por empleado $ 1.250. A su vez, dicha inversión representa el 10% de las compensaciones totales. La información se tornará valiosa en la medida en que pueda evaluarse su evolución a lo largo de un período de tiempo, por ejemplo, varios años.

Estos indicadores podrán aplicarse –además– por áreas; en ese caso, permitiría comparar la inversión en Formación, por ejemplo, para la fuerza de ventas o para los integrantes del área de informática, a lo largo de los años.

Indicadores específicos para medir el desarrollo de competencias

Los indicadores expuestos en la página siguiente permitirán medir la inversión destinada al desarrollo de todas las competencias, o competencia por competencia.

Observando la figura siguiente, en una primera mirada, parecen iguales, pero no lo son. El primero mide la inversión en un conjunto de competencias; en el segundo, utilizando una fórmula similar, la medición será competencia por competencia.

Indicadores. Desarrollo de competencias

$$\text{Inversión en desarrollo de competencias} = \frac{\text{Inversión en Formación para desarrollo de competencias}}{\text{Cantidad de colaboradores participantes del programa}}$$

$$\text{Inversión en Codesarrollo competencia "X"} = \frac{\text{Inversión en Formación para desarrollo de competencia "X"}}{\text{Cantidad de colaboradores participantes del programa}}$$

En el gráfico se exponen dos índices para medir la implementación de programas específicos, en un período determinado (usualmente, un año). Mediante el primero de ellos se mide la inversión en acciones de Formación tendiente al desarrollo de un conjunto de competencias, por ejemplo, todas las que conforman el modelo organizacional. A su vez, la medición podrá ser realizada considerando todos los colaboradores de la organización o solo una parte de ellos, si las acciones de referencia no involucraban a la totalidad.

En el segundo indicador, se mide una inversión específica, es decir, las acciones destinadas al desarrollo de una competencia en particular utilizando el método Codesarrollo. Este tipo de indicador –destinado a la medición de un tema específico de Formación– será pertinente según las circunstancias. Ejemplo, frente a la necesidad de un cambio cultural se decide impartir actividades de Codesarrollo durante un año. En este caso sería posible medir –específicamente– la inversión realizada para el desarrollo de la competencia relacionada con el cambio deseado.

También se podrá medir el grado de eficacia de la inversión realizada en programas internos de desarrollo. Este índice reflejará, quizá de manera indirecta, los resultados de la inversión en Formación.

En la parte superior del gráfico siguiente se expone un indicador para medir la inversión en Formación a través del grado de eficacia de uno de los programas inter-

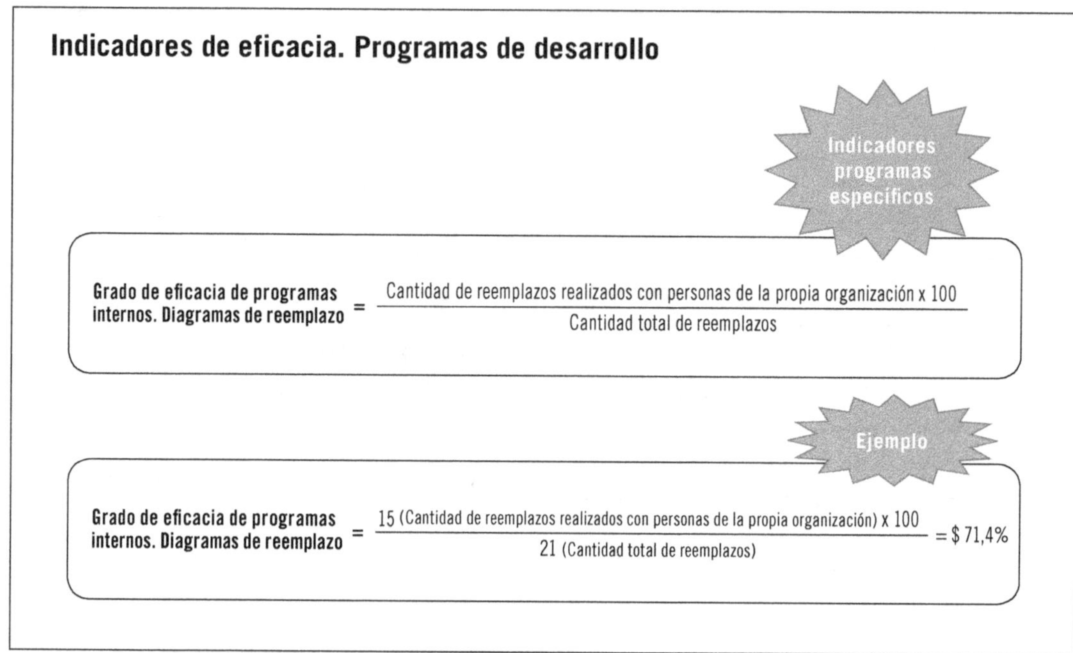

nos para el desarrollo de personas: *Diagramas de reemplazo*. En la parte inferior, un ejemplo numérico: la organización realizó 21 reemplazos en un año, de los cuales 15 fueron cubiertos por personas de la propia organización. El grado de eficacia resultante es del 71,4%.

A continuación, un indicador doble para la medición del desarrollo de competencias o de conocimientos en el caso de que la organización posea un modelo de conocimientos o bien realice una medición específica de estos.

El primer paso será medir las competencias y su grado de desarrollo. También será necesario conocer el grado requerido para determinar las eventuales brechas.

En el *Apartado 18. Seguimiento de la evolución del desarrollo de las competencias y/o del aprendizaje de conocimientos* se ha explicado cómo comparar las brechas entre un año y otro. Esta medición podrá ser utilizada en un indicador, como se muestra a continuación.

Una vez que se ha determinado el grado porcentual de desarrollo de competencias comparando el grado de desarrollo al inicio y luego de aplicada una actividad de Formación –por ejemplo, Codesarrollo–, es posible calcular el retorno de la inversión. A continuación un ejemplo (ver gráfico al pie de la página siguiente).

En el ejemplo propuesto, las brechas promedio del colectivo en evaluación al inicio del Codesarrollo eran de 1,25 grado. Luego de un año de aplicar el método Codesarrollo, la brecha se ha reducido a 1,1 grado. Esto significa que en su conjunto

Desarrollo de competencias

Grado de desarrollo de competencias =

$$\frac{\text{Promedio de brechas año 1 - Promedio de brechas año 2} \times 100}{\text{Promedio de brechas año 1}}$$

Este indicador dará más información si se confecciona por colectivos de personas.

Retorno de la inversión en desarrollo de competencias =

$$\frac{\text{Inversión en desarrollo de competencias}}{\text{Grado de desarrollo de competencias}}$$

Desarrollo de competencias

Grado de desarrollo de competencias =

$$\frac{\text{1.25 (Promedio de brechas año 1)} - \text{1.10 (Promedio de brechas año 2)} \times 100}{\text{1.25 (Promedio de brechas año 1)}} = 12\%$$

Retorno de la inversión en desarrollo de competencias =

$$\frac{\text{Dólares 10.000 (Inversión en desarrollo de competencias)}}{\text{12 (Grado de desarrollo de competencias)}} = 833 \text{ dólares}$$

Es la inversión realizada por cada punto porcentual de mejora en la reducción de brechas.

el colectivo evaluado mejoró un 12%. Para simplificar, podemos decir que en la actualidad son un 12% mejores en la competencia que fue objeto de su desarrollo.

Si la organización ha invertido 10.000 dólares en la Formación (Codesarrollo) del grupo bajo evaluación, el costo de esta inversión ha sido de 833 dólares por cada punto porcentual de mejora.

Estos indicadores se pueden elaborar para toda la organización o para colectivos específicos. Además, este análisis se puede realizar para una competencia en particular o para varias.

Del mismo modo, el cálculo de un indicador como el expuesto podría confeccionarse para casos individuales. Por ejemplo, se elabora un programa de desarrollo para una persona que está en un plan de sucesión y se desea conocer la relación entre la inversión realizada y el desarrollo de competencias del individuo. Si bien no es de utilización frecuente aplicar indicadores *persona a persona*, puede emplearse para diferentes situaciones específicas.

A modo de conclusiones

Siempre será aconsejable aplicar los indicadores durante varios años, para observar tendencias y cómo han evolucionado ciertos aspectos que se consideran relevantes en relación con la formación y el desarrollo de competencias.

En materia de indicadores, la sencillez en su aplicación será relevante. Además, se sugiere elegir unos pocos, los más adecuados según los objetivos de cada organización.

Los indicadores de gestión son utilizados, también, para realizar comparaciones entre empresas del mismo segmento de la economía, entre otras aplicaciones.

En síntesis, es factible medir la gestión de una organización a través de indicadores. Para el área de Recursos Humanos se deberán definir índices específicos orientados a medir el resultado de la gestión del área en su conjunto y de las distintas funciones que la componen (en nuestro caso, Formación).

Q&A sobre indicadores para medir aspectos de la Formación

Para aplicar indicadores destinados a medir la gestión, ¿qué es mejor: realizar comparaciones internas, analizando la evolución durante varios años, o comparar la gestión de la organización con indicadores del mercado?

Realizar comparaciones internas, analizando la evolución de aquellos factores que se desea medir, por un período de años, será siempre lo más adecuado.

En ocasiones la comparación con otras organizaciones podrá aportar una mirada adicional. No obstante, para que dicha comparación brinde información efectiva, deberán darse ciertas características de homogeneidad entre las organizaciones. En caso contrario, la comparación resultante no será de utilidad.

¿Cuántos indicadores hay que utilizar?

Siempre pocos, y pertinentes. Es la regla de oro. Comenzaría por los denominados básicos: Inversión en Formación por empleado y Porcentaje (%) de inversión en Formación en relación con remuneraciones; y agregaría algunos más, según las circunstancias.

En resumen, solo algunos y relevantes.

Si no estamos seguros acerca de la calidad de la evaluación de competencias que realizan los jefes, ¿es válido utilizar indicadores basados en dicha información?

Esta cuestión ha surgido con relación a temas tratados en otros apartados. Uno de los roles de los jefes es la evaluación de sus colaboradores, ya sea en el momento de incorporarlos a sus equipos de trabajo, como cuando deban medir el desempeño (en las evaluaciones de desempeño); y también en el día a día de la gestión, para delegar, para entrenar.

Si los jefes no cumplen adecuadamente con sus roles, se deberá comenzar por allí. No solo no será posible aplicar indicadores basados en las mediciones de los jefes. Habrá muchas otras cosas que no serán realizables.

Los indicadores denominados "básicos", que consideran información en su conjunto (por ejemplo, "inversión en Formación por empleado" o "porcentaje de inversión en Formación en relación con remuneraciones"), ¿qué grado de utilidad tienen?

Los indicadores básicos, que son los más utilizados, presentan aspectos positivos e interesantes a tener en cuenta. Por un lado, la información que requieren está disponible, y son fáciles de determinar. Adicionalmente, por el tipo de información que se utiliza en su cálculo, son indiscutidos. La inversión en Formación es un dato contable, al igual que las remuneraciones y la cantidad de colaboradores.

Estos índices permiten analizar la evolución, en un período de varios años, de la inversión realizada en Formación, en conjunto. Podría segmentarse por área, para realizar un análisis sobre un colectivo específico de personas.

Para la aplicación de indicadores más puntuales, ¿se debe elaborar información adicional?

Dependerá de cada caso en particular.

Los indicadores específicos, como los mencionados en páginas previas (y otros) requerirán algún registro adicional. Según el tipo de sistemas informáticos que la organización utilice, esta tarea puede ser muy sencilla. Los datos ya estarán individualizados en el momento de su ingreso al sistema.

En algunos otros casos, podrá ser necesario algún registro en particular.

Más allá de los métodos y procedimientos informáticos que cada organización utilice, siempre habrá información cualitativa, derivada de mediciones realizadas por jefes u otros evaluadores.

Apartados relacionados y/o que tratan temas con alguna conexión

La mayoría de los apartados tienen conexión entre sí. A continuación, solo voy a destacar algunos de ellos.

- Apartado 2. Estrellas fugaces, ¿sí o no? *After office, outdoors,* convivios y demás

- Apartado 3. Felicidad en el trabajo. ¿Es posible? ¿Es un mito?

- Apartado 6. ¿Somos útiles proponiendo la formación adecuada, o llamamos al propalador de creencias?

- Apartado 7. Comenzando por el principio. Buenas prácticas en Formación

- Apartado 8. Continuando con las buenas prácticas: Herramientas y Formación

- Apartado 9. Reconocer necesidades y priorizarlas

- Apartado 10. Factores a tener en cuenta para alcanzar alta efectividad y eficacia

- Apartado 17. Definir necesidades a través de talleres

- Apartado 18. Seguimiento de la evolución del desarrollo de las competencias y/o del aprendizaje de conocimientos

- Apartado 19. Formación después de mediciones específicas

- Apartado 22. Formación combinando medición de capacidades y Codesarrollo

- Apartado 30. Formador de formadores. Diseño e implementación

30

Formador de formadores. Diseño e implementación

Diseños efectivos. Mejores resultados

Nos hemos referido en varios apartados a la importancia del diseño de cada actividad formativa, así como a la mayor efectividad y eficacia que es posible lograr al separar el diseño y la impartición. La idea se expresa en la figura[1] al pie.

En primera instancia, para alcanzar formaciones efectivas, se deberá considerar el contenido del aprendizaje y/o desarrollo de una competencia junto con el método a utilizar. Sobre la base de ambos aspectos se realizará el diseño. En relación con los temas de este apartado, el diseño contemplará, además, el método denominado *Formador de formadores*. En el gráfico se exponen dos aspectos fundamentales que lo integran: *Manual del instructor* y *Cuadernillo del participante*.

Para completar un círculo virtuoso, será importante la adecuada elección del instructor, quien a través de este método utilizará para la impartición el manual del instructor mencionado en la figura siguiente y que se explicará más adelante.

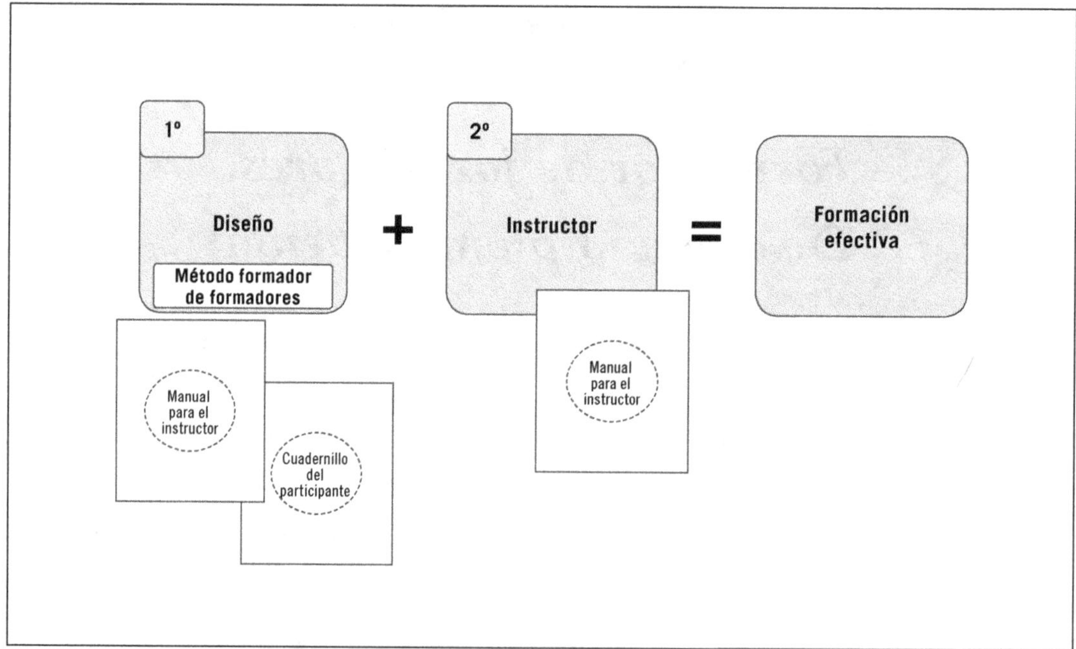

---

1 Esta figura es similar a la expuesta en el *Apartado 10. Factores a tener en cuenta para alcanzar alta efectividad y eficacia.*

A partir de la adecuada sumatoria de ambos elementos –diseño e instructor– se logrará el resultado esperado: una Formación efectiva.

Método *Formador de formadores*

Este método se caracteriza por capacitar a las personas para que luego puedan –a su vez– impartir esa misma formación de acuerdo con materiales e instructivos específicos.

La expresión "formador de formadores" también puede hacer referencia a aquella formación en la cual se les ofrece a los participantes consejos específicos y buenas prácticas para desempeñar un rol de instructor.

El término "formador" hace referencia a la persona que ayuda a otros en su crecimiento, tanto en relación con conocimientos como con competencias.

En la figura siguiente, el instructor será el formador de otros formadores, quienes serán futuros instructores (formadores) de una determinada actividad. El método propuesto contempla, además, que un experto diseñe todos los materiales involucrados: materiales de proyección y ejercicios, junto con un manual para el instructor y los materiales (cuadernillo) para cada participante.

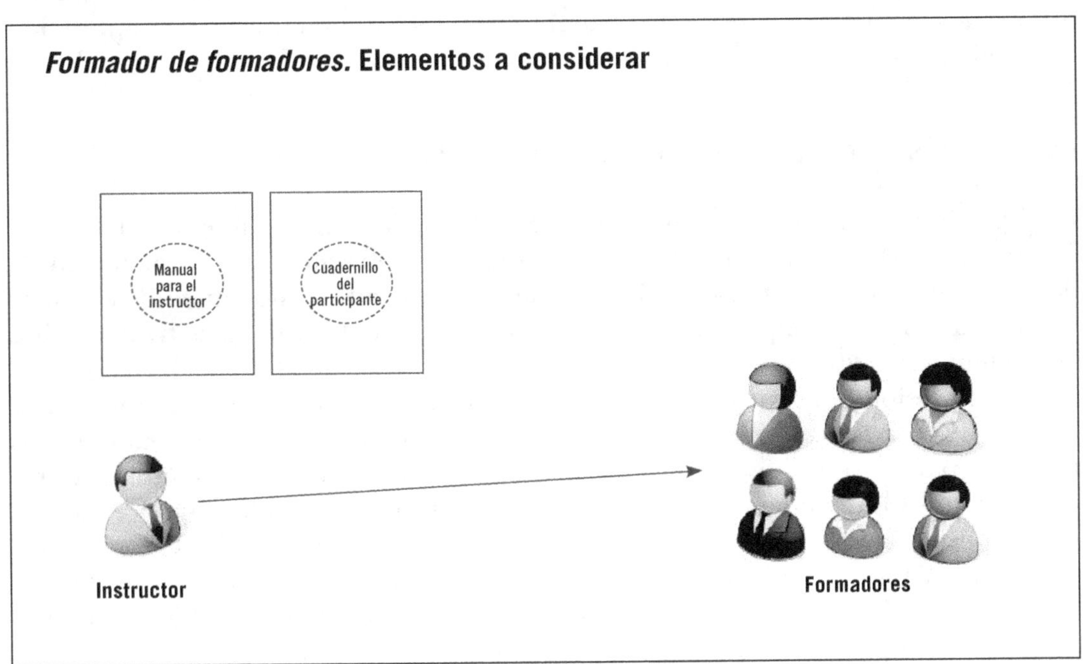

Algunas definiciones necesarias:

Instructor. Persona que imparte una actividad de aprendizaje con base en un diseño propio o uno adoptado; por ejemplo, puede basarse en una metodología que no ha diseñado personalmente o en un libro escrito por otro. Al igual que el *experto*, es un conocedor del tema del que se ocupa, pero sin llegar a su nivel.

Facilitador. Se trata de una persona con nivel y experiencia cuyo rol es conducir una reunión de trabajo donde los participantes deben producir un determinado resultado. Ejemplos: un plan estratégico, la visión y la misión de la organización, o su modelo de valores y/o competencias.

Experto. Se trata de la persona que domina un tema en toda su gama y profundidad; tiene experiencia junto con el conocimiento teórico que la sustenta.

Experto reconocido. Persona que domina un tema en toda su gama, extensión y profundidad, y posee experiencia, junto con el conocimiento teórico que la sustenta. Es considerado un referente en la materia debido a sus publicaciones, investigaciones, trayectoria profesional y/o sus aportes originales a la especialidad.

Los "formadores" resultantes de la aplicación de este método, serán luego replicadores del tema en cuestión; deberán conocer acerca del tema, sin ser necesariamente expertos. Por lo tanto, serán instructores para impartir talleres (cursos, seminarios, etc.) sobre el tema en el cual fueron formados a través de la aplicación de esta herramienta (*Formador de formadores*).

Aplicaciones prácticas y uso frecuente de términos

La expresión "formador de formadores" tiene dos aplicaciones diferentes en la práctica profesional. La utilizada en este apartado hace referencia a la capacitación de determinadas personas para que luego puedan transmitir conocimientos y ayudar en el desarrollo de competencias, en el marco de una determinada actividad sobre algún tema específico.

La expresión también se utiliza para identificar aquellas actividades formativas a través de las cuales se transmiten conocimientos y consejos prácticos para que las personas participantes optimicen sus roles como instructores o facilitadores. Entre otros propósitos se cuenta que los asistentes mejoren su capacidad como expositores; implica consejos y recomendaciones en relación con el manejo de los participantes, la mejor ubicación física en un salón, cómo obtener los mejores resultados según el tipo de ejercicios, etc. En ocasiones, estas actividades también ayudan a que los instructores "pierdan el miedo escénico", si esto fuese necesario.

Esta formación, valiosa y necesaria para ser mejores instructores, no es la única considerada en la propuesta de este apartado. El método propuesto, incluye un tratamiento detallado de los contenidos, que difieren en cada diseño.

Manuales para *Formador de formadores* metodología MAI

Los manuales de *Formador de formadores* son documentos e instructivos específicos y detallados que permiten a una persona (instructor) la impartición de un determinado taller de Codesarrollo. Incluyen: 1) material para proyección, ejercicios y casos prácticos; 2) cuadernillo del participante; 3) manual del instructor.

Su uso se recomienda para Formación en conocimientos, desarrollo de competencias y también, en el marco de una organización, para la realización de talleres diversos en los cuales se desea contar con un diseño estructurado, a fin de transmitir contenidos diversos, tales como: instrucciones para la evaluación del desempeño, programas de difusión del modelo de competencias, describir programas internos para el desarrollo que se haya decidido implementar, entre otros. La idea se expresa en la figura siguiente.

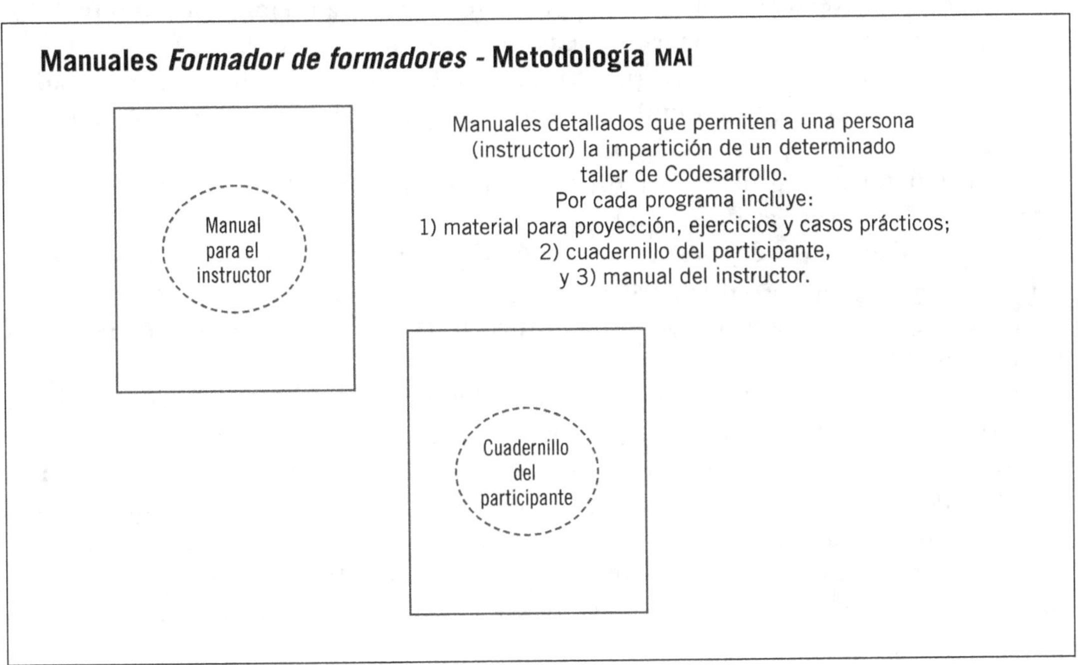

Para la confección del diseño se comenzará por la proyección y los ejercicios. Luego, estos contenidos serán reflejados detalladamente en los materiales preparados para el instructor y para el participante. En la figura se menciona el método Codesarrollo, dado que es el sugerido en diversos apartados de esta obra. Podrán, también, diseñarse talleres utilizando el método *Formador de formadores* sin utilizar Codesarrollo.

Cada diseño de una actividad formativa basada en este método incluye:

A. Material para proyección. Ejercicios y sus respectivas soluciones.

B. Manual del instructor. Comprende, también, la resolución de los ejercicios como si fuese un participante.

C. Cuadernillo del participante.

Manual del instructor

En el manual del instructor se contemplan todos los aspectos involucrados en la impartición de un taller, desde una planificación detallada, hasta qué decir en cada caso y la solución de los ejercicios. La mejor forma de distribuir los elementos (mesas, pantallas, proyectores, laptops, papelógrafos, etc.) y la mejor ubicación para los participantes (formato escuela, sentados alrededor de una mesa, etc.).

Paso a paso, el instructor será guiado para la mejor impartición de las actividades.

A continuación, algunos detalles que forman parte de los manuales para el instructor (ver gráfico superior en la página siguiente).

El instructor será guiado por un asistente virtual. También será orientado el participante, como se verá más adelante.

En el gráfico, el asistente está representado por una figura pequeña que brindará indicaciones y consejos diversos, a lo largo de todo el manual.

El instructor también tendrá otras indicaciones, como puede apreciarse en la figura siguiente.

Según puede apreciarse en el gráfico inferior, las indicaciones harán referencia, entre otros datos, a los minutos asignados para exponer un tema determinado. Adicionalmente, en la resolución de casos prácticos, le informará si los participantes deben realizar los ejercicios de manera individual, grupal, etc. (y en qué lapso). Adicionalmente, cuando esto sea lo más conveniente, se podrá sugerir que, una vez finalizado un ejercicio, se lleve a cabo un plenario, una discusión e intercambio de opiniones (por ejemplo, frente a las distintas soluciones elaboradas para el ejercicio, entre otras posibilidades).

Instructor recibe la ayuda de un Asistente

Un Asistente guía al Instructor, paso a paso, en la impartición a través de indicaciones o comentarios destinados a lograr una mejor resolución del ejercicio por parte del participante, o bien indicaciones generales para una mejor realización de la actividad.

Indicaciones para el Instructor

Esta imagen indica el tiempo asignado para llevar a cabo el ejercicio.

Esta imagen indica que el trabajo o ejercicio es de tipo individual.

Esta imagen indica que el trabajo o ejercicio es de tipo grupal.

Esta imagen indica que luego de la actividad grupal se sugiere realizar un plenario.

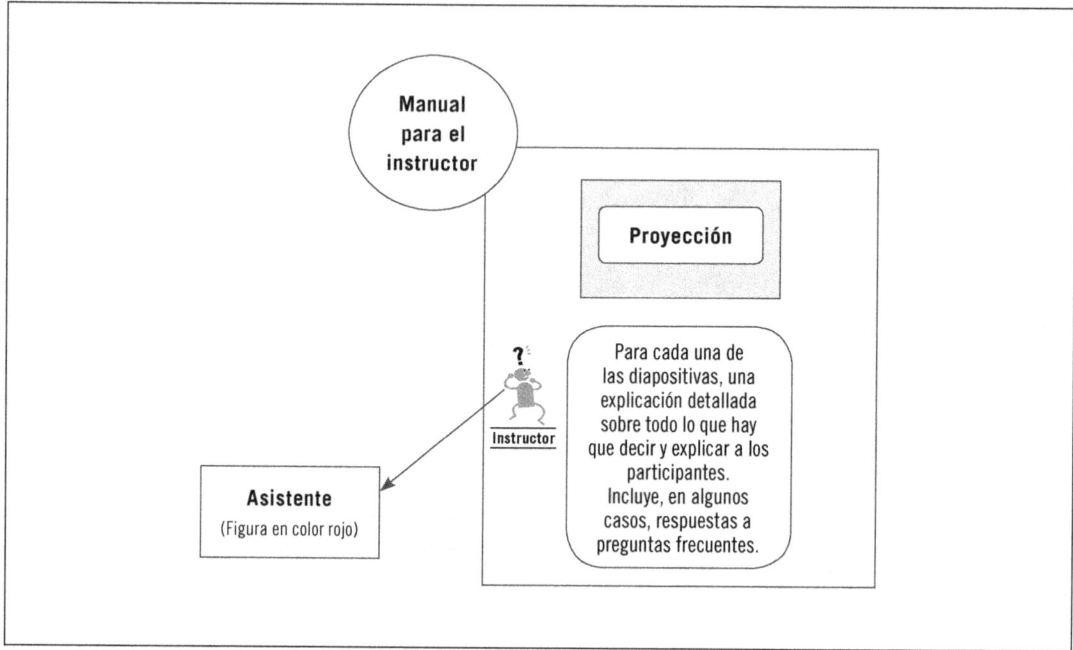

Todo taller comienza con alguna explicación conceptual. Como se puede apreciar en la figura precedente, la proyección irá acompañada, en el manual del instructor, por la explicación que el instructor deberá dar en cada una de las diapositivas que integren la proyección.

En ocasiones se incluye la relación entre algunos temas y/o eventuales preguntas que puedan realizar los participantes con las respuestas más adecuadas en cada caso.

Como se expone en la figura superior de la página siguiente, en el manual del instructor también se incluirán los ejercicios con las indicaciones generales para el participante y otras adicionales para el instructor. Por otra parte, en cada caso se indicarán los objetivos a alcanzar, es decir "qué se espera del ejercicio".

El asistente, también, relacionará aspectos (por ejemplo: *la solución de este ejercicio se relaciona con la diapositiva "x"*, etc.). Ver en la figura inferior de la página siguiente la segunda ayuda del asistente, en orden descendente.

En el manual del instructor se incluye, como anexo, una réplica del cuadernillo del participante en el cual un "participante imaginario" realizó correctamente todos los ejercicios, respondió preguntas, etc., según corresponda en cada caso.

Continuando con el análisis del gráfico, el asistente le recuerda al instructor esta circunstancia. Ver la primera de las ayudas, en orden descendente.

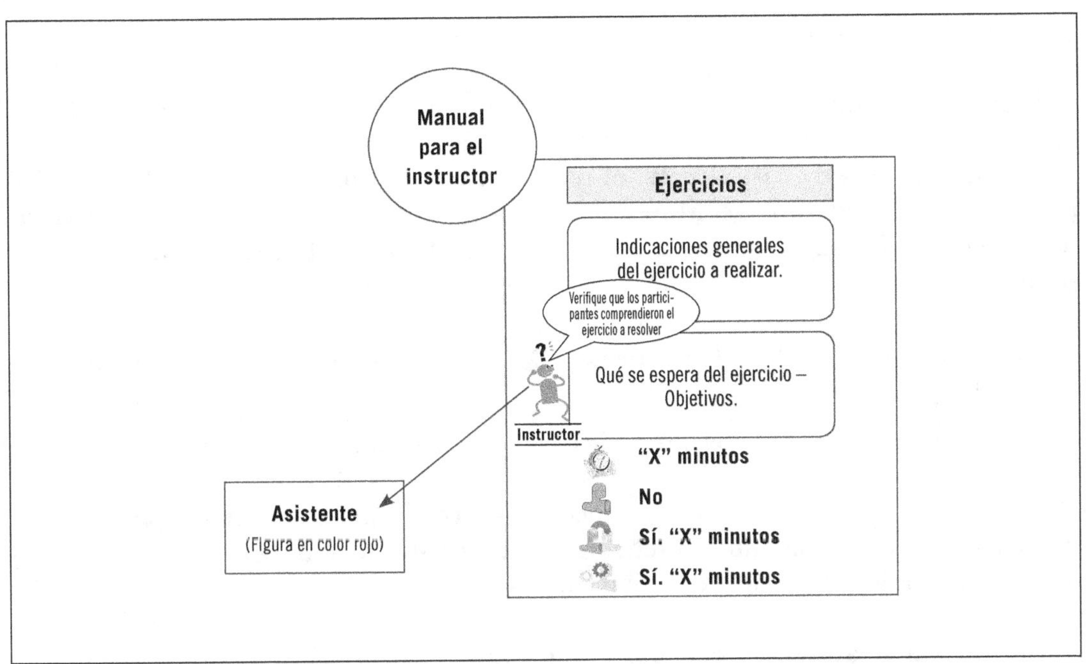

El Asistente ayuda al Instructor en todo momento

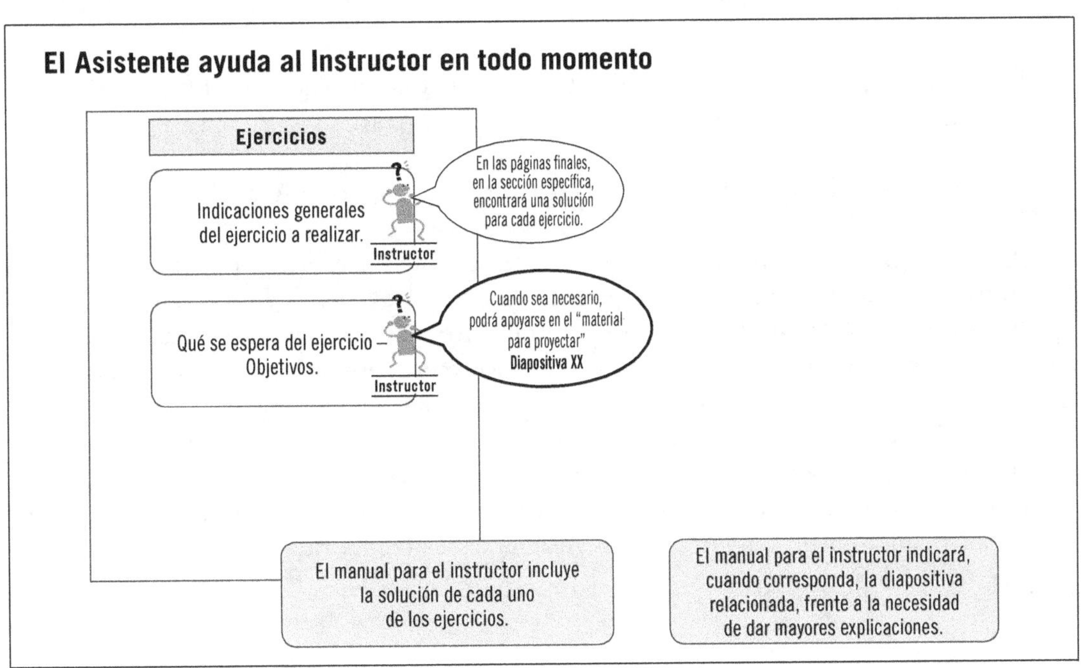

Cuadernillo del participante

Con criterios similares a los expuestos, se prepara también el *cuadernillo del partici-pante.*

En la mayoría de los talleres, el participante cuenta con materiales relacio-nados con la actividad, usualmente la proyección y ejercicios. En base a estos usos y costumbres, se realiza un diseño específico que le permitirá al partici-pante:

1. Estar informado paso a paso sobre la actividad en la cual está partici-pando.

2. Realizar los ejercicios, juegos, casos, etc., según corresponda.

Adicionalmente, y como el método Codesarrollo propone en sus pasos 3 y 4, primero se realiza una autoevaluación para, a continuación, confeccionar el plan de acción. Ambos elementos deberán incluirse.

3. Llevar a cabo su autoevaluación, usualmente un test.

4. Confeccionar un plan de acción para el autodesarrollo. Usualmente con la guía del instructor.

En resumen, facilitar la ejecución de los aspectos señalados en los puntos 3 y 4, fundamentales para la formación que se desea alcanzar.

5. Finalizada la actividad, continuar el aprendizaje o desarrollo.

Al igual que el instructor, el participante también será guiado por un asistente (ver figura superior en la página siguiente).

El asistente, en el cuadernillo del participante, lo guiará paso a paso, a través de sugerencias y comentarios, y lo ayudará con los ejercicios y demás pasos menciona-dos. La idea se expresa en la figura inferior de la página siguiente.

En la figura, el asistente, de color negro, guía al participante en la resolución de un ejercicio. También, cuando corresponda, le brindará información comple-mentaria, le recordará algún concepto que deberá tener en cuenta, o le sugerirá lecturas complementarias, entre otras indicaciones frecuentes.

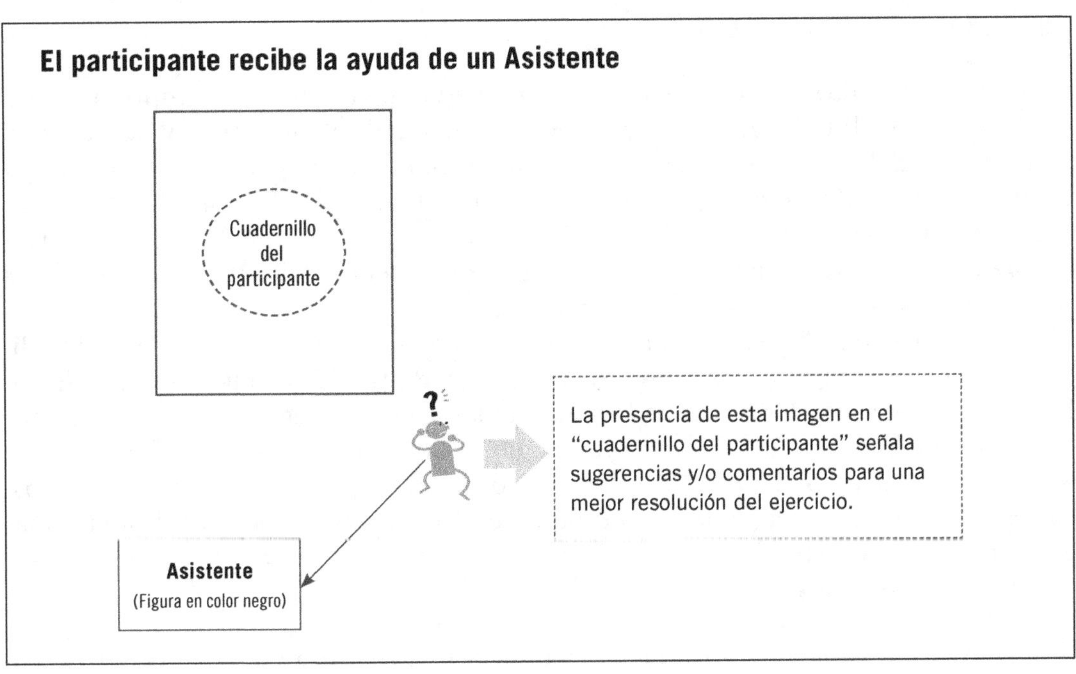

El participante recibe la ayuda de un Asistente
Cuadernillo
del
participante
?
Asistente
(Figura en color negro)
La presencia de esta imagen en el
"cuadernillo del participante" señala
sugerencias y/o comentarios para una
mejor resolución del ejercicio.

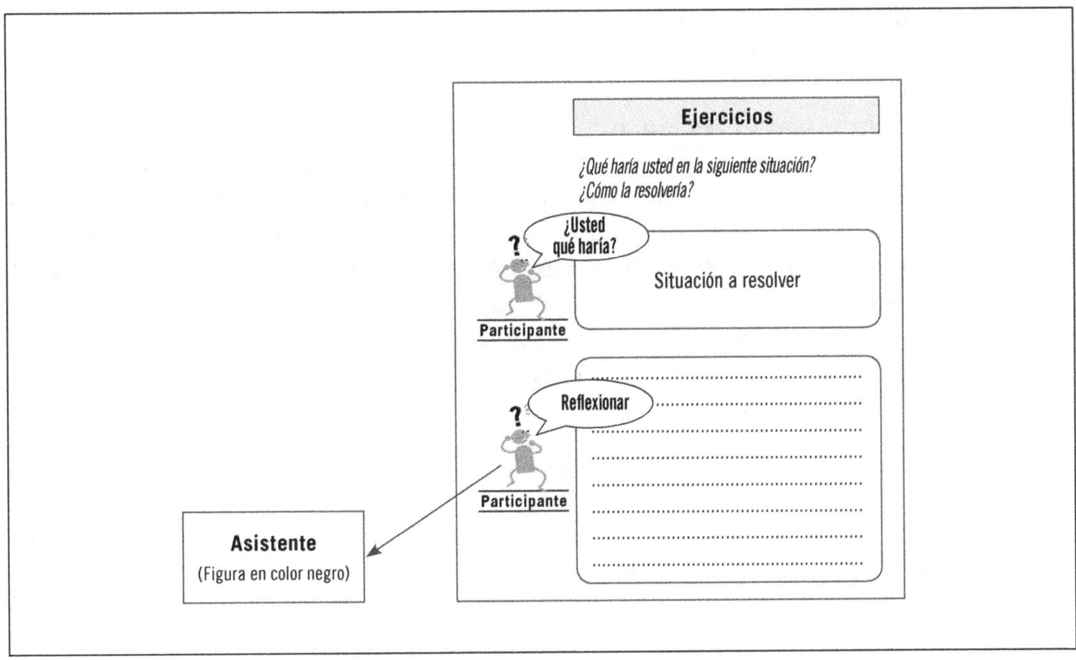

Ejercicios
¿Qué haría usted en la siguiente situación?
¿Cómo la resolvería?
?
¿Usted
qué haría?
Situación a resolver
Participante
?
Reflexionar
Participante
Asistente
(Figura en color negro)

De la experiencia profesional

En nuestra consultora diseñamos actividades de Codesarrollo para empresas clientes, bajo la modalidad *Formador de formadores;* es decir, desde nuestro rol de expertos en un tema, elaboramos el diseño junto con los manuales respectivos y formamos a los instructores para que luego ellos realicen la impartición. Esto implica elaborar un diseño detallado y brindar Formación específica a todos aquellos que asumirán el rol de instructores, quienes pueden ser personas del área de Recursos Humanos o colaboradores de otras áreas de la empresa.

Esta forma de trabajo presenta numerosas ventajas; por un lado, se asegura la calidad del diseño y, por otro, al ser los instructores integrantes de la misma organización, les permite transmitir los temas de la manera más adecuada según la cultura interna.

Los manuales para la impartición de talleres de Codesarrollo bajo el diseño *Formador de formadores* pueden estar relacionados con competencias o conocimientos. En este último caso, será imprescindible que el instructor conozca sobre el tema, aún sin ser un experto.

Algunos ejemplos:

- Método *Formador de formadores* para actividades dirigidas al aprendizaje de conocimientos utilizando el método Codesarrollo, sobre distintos aspectos de Recursos Humanos, específicamente Gestión por competencias en sus módulos *Selección, Desempeño* y *Desarrollo.*

  En este caso, los instructores fueron seleccionados dentro del personal de la organización (instructores internos).

  Los integrantes del área de Recursos Humanos de la organización en la cual se realizaron estos diseños fueron formados previamente en Gestión por competencias e individualmente evaluados al respecto. (Programa Intensivo en Gestión por competencias junto con el Trabajo Final Integrador, que permite obtener el diploma correspondiente a esta formación profesional.)

  En resumen, los instructores podrán haber sido formados (como lo indicado en el párrafo anterior) o, en caso contrario, cada uno deberá ser evaluado, para confirmar que existe un conocimiento adecuado de las distintas temáticas a impartir utilizando los diseños mencionados.

- Método *Formador de formadores* para actividades dirigidas al desarrollo de competencias utilizando el método Codesarrollo.

  Con esquema similar al ejemplo anterior, se han desarrollado actividades formativas para el desarrollo de diversas competencias. En todos los casos las actividades se diseñaron según el modelo de competencias de la organización y fueron impartidas por instructores internos.

El requisito necesario para ser instructor fue su formación previa (como instructores). Luego recibieron la formación específica necesaria para impartir cada uno de los codesarrollos (un taller de Codesarrollo para cada competencia). También se diseñaron guías para el seguimiento (Paso 5 del método Codesarrollo).

- Eventuales problemas en la implementación del método Formador de formadores
A partir de la experiencia práctica podemos señalar problemas o situaciones a tener en cuenta. Una de ellas ocurre con alguna frecuencia: los instructores no "siguen" el diseño realizado y/o no llevan a cabo todos los pasos establecidos. En este último caso, la explicación es la "falta de tiempo". Sin embargo, el diseño contempla los tiempos necesarios previendo, incluso, las demoras esperables en la impartición. Cuando este tipo de cuestiones se presenten, sugerimos analizar la elección de instructores. Quizá no son los más adecuados.
La recomendación, en todos los casos, será respetar la estructura del diseño, llevando a la práctica todos los ejercicios y pasos que lo integran.

La impartición "en cascada" y el método *Formador de formadores*

En el *Apartado 24. Formación para todos los niveles de conducción*, se ha visto la importancia de la impartición *en cascada*. La utilización del método *Formador de formadores* incrementará la efectividad y la eficacia de dicha forma de impartición.

Permitirá a directivos y jefes asumir su rol de instructores con mayor facilidad. Las experiencias al respecto son altamente positivas, generando entusiasmo en todos los involucrados.

Definición del término:

Formación en cascada. Acción y efecto de educar y/o instruir a un grupo de personas de una misma organización y de diferentes niveles dentro de ella, produciendo un efecto en cadena. El propósito será, según corresponda, el aprendizaje de conocimientos y/o el desarrollo de competencias. Incluye conceptos tales como codesarrollo y capacitación.

La idea se expresa en la figura siguiente[2].

---

2 Una figura similar fue expuesta en el *Apartado 24. Formación para todos los niveles de conducción.*

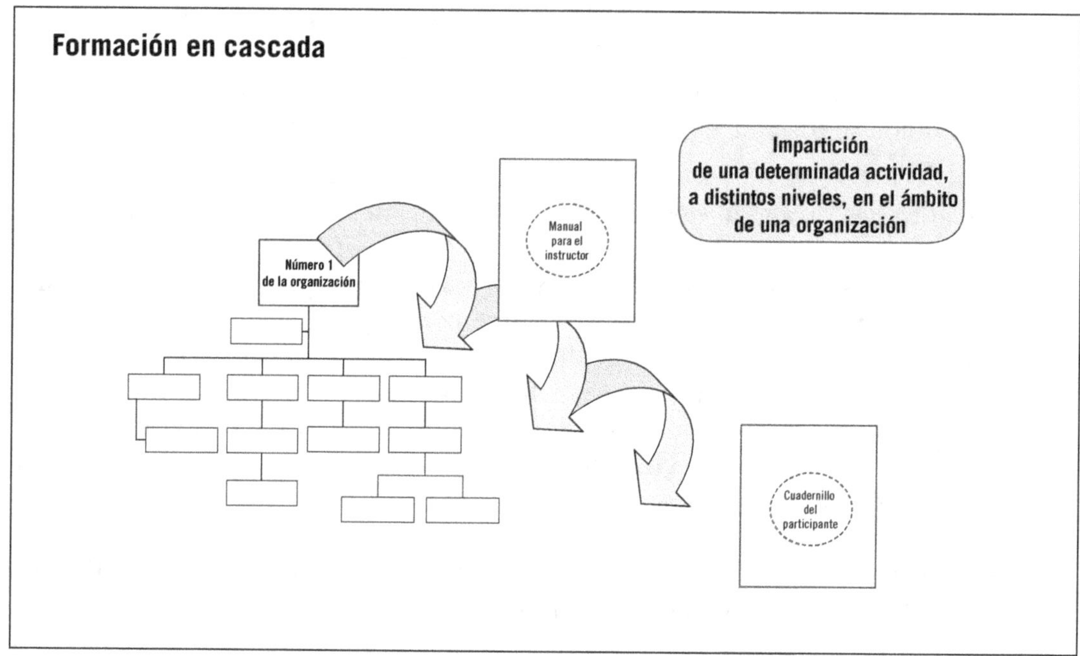

En Formación de ejecutivos, cuando se desea implementar programas relacionados con liderazgo y conducción en sus diferentes variantes, se recomienda que la impartición comience por el número 1 de la organización.

Los directivos de todos los niveles son jefes, incluyendo al número 1. Por lo tanto, un plan de formación sobre temáticas relacionadas con los jefes deberá contemplarlos *a todos ellos*. Si la impartición se realiza en cascada, se incrementará la efectividad.

En resumen, como se desprende de la figura precedente, es recomendable que la formación para jefes empiece por el número 1 de la organización, bajando a todos los niveles de conducción. Y que se utilice tanto el *manual para el instructor* –descrito en páginas previas– como el *cuadernillo del participante*.

Si por alguna razón el número 1 pensara que esa capacitación no le concierne y/o no la necesita y/o cualquier otra circunstancia, se debe tener en cuenta el mensaje que se transmite. Los jefes de otros niveles verían con buenos ojos que también su propio jefe reciba y participe de la actividad formativa en cuestión.

En resumen, en nuestra opinión, la formación en cascada, a través de programas para jefes aplicados a partir de la máxima conducción, será el mejor camino. Si, además, los altos directivos se transforman ellos en instructores, los resultados mejorarán aún más.

A modo de cierre del apartado. La importancia del método *Formador de Formadores* en la auditoría de Formación

En línea con los temas tratados en el Capítulo 5 de la obra *Formación. Capacitación. Desarrollo (Cómo medir la Formación. Auditoría)*, aquí se relacionará el método *Formador de formadores* con la auditoria de la Formación.

Los planes de Formación podrán auditarse en sus distintas variantes, en la medida en que –previamente– se hayan definido los procedimientos estándar. De este modo, la auditoría controlará que se haya cumplido cada estándar fijado.

Algunos pasos necesarios.

- Definir un procedimiento estándar detallado de todos los pasos necesarios y sus responsables. Al relacionarlo con los temas aquí tratados, el diseño se llevará a cabo considerando el método *Formador de formadores*, como se explicó en páginas previas. Es decir, deberá considerar el diseño propiamente dicho, la formación de instructores y la efectiva puesta en práctica (impartición de las actividades).

- Diseñar un procedimiento de auditoría.

- Formar auditores de Recursos Humanos que deben, al mismo tiempo, conocer sobre esta disciplina y dominar los dos aspectos anteriores: estándar definido y procedimiento de auditoría a utilizar.

En la figura[3] de la página siguiente se muestran, a modo de ejemplo, procedimientos por niveles para actividades sobre conocimientos, procedimientos por niveles para actividades sobre competencias, y procedimientos por niveles en relación con programas internos.

Como se muestra, podrán definirse distintos procedimientos, de acuerdo con ciertos criterios. Cada procedimiento debería detallar los pasos a seguir, tiempos involucrados, calidad mínima y deseable a alcanzar por cada actividad, método a utilizar (en nuestro caso, *Formador de formadores*). Por último, el resultado esperado, cómo será su medición, y los responsables de realizarla.

Sobre la base de estos procedimientos se podrán planificar con mayor precisión las actividades a realizar, para luego hacer un seguimiento de la planificación y, por último, auditar dicha gestión.

---

3 Esta figura, así como la siguiente, son similares (no iguales) a las expuestas en el Capítulo 5 de la obra *Formación. Capacitación. Desarrollo,* ya mnencionada.

Formación. Procedimientos estándar

Procedimientos por niveles - Conocimientos	Procedimientos por niveles - Competencias	Procedimientos por niveles - Programas específicos
Pasos	Pasos	Pasos
Plazos	Plazos	Plazos
Calidad	Calidad	Calidad
Método formador de formadores Diseño Instructores Impartición	Método formador de formadores Diseño Instructores Impartición	Método formador de formadores Diseño Instructores Impartición
Resultados	Resultados	Resultados
Responsables	Responsables	Responsables

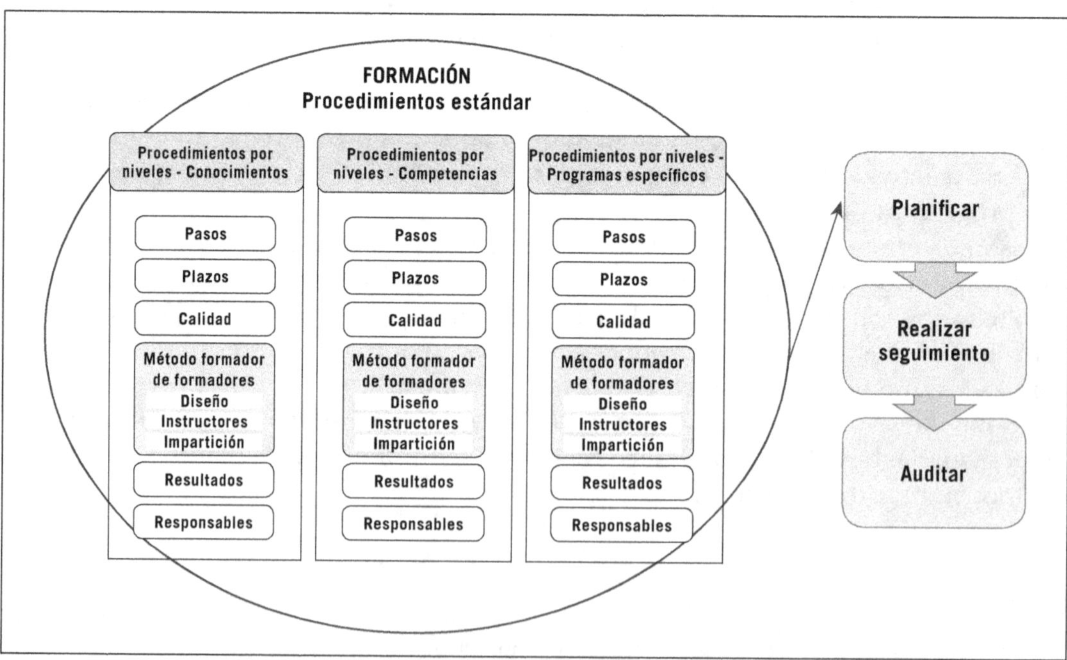

¿Cuál es la relación entre procedimientos estándar, auditoría y "formador de formadores"?

En Formación, contar con una herramienta como *Formador de formadores* no solo será relevante para mejorar la efectividad y eficacia de las diferentes actividades formativas, sino que, además, permitirá tanto el diseño de procedimientos estándar como su posterior auditoría.

A modo de cierre

El diseño de las actividades de desarrollo será fundamental para lograr resultados efectivos en la formación organizacional.

Para lograr diseños efectivos, mejorar resultados, controlar adecuadamente el cumplimiento del plan de Formación y, eventualmente, auditar el área, se sugiere la herramienta que se ha descrito en este apartado: el método *Formador de formadores*, mediante el cual se capacita a los participantes como formadores en una actividad específica, para que puedan –a su vez– impartirla a futuros participantes, de acuerdo con materiales e instructivos definidos.

Q&A sobre *Formador de formadores*

Formador de formadores *pareciera ser un método que no está al alcance de todas las organizaciones. ¿Cómo resolver esta cuestión?*

En mi opinión, es solo un método que garantiza la mejor consecución de resultados. Dependerá de las circunstancias la conveniencia o no de implementarlo.

En organizaciones de grandes dimensiones, es una herramienta indispensable. Un diseño formativo realizado de esta forma podrá ser impartido en numerosas ocasiones, y de ese modo la inversión realizada será aprovechada de mejor manera que, quizá, en una organización más pequeña. No obstante, finalmente la conveniencia de su implementación dependerá de cada caso en particular.

Más allá de que se use o no *Formador de formadores*, deseo dejar una reflexión al respecto: tanto en grandes organizaciones como en las más pequeñas, en todos los casos habrá que cuidar la calidad del diseño y de los instructores de cada actividad de Formación. Cuidando ambos aspectos, luego, habrá que analizar qué es lo mejor, en cada caso. Una misma organización puede utilizar *Formador de formadores* para algunos temas y para otros, no.

¿El método Formador de formadores *es más efectivo para unos temas que para otros?*

El método en sí es aplicable a todo tipo de temas y circunstancias. Es especialmente recomendable en aquellos casos en que una misma actividad deba ser impartida en repetidas ocasiones. Ya sea porque el número de colaboradores es muy grande, o porque se trata de un tema que, por alguna circunstancia, debe impartirse todos los años, etc.

¿Qué diferencia existe entre un curso estándar sobre cualquier tema y el método Formador de formadores*?*

Un curso estándar consta de una parte conceptual y ejercicios que, por sus características, se imparten de manera similar en muchas ocasiones. Como su nombre lo indica, no representan las necesidades específicas de una organización en particular, y es esta, en mi opinión, la mayor dificultad que presentan las formaciones estándar. Por ejemplo, un curso estándar sobre liderazgo o trabajo en equipo partirá de las definiciones más difundidas de ambos conceptos, que pueden no coincidir con la definición que dichas competencias tengan en una organización en particular.

Apartados relacionados y/o que tratan temas con alguna conexión

La mayoría de los apartados tienen conexión entre sí. A continuación, solo voy a destacar algunos de ellos.

- Apartado 5. Nuevas generaciones, inmediatez, lenguaje y otras cuestiones en relación con Formación

- Apartado 7. Comenzando por el principio. Buenas prácticas en Formación

- Apartado 8. Continuando con las buenas prácticas: Herramientas y Formación

- Apartado 19. Formación después de mediciones específicas

- Apartado 22. Formación combinando medición de capacidades y Codesarrollo

- Apartado 24. Formación para todos los niveles de conducción

- Apartado 25. Los jefes. Seguimiento eficaz. Segundo taller de Codesarrollo sobre la misma temática

- Apartado 27. Problemas entre jefes y colaboradores

- Apartado 29. Indicadores de gestión sobre Formación

Unas palabras sobre la autora

Martha Alicia Alles es Doctora por la Universidad de Buenos Aires, área Administración. Su tesis doctoral se presentó bajo el título *La incidencia de las competencias en la empleabilidad de profesionales*. Su primer título de grado es Contadora Pública Nacional (UBA). Posee una amplia experiencia como docente universitaria, en diversos posgrados tanto de la Argentina como del exterior.

Con más de cuarenta títulos publicados hasta el presente, es la autora argentina que ha escrito la mayor cantidad de obras sobre su especialidad. Cuenta con colecciones de libros de texto sobre Recursos Humanos, Liderazgo y Management Personal, que se comercializan en toda Hispanoamérica.

De su colección sobre **Recursos Humanos** ha publicado:

- Temas generales de Recursos Humanos y Comportamiento Organizacional:
  - *Dirección estratégica de Recursos Humanos. Volumen 1. Gestión por competencias* (nueva edición revisada, 2015).
  - *Dirección estratégica de Recursos Humanos. Volumen 2. Casos* (nueva edición revisada, 2016).
  - *5 pasos para transformar una oficina de personal en un área de Recursos Humanos.* Nuevo libro (2018).
  - *Comportamiento organizacional* (2017).
- Específicos sobre modelos de competencias:
  - *Gestión por competencias. El diccionario* (2002, y 2ª edición revisada, 2005).
  - *Diccionario de comportamientos. Gestión por competencias* (2004).
  - *Diccionario de preguntas. Gestión por competencias* (2005).
- Nuevas obras preparadas sobre la base de un enfoque diferente de la metodología de Gestión por competencias:
  - *Diccionario de competencias. La trilogía. Tomo 1* (2015).
  - *Diccionario de comportamientos. La trilogía. Tomo 2* (2015).
  - *Diccionario de preguntas. La trilogía. Tomo 3* (2015).

- Sobre selección:
  - *Empleo: el proceso de selección* (1998, y nueva edición revisada, 2001).
  - *Empleo: discriminación, teletrabajo y otras temáticas* (1999).
  - *Elija al mejor. La entrevista en selección de personas. La entrevista por competencias.* Nuevo libro (2017).
  - *Selección por competencias. Atracción y reclutamiento en las redes sociales. Entrevista y medición de competencias.* Nuevo libro (2016).

- Sobre desempeño:
  - *Desempeño por competencias. Estrategia. Desarrollo de personas. Evaluación de 360°.* Nuevo libro (2017).

- Sobre desarrollo de personas:
  - *Desarrollo del talento humano. Basado en competencias* (2005, y nueva edición revisada y ampliada, 2017).
  - *Codesarrollo. Una nueva forma de aprendizaje* (2009).
  - *Construyendo talento* (2016).
  - *Formación. Capacitación. Desarrollo. Volumen 1* (2019).

- Sobre Recursos Humanos, liderazgo y management:
  - *Diccionario de términos de Recursos Humanos* (2011).
  - *Las 50 herramientas de Recursos Humanos que todo profesional debe conocer* (2017).
  - *Social media y Recursos Humanos* (2012).
  - *La Marca Recursos Humanos* (2014).
  - *Cuestiones sobre Gestión de Personas. Qué hacer para resolverlas* (2015).

De los siguientes títulos están disponibles solo en Internet (**www.marthaalles. com**), para profesores, una edición de *Casos* y otra edición de *Clases: Comportamiento organizacional, Codesarrollo, Construyendo talento, Dirección estratégica de Recursos Humanos* (nueva edición 2015), *Desempeño por competencias, Desarrollo del talento humano. Selección por competencias, La trilogía* (*Diccionario de competencias. La trilogía. Tomo 1; Diccionario de comportamientos. La trilogía. Tomo 2, y Diccionario de preguntas. La trilogía. Tomo 3*), *Formación. Capacitación. Desarrollo, 200 modelos de currículum,* y *Mitos y verdades en la búsqueda laboral.*

De la serie **Liderazgo** podemos mencionar:
- *Rol del jefe* (2019).
- *12 pasos para ser un buen jefe* (2008).
- *Conciliar vida profesional y personal* (2016).
- *12 pasos para transformarse en jefe entrenador* (2019).
- *Cómo delegar efectivamente en 12 pasos* (2010).
- *12 pasos para conciliar vida profesional y personal* (2013).

Su colección de libros destinados al **Management Personal** está compuesta por:

- *Las puertas del trabajo* (1995).
- *Mitos y verdades en la búsqueda laboral* (1997, y nueva edición revisada y ampliada, 2008).
- *200 modelos de currículum* (1997, y nueva edición revisada y ampliada, 2008).
- *Su primer currículum* (1997).
- *Cómo manejar su carrera* (1998).
- *La entrevista laboral* (1999).
- *Mujeres, trabajo y autoempleo* (2000).

En la colección de **Bolsillo** se publicaron:

- *La entrevista exitosa* (2005 y 2009).
- *La mujer y el trabajo* (2005).
- *Mi carrera* (2005 y 2009).
- *Autoempleo* (2005).
- *Mi búsqueda laboral* (2009).
- *Mi currículum* (2009).
- *Cómo llevarme bien con mi jefe y con mis compañeros de trabajo* (2009).
- *Cómo buscar trabajo a través de Internet* (2009).

Martha Alles es habitual colaboradora en revistas y periódicos de negocios, programas radiales y televisivos de la Argentina y de otros países hispanoparlantes, y conferencista invitada por diferentes organizaciones empresariales y educativas, tanto locales como internacionales. En los últimos dos años ha dictado conferencias y seminarios en Bolivia, Colombia, Costa Rica, Chile, Ecuador, El Salvador, Estados Unidos, Guatemala, México, Nicaragua, Panamá, Paraguay, Perú, República Dominicana, Uruguay, Venezuela, entre otros, además de numerosos seminarios en su país, Argentina.

Es consultora internacional en Gestión por competencias y presidenta de Martha Alles International, firma regional que opera en toda Latinoamérica y Estados Unidos, lo que le permite unir sus amplios conocimientos técnicos con su práctica profesional diaria. Cuenta con una experiencia profesional de más de veinticinco años en su especialidad.

Es casada, tiene tres hijos, dos nietas y un nieto.

Martha Alles SA
Talcahuano 833 (Talcahuano Plaza), piso 2
Buenos Aires, Argentina
Teléfono: (54-11) 4815 4852
Twitter: marthaalles

Biblioteca Martha Alles
por temas

A continuación, compartimos con el lector una guía para relacionar otros libros[1] de Martha Alles con algunos de los temas tratados en esta obra. Todos han sido publicados por Ediciones Granica.

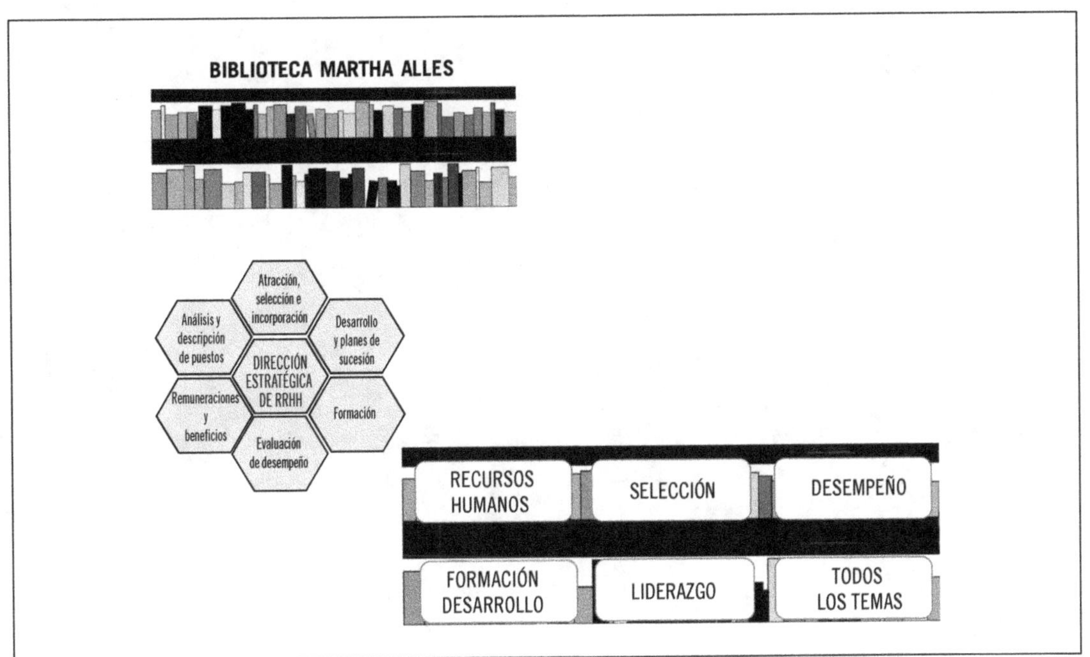

1 Podrá encontrar un detalle mayor sobre cada uno de los libros mencionados en los sitios **www.granicaeditor.com** y **www.marthaalles.com/Biblioteca**

Para la presentación de la Biblioteca se ha realizado la siguiente agrupación: Recursos Humanos, Selección, Desempeño, Formación. Desarrollo, Liderazgo, Todos los temas.

Una amplia gama de temas, que abarcan todos los subsistemas de Recursos Humanos. Ver la Biblioteca por temas en el sitio de Ediciones Granica **www.granicaeditor.com**

La autora ha publicado otros libros, además de los mencionados, con Ediciones Granica, entre ellos los de la colección Management Personal y los de Bolsillo.

Su tesis doctoral –*Incidencia de las competencias en la empleabilidad de profesionales*– ha sido publicada por la Editorial Española, y otras obras por Ediciones Macchi y Editorial Catálogo. Una descripción completa de esta bibliografía personal la podrá encontrar en la sección "Unas palabras sobre la autora".

Libro relacionado:
Formación. Capacitación. Desarrollo
Volumen 1

Diseñar, planificar e implementar actividades formativas efectivas y eficaces mirando al 2030/2040

INDICE

PARA PROFESORES

CASOS
Para la preparación de "casos prácticos" a ser utilizados en la impartición de clases, sugerimos emplear los apartados del libro que tiene en sus manos: *Formación. En la práctica.* El material aquí disponible podrá servir de base para actividades complementarias, casos de discusión, disparadores para la preparación de otros casos, etc.

CLASES
Para cada uno de los capítulos de la obra *Formación. Capacitación. Desarrollo* hemos preparado material de apoyo para el dictado de clases.
Los profesores que hayan adoptado *Formación. Capacitación. Desarrollo* para sus cursos tanto de grado como de posgrado pueden solicitar de manera gratuita:

– *Formación. CLASES*

Únicamente disponibles en formato digital, en nuestro sitio: **www.marthaalles.com**, en la exclusiva *Sala de profesores*, o bien escribiendo a: **profesores@marthaalles.com**

Libros de Martha Alles de la serie Recursos Humanos, publicados por Ediciones Granica

Guía de lecturas: secuencia sugerida

- Comportamiento organizacional

- 5 pasos para transformar una oficina de personal en un área de Recursos Humanos

- Dirección estratégica de Recursos Humanos. Volumen 1. Gestión por competencias.
- Dirección estratégica de Recursos Humanos. Volumen 2. Casos.

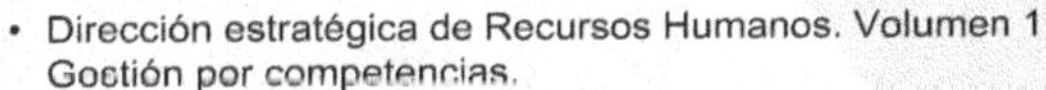
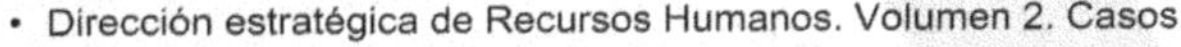

Trilogía:

- Diccionario de competencias. Tomo 1
- Diccionario de comportamientos. Tomo 2
- Diccionario de preguntas. Tomo 3

Libros complementarios de la **Serie Management Personal**

- Mitos y verdades en la búsqueda laboral
- 200 modelos de currículum

- Selección por competencias
- Elija al mejor. La entrevista en selección de personas. La entrevista por competencias

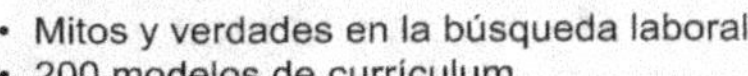

- Desempeño por competencias. Estrategia. Desarrollo de personas. Evaluación de 360º

- Desarrollo del talento humano. Basado en competencias

- Construyendo talento
- Codesarrollo: una nueva forma de aprendizaje

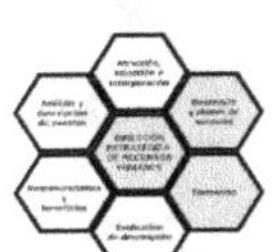

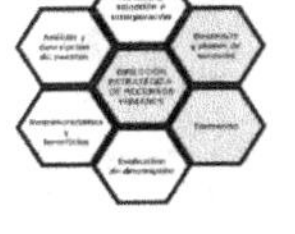

- Formación. Capacitación. Desarrollo.
  Diseñar, planificar e implementar actividades formativas efectivas y eficaces mirando al 2030/2040. Volumen 1
- Formación. En la práctica.
  Capacitación y desarrollo mirando un mundo por venir. Volumen 2

Libros de Martha Alles publicados por Ediciones Granica relacionados con Recursos Humanos y Liderazgo

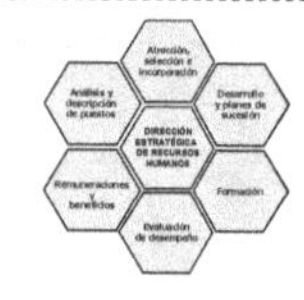

- Diccionario de términos de Recursos Humanos
- Las 50 herramientas de Recursos Humanos que todo profesional debe conocer
- Social media y Recursos Humanos
- La Marca Recursos Humanos
- Cuestiones sobre gestión de personas. Qué hacer para resolverlas

Libros de la serie Liderazgo de Martha Alles publicados por Ediciones Granica

Guía de lecturas: secuencia sugerida

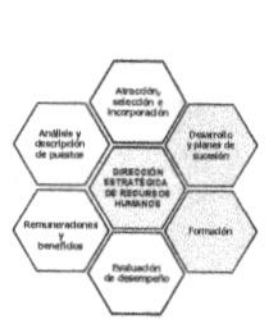

- Rol del jefe. Cómo ser un buen jefe

- 12 pasos para ser un buen jefe

- Cómo llevarme bien con mi jefe y con mis compañeros de trabajo. Serie Bolsillo

- Conciliar vida profesional y personal

- 12 pasos para transformarse en un jefe entrenador

- Cómo delegar efectivamente en 12 pasos

- 12 Pasos para conciliar vida profesional y personal